Une seule voie :
l'insoumission

Du même auteur

La France, malade de l'islamisme. Menaces terroristes sur l'Hexagone, Le Cherche Midi, 2002.

Mes «frères» assassins. Comment j'ai infiltré une cellule d'Al-Qaïda, Le Cherche Midi, 2003.

Sur les traces de Ben Laden. Le jeu trouble des Américains, Le Cherche Midi, 2004.

Lettre aux islamistes de France et de Navarre, Le Cherche Midi, 2004.

L'Affaire des caricatures : dessins et manipulations, Éditions Privé, 2006.

Combattre le terrorisme islamiste, Grasset, 2007.

J'ai infiltré le milieu asiatique, Le Cherche Midi, 2008.

Ben Laden dévoilé (avec Philippe Bercovici), 12 bis, 2009 (BD-enquête).

Pourquoi l'islamisme séduit-il ?, Armand Colin, 2010.

Ahmadinejad atomisé (avec Philippe Bercovici), 12 bis, 2010 (BD-enquête).

Éric Zemmour. Une supercherie française, Armand Colin, 2010.

Al-Qaïda Maghreb islamique, Encres d'Orient, 2010.

Bouteflika : ses parrains et ses larbins, Encres d'Orient, 2011.

Histoire secrète de l'Algérie indépendante, Nouveau Monde, 2012.

Abdelghani Merah, *Mon frère, ce terroriste* (avec Mohamed Sifaoui), Calmann-Lévy, 2012.

Mohamed Dja-daouadji, *J'étais braqueur de banques... Aujourd'hui je suis un homme* (avec Mohamed Sifaoui), Éditions du Rocher, 2016.

Mohamed Sifaoui

Une seule voie :
l'insoumission

PLON
www.plon.fr

12, avenue d'Italie
75013 Paris
Tél. : 01 44 16 09 00
Fax : 01 44 16 09 01
ISBN : 978-2-259-25952-1

Dépôt légal : août 2017

À tous ceux qui sont morts pour avoir défendu la liberté, la démocratie et la laïcité.

À tous mes soutiens.

À R. et aux 3 S. !

Prologue

On cherche à plaire plutôt qu'à éclairer[1].

Albert Camus

Se raconter n'est jamais un art aisé. Surtout lorsque l'on est journaliste. Ce métier nous apprend à relater des faits, à décrire des événements, il nous permet d'analyser des situations et même de nous essayer à la prospective. Il nous invite à observer les autres, les « petites gens » comme les puissants, les citoyens comme leurs dirigeants, les victimes comme leurs bourreaux. Il nous autorise à critiquer une œuvre ou à commenter une action politique, exige de notre propos la justesse et de nos exposés l'honnêteté. Enfin, il nous ouvre un océan de possibilités. Mais il est évident qu'évoquer son propre parcours, extérioriser ses sentiments, donner ses explications, étaler ses pensées profondes, bref, s'exprimer à la première personne du singulier, utiliser ce fameux JE qui peut donner de son auteur une image si prétentieuse, si impudique, si mégalomaniaque, utiliser ce fameux JE, celui qui expose et qui est censé mettre à nu – bien entendu quand on le fait avec sincérité et franchise –, utiliser ce fameux JE, disais-je, celui qui engage et induit la critique, y compris parfois la plus acerbe et la plus

1. « Le journalisme critique », *Combat*, 8 septembre 1944.

injuste, est quelque chose qui, jusque-là, relevait, à mes yeux, de l'ordre de l'impossible.

D'abord – je l'avoue sans fausse modestie –, je ne me suis jamais senti capable de réaliser un tel « dévoilement ». Ensuite, je n'ai jamais pensé que cela pourrait intéresser qui que ce soit. Enfin, je n'arrivais pas à mesurer l'audience susceptible d'être la mienne, notamment devant un nombre non négligeable de détracteurs, parfois hystériques, dont j'assume, par ailleurs, totalement l'existence. Je dirais même davantage : je m'honore d'avoir *ces adversaires-là* – et je m'en expliquerai – comme je m'honore de mes alliés. Les uns et les autres, contradicteurs ou amis, je les ai tous choisis à partir de considérations objectives, strictement idéologiques et non exclusivement humaines. En écrivant cela, je veux préciser, de la manière la plus simple qui soit, que dans mon entourage il n'y a ni islamiste, ni homophobe, ni raciste pas plus qu'il n'y a de misogyne, d'antisémite ou d'extrémiste. Je n'ai aucune tolérance pour ces différentes catégories de joyeux haineux ou de tristes fielleux, et je n'hésite pas un instant à rompre lorsque je découvre, chez une nouvelle fréquentation, une attitude ambiguë sur ces questions, ô combien essentielles à mes yeux. *Exit* également les conspirationnistes paranoïdes et les réactionnaires xénophobes. Et précisons-le, les « joyeux haineux » comme les « tristes fielleux », il ne suffit pas de les désigner d'autorité pour qu'ils le soient. Mais comme je dispose d'arguments, je me risquerai plus loin à quelques définitions.

Évidemment, j'ai déjà eu l'occasion de m'exprimer à la première personne. Je le fais même très régulièrement depuis de longues années. Je n'ai jamais caché mes convictions ni mes engagements. C'est ce qui me vaut d'ailleurs les inimitiés que j'évoque plus haut. Cela étant dit, je n'ai jamais jugé utile ou nécessaire d'expliquer les raisons pour lesquelles je montre, assez souvent, aussi bien dans mes écrits que dans mes commentaires, une profonde détermination à dénoncer l'islamisme et à défendre les principes universels. Je n'ai jamais pensé qu'il serait opportun d'expliquer d'où proviennent ces engagements et comment, au fil des années, ils se sont construits au plus profond de mon être. Serait-ce une simple posture ? Voire une « imposture », comme ne cessent de le clamer certains juges de la pensée, devenus maîtres en désinformation ? Ou bien s'agit-il vraiment d'une force puisée en mon for intérieur en raison d'un parcours, d'une vie et, surtout, de convictions solidement ancrées ?

J'espère en tout cas qu'en refermant ce livre le lecteur se sera fait une idée précise, non pas de la personne que je suis, mais davantage des raisons qui m'amènent, depuis longtemps, parfois au péril de ma vie, à fustiger, avec hargne et détermination, à la fois les extrémistes et leurs auxiliaires, et tous ceux qui, par dogmatisme politique, idéologique ou religieux, s'évertuent à fragiliser ces principes essentiels que sont, entre autres, la laïcité et l'antiracisme, et le cadre que se doit d'offrir une République démocratique. J'ai eu la naïveté de croire que le débat allait évoluer vers le raisonnable au lendemain des attentats de janvier 2015, de ceux du 13 novembre de la même année et de toutes les attaques islamistes qui ont endeuillé la France (comme le monde) en 2016. Mais je constate – et je ne suis pas le seul – que, en lieu et place de cette « évolution » si souhaitée du débat, nous assistons à l'installation d'un climat beaucoup plus acariâtre qu'il ne l'était déjà. L'émergence de Daech, ses conséquences immédiates – avoir jeté sur les routes des millions de réfugiés dont presque personne ne veut –, la montée des populismes et des extrêmes droites sont autant de marqueurs qui révèlent à la fois la fragilité des sociétés démocratiques et la perméabilité de l'opinion aux discours extrémistes ou, à tout le moins, outranciers. Tout cela a participé à faire élire Donald Trump aux États-Unis et à propulser le FN au second tour de l'élection présidentielle française.

En évitant de m'expliquer sur mes engagements, j'ai trop souvent laissé d'autres – y compris des personnes malintentionnées ou celles qui ne me connaissent ni d'Ève ni d'Adam – le faire à ma place, pensant probablement – et je continue de le croire – que ceux qui s'attaquent à l'auteur au lieu de s'attaquer à ses idées sont généralement dénués d'arguments ou alors en avancent des fallacieux. Et j'ajouterais, concernant certains, qu'ils peuvent même manquer d'honnêteté et d'élégance. Je m'expliquerai plus avant et j'évoquerai tous ceux qui, dans un véritable jeu de destruction, étalent des couardises et lâchetés rarement égalées, développent une incroyable énergie et se débattent, dans tous les sens, pour fustiger, non pas des terroristes ou des islamistes, mais ceux qui les combattent et les dénoncent, et ce dans l'unique but de les faire éjecter du débat public. Je savais, depuis longtemps, qu'il y avait quelque chose de pourri dans le royaume de France, mais toutes ces années m'ont permis d'en mesurer l'étendue.

Si ce livre n'a pas pour objectif principal de répondre aux attaques qui m'ont personnellement ciblé, il ne manquera pas de m'offrir néanmoins l'occasion de m'expliquer sur les différentes choses qu'on a pu me reprocher. Le plus souvent à tort. Je n'ai pas jugé utile de répondre jusqu'à présent, estimant que je n'avais pas à me justifier face à ces interminables procès en malhonnêteté, en incompétence ou en illégitimité dont on peut retrouver des traces lorsqu'on farfouille dans les poubelles d'Internet. Mais si je le fais aujourd'hui, c'est pour ne pas laisser croire que mon silence serait, tant s'en faut, synonyme de gêne ou de consentement.

À vrai dire, je n'ai jamais cherché à séduire ou à plaire. Non que je sois réfractaire à cette idée – somme toute naturelle, par ailleurs, car n'oublions pas que la joie de séduire témoigne de notre humanité ignorée –, mais j'ai compris, très jeune, que les choses, y compris les plus exaltantes, ne devaient pas se faire au prix de compromissions et de renoncements. Il faut qu'il subsiste, dans nos parcours, des questions non négociables où il paraît préférable de perdre l'estime des avilisseurs que de gagner une place au royaume du déshonneur. Je tiens donc à le dire *ex abrupto* : ce livre – j'en suis conscient et ce n'est pas une posture – risque d'ameuter vers moi de nouveaux ennemis, y compris des plus acharnés et belliqueux, mais je sais que, dans le clivage qu'il ne manquera pas de susciter, il me permettra de gagner l'estime d'une minorité puisée dans une crème républicaine et laïque qui croit encore à l'humanisme et à l'altérité, et rejette, sans rechigner, les extrémismes et tous les extrémistes, bien que ces derniers ne se valent pas toujours puisqu'il y a, même dans les milieux les plus putrides, ceux qui pensent plus petit que d'autres et ceux qui, de nos jours, ont fait de l'acte barbare un art de mourir.

Il me fallait trouver une entrée en matière pour mettre ce livre sur les rails tant j'ignorais par quel bout commencer. En vous prenant à témoin, je constate avoir effectivement une multitude d'idées à défendre, à vos côtés ; j'ai une flopée d'anomalies à dénoncer et, avec vous, une avalanche d'agressions dirigées contre NOS valeurs communes à condamner et à combattre. J'ai aussi énormément de choses à vous dire, beaucoup d'explications à vous livrer, une série d'événements à vous raconter et des propositions de combats à vous faire.

Et pourtant, j'ai peiné à entamer ce chantier, certainement l'un des plus laborieux que j'aie eu à engager tout au long de ma carrière. Je puis assurer qu'écrire et décrire en se racontant est de loin plus complexe que d'aller réaliser des reportages en Afghanistan, en Irak ou de mener des investigations journalistiques sur des réseaux terroristes à Paris voire à Londres. Dans ces contrées lointaines comme au milieu de ces eaux troubles, le danger est connu : me concernant, il émane le plus souvent du terroriste islamiste susceptible de m'égorger ou du bandit de grand chemin qui risque de me kidnapper. Mais lorsque l'on se décrit et que l'on se raconte, les dangers ont pour noms : suffisance, arrogance et orgueil. Tout cela pour expliquer que si j'étais à l'aise en rédigeant, par exemple, le parcours d'Abdelghani Merah[1], le frère aîné du terroriste de Toulouse, ou celui de l'ancien braqueur de banques Mohamed Dja-daouadji[2], un temps complice d'Antonio Ferrara, je l'ai

1. Abdelghani Merah, *Mon frère ce terroriste. Un homme condamne l'islamisme*, en collaboration avec Mohamed Sifaoui, Calmann-Lévy, 2012.

2. Mohamed Dja-daouadji, *J'étais braqueur de banques... Aujourd'hui je suis un homme*, en collaboration avec Mohamed Sifaoui, Éditions du Rocher, 2016.

beaucoup moins été en entamant ce livre, qui exprime mes idées et expose mon parcours.

Au-delà de tous les sujets évoqués, qui ne m'encourageaient guère à réaliser ce travail, je ne pensais vraiment pas qu'un journaliste devait expliquer ses engagements, rendre des comptes pour ses choix idéologiques, surtout lorsque ceux-ci sont conformes au corpus républicain, et parfois, presque, s'excuser de ses convictions. Tout cela dans le pays de Jean Jaurès et d'Albert Camus. Aussi incroyable que cela puisse paraître, ce qui motive la longue explication qui va suivre n'est guère la réalisation d'une satisfaction personnelle, même s'il faut s'imaginer parfois Sisyphe heureux, mais le constat que je fais depuis près d'une vingtaine d'années qui montre qu'une partie de l'intelligentsia française a fini par admettre, à cause de je ne sais quel coup du sort, qu'il y aurait incompatibilité entre un engagement professionnel honnête et la lutte idéologique sincère. Faire, y compris lorsque l'on est journaliste, de sa profession la réalisation d'un combat, et inversement, n'a jamais été, tant s'en fallait, une atteinte à l'éthique. Ce qui le serait, c'est d'exercer son métier de façon malhonnête. À mes yeux, il y a aujourd'hui deux façons de concevoir cette profession. La première, celle que l'on enseigne visiblement dans certaines écoles de journalisme : elle consiste à rapporter l'information de manière soi-disant « neutre », en permettant (prenons une image radicale) aux Juifs et aux nazis de s'exprimer de façon équitable pour que chaque partie, dans une impartialité totale, puisse défendre, en cinq ou dix minutes, son point de vue. Dans ce cas de figure, le journaliste est transformé en technicien supposé véhiculer l'avis des uns et des autres, sans laisser transparaître son point de vue, encore moins ses sentiments. La seconde méthode pour appréhender ce métier, celle à laquelle j'ai adhéré très tôt, dès le début de ma carrière même, consiste à rapporter les faits fidèlement et honnêtement, car ceux-ci sont têtus, tout en les commentant, de manière assumée et engagée, afin de permettre à son auteur, dans le cas d'espèce évoqué plus haut, de rappeler tout simplement que les premiers – en l'occurrence les Juifs –

sont les victimes d'une barbarie totalitaire et les seconds – c'est-à-dire les nazis – des bourreaux abreuvés de fascisme, et que, par conséquent, de ce seul fait, on ne saurait les mettre sur un pied d'égalité, l'opinion des uns, quoi que l'on puisse en dire ou en penser, ne valant pas celle des autres ! Certes, nous n'allons pas réduire toutes les situations à ce point Godwin, mais, selon cette logique, il est clair qu'il n'y avait aucune « neutralité » à avoir entre les frères Kouachi d'un côté et, de l'autre, tous ceux qui sont tombés sous leurs balles, pas plus qu'il n'y avait de neutralité à avoir, à mes yeux, au début des années 1990, entre les tueurs du GIA algérien et leurs victimes. Même si, dans les deux cas, il existe des contextes idéologiques, politiques, économiques, théologiques, sociologiques qu'il faut relater, ceux-ci ne sauraient ni atténuer, ni encore moins excuser ou justifier les crimes que nous évoquons.

Alors, oui ! Très jeune, j'ai décidé de m'impliquer sur deux sujets majeurs que j'ai défendus simultanément : la lutte contre l'islam politique – qui n'est rien d'autre, à mes yeux, qu'un projet totalitaire – et la défense des valeurs universelles qui demeurent, me semble-t-il, l'unique antidote pour éviter toutes les tentations fascisantes. Je comprendrai, au fil des années, que s'engager sur ces sujets brûlants peut bouleverser une vie. La mienne le fut !

Aujourd'hui, pour éviter de se « mouiller », beaucoup de journalistes, mais aussi des universitaires, voire des intellectuels, préfèrent se cacher derrière le sacro-saint principe de l'« objectivité ». D'autres, plus mesquins, avancent masqués, y compris parfois en « militant » secrètement et hypocritement en faveur du « camp d'en face », en faisant, le plus souvent, dans le sociologisme, très orienté au demeurant, voire dans la pseudo-démonstration scientifique. L'objectivité ? Une sacrée trouvaille enseignée désormais dans certaines écoles. Un mot magique qui permet de disqualifier celui qui ne le serait plus dès lors qu'il exprimerait clairement son opinion. Je ne cesse de le répéter : si par « objectivité » on entend honnêteté, il faut alors, dans tous les cas, être objectif. Si, en revanche, cela signifie « neutralité », évitons collectivement d'être objectifs car, dans ce cas, cette même « objectivité-neutralité » pourrait faire de nous des idiots sans colonne vertébrale. N'est-ce pas Jean Jaurès qui rappelait « qu'il n'y a que le néant qui soit neutre[1] » ? Certes, c'était pour un autre sujet – la laïcité[2] –, mais sa phrase prend la même dimension quelle que soit la question posée. D'ailleurs, le même Jaurès affinait sa pensée et affirmait sur le même ton : « La neutralité serait comme une prime à la paresse de l'intelligence, comme un oreiller commode pour le sommeil de l'esprit[3]. » Et n'est-ce pas Albert Camus qui précisait dans ses *Chroniques algériennes*[4] : « Mais l'objectivité n'est pas la neutralité. L'effort de compréhension n'a de sens que s'il risque d'éclairer une prise de parti. Je prendrai donc parti pour finir » ?

Que mes contempteurs soient donc « objectifs », ou plus précisément honnêtes, pour apprécier la position qui est la mienne avant de me juger et de me condamner. Voyons de plus près : lorsque l'on naît et grandit en Algérie dans un milieu francophone et francophile, on a tendance, non pas à idéaliser seulement, mais à magnifier la France à travers sa culture, ses intellectuels, ses débats, son histoire, l'engagement de sa société civile. On se dessine alors des repères intellectuels. Des guides – ou plutôt des phares – qui nous indiquent le cap à suivre afin d'arriver à bon port. Non pas que je sois nostalgique de quoi que ce soit, mais je n'ignore pas qu'entre la qualité des débats d'antan et nos jours, beaucoup de malheurs intellectuels et politiques ont frappé la France. Dans l'intervalle, en effet, Éric Zemmour[5] est devenu une « référence » à droite et à l'extrême droite, alors que Pascal Boniface usurpait à gauche une place de géopolitologue et de « spécialiste » en beaucoup de choses ; Robert Ménard a été élu maire, Nicolas Sarkozy président de

1. « Neutralité et impartialité », *Revue de l'enseignement primaire et primaire supérieur* (*REPPS*), 4 octobre 1908, p. 176-177.
2. Sur laquelle je reviendrai, évidemment.
3. « La Valeur des maîtres », *REPPS*, 25 octobre 1908, p. 182.
4. Albert Camus, *Chroniques algériennes 1939-1958, Actuelles III*, Gallimard, 1958.
5. Mohamed Sifaoui, *Éric Zemmour. Une supercherie française*, Armand Colin, 2010.

la République ; tout cela au moment où, à la place de Mohammed Arkoun[1] et d'Abdelwahab Meddeb[2], deux monuments intellectuels en islamologie, décédés respectivement en 2010 et 2014, c'est un obscur Marwan Muhammad[3] qui se targue désormais de parler d'islam. Comment ne pas déchanter ?

Enfant, je fus très vite attiré par la langue française. Adolescent, je tombai amoureux de cette culture, de cette littérature et de ces auteurs que le monde entier envie à la belle terre de France. Adulte, je ferai de la langue de Molière un instrument de travail et un vecteur pour propulser et diffuser mes engagements.

Évidemment, tout Algérien francophone s'évertue d'abord à lire Hugo et ses *Misérables*, Voltaire et son *Traité sur la tolérance*, Rousseau et son *Discours sur l'origine et les fondements de l'inégalité parmi les hommes*, beaucoup d'autres aussi, mais surtout *L'Étranger* de Camus, cet « homme révolté ».

Quand, par exemple, on en vient à aimer le journalisme à travers Albert Camus – qui n'est guère un intellectuel iconoclaste et isolé au milieu d'un océan d'« objectivité » et de « neutralité », mais l'une des expressions les plus achevées du monde intellectuel et journalistique français ayant offert à l'universel un penseur qui vit au-delà de son époque –, comment peut-on songer un instant qu'il faudra un jour, à défaut de s'excuser, justifier ses propres engagements ? Peut-être certains l'ignorent-ils, mais le journalisme a occupé une place très importante dans la carrière de l'auteur du *Mythe de Sisyphe*. Au sein du célèbre *Alger Républicain*, Albert Camus s'est illustré comme polémiste, un journaliste qui trouvait un malin plaisir à critiquer aussi bien

1. Mohammed Arkoun est né en Kabylie (Algérie) en 1928 et est décédé en 2010 à Paris. Il fut notamment professeur émérite d'histoire de la pensée islamique à la Sorbonne. Il était l'un des islamologues les plus réputés et les plus connus au monde.

2. Abdelwahab Meddeb était un écrivain et un poète franco-tunisien. Spécialiste du soufisme, il enseignait la littérature comparée à l'université Paris-X et il animait l'émission hebdomadaire « Cultures d'islam » sur France Culture. Il est décédé en novembre 2014 à l'âge de 67 ans.

3. Marwan Muhammad est un responsable associatif islamiste qui agit au sein d'une organisation appelée le CCIF, laquelle promeut l'islam politique et le communautarisme.

les dirigeants politiques que la société et les médias. Pour lui, tout, ou presque, devait être sujet à critique ou cause à défendre. Il n'y avait guère de place dans sa démarche à l'indifférence, parce que les sujets ont tous un lien avec l'humain et qu'on ne saurait se montrer détaché de ce qui le touche.

Au début, c'est en découvrant la position, originale pour l'époque, qu'il adopta durant la guerre d'Algérie, que j'ai eu envie de connaître sa biographie et son œuvre. Ensuite, ce sont les inimitiés qu'il suscita qui me laissèrent penser que cet intellectuel hors pair était sur la ligne juste (et je dirais républicaine) jusqu'au bout des ongles. Un Camus suffisamment humaniste pour refuser les affres du colonialisme, ses injustices et la torture de l'armée française, mais un Camus suffisamment lucide et honnête intellectuellement pour ne pas cautionner la barbarie qui était parfois celle des indépendantistes du FLN[1]. Cette position, intenable à une époque où il fallait voir le conflit en noir et blanc seulement, lui valut en 1956 un départ fracassant de *L'Express* de Jean-Jacques Servan-Schreiber. En refusant d'être du côté des pieds-noirs, les acharnés de l'Algérie française déniant les mêmes droits aux « Français musulmans », en ne voulant pas non plus se livrer corps et âme aux porteurs de valises et autres adeptes du FLN, il s'est attiré toutes les foudres.

Je vois déjà certains monter sur leurs grands chevaux et réclamer pour la période actuelle l'adoption d'une attitude camusienne. Mais non : admiration ne vaut pas imitation, et les temps et contextes ont changé. Et non : l'armée française qui bombarde en Irak et en Syrie n'est pas une force coloniale et l'État islamique – appelé aussi Daech – pas le FLN. Une précision importante, s'il en fallait.

1. Le Front de libération nationale, plus connu sous son sigle FLN, avait regroupé, parfois par la force, dès 1954, les principales tendances indépendantistes du mouvement national algérien. Après l'indépendance, il deviendra le parti unique qui exercera le pouvoir en Algérie pendant de longues années.

C'est durant la terrible année 2015 que Thierry Billard, mon éditeur[1], m'a proposé d'écrire cet ouvrage, en lieu et place d'un autre projet que nous avions. Alors que le terrorisme islamiste frappait la France, alors que je m'intéresse intellectuellement au sujet depuis 1987, soit une trentaine d'années, on me demandait de rédiger un livre, non plus sur les fanatiques mais sur mon propre parcours et sur les raisons de mon engagement. Évidemment – mon éditeur peut en témoigner –, ma première réaction fut de rejeter, presque d'instinct, l'idée comme s'il s'agissait – même si je comprenais l'intention – de quelque chose d'indécent et de vulgaire. Devant la réaction qui fut la mienne, Thierry Billard, sur un ton rassurant, me convainquit de réfléchir à la question. Ce que je fis.

Durant six mois, j'allais peser le pour et le contre, évitant de prendre une décision. Après plus d'une quinzaine de livres et plusieurs milliers d'articles, pour la première fois je fus réellement confronté au syndrome de la feuille blanche. Face à mon ordinateur ou devant mon bloc-notes, rien ne sortait. Mon cerveau était incapable de produire quoi que ce soit. Pourtant, pendant cette période, je multipliai les tribunes au *Huffington Post*, les articles dans l'hebdomadaire *Marianne*, les posts et les humeurs sur les réseaux sociaux, Facebook ou Twitter, j'allai même donner des conférences aux quatre coins de la France et à l'étranger... mais j'étais incapable de rédiger ne serait-ce que les trois premières lignes de ce prologue. Ce blocage, je le savais, était lié à ma propre histoire. Au déni de réalité qui m'a, un temps, empêché de reconnaître que le terrorisme islamiste que je pensais loin derrière moi, en Algérie, appartenant à jamais au passé, était en vérité à mes côtés, en France, et allait, malheureusement, désormais, s'inscrire à jamais dans mon présent et fort probablement mon avenir.

Pour dire l'entière vérité encore, cet ouvrage a été pensé, dans les circonstances relatées plus haut, quelques semaines après les attentats des 7, 8 et 9 janvier 2015, mais son écriture fut entamée au lendemain du 13 novembre. Les terribles

1. D'abord chez Flammarion, il est arrivé chez Plon en avril 2017.

attentats qui ont causé la mort de cent trente personnes et blessé plus de sept cents autres ont constitué le déclencheur qui m'a permis de dépasser mes propres pudeurs et d'évoquer enfin, dans le détail, ce que peut coûter une insoumission à l'infâme. Et aussi combien il est nécessaire de ne pas céder devant la barbarie, même si, parfois, le prix à payer est lourd. Mais la vérité a-t-elle un prix ?

1

J'avais déjà vécu un 7 janvier…

Les paradis sont tous artificiels[1].

Louis Aragon

Chacun de nous, enfin probablement la plupart d'entre nous, se souvient de ce qu'il faisait, où il était et, peut-être, de ce qu'il disait le 7 janvier 2015, au moment où il a appris qu'une fusillade avait éclaté à *Charlie Hebdo*. *Idem* pour la soirée du 13 novembre et, plus tard, pour celle du 14 juillet 2016.

Pour ma part, lors du premier acte terroriste, j'étais en rendez-vous à deux encablures du Sénat, au salon de thé *Angelina*. En compagnie de deux relations professionnelles, j'attendais l'arrivée d'un ami qui devait nous rejoindre. Il est parfois des signes incroyables qui prennent une signification toute particulière lorsque des événements tragiques se produisent.

Ce 7 janvier – une fois n'est pas coutume –, alors que la journée commence de façon routinière, je ne pense pas au terrorisme. Du moins, pas durant les premières heures. Cette matinée s'annonçait d'une formidable banalité. Cela va paraître stupide, mais je vais l'écrire : c'était le premier jour des soldes d'hiver ! À 9 heures, j'étais allé à l'ouverture des magasins m'offrir

1. Louis Aragon, *Traité du style*, Gallimard, 1928.

un nouveau costume. Et pour cause, quelques mois plus tôt, j'avais enfin réussi à arrêter de fumer, pris de nouvelles résolutions visant à refaire du sport et à m'accorder une hygiène de vie plus saine après trente ans de tabagisme. Lorsque votre médecin vous dit que ce ne sont pas les terroristes qui vont vous tuer mais les cigarettes consommées au quotidien, l'alerte donne matière à méditation. Cette nouvelle situation avait engendré quelques modifications métaboliques – comme on dit pudiquement – nécessitant de repenser mon vestiaire. Bref, à 10 h 30, je déposai mes emplettes chez moi et trois quarts d'heure plus tard je m'attablais chez *Angelina* en commandant un double express.

À peine installé, je fus incommodé par le regard insistant d'un agent de sécurité qui fouillait les sacs des visiteurs du musée du Luxembourg. Celui qui me regardait bizarrement à travers les baies vitrées, en me désignant à l'un de ses collègues, semblait beaucoup plus concentré sur ma présence que sur son travail. Après un moment, je décidai de ne plus y prêter attention et de chasser cette idée aux relents paranoïdes laissant penser qu'il s'agissait peut-être d'un islamiste ou d'une personne qui allait m'exprimer une certaine hostilité. Allez savoir pourquoi, à ce moment-là, cette idée noire me traversa l'esprit ! Peut-être lorsqu'on vit sous la menace, on finit par voir le mal partout.

Être un personnage public travaillant sur des sujets qui suscitent autant de passion que l'islam politique impose d'affronter régulièrement, soit les manifestations d'une hostilité hystérique – qui peut aller parfois jusqu'à la violence physique –, soit une empathie débordante, émanant de personnes – je suis très lucide sur le sujet – imaginant que je pourrais être l'instrument autour duquel construire un discours xénophobe ou raciste. Naturellement, entre les deux, il y a toujours des individus qui s'expriment raisonnablement et qui comprennent le message réel de mon discours. Celui-ci, faut-il le rappeler, se veut démocratique, laïque, humaniste, universaliste, anti-intégriste et profondément antiraciste. Je pense que l'on peut être très attaché aux grandes valeurs, résolument ancré dans l'universel et, par ailleurs, très sévère contre les manifestations haineuses, antirépublicaines, antilaïques, en somme extrémistes, qui pourraient s'exprimer dans des groupes sociaux se revendiquant de la même culture (ou religion) que la nôtre ou de « minorités » ethniques voire religieuses ayant, à un moment ou à un autre de leur histoire, souffert d'un quelconque extrémisme. Avoir été victime de racisme ne sanctifie pas son personnage, ne le victimise pas pour l'éternité, ne le dédouane pas à vie de ses propres turpitudes, ne l'excuse pas de ses errements et, surtout, ne l'infantilise pas. J'ai beau être d'origine algérienne, quand, à mes yeux, un Algérien se comporte en salaud, je le dis ; j'ai beau être de culture musulmane, quand un musulman se comporte en fanatique, je le condamne ; j'ai beau aimer la France, quand on instrumentalise la nation pour lui faire dire la xénophobie et la haine de l'autre, je me mobilise ; j'ai beau lutter contre l'antisémitisme, quand un Juif s'approprie le discours de l'extrême droite, je le combats. Dans cette démarche, j'ai toujours refusé le communautarisme, le sectarisme, l'ethnocentrisme et la connivence avec ce que l'on pourrait appeler un « groupe naturel ». Je n'ai d'ailleurs pas de « groupe naturel » : les membres de ma communauté, sans sectarisme aucun, sont d'abord ceux qui partagent mes convictions philosophiques. Ceux-là n'ont ni couleur de peau, ni origine ethnique, ni rang social, ni religion, ils sont en même temps de partout et de nulle part ; ceux qui constituent ma communauté sont ceux qui sont chez eux à Alger ou à Paris, à Casablanca ou à New York, à l'aise aussi bien à Tel Aviv, à Pékin, à Ramallah qu'à Bamako. Ceux qui acceptent l'autre et qui acceptent surtout de penser contre eux-mêmes, contre leurs « vérités » ou leurs dogmatismes.

Nous vivons une époque où les personnes se rassurent en se repliant sur elles-mêmes et en refusant de s'ouvrir aux autres. Lutter simultanément contre les tenants de l'islam politique, indiscutablement un totalitarisme, et les partisans des logiques d'extrême droite qui, de surcroît, représentent ce qu'il y a de pire comme solution face à l'islamisme (cette idéologie est d'ailleurs devenue le principal engrais qui fait croître et prospérer l'extrême droite occidentale) constitue d'une certaine manière ma légion d'honneur.

Malgré le contexte de plus en plus anxiogène, je ne suis pas de ceux qui pensent constamment à leur propre sécurité. Depuis plusieurs années j'aborde le sujet du terrorisme islamiste un peu comme un cancérologue s'intéresse à la maladie sans songer qu'il pourrait, lui-même, en mourir. Or le terrorisme est un peu comme le cancer : le mal n'est pas contagieux, mais nous sommes tous exposés à ses ravages, chacun de nous pouvant, selon la formule consacrée, se retrouver un jour au mauvais endroit au mauvais moment, en face d'un salopard ayant décidé d'avoir un droit de vie et de mort sur autrui.

Ce 7 janvier, le comportement quelque peu anormal de cet agent de sécurité m'amena donc à repenser à l'idéologie infâme qui menace les sociétés depuis plusieurs décennies. Il est vrai par ailleurs, sans sombrer dans une paranoïa excessive, que, depuis une trentaine d'années, mes sens sont constamment en éveil, mis en alerte par un instinct de survie que les aléas de mon parcours ont à la fois développé et aiguisé.

Bref, aux alentours de 11 h 40, l'ami qui doit nous rejoindre se révèle toujours en retard. Il paraît que « ça roule très mal dans Paris ». L'employé de la société de gardiennage continue de me regarder avec insistance. Je fais semblant de l'ignorer. Mon téléphone sonne...

« Bonjour, monsieur Sifaoui, c'est Manon de "C dans l'air". Seriez-vous disponible cet après-midi pour venir sur notre plateau ? Vous êtes au courant ? Apparemment il s'est passé quelque chose de grave dans les locaux de *Charlie Hebdo*. Il y aurait eu des tirs. Si ça se confirme, on chamboulera notre programme pour une émission spéciale... »

Après un temps d'hésitation, je donne à Manon un accord de principe. « C dans l'air » est une émission qui sait traiter, y compris dans l'urgence, ce type d'événements. Et une relation de confiance me lie à toute l'équipe.

« Je vous rappelle dans quelques minutes », dit-elle avant de raccrocher.

Je sens mon sang se figer, mais je reste de marbre. Totalement froid. Et comprends très vite ce qui est arrivé. Oui, d'instinct, je sais que quelque chose de grave vient de se produire. J'écris « d'instinct », car tous ceux ayant déjà échappé à un attentat le savent : après avoir vécu un tel choc, nos sens demeurent constamment en éveil. Durant toute notre existence ! On ne peut l'expliquer, mais c'est la réalité : se développe une sorte de sixième sens qui prévient lorsque de nouveaux malheurs sont sur le point de se produire.

Je commence à tapoter sur mon smartphone afin d'en savoir plus. Il est 11 h 45 et des médias annoncent : « Alerte : des hommes cagoulés et vêtus de noir auraient pénétré dans le siège du journal avant de faire feu à la kalachnikov... »

Je connais la kalachnikov et sa puissance de feu. Jadis tireur amateur, j'ai testé cette arme dans le cadre de mes loisirs et je sais quels dégâts elle peut produire, notamment utilisée dans un milieu urbain ou clos. Si on a tiré à *Charlie Hebdo*, forcément il y a des morts. Si on a tiré à *Charlie Hebdo*, c'est que Charb est décédé. Voilà les deux premières pensées qui me traversent l'esprit.

Je ne prête plus vraiment attention à l'agent de sécurité qui continue de me fixer et j'appelle Laurent Muller, un autre ami, éditeur de bandes dessinées. Il codirigeait, avec Dominique Burdot, un proche également, les éditions 12 Bis qui avaient publié deux BD[1] de moi, et tous deux étaient, par ailleurs, les éditeurs de Charb et Tignous. Ceux de Richard Malka également, l'avocat de *Charlie Hebdo*. Au téléphone, je relate à Laurent ce que je viens d'apprendre en lui annonçant, sans en avoir confirmation : « Charb est mort ! » Il n'y croit pas, tente de me rassurer, mais, au fond, je sais que Stéphane y est resté.

Cela ne faisait-il pas plusieurs années que les terroristes voulaient l'avoir ? Depuis deux ans, son nom complet – Stéphane Charbonnier dit Charb – était mentionné en ces termes, photo à l'appui, dans les colonnes de certains magazines électroniques d'Al-Qaïda circulant sur Internet. J'avais à maintes

1. *Ben Laden dévoilé* et *Ahmadinejad atomisé*, publiés respectivement en 2009 et 2010 avec, comme dessinateur, mon ami l'excellent Philippe Bercovici.

reprises échangé avec lui sur le sujet, parfois avec gravité, le plus souvent en recourant à l'humour. Et plus précisément lorsque le journal de propagande d'Al-Qaïda en péninsule Arabique le menaça, ainsi que d'autres personnalités. Dans son numéro de mars 2013, *Inspire*, la publication en anglais de l'organisation terroriste, avait ainsi publié une affiche portant la mention « Recherché mort ou vif pour crimes contre l'islam ». Et j'avais senti qu'à partir de là, dans son esprit, la menace avait pris une autre dimension. Le sujet ne le faisait plus rire du tout et, même s'il gardait une certaine façade nonchalante, il n'abordait plus la question avec la même légèreté. Une précédente alerte l'avait marqué en novembre 2011, quand des personnes – non identifiées à ce jour – avaient incendié à l'aide de cocktails Molotov les anciens locaux de *Charlie Hebdo,* situés au 62, boulevard Davout, dans le 20e arrondissement parisien. Combien de fois, depuis 2006, m'avait-il interrogé pour savoir s'il devait vraiment prendre les menaces au sérieux ? Combien de fois m'avait-il posé des questions relatives aux réseaux terroristes présents en France ? À chaque occasion, je lui recommandais de faire attention et, surtout, de ne jamais se séparer de la protection policière que l'État lui avait attribuée même si, à l'évidence, le ministère de l'Intérieur ne prenait guère au sérieux les menaces pesant sur lui comme sur le journal. En fait, non seulement la préfecture de police de Paris avait fait retirer la garde statique qui protégeait le siège de *Charlie Hebdo* sous la pression de certains syndicats, mais en outre le dispositif de protection autour de Charb était réduit à sa plus simple expression. En langage policier, il ne disposait pas d'une mesure de protection mais d'un « accompagnement de sécurité », puisqu'il était suivi seulement d'un officier de sécurité et d'un chauffeur. Quand on connaît la nature de la menace pesant sur lui, notamment à partir de 2013, on ne peut, sans esprit polémique, que constater l'erreur d'appréciation qui a été faite. Aucun spécialiste sérieux ne dira le contraire : Charb aurait dû être accompagné par au moins trois fonctionnaires de police, dotés d'une arme longue, puisqu'il était explicitement visé par la branche yéménite d'Al-Qaïda, connue pour avoir la capacité de se projeter sur le territoire hexagonal au regard du nombre de jeunes Français acquis à sa cause. Mais, en raison de considérations budgétaires et par manque d'effectifs, l'Administration avait préféré assurer un « minimum syndical[1] », quitte à mettre en danger sa vie, celle de ses collègues et la sécurité des fonctionnaires de police qui l'accompagnaient. Et je peux témoigner qu'à ce jour, sans entrer dans les détails, les enseignements de ce drame n'ont pas été tirés et les mêmes erreurs sont reproduites.

Toujours est-il que le problème de Charb était connu de la plupart de ses amis : parvenir à discuter sérieusement plus de dix minutes des menaces qui le concernaient, réussir à le sensibiliser réellement, à le convaincre d'être beaucoup plus vigilant et de réclamer un renforcement de sa protection relevaient de la prouesse. S'il pouvait parler des heures de ce qui risquait d'atteindre des tiers, sa pudeur – à laquelle je m'étais habitué – l'empêchait d'évoquer ce qui le touchait directement. Beaucoup plus inquiet pour les membres de sa rédaction que pour lui-même – tous étaient menacés –, après deux ou trois questions il se mettait à blaguer, comme si la plaisanterie, voire l'autodérision, lui servait d'échappatoire ou de carapace destinée à contourner les sujets lourds. L'humour, y compris parfois un peu pesant – tantôt des saluts hitlériens répétés comme pour mieux exprimer tout ce qu'il honnissait, tantôt un poing en l'air, façon militant gauchiste, pour caricaturer ce qu'il était, voire un « *Allah Akbar* », mimant les islamistes, lancés à certains de ses interlocuteurs –, bref son côté pitre constituait le bouclier censé le protéger de ses propres angoisses. Ainsi, quand il me voyait, Charb s'écriait parfois : « *Allah Akbar !* » Puis il me faisait la bise en disant : « *Salam alikoum,* mon frère ! » De mon côté, je rétorquais avec quelques mots en hébreu afin de mieux

1. Je ne peux que rendre hommage à Franck Brinsolaro, l'officier de sécurité mort aux côtés de Charb le 7 janvier 2015, et à la plupart des fonctionnaires du Service de la protection (SDLP) qui assurent la sécurité de plusieurs personnes menacées, avec dévouement, se contentant des moyens souvent minimalistes mis à leur disposition par l'Administration et sans recevoir systématiquement la reconnaissance qu'ils méritent.

moquer la réputation de « suppôts des sionistes » que certains de nos détracteurs, peu inspirés, nous avaient faite.

À la limite, que je puisse, moi, « bénéficier » de cette « réputation » en raison de mon refus de brader la question de l'antisémitisme au marché d'une cause palestinienne instrumentalisée par tous les salauds, bigots ou gauchistes, haineux ou racistes, communautaristes ou nationalistes de France et de Navarre, à la limite, dis-je, je peux le concevoir. Mais lui, le défenseur des Palestiniens – par principe, parfois par dogmatisme, en tout cas par anticolonialisme – au point de se faire injurier et accuser d'« antisémitisme » par tous les excités de la droite et de la droite extrême israélienne ou franco-israélienne, être qualifié ainsi, quelle ineptie ! Il était probablement écrit quelque part que les imbéciles ne peuvent comprendre les positions qui sont les nôtres, qui étaient celles de Charb : on peut être pour le droit des Palestiniens à disposer d'une terre et d'un État viable sans dénier aux Juifs celui d'avoir un État-nation ; on peut critiquer la politique du Likoud, combattre la xénophobie et le racisme d'un Liberman ou d'un Bennett, sans verser dans l'antisémitisme ni prendre comme bouc émissaire les Français juifs ; on peut compatir aux souffrances de certaines populations palestiniennes sans accepter le terrorisme et en rejetant le totalitarisme islamiste du Hamas ; on peut condamner les colonies, illégales, et l'interminable extension territoriale sans admettre que des roquettes s'abattent sur des populations civiles ; on peut soutenir le droit des Israéliens à se défendre contre un terrorisme abject et exiger d'eux une riposte militaire éthique, en toutes circonstances, digne d'une démocratie. Et en critiquant les défaillances, les manquements, les errements, les expressions extrémistes, de part et d'autre, on ne devient ni le suppôt de l'un ni celui de l'autre ! Charb ne se considérait ni propalestinien ni pro-israélien, il était un universaliste, un humaniste qui défendait ses principes.

Il faisait en tout cas partie – nous avions probablement cela en commun – de cette catégorie d'individus qui, dans la sphère privée notamment, domestiquent leurs peurs en usant et abusant, très – trop – souvent, de la dérision et de l'autodérision.

Comment, du reste, réussir à le décrire en quelques phrases ? Une anecdote dit beaucoup. Un jour de 2007, assez gravement malade en raison de mon tabagisme excessif, Charb, l'intégriste « anticlopes », m'avait envoyé sa dernière BD intitulée *J'aime pas les fumeurs*[1]. Pour exprimer sa sympathie, il l'avait évidemment dédicacée avec un joli dessin de Ben Laden où s'étirait cette légende à lire au sixième degré : « Mohamed, au lieu de fumer, suce ma bite ! » Je mentirais si j'affirmais que nos échanges volaient systématiquement très haut. Combien de fois ne lui avais-je pas dit, par boutade, que si un terroriste lui tirait une balle dans la tête il ne lui arriverait rien parce que jamais le projectile ne trouverait son cerveau ? Et combien de fois m'avait-il rétorqué, lorsque je prenais du poids, que les islamistes peineraient à m'égorger avec le double menton que je me façonnais ? Une seule fois, en novembre 2010, nous avions eu l'occasion d'échanger durant toute une soirée à l'issue d'une conférence intitulée « Combattre la pensée réactionnaire », débat animé conjointement à l'université d'Aix-en-Provence, sur l'invitation de la Confédération étudiante, dirigée alors par Baki Youssoufou et Enora Hamon ainsi qu'une équipe dont les membres, malgré leur jeunesse, étaient conscients que nous risquions, à terme, d'être pris en étau entre la pensée islamiste (et ce qu'elle génère comme violence) et les logiques d'extrême droite, nourries par celle-ci et nourricières de recruteurs islamistes.

Ce jour-là, Charb m'avait avoué sans sourire, alors que les menaces ne s'étaient pas accentuées, être convaincu qu'il mourrait d'une balle dans la tête. « Le problème est grave, me dit-il, car les tarés qui sont manipulés par l'islamisme ne pigent rien, le plus souvent, à ce qu'on veut faire passer comme message. On est devenus les ennemis de beaucoup de personnes, et nos amis sont lâches, trop peureux pour s'engager. »

Il n'avait pas tort. Plusieurs de nos « amis » ont toujours été lâches, incapables de prendre le moindre risque, et ce au nom

1. Charb, *J'aime pas les fumeurs*, Hoëbeke, 2007.

de leur image ou de leur carrière. Beaucoup, en privé, affirmaient être à nos côtés, mais ne se montraient jamais lorsqu'il le fallait, ne serait-ce que pour signer une pétition. Une année presque jour pour jour après ces propos, le 2 novembre 2011, quand le siège de *Charlie Hebdo* fut attaqué au cocktail Molotov et incendié, très peu de personnes s'indignèrent. Bien peu saisirent le sens réel d'une telle agression contre un journal satirique, assaut terrible contre la liberté d'expression et donc contre la démocratie. Cette valeur majeure était attaquée publiquement... dans la quasi-indifférence générale. Aucune indignation significative au pays de Voltaire !

Avec SOS Racisme[1], nous avions lancé un appel pour une manifestation sur le parvis de l'hôtel de ville de Paris. Seuls quelques centaines de Parisiens s'étaient déplacés. Ceux que l'extrême droite et la droite populiste qualifient désormais sous le vocable à connotation fort péjorative de « bobos »... Nous étions bien loin de la belle marche du 11 janvier. Mais la vie est ainsi faite. Et la révolte toujours postérieure au crime. Or, devant ce qui menace, il faut apprendre à s'indigner et à se révolter. Contre tous les signes annonciateurs de crimes ou de totalitarisme.

Les islamistes ont toujours agi ainsi. Partout, le même scénario, la même montée en puissance : ils testent d'abord et, si vous ne réagissez pas, ils récidivent pour accentuer la pression ; si vous ne bougez toujours pas, ils menacent ; si vous ne répondez pas, ils intimident ; si vous ne faites toujours rien, ils agressent ; si vous faites preuve de lâcheté, ils vous tuent. Vous pourriez réagir *a posteriori*. Mais il sera déjà trop tard, car ce n'est plus le courage de dire non au totalitarisme qui vous anime, mais bien la peur que celui-ci a déjà instillée en vous. Et si la peur est en vous, c'est que la défaite est déjà là...

Les quelques démocrates qui marquèrent leur indignation en 2011, au nom de nos valeurs communes, furent quasiment traités de paranoïaques racistes. Que peut vraiment signifier

1. SOS Racisme était soutenu par de nombreuses organisations telles la LICRA, l'UEJF, Ni Putes Ni Soumises et la Règle du jeu pour lancer un appel à un grand rassemblement contre les intégrismes religieux.

l'incendie d'un journal ? pérorèrent certains. Ce n'est pas un jeu de gamins qui aura mal tourné, comme d'aucuns l'ont vu, quand d'autres belles âmes, par leur silence, ont offert *Charlie Hebdo* aux tueurs. Le pouvoir politique étant lâche presque par nature, il aurait mieux fait de protéger les locaux de l'hebdomadaire si l'indignation citoyenne avait été plus forte au lendemain de l'incendie. Parce qu'on ne prête qu'aux riches !

Comment raconter la relation qui me liait à Charb ? Disons que nous nous voyions parfois une à deux fois par semaine, mais qu'ensuite, accaparés par nos agendas respectifs, nous pouvions nous perdre de vue des mois durant. Et ce depuis 2004. Nous n'étions donc pas des inséparables, ni ce qu'on pouvait appeler « les meilleurs amis du monde », mais, à mes yeux, Charb faisait partie des amis que j'avais toujours plaisir à croiser. Un très bon pote qui comprenait chacune de mes prises de position, même lorsque nous divergions à la marge sur certains points. D'ailleurs, nous avions failli réaliser une bande dessinée ensemble. Un projet jamais abouti, car trop risqué pour l'éditeur : *La Vie de Mahomet* ! Je devais écrire le scénario et lui réaliser les dessins. Notre éditeur, Dominique Burdot, avait senti le vent tourner et, donc, le danger, lorsqu'il nous avait lancé au milieu d'un repas : « Si nous le faisons, nous allons tous nous faire tuer. » Quand on connaît la suite, on ne peut que lui donner raison.

Charb fit aboutir le projet avec une autre amie, Zineb El Rhazoui, avec laquelle il signa *La Vie de Mahomet*[1], un an plus tard.

Un autre jour, il m'avait demandé quelle injure pourrait le plus énerver le terroriste qui viendrait le tuer. Je lui avais conseillé de sortir l'un des blasphèmes les plus honnis par les islamistes, mais en même temps, paradoxalement (allez comprendre !), le plus répandu dans les pays du Maghreb et notamment en Algérie ou en Tunisie : *Nique Rabek*. Ce qui signifie littéralement : « Va baiser ton Dieu »... C'est dire.

1. Charb et Zineb, *La Vie de Mahomet*, Les Échappées, 2013.

Beaucoup de nos échanges tournaient donc autour de l'islam, de l'islamisme, du terrorisme. Et de nos engagements antiracistes. Nous évoquions également les ennemis de la laïcité, les adeptes du communautarisme et l'extrême droite. Il y avait, en somme, le temps de la pitrerie et celui de la gravité. Nous avons donné ensemble plusieurs conférences, participé en commun à des débats et des colloques, à des salons du livre, toujours pour essayer d'entreprendre cette nécessaire pédagogie : dessiner Mahomet n'est pas un acte raciste ; le blasphème n'est pas interdit, mais un droit ; critiquer les religieux, et *a fortiori* les intégristes de toutes les croyances, fait partie d'une vieille tradition laïque voire anticléricale admise en démocratie ; la liberté d'expression est une valeur essentielle...

Inlassablement, durant plusieurs années, ensemble ou séparément, en compagnie d'autres amis, nous nous sommes efforcés, sans jamais céder aux intimidations, aux injures, à la calomnie et aux procès d'intention, de faire comprendre, animés par l'espoir – vain – de rassurer ceux qui entretenaient la confusion sciemment ou par ignorance en laissant croire qu'un dessin qui stigmatise des extrémistes musulmans viserait tous les musulmans. Ce que nous étions, en vérité, c'étaient plus que de simples amis : nous étions de véritables compagnons de route, animés par des convictions communes.

Depuis janvier 2015, j'ai l'impression d'avoir perdu un camarade de tranchée, car nous n'ignorions pas que, armés de nos simples crayons, propos, convictions, caméras et stylos, nous étions face à des tireurs embusqués qui rêvaient du jour où ils verraient nos corps déchiquetés sous leur mitraille ou tailladés par leur coutelas. Ils y sont arrivés avec lui. Y parviendront-ils avec moi ? La question me traverse régulièrement l'esprit et je ne m'en cache pas : je refuse cette idée. Même si la mort ne m'a jamais impressionné, elle est, à mes yeux, l'une des choses les plus banales qui soient ; je la refuse catégoriquement car je suis attiré par la vie que j'aime. Autant un djihadiste est enivré par sa propre barbarie, autant j'ai toujours vécu intensément, pour profiter de chaque instant. Et quand j'écris que la mort est la chose la plus banale qui soit, c'est parce qu'elle nous met à égalité avec la faune et la flore, les insectes et les microbes, les belles choses et les laideurs, les roses et les cactus. Nous ne sommes rien d'autre qu'un ingrédient – probablement l'un des plus importants (bien que cela reste à prouver) – parmi des millions d'autres ayant permis d'édifier ou de laisser s'édifier cet ensemble complexe que l'on appelle la galaxie, le monde ou la vie. Pourquoi serions-nous collectivement plus importants qu'une forêt ? Pourquoi, en définitive, ma vie aurait-elle plus de valeur que celle de n'importe quelle autre chose vivante ? Elle n'en aurait que si elle a un sens, poursuit un idéal, se met au service d'un collectif, son environnement immédiat d'abord, son cercle amical ensuite, l'humanité tout entière enfin. Pourquoi serions-nous si importants quand nous ne sommes pas capables de dépasser notre égotisme ?

Si Charb était beaucoup plus à gauche que moi, nous étions conscients de nos divergences, qui se dissipaient souvent autour d'un verre – pot durant lequel nous nous jetions volontiers des noms d'oiseau, je l'ai écrit –, ensuite, toujours, une nouvelle bataille nous rassemblait.

Plusieurs raisons m'ont donc poussé, ce 7 janvier 2015, à penser à Charb. Mais j'étais loin d'imaginer que Cabu, l'homme qu'on ne pouvait que respecter, que Tignous, l'humaniste grincheux, qu'Honoré, le très discret, que Bernard Maris et tous les autres étaient déjà tombés sous les balles de deux barbares.

Un proverbe algérien dit : « Ne ressent la brûlure de la braise que celui qui marche dessus. »

Près de vingt ans avant les attentats de Paris et la tuerie de *Charlie Hebdo*, le 11 février 1996, vers 15 h 10, je quittais les locaux du quotidien *Le Soir d'Algérie*[1], mon employeur de l'époque, en compagnie de Hocine Hadj Ali, mon rédacteur en chef d'alors, qui m'avait demandé de l'accompagner à une course. Une dizaine de minutes plus tard, un fourgon piégé,

1. *Le Soir d'Algérie* est un journal francophone algérien créé en septembre 1990 par Zoubir Souissi, Fouad Boughanem, Maamar Farah, Mohamed Bedrina et Djamel Saïfi.

contenant, nous dira-t-on, trois cents kilos de TNT, explosait, tuant sur le coup trois de nos collègues : le directeur de la rédaction, Allaoua Aït Mebarek, le chroniqueur Mohamed Dorbhane et le cruciverbiste Djamel Derraza, ainsi qu'une quarantaine de passants[1]. Je ne parle même pas des dizaines de blessés.

Quitter un lieu de façon banale ; quitter un lieu que l'on connaît par cœur ; quitter pour un instant mais en fait pour toujours des visages qu'on est certain de revoir ; puis revenir sur ses pas en titubant, convaincu d'y trouver la mort là où dix, quinze, vingt, trente minutes plus tôt se racontait la vie. Revenir sur le lieu d'un attentat n'est en rien banal. Cela marque à jamais, cela marque pour toujours. Deux fois plus que pour n'importe quel autre drame. Non qu'il faille hiérarchiser la douleur, mais il est évident que ce qui est causé de façon volontaire, voulue, réfléchie, pensée, décidée, élaborée, planifiée et exécutée n'a rien à voir avec les accidents de la vie.

Je ne cesserai de le répéter ensuite : un attentat n'est pas un accident. Ce n'est ni « la faute à pas de chance », ni celle du destin...

Ce n'est ni à cause de Dieu ni à cause du diable, mais bien par la volonté de l'homme, du terroriste, que ce type de sort arrive. Derrière un accident, il peut y avoir de la négligence, de la nonchalance, de l'irresponsabilité parfois, mais jamais une volonté de nuire, une préméditation voire une construction intellectuelle ou idéologique qui justifie le crime et lui trouve un caractère rationnel.

Je ne veux pas décrire la scène. En vérité, je ne peux la décrire. Ou, plus précisément, je ne sais comment le faire. Que dire sinon qu'il y avait des morts. Que des cadavres jonchaient la rue. Qu'on voyait des corps partout, certains littéralement coupés en deux.

Je ne veux pas inventer une histoire façonnée, reconstituée pour les seuls besoins d'un livre. Et j'écris ceci en toute sincérité, car je crois que ma mémoire a réellement refoulé certaines images, aujourd'hui éparpillées loin dans mon esprit. Je peux

1. Nous n'avons jamais connu le bilan réel et définitif.

les livrer pêle-mêle, mais serais incapable de les restituer dans une narration chronologique. Je me souviens d'une violente dispute avec un policier, lui-même blessé, parce qu'il me refusait l'accès aux lieux visés par l'attentat. Je me rappelle avoir vu les cadavres de deux collègues étendus à même le sol, qu'un survivant m'avait désignés. Tous deux couverts d'un tissu blanc ou d'un journal sur le visage. Je me souviens d'avoir violemment engueulé une photographe qui s'était approchée, probablement pour faire un gros plan du désarroi qui imprégnait mon regard. Que des personnes couraient partout. Certaines, je crois, en blouse blanche, ce qui me laisse penser qu'il s'agissait de médecins ou d'infirmiers. Je me souviens enfin d'avoir éclaté en sanglots et d'avoir blasphémé. Oui ! Je me rappelle avoir insulté Dieu. Ce fameux Allah au nom duquel certains s'autorisent à tuer. Je me souviens d'une consœur et amie, Houria Saïhi, qui travaillait à l'époque à la radio algérienne, aujourd'hui réalisatrice installée en France, qui me prit dans ses bras pour me consoler. Des fragments de souvenirs des événements immédiats ayant suivi l'explosion que j'essaie de rassembler comme on reconstitue un puzzle pour tenter de se remémorer les premières minutes post-attentat. Aujourd'hui, je peux le dire, je n'ai jamais été reconnu comme victime, je n'ai jamais été auditionné par la police, je n'ai jamais été reçu par un psychologue. Comme tous les rescapés, je pense. À l'époque des exactions perpétrées en Algérie, nous étions livrés à nous-mêmes. Le pouvoir a juste jugé utile de me doter d'un permis de port d'arme, à l'instar de plusieurs journalistes, universitaires ou avocats menacés. Comme réconfort et aide psychologique, on fait mieux.

Pourquoi ce 11 février 1996, outre des professionnels des médias, des citoyens vaquant à leurs occupations ont-ils eu la malchance, en ce jour de ramadan, de passer à proximité du lieu au moment où l'engin explosif s'apprêtait à déchiqueter les corps et à donner la mort ? Par quelle folie du hasard des vies basculent-elles ainsi ? Ce sont les mêmes questions que celles posées par les amis rescapés de *Charlie Hebdo*. Inutile d'essayer de comprendre pourquoi des journalistes, visés par l'attentat, quittèrent peu avant la déflagration ce qui allait devenir un lieu de désolation ou y arrivèrent en retard, alors que des passants, non concernés directement par l'opération criminelle, venaient rencontrer un sort dessiné par des tueurs fanatiques ? Absurdité du destin. C'est dire combien j'ai immédiatement compris, vingt ans plus tard, dans quel état pouvaient se trouver Luz, Patrick Pelloux ou Zineb, pour ne citer qu'eux et tous ceux qui vivront avec ce « complexe du rescapé ». Sans rien comparer, car, dans ces situations, rien n'est jamais comparable, mais personne ne peut imaginer le sentiment de celui qui devait être là et qui n'était pas là, de celui qui était là, mais qui a réussi à s'en tirer et de celui qui pense qu'il fallait qu'il soit là pour que l'atteigne le malheur ayant brisé ses amis. Être rescapé d'un attentat n'est pas un statut, c'est un fardeau. Une blessure invisible que peu de personnes savent détecter.

Depuis quatre ans, l'Algérie se trouvait à feu et à sang. Les attentats, les menaces, les explosions, les égorgements, la peur, le sang et les larmes représentaient le lot quotidien d'une société habituée à accepter, en dernier recours, cette fatalité.

Les professionnels des médias – et surtout les progressistes, les berbéristes et les francophones –, désignés par les tueurs islamistes tantôt comme des « apostats », tantôt comme les « agents » d'un pouvoir corrompu et corrupteur, faisaient partie, avec les forces de l'ordre, les universitaires, les intellectuels et les avocats, pour ne citer que ces corporations, des cibles pointées par l'hydre islamiste qui s'exprimait tantôt sous la dénomination AIS[1] ou GIA[2], tantôt MIA[3] ou FIDA[4].

1. Armée islamique du salut, considérée comme la branche armée officielle du parti islamiste algérien Front islamique du salut (FIS).

2. Groupe islamique armé, créé dès 1993 par plusieurs membres du FIS et d'anciens « Afghans », c'est-à-dire des islamistes algériens ayant pris part, au sein de la légion arabe, au cours des années 1980, au combat contre les Soviétiques en Afghanistan.

3. Mouvement islamique armé, premier groupe terroriste ayant été créé par des membres du FIS.

4. Front islamique pour le djihad en Algérie, groupe terroriste lié au FIS qui s'est spécialisé dans l'élimination des intellectuels, des journalistes et des universitaires.

Dans ce contexte, le pouvoir algérien prenait un plaisir malin et imbécile à harceler la presse en instrumentalisant la machine judiciaire, en poursuivant la moindre chronique et le moindre article jugés trop irrévérencieux. Parfois au nom de la situation sécuritaire, d'autres fois afin de « protéger » les « corps constitués » contre les « atteintes journalistiques », appellation usitée pour empêcher la critique d'un officier supérieur des services de renseignements, de la police ou de l'armée, voire d'un membre du gouvernement. Caricaturer un galonné pouvait être perçu comme une « atteinte à la sûreté de l'État », tout comme donner le bilan d'une opération antiterroriste ayant coûté la vie à des membres des forces de l'ordre. Impensable de démobiliser ou de démoraliser la troupe !

Subir des attentats est déjà, en soi, une situation dramatique. Mais peu de personnes peuvent concevoir ce qu'il en est d'être pourchassé par des terroristes dans un pays régi par des règles antidémocratiques. Imaginons, par exemple, le caricaturiste Luz emprisonné une année après les attentats de *Charlie Hebdo* en raison d'un dessin qui aurait déplu à François Hollande ou au chef des armées. Imaginons un rescapé de l'Hyper Cacher poursuivi abusivement, en 2016, par le fisc, parce qu'il aurait exigé que toute la vérité soit faite autour de l'attentat ayant failli lui coûter la vie. Pour un lecteur français, cela est difficile à visualiser, et pourtant ce fut le lot presque quotidien des Algériens au cours des années 1990 : le matin il fallait subir le pouvoir, sa violence, son administration, sa corruption et son caractère antidémocratique, et à la fin de l'après-midi, en zone rurale notamment, les terroristes qui sortaient, telles des hyènes en quête de nouvelles proies à broyer. Évidemment, l'un (le pouvoir algérien) ne valait pas les autres (les terroristes islamistes), mais les turpitudes d'un système de gouvernance illégitime et inique, son côté manipulateur et irresponsable, ajoutaient de la pression à la violence. Nous étouffions.

L'intelligentsia française, si prompte à juger, à condamner et à faire la leçon, ne perçoit pas un instant, aujourd'hui encore, combien il fallait ruser chaque seconde, slalomer pour exercer son métier de journaliste en Algérie, parvenir à braver les islamistes tout en contournant la surveillance du pouvoir. Personnellement, j'ai toujours assumé la position, là encore inadmissible en France, qui consiste à rappeler que, aussi corrompu et pourri soit-il, le pouvoir algérien ne saurait être mis sur le même pied d'égalité que les terroristes islamistes. Avec du recul, je vais essayer de prendre des exemples susceptibles d'établir ce distinguo et de mettre un certain bon sens dans l'esprit des contempteurs en tout genre : peut-on aujourd'hui raisonnablement mettre au même niveau le général égyptien Sissi et Daech ? Le premier est loin d'être un chantre des droits de l'homme ou un modèle de gouvernance démocratique, mais je préfère savoir les démocrates égyptiens vivants (ou même emprisonnés) pour mener un combat et faire évoluer la situation chez eux sous la gouvernance de Sissi que sous l'État islamique, voire sous une gouvernance des Frères musulmans. Car il y a de fortes chances, comme le prouve l'actualité, que sous des régimes théocratiques, les démocrates aient à négocier, non pas plus de liberté, mais leur propre vie.

Je vais essayer de m'en expliquer tout au long de ce livre : je ne suis pas de ceux qui considèrent que les dictatures représentent les meilleurs remparts contre l'islamisme, je pense même que, parfois, elles génèrent elles-mêmes de l'islamisme, mais je suis de ceux qui affirment que, face au terrorisme islamiste visant un territoire et une population, il est nécessaire de ne pas fragiliser les États qui le combattent, même si ceux-ci sont incarnés par des régimes peu recommandables. Parce qu'il y a un temps pour tout ! Un premier pour lutter contre les islamistes, un second pour batailler contre les autocrates et les dictateurs. Les deux ne sauraient être mélangés, sinon à entraîner la confusion et risquer le chaos, qui profite toujours aux premiers. En revanche, cette règle ne pouvait bénéficier à des dirigeants comme Kadhafi ou Assad, pour la raison que le premier avait l'intention, clairement assumée, de massacrer des populations opposées à son régime et que le second n'a pas hésité à tuer, y compris à l'arme chimique et au napalm, des dizaines de milliers de ses concitoyens. Aussi, dans les cas libyen et syrien, ce sont les régimes qui sont les premiers responsables du chaos. Ils l'ont instauré dans le seul but de créer un antagonisme avec l'islamisme, espérant ainsi susciter le soutien des puissances occidentales et les amener à légitimer les crimes contre les populations civiles. Le cas syrien est à ce titre éloquent.

Quoi qu'on puisse en penser, ce ne fut pas le cas du pouvoir algérien durant les années 1990 : là-bas les généraux ont agi davantage comme le maréchal Sissi que comme Kadhafi. Cela ne les rend pas moins antipathiques, mais même s'ils sont responsables, très certainement, de diverses exécutions extrajudiciaires et de manquements graves à l'éthique et au respect des droits de l'homme[1], disons que, dans le contexte, ils auraient pu agir de manière plus sauvage, avec une barbarie digne de celle d'un Bachar Al-Assad, ce qu'ils n'ont pas fait. On peut dauber des heures autour des thèses conspirationnistes ayant pollué la compréhension du dossier algérien durant les années 1990, mais il est essentiel de regarder ce sujet avec recul et d'avouer qu'il a été annonciateur de ce que nous vivons aujourd'hui.

Que s'est-il réellement passé ? J'exposerai plus loin les événements qui ont endeuillé mon pays d'origine durant plus d'une décennie, mais là il me faut les résumer ainsi : des terroristes islamistes avaient décidé de mettre l'Algérie à feu et à sang. Ce sont eux qui massacraient les populations civiles, tuaient la plupart des intellectuels et des féministes, soit pour punir les laïcs, soit pour réprimer les femmes opposées au voile. Ce sont ces mêmes terroristes islamistes qui exécutaient les cinéastes, les dramaturges, les écrivains, les journalistes et tous ceux qui montraient un quelconque attachement à la démocratie. Le pouvoir algérien, profitant de la confusion, a continué à magouiller pour faire durer le régime, se permettant au passage de le réguler en éliminant physiquement les personnes gênant les calculs stratégiques de caciques vieillissants, d'instaurer la corruption comme mode de fonctionnement et de liquider les

1. L'auteur a publié une enquête à ce sujet, l'une des rares investigations journalistiques qui relatent froidement la réalité du régime algérien : *Histoire secrète de l'Algérie indépendante*, Nouveau Monde, 2012.

terroristes de façon extrajudiciaire, se souciant par ailleurs très peu du sort des victimes de l'islamisme.

De fait, à l'époque, rarement un Président se déplaçait à l'enterrement d'un citoyen tué par les fanatiques. Parfois, si la personne était connue, un ministre, un préfet ou un maire participait aux funérailles. Les autorités pouvaient faire de temps à autre un petit effort lorsque des journalistes ou des personnalités médiatisées tombaient sous les balles de ceux qu'on appelait les « barbus[1] », mais généralement la solidarité et le soutien officiel s'arrêtaient là. Et cette schizophrénie sinistre, cet aveuglement s'éternisèrent.

Durant sept longues années, entre 1992 et 1999, comme tous les Algériens – car aucune famille ne fut épargnée –, j'ai perdu des proches. L'un d'eux fut assassiné parce qu'il refusait de payer « l'impôt » réclamé par les groupes d'islamistes racketteurs. Un autre, restaurateur, fut abattu pour avoir servi à manger à des policiers, des voisins, des amis d'enfance, des confrères, des collègues, etc. Durant sept longues années, j'ai moi-même failli perdre la vie aussi bien pendant l'exercice de mon métier qu'en raison de mes convictions, tant il suffisait, à l'époque, d'être journaliste pour se voir menacé de mort, ou, comme beaucoup de citoyens, parce que je me trouvais au mauvais endroit au mauvais moment. Et ce à quatre reprises que je ne pourrai oublier.

Une première fois en novembre 1994. Je m'étais rendu dans une mosquée à Kouba, le quartier de ma jeunesse, pour écouter et enregistrer discrètement le prêche du vendredi. Des sources m'avaient confié que ce lieu de prière, réputé pour recevoir des terroristes ou des sympathisants de djihadistes, était infesté de « barbus » du GIA. À la fin de l'office religieux, un islamiste – qui connaissait mon statut de journaliste – sortit,

1. À l'époque c'est ainsi que les Algériens appelaient les terroristes. En arabe *boulahya*, qui peut être traduit littéralement par « celui qui porte la barbe » ou « le barbu ».

sans crier gare, un couteau à cran d'arrêt en me traitant d'« espion » et de « mécréant ». Et se rua sur moi. Un moment de lucidité m'a aidé à esquiver le coup qu'il tentait de m'asséner devant tout le monde, et l'attroupement qui s'ensuivit m'a permis de me dégager et de m'éloigner vers la sortie. Même si j'avais été déjà injurié ou menacé par des adeptes de l'islam politique, c'était la première fois que je faisais l'objet à proprement parler d'une attaque à main armée. Sans doute mon côté bagarreur m'a-t-il permis de me sortir de ce mauvais pas. Depuis ma tendre jeunesse, même si je n'ai jamais été violent, recevoir des coups et en donner ne m'a jamais impressionné. Grandir dans un pays comme l'Algérie transforme chacun en guerrier, presque malgré soi. J'y reviendrai...

Ce jour-là, la plupart des fidèles, certains paisibles croyants, ne comprenant pas ce qui venait de se produire, ont cru à une banale bagarre (au nom du folklore local !) et ont fait barrage entre nous en expliquant à mon agresseur que deux « frères » ne devaient pas se disputer et certainement pas au sein de la mosquée. Dégageant ces moralisateurs, le « barbu » me poursuivit à l'extérieur. Mais des militaires postés en faction, devant le brouhaha, ont tiré en l'air, ce qu'ils faisaient régulièrement lors de l'état d'urgence dès qu'il y avait un attroupement, sans même comprendre les raisons de la cohue. La rafale a vite fait de disperser les badauds, et j'en ai profité pour m'éclipser et partir le plus loin possible.

Lorsque, quelques mois plus tard, je suis allé porter plainte auprès de la police pour des menaces de mort formulées dans un courrier anonyme trouvé dans la boîte aux lettres de mes parents, le commissaire, qui me connaissait personnellement, m'a vivement conseillé de faire une demande de port d'arme. Depuis mai 1993, une trentaine de journalistes avaient été assassinés et, durant le seul mois d'octobre ayant précédé mon agression, cinq d'entre eux (au moins) avaient été tués[1]. Mieux valait faire attention...

---

1. Mohamed-Salah Benachour, journaliste à l'agence officielle APS, Lahcene Bensaadallah, directeur du journal islamiste *El Irchad*, proche des Frères

Après quelques jours de réflexion, j'ai officialisé deux demandes de port d'arme aux deux institutions habilitées à délivrer des permis : une première adressée à la direction de la police nationale et l'autre destinée à l'armée. Le pouvoir algérien, ne pouvant assurer de protection aux personnes nommément menacées, avait préféré délivrer, au cas par cas, des autorisations de ce type, après enquête de moralité, à des journalistes, des universitaires ou des avocats hostiles au projet islamiste. Après examen de mon dossier, je reçus, moins de trois semaines plus tard et à quelques jours d'intervalle, deux pistolets automatiques : un Tokarev TT 33 de fabrication soviétique (que je me mis à cacher constamment sous mon oreiller dans une fente faite dans le matelas) et un Browning de fabrication belge que je portais sur moi à longueur de temps.

Actuellement encore, y compris en France, certains donneurs de leçons, qui n'ont probablement jamais songé que l'on pouvait, dans les circonstances de l'Algérie des années 1990 ou celles de la France d'aujourd'hui, mourir égorgé ou d'une balle dans la tête, ne comprennent pas comment un journaliste peut envisager d'utiliser une arme en situation de légitime défense. Comme si, lorsqu'on est journaliste, universitaire ou intellectuel engagé, on devait être condamné à finir en martyr ou à accepter l'idée de terminer décapité dans un fossé ! En acceptant le principe de détenir une arme, mon intention n'était pas de tuer qui que ce soit, sinon en situation d'extrême légitime défense (heureusement je n'ai jamais eu à le faire), mais de refuser la perspective d'un kidnapping avec égorgement

---

musulmans algériens, honnis par les membres du GIA, Kaddour Bousselham, que j'ai eu l'occasion de connaître personnellement une année avant sa disparition. Il était alors correspondant du journal *Horizons* à Mascara, et je l'avais rencontré lors d'un déplacement effectué dans sa ville. Nous avions alors gardé un lien épisodique jusqu'à quelques semaines avant son enlèvement par un groupe islamiste. Je l'avais vu une dernière fois en août 1994, deux mois avant sa mort, quand je m'étais rendu à Mascara, frappé alors par un violent séisme qui avait touché la région, y compris sa propre maison. Tayeb Bouterfif, journaliste à la radio et Farah Ziane, rédacteur en chef de la revue *Révolution africaine* ont été les deux autres journalistes tués lors de ce mois d'octobre 1994. Au total, plus de cent journalistes et collaborateurs des médias perdirent la vie durant les années noires que l'Algérie a connues à partir de 1992.

comme un mouton. Sort réservé à plusieurs victimes du terrorisme en Algérie. Ma réflexion était simple : avoir toujours une balle en plus dans la poche pour me suicider si je devais me retrouver dans une situation où, n'ayant plus de munitions, je risquais de me faire enlever !

Je sais que ce qui précède peut paraître surréaliste. Et c'est la raison pour laquelle jusqu'ici je n'avais jamais voulu en parler, sinon, en privé, avec quelques amis très proches. Si je me permets de raconter cela aujourd'hui aussi franchement, c'est parce que j'ose espérer que les intellectuels et les journalistes français, découvrant le terrorisme islamiste depuis janvier 2015, sauront faire preuve à mon endroit, après ces lignes, de compréhension voire de mansuétude. Eux qui ont le jugement facile et la condescendance aisée, toujours prêts à juger de ce qui est bien et mal, pour certains en magistrats autoproclamés de la bienséance et des élégances, comprennent peut-être désormais – du moins je l'espère – ce que les Algériens – et singulièrement les démocrates, féministes et laïques parmi eux – ont pu endurer tout au long des années 1990. Avec mille fois plus d'intensité, même si les situations ne sont pas comparables, que la pression qui pèse sur la France ou la Belgique depuis l'émergence de Daech. Je reviendrai par ailleurs plus loin sur ces armes qui me valurent un nombre incalculable de rumeurs et de ragots.

En janvier 1995, alors que je quittais un café situé à deux cents mètres du commissariat central d'Alger, un kamikaze a fait exploser son véhicule. Protégé par les piliers d'un immeuble, je ne sentis qu'une vibration qui, au début, m'avait fait croire qu'il s'agissait d'un tremblement de terre, fréquents en Algérie, avant de comprendre ce qui venait réellement de se produire. Le boulevard Amirouche, animé comme à l'habitude, s'est transformé en une fraction de seconde en véritable champ de ruines. J'ai alors essayé d'aider les personnes qui se trouvaient à côté de moi, notamment un monsieur d'un certain âge qui n'arrivait quasiment plus à respirer, plus en raison du choc psychologique subi qu'à cause d'un traumatisme physique.

Reprenant ses esprits, il ne pouvait s'empêcher de répéter inlassablement : « Ils sont devenus fous, ils sont devenus fous... »

Le temps de constater l'étendue des dégâts, de comprendre que je venais d'échapper à un attentat en tant que citoyen, il fallait que le journaliste tente de faire son métier. Je suis resté jusqu'en fin d'après-midi, discutant avec les rescapés et les policiers, qui sortaient hagards du commissariat central. Certains venaient de perdre leurs collègues. On pouvait détester la police, souvent brutale et au service d'un régime autoritaire, mais là je voyais des jeunes de mon âge, ou plus jeunes encore, qui subissaient ce que je subissais et qui étaient assassinés par ceux-là mêmes qui voulaient m'assassiner. Beaucoup se demandent pourquoi je n'étais pas alors aussi critique envers le pouvoir algérien que je le serai par la suite après l'arrivée de Bouteflika. Je m'en expliquerai là aussi en détail, mais d'ores et déjà je peux avancer trois éléments importants. *Primo*, même si je n'ai jamais porté les représentants du régime algérien dans mon cœur, je dois avouer, par honnêteté, que j'étais d'accord avec l'arrêt du processus électoral[1], comme beaucoup de militants démocrates laïques d'ailleurs qui, au lieu d'adopter l'attitude du « ni-ni » – ni pouvoir ni islamistes –, préférèrent assumer leurs responsabilités historiques : entre un pouvoir antidémocratique et un système théocratique et totalitaire, ils ont préféré se concentrer sur le nécessaire combat à mener contre les islamistes. Ils ont choisi le moins pire. Je crois d'ailleurs que l'histoire a (malheureusement) donné raison à ceux qui ont décidé de lutter prioritairement contre les islamistes. Imaginons un grand pays comme l'Algérie, tombé « démocratiquement » entre les mains des adeptes de Ben Laden et d'Abdallah Azzem[2]

1. En décembre 1991, les islamistes avaient remporté le premier tour des élections législatives. Le pouvoir, soutenu par une partie de la société civile et des médias, avait alors décidé d'annuler ces élections et de dissoudre le parti islamiste victorieux, Front islamique du salut. J'étais en total accord avec cette décision. Et je ne le regrette pas.

2. Abdallah Azzem fut le mentor d'Oussama Ben Laden et le fondateur, en Afghanistan, de la légion arabe durant les années 1980 lors de la guerre contre les Soviétiques. D'origine palestinienne, il est resté une référence idéologique majeure pour les groupes djihadistes.

ou des continuateurs de la pensée de Sayyed Qutb[1] ! Le salafisme, logique majoritaire au sein du FIS, aurait incontestablement fini par générer une sorte de Daech avant l'heure, installé à une heure d'avion des côtes françaises, espagnoles ou italiennes. *Secundo*, durant les années 1990, le pouvoir algérien étant le seul rempart armé contre le danger islamiste, la fragilisation de celui-ci allait inévitablement bénéficier aux islamistes, déstabilisation que certains apprentis sorciers, à l'intérieur comme à l'extérieur des frontières, souhaitaient froidement et sans état d'âme, espérant probablement une « somalisation » ou une balkanisation du pays. Je refusai d'être de ceux-là, même si, dans une large frange de la presse française, il était de bon ton de se montrer critique envers le pouvoir et assez compréhensif envers les islamistes, présentés quasiment comme des victimes. On oublie de le rappeler aujourd'hui : nombre de journalistes hexagonaux n'hésitaient pas à avancer des thèses conspirationnistes similaires à celles véhiculées dorénavant sur Internet et qui, en substance, laissaient croire que les groupes terroristes n'existaient pas, qu'il s'agissait d'une création des services spéciaux algériens, coupables de massacrer les civils. Ce genre de logiques farfelues faisait parfois les programmes en *prime* de certaines chaînes de télévision ou les unes de journaux réputés sérieux. *Tertio*, je tiens à préciser simplement que, lorsque l'on est soi-même, ou à travers sa corporation professionnelle, la cible des islamistes, on est propulsé malgré soi d'observateur neutre à acteur engagé. On perd, à l'évidence – et cela est normal –, de sa froideur et de sa distance. *Libération* ne pouvait pas être « neutre » entre *Charlie* et Kouachi ! Comme je ne pouvais pas être neutre entre le GIA et mes proches massacrés.

En tout état de cause, j'assume donc totalement, comme je l'ai toujours fait, mes convictions anti-islamistes. Et d'ailleurs, ainsi que je l'ai déjà signalé, ces derniers, je ne les combats pas parce qu'ils me ciblent ; la vérité, c'est l'inverse : eux me ciblent

1. Sayyed Qutb est un idéologue des Frères musulmans égyptiens. Il est l'un des plus grands théoriciens des thèses djihadistes contemporaines. Il a été condamné à mort et exécuté en 1966 par le régime de Gamel Abdel Nasser.

car j'ai toujours estimé que leur dangerosité intrinsèque, consubstantielle à leur idéologie, devait nous conduire à nous engager, à la fois individuellement et collectivement, contre ce qu'ils représentent avant même qu'ils nous visent, tant un jour ou l'autre, de toute manière, ils nous viseront.

Une année après l'attentat du boulevard Amirouche, j'ai aussi vécu celui du *Soir d'Algérie*. Drame qui me suivra tout au long de ma vie.

Donc, si la douleur du 11 février 1996 est toujours vivace en moi, c'est en raison de la perte d'amis et confrères, mais aussi à cause du choc que l'on éprouve en découvrant de telles scènes de désolation. Des faits auxquels s'ajoute une donnée qu'on ne peut saisir sans l'avoir vécue : la douleur hideuse de la souffrance des autres.

Ayant été l'un des rares, ce jour-là, à s'être sortis du drame sans une égratignure physique, j'avais été chargé par mes collègues de me rendre à la morgue pour essayer d'identifier certaines personnes de connaissance. Dans la confusion générale ayant succédé à l'explosion, des collègues avaient disparu. Ils ne faisaient pas partie de ceux retrouvés morts sous les gravats ni parmi les blessés. Les ambulances se succédaient pour emmener les victimes. Certains confrères, sous le choc, étaient simplement rentrés chez eux pour rassurer leurs proches et s'éloigner de cette scène de guerre. Mais impossible de le savoir à une époque où le téléphone portable était peu répandu et réservé à quelques nantis.

Je pénétrai donc dans une morgue pour la première fois, démarche que je ne souhaite à personne, surtout dans ces conditions. Être obligé d'enjamber les cadavres, de supporter cette odeur fétide si particulière et indescriptible qui vous colle aux narines plusieurs semaines, de voir du sang partout et de scruter ces regards vides ou éteints pour tenter d'en identifier les familiers, quelle épreuve ! Là, on s'aperçoit qu'on reconnaît davantage quelqu'un à son habillement qu'au visage quand la mort est aussi violente. Là, des têtes défigurées pour certains, grimaçantes pour d'autres, traduisent la douleur ayant accompagné l'agonie. Ailleurs, d'autres cadavres paraissent plus paisibles, comme endormis, surpris certainement par une mort trop brutale ne leur ayant pas permis de comprendre ce qui arrivait. En les découvrant, je songe alors à la violence de l'explosion, déflagration qui nous avait fait sursauter alors qu'avec le rédacteur en chef nous étions déjà à quelques centaines de mètres du lieu du drame. Finalement, après avoir fait le tour de la morgue, je n'avais pas identifié d'autres dépouilles que celles dont on connaissait déjà le triste sort.

À l'issue de cette épreuve, je suis revenu à la maison de la presse, le site qui accueillait l'ensemble des journaux privés, nés au lendemain d'une « ouverture démocratique » opérée en 1989 qui permettait la création de publications indépendantes du pouvoir exprimant d'autres lignes éditoriales. Le doyen de ces « journaux indépendants » était précisément *Le Soir d'Algérie*, première cible de l'attaque terroriste, avec *Le Matin*, *El-Watan* et *El-Khabar*, quatre organes alors considérés comme les plus résolument opposés au projet islamiste.

Vers 17 heures, deux heures après le drame, quelques collègues et moi nous sommes organisés pour que certains aillent annoncer la mauvaise nouvelle aux familles des victimes afin d'éviter que celles-ci ne l'apprennent par un simple appel téléphonique des autorités ou par voie de presse. La télévision et les radios, ainsi que plusieurs médias étrangers, avaient déjà dépêché leurs équipes, qui disposaient toutes des noms des journalistes tués dans l'attentat. Avec l'un des actionnaires du journal, M. Bedrina, nous fûmes désignés pour alerter l'épouse de notre chroniqueur Mohamed Dorbhane, qui habitait à Reghaïa, dans la banlieue d'Alger, à vingt-cinq kilomètres du siège du journal.

Je n'ai jamais raconté publiquement et dans le détail comment les choses se sont déroulées. Ce jour-là a commencé normalement. J'avais été chargé, par Allaoua Aït Mebarek, le directeur de la rédaction, de préparer un avant-papier sur la grève qu'allaient déclencher, trois jours plus tard, les employés de « Michelin Algérie » et de m'intéresser aussi à un attentat qui avait frappé le quartier de Bab El Oued le matin même. Tout se passait comme à l'accoutumée : j'étais assis à la place qu'occupait habituellement, dans l'*open space* de la rédaction, le responsable de la rubrique sportive, dos contre le mur, juste sous la fenêtre qui donne sur l'artère principale, baptisée rue Hassiba Ben Bouali, du nom d'une combattante de la guerre de libération. À 14 h 30, Hocine Hadj Ali vint me voir et me demanda de sortir avec lui. Au départ, j'ai refusé, arguant que j'avais beaucoup de travail. Il a insisté. Plus qu'à son habitude. C'était mon rédacteur en chef, mais aussi un ami avec lequel j'étais très complice. Faisant sans cesse les allers-retours entre son bureau et la rédaction, me demandant à chacun de ses passages de partir avec lui, il a fini par me convaincre. Je pris mes affaires vers 14 h 50 et les mis dans ma petite serviette. En quittant les locaux du journal, tout en chahutant avec certains collègues, je vis Mohamed Dorbhane entrer avec ses courses. L'odeur du pain chaud qu'il venait d'acheter attira mon attention. En plaisantant, j'ai voulu le lui prendre. Il me lança : « Non, c'est pour ma femme et mes enfants », avant de me pousser en rigolant et en ajoutant cette phrase que je n'oublierai jamais : « Dégage, pour que je prenne ta place ! » Et il s'assit sous la fenêtre à l'endroit même où je me trouvais une minute auparavant. À 15 heures, ce 11 février 1996, il faisait beau, on plaisantait entre collègues, je dirais même qu'il y avait une atmosphère particulière et une certaine bienveillance entre les uns et les autres, ce qui n'était guère habituel même si l'ambiance était souvent assez agréable. En m'éloignant du siège du journal aux côtés de Hocine Hadj Ali, j'étais loin de penser que nous nous écartions de la mort.

Sans le savoir, mon rédacteur en chef m'a sauvé la vie, et sans le savoir, Mohamed Dorbhane s'est installé à quelques mètres de l'endroit où deux terroristes venaient de garer un fourgon piégé.

C'est la raison pour laquelle, considérant que j'avais un devoir envers lui, j'ai accepté d'aller annoncer le drame à son épouse. Tout au long du trajet, Mohamed Bedrina, qui conduisait, et moi-même sommes restés totalement silencieux, incapables d'émettre le moindre son. Alors que nous étions sur une autoroute, curieusement désertée de ses usagers habituels probablement rentrés chez eux à quelques minutes de la rupture du jeûne, en ce jour de ramadan, au loin, sur une voie rectiligne, je commençai à distinguer des formes humaines. Je compris très vite qu'il s'agissait d'un barrage de la gendarmerie. J'ai mis un moment en revanche à me rendre compte que le conducteur ne ralentissait pas alors que nous nous approchions des forces de l'ordre à une vitesse excessive. Perdu dans mes pensées, probablement tout comme Mohamed Bedrina, je ne m'étais pas rendu compte qu'il allait foncer dans le barrage. En une fraction de seconde, je vis l'un des gendarmes prendre sa kalachnikov, l'épauler et la diriger vers nous, alors que nous étions à près de trois cents mètres. J'ai alors crié : « Freine ! Freine ! Freine ! », tout en levant les mains pour essayer de rassurer le gendarme afin qu'il comprenne que nous n'étions pas armés. Il y avait très souvent des accidents au niveau des barrages. Des militaires ou des policiers, trop nerveux, tiraient souvent sur des conducteurs étourdis. Les forces de l'ordre, étant régulièrement la cible des tirs de terroristes, se trouvaient par conséquent constamment sur le qui-vive. Il nous arrivait d'apprendre que les moins expérimentés, le doigt sur la gâchette, lançaient une rafale au moindre doute. C'est pourquoi les conducteurs se montraient eux-mêmes très tendus en parvenant à proximité des barrages routiers.

Ce jour-là, sans jamais lâcher le gendarme des yeux, j'entendis le crissement des pneus sur l'asphalte. Le véhicule s'est finalement immobilisé, comme par miracle, à hauteur des pandores qui, tout en comprenant que quelque chose n'allait pas, nous considéraient d'un air interrogatif. Habituellement agressives, les forces de l'ordre firent preuve, ce jour-là, d'une grande compréhension. Le plus gradé baissa la tête à mon niveau, nous observa d'un air inquiet en voyant que le conducteur avait enfoui son visage dans ses mains : « Que se passe-t-il ? » me questionna-t-il.

Je lui ai expliqué ce qui était arrivé en tendant ma carte de presse. Il répondit d'un ton grave : « Oui, nous avons appris cela à travers les ondes », en me désignant son talkie-walkie qui continuait de crépiter. Il nous a alors interrogés sur l'étendue des dégâts. Je lui ai résumé la situation en une phrase : « C'est un carnage. »

Le gendarme eut un geste de dépit et, tout en nous souhaitant bonne route, il me regarda dans les yeux et me lança : « Ce pays est foutu ! »

J'ai hoché la tête pour lui signifier que non seulement il n'avait pas tort, mais qu'en plus je partageais son point de vue.

M. Bedrina avait quelque peu repris ses esprits. J'ai décidé de lui parler de tout et de rien pour qu'il se concentre sur sa conduite. Il ne voulait pas me laisser le volant de sa voiture. Quelques minutes plus tard, nous nous arrêtions devant le domicile de notre défunt collègue. Je sentis mes membres inférieurs me lâcher. Malgré tout, je convoquai toutes mes forces et sortis du véhicule. J'avais préparé, durant le trajet, les mots à prononcer devant l'épouse de Mohamed Dorbhane, que je n'avais jamais rencontrée auparavant : « Bonjour, madame, je suis désolé de vous apporter une mauvaise nouvelle. Nous ne voulions pas que vous l'appreniez par la télévision, mais Mohamed est mort dans un attentat qui a visé le siège du journal. Je vous présente mes sincères condoléances. » J'avais donc décidé, moi, l'oiseau de mauvais augure, de dire le strict minimum avant de prendre congé.

En approchant de la porte, je vis Mohamed Bedrina fondre en larmes en posant une main contre le mur. Malgré ce moment très difficile, je pris mon courage à deux mains, retins mon souffle et appuyai sur la sonnette. J'ai attendu un bon moment. Bien entendu, dans de telles situations, les choses ne se passent jamais comme prévu. Le temps s'écoulait lentement. Cela paraissait interminable. Au moment où je m'apprêtais à sonner une seconde fois, la porte s'ouvrit. Apparut un enfant d'une dizaine d'années, le fils de Mohamed Dorbhane. Totalement déstabilisé, je lui ai lancé une phrase que je n'arrive toujours pas à m'expliquer, plus de vingt ans plus tard : « Bonjour, ton père est là ? Je travaille avec lui. »

Il me répondit par la négative et annonça qu'il allait appeler sa mère. En regardant derrière moi, je vis M. Bedrina chuchoter avec un homme. Un voisin de palier qui, très vite, est entré chez lui pour appeler son épouse. Celle-ci est sortie immédiatement. Au même moment, Mme Dorbhane a ouvert sa porte, suivie de son fils.

Elle nous a dévisagés tous les quatre sur le palier et a compris. Elle avait écouté les informations à la radio et savait qu'une bombe avait pulvérisé le siège du *Soir d'Algérie*. Elle avait cherché à appeler le journal, mais évidemment personne ne lui avait répondu. Elle m'a regardé et a prononcé : « Il est mort ? » J'ai simplement hoché la tête en baissant les yeux avant que sa voisine la prenne dans ses bras pour la consoler. Je lui ai présenté mes condoléances en évitant soigneusement le regard de son fils. J'espère qu'il m'a pardonné, ainsi que les autres membres de la famille, d'avoir été le porteur de la mauvaise nouvelle.

Par la suite, sans savoir pourquoi, alors que j'avais modestement participé à le faire renaître aux côtés de toute la rédaction, je ne supportai plus le journal. J'ignorais en fait que je vivais un syndrome post-traumatique, qui ne sera diagnostiqué que des années plus tard. Je me suis longtemps refusé à reconnaître cette réalité. Probablement par fierté, tant il était hors de question d'admettre ces moments de faiblesse et d'avouer que j'avais mal partout chaque matin au réveil ; tant il était impensable de souscrire à l'idée que cette journée du 11 février 1996 me hantait, que je rêvais régulièrement des morts vus à la morgue, qu'au moins une fois par an je revivais l'attentat au cours d'un cauchemar qui me réveillait en sursaut et parfois même en sueur ; tant il était inenvisageable de convenir que je culpabilisais d'avoir annoncé la mauvaise nouvelle à cette épouse et à ces enfants qui attendaient le retour de leur père et qu'après l'attentat, quand des personnes et des collègues tentaient de se reconstruire, chacun à sa manière, moi je ne voyais chez eux que déni et lâcheté. La révolte qui m'habitait depuis mon plus jeune âge s'était démultipliée. Alors j'ai compris qu'il fallait s'engager encore davantage, non seulement contre l'islamisme, mais contre tous les totalitarismes, tous les fascismes et toutes les logiques haineuses. Il fallait de surcroît, quoi qu'il advienne, assumer l'insoumission, partout où on essayait de me domestiquer et de me dicter mes idées, mes opinions ou mon expression.

J'observais aussi, sans pouvoir me l'avouer, que quasiment tous les journalistes algériens, moi compris, avions sombré dans un alcoolisme mondain. Si les islamistes ressentaient le besoin de circuler un Coran à la main, nous affirmions, d'une certaine manière, notre identité de laïcs, d'athées ou tout simplement de démocrates opposés au projet islamiste en exhibant fièrement une bouteille d'alcool. À chacun sa croix. En ce qui me concerne, j'eus mon année d'alcoolisme. Je buvais quasiment tous les jours. Non ! En vérité, je buvais tous les jours ou au moins six jours par semaine.

Au réveil, il m'arrivait de prendre d'abord un café, avant de me lancer à jeun dans la consommation effrénée d'une série de bouteilles de bière qui avaient pour mission de me mettre de « bonne humeur » jusqu'à l'heure du déjeuner. L'après-midi, j'alternais bière et vin rouge, souvent de qualité médiocre. Ensuite, le soir, je passais au whisky – du Johnny Walker, notre breuvage préféré à l'époque – jusque tard dans la nuit. Le lendemain, rebelote. Le tout agrémenté de deux, voire trois paquets de cigarettes.

Ce rythme fut le mien entre 1996 et 1997. C'est en rencontrant celle qui allait devenir mon épouse et la mère de mes enfants[1] que j'ai renoncé à ce mode de vie. J'ai commencé à me reconstruire progressivement en faisant des projets, à essayer d'instaurer un équilibre entre vies professionnelle, sentimentale et engagement. Comme beaucoup de mes camarades, même ceux qui refusent aujourd'hui encore de l'avouer, probablement pour faire un doigt d'honneur aux hordes barbares qui

1. Je fais le choix de ne pas en dire plus sur ma vie privée. D'abord, parce qu'il s'agit d'un ouvrage relatant mes engagements idéologiques, ensuite, au regard du contexte sécuritaire qui est le mien, parce qu'il ne serait pas responsable d'exposer mes proches. Enfin, une vie privée doit demeurer dans la sphère privée même pour un personnage public. Je veux, toutefois, leur rendre hommage, les remercier de leur soutien et m'excuser des désagréments que je leur ai causés jusque-là en raison des choix qui sont les miens et des conséquences de ceux-ci.

voulaient nous empêcher de vivre, nous avions l'impression, en choisissant cette transgression aux règles islamiques dans un pays conservateur mais ô combien hypocrite, d'en découdre avec le Dieu des islamistes lui-même. Et, comme pour mieux s'armer en perspective de la confrontation, il fallait assumer la gasconnade face à l'interdit et le blasphème. Alors que, jusque-là, je respectais la religion et les religieux, sans être moi-même véritablement porté sur la chose et même si ma foi – comme je l'expliquerai plus loin – a toujours été un grand chantier abandonné, je suis devenu un blasphémateur assumé, n'hésitant pas à envoyer balader tous ces bigots qui, sans sombrer dans la folie meurtrière des tueurs du GIA, m'expliquaient que ceux-là avaient parfois raison de décapiter. Un peu comme ces salauds qui, aujourd'hui, cette fois en France, sans avoir la conviction d'un adepte de Daech ou d'Al-Qaïda, tenteront de vous expliquer qu'en définitive les frères Kouachi ou Amedy Coulibaly n'avaient pas totalement tort en agissant comme ils l'ont fait, la plupart de leurs victimes étant soit des journalistes blasphémateurs, soit des policiers, soit des Juifs !

Zoubir Souissi, un ami avec lequel je suis toujours en contact, dirigeait le *Soir d'Algérie* à l'époque de l'attentat. Il décida de me licencier six mois après le drame parce que je devenais insupportable avec l'ensemble de la rédaction, insultant les uns et les autres, y compris les patrons du journal, ne concevant pas comment on pouvait continuer de vivre normalement et de publier un quotidien alors que nos collègues, en plus des autres victimes, avaient, eux, perdu la vie. Dans un pays où n'existait aucun dispositif pour les rescapés, plusieurs personnes, y compris des amis proches ou des membres de ma famille, ne comprenaient pas comment je pouvais me retrouver dans un tel état psychologique. En vérité, j'étais complètement perdu et personne ne se souciait de ce que je ressentais. Je n'avais même pas la possibilité de parler. Je me réfugiais, selon les situations, soit dans le silence, soit dans l'humour et l'autodérision. Quand j'essayais d'exprimer ma douleur, y compris à certains proches, on me rétorquait avec une incroyable indécence : « Estime-toi heureux, arrête de te plaindre, tu es vivant. »

Ou alors, dans un pays où des civils mouraient par milliers, on me conseillait d'être moins virulent à l'égard des islamistes, voire d'arrêter le journalisme. Comme si le renoncement allait me garantir une quelconque sérénité ou la vie éternelle !

Hourra, j'étais vivant dans un pays où tout le monde mourait. Il fallait que je me taise et que j'attende mon tour patiemment pour être reconnu enfin comme une victime. Je sentais tous les jours que, en fait, on ne devenait victime du terrorisme qu'une fois mort.

En septembre 1996, je fus donc licencié du *Soir d'Algérie* et, une heure plus tard, recruté par la concurrence. Et quelle concurrence ! Je passai de l'un des journaux les plus indépendants du pays à celui du général Mohamed Betchine, l'un des plus affairistes et l'un des galonnés les plus puissants du moment. Cet ancien patron des services de renseignements devenu, dans l'intervalle, conseiller spécial du président Liamine Zeroual – tout en lorgnant le fauteuil présidentiel –, était une sorte de beauf arriviste, faiseur de roi, qui dirigeait le journal à travers son gendre.

J'ai accepté la proposition, car je devais seulement être chargé du traitement de l'information dite sécuritaire. En d'autres termes, je ne devais m'intéresser qu'aux questions du terrorisme islamiste.

C'est ainsi que, quelques semaines après mon recrutement, je fus envoyé dans le village de Bouderbala, situé sur les hauteurs de Lakhdaria (ex-Palestro), à soixante-quinze kilomètres au sud-est d'Alger, pour un reportage consacré à un groupe d'autodéfense créé par un ancien maquisard du temps de la guerre d'Algérie (appelée par les Algériens : Guerre de libération nationale). Durant la réalisation de ce travail journalistique, j'ai failli, ainsi que le photographe qui m'accompagnait, perdre la vie, une fois de plus, car nous sommes tombés dans une embuscade islamiste alors que nous visitions l'un des monts du massif de Zbarbar, situé à un peu moins de mille mètres d'altitude, connu à l'époque pour être un fief terroriste. Après un accrochage de plusieurs heures, les villageois ont réussi à tuer trois terroristes et à en appréhender vivant un quatrième. De notre côté, il n'y eut que quelques blessés. Ce jour-là, je fus content de me savoir capable de me servir d'une arme, même si je n'eus pas l'occasion de l'utiliser, les villageois ayant tout fait pour nous protéger mon collègue et moi, au péril de leurs vies. J'entendais les balles siffler à proximité et même, parfois, atterrir sur le fossé derrière lequel nous nous étions abrités. De cette aventure, j'ai pu tirer un reportage publié en deux parties qui fit fureur, puisque des dizaines de milliers d'exemplaires furent écoulés en quelques heures seulement, mais, surtout, réaliser une interview exclusive du prisonnier islamiste.

Le chef du groupe d'autodéfense m'avait autorisé à discuter avec lui tout au long de la nuit en face à face dans un garage. Il y avait deux gardes armés à quelques mètres de nous, mais à aucun moment ceux-ci ne se sont mêlés de notre discussion et à aucun moment le prisonnier n'a été entravé. Il était d'ailleurs surpris du traitement qui lui avait été réservé. L'un des villageois m'avoua discrètement que notre présence avait permis à l'islamiste de ne pas passer un mauvais quart d'heure, les villageois se « lâchant » habituellement sur leurs prisonniers avant de les remettre à l'armée. Ils racontaient en riant que c'était une manière de les attendrir afin que l'interrogatoire mené par les forces de l'ordre soit plus simple. Bien sûr, dans mon article, ce genre d'information ne pouvait être inséré qu'entre les lignes. Nous étions nombreux, au sein de la rédaction, à profiter de la faiblesse intellectuelle du dirigeant du journal pour glisser quelques insinuations, parfois y compris contre le propriétaire lui-même. Plusieurs d'entre nous avaient une réelle maîtrise de la langue française, de ses subtilités et de ses nuances. Nous nous permettions donc quelques piques en les faisant passer pour de la « critique constructive », terme anesthésiant généralement ceux que vous comptez descendre en flammes en leur faisant croire que vous ne leur êtes pas hostile. Il s'agissait d'une expérience inédite, parce que c'était la première fois que je voyais quasiment toute une rédaction, vouant un terrible mépris aux premiers responsables de la publication, s'efforcer de faire son travail en défendant à la fois les grands principes démocratiques et en agissant – au quotidien – de façon professionnelle. En somme, entre deux éditoriaux obséquieux, rédigés par les proches de la direction, on s'organisait, sans nous concerter, pour entretenir une ligne aux antipodes de ce que représentait le principal actionnaire.

Mon expérience algérienne fut, on le voit, excitante parce que rien n'était simple. Il n'y avait pas de routine. Entre les tueries, les menaces islamistes, les procès intentés par le pouvoir, les affaires de corruption et les difficultés rencontrées par la presse, sans oublier notre vie de citoyens pour le moins pénible, il fallait tous les jours trouver le moyen de rester vivant, de ne pas aller en prison, de s'amuser, de travailler, de gagner sa vie et de faire son métier convenablement. Tout un programme !

Le lendemain de mon interview avec l'islamiste arrêté, le chef du secteur militaire, un colonel, vint récupérer le détenu. Il entra dans une colère noire en voyant qu'un journaliste avait discuté avec le terroriste avant lui. J'ai tenté de minimiser, mais cela ne l'a pas empêché de sermonner le chef du groupe d'autodéfense.

En vérité, cette interview restera comme la plus longue de ma carrière : douze heures d'entretien avec un islamiste que je résumerai, quelques jours plus tard, en deux pages, sur les colonnes du quotidien *L'Authentique*.

En relatant ces épisodes durant lesquels j'ai failli perdre la vie, je passe sur d'autres où j'aurais également pu y rester.

D'abord un barrage terroriste, que l'on appelait à l'époque « faux barrage », du côté de Larbaa, près d'Alger, où je fus rapidement interrogé par un tueur du GIA. J'étais parti chercher une pièce de rechange pour ma voiture. Grâce à la barbe qu'il m'arrive de laisser pousser et qui a souvent trompé mes interlocuteurs sur mes convictions, je me suis retrouvé à plaisanter avec le terroriste, muni d'un fusil à canon scié, tout en lui laissant croire que j'étais, philosophiquement parlant, de son côté.

Ensuite, il y eut un homme suspect qui se dirigea vers moi, en plein centre d'Alger, près de la Casbah, avec une hostilité manifeste, mais que j'ai fait fuir en sortant mon arme alors qu'il avait, de son côté, la main dans la poche de son blouson. Même s'il était armé, je ne saurai jamais, en raison de la confusion générale qui régnait à l'époque et du nombre d'armes qui circulaient, s'il s'agissait d'un terroriste s'apprêtant à m'assassiner ou d'un simple délinquant venu m'agresser pour me voler. Chose courante à l'époque dans ce quartier.

Bref, autant d'histoires surréalistes pour un lecteur français, mais que toute personne ayant vécu en Algérie en ces années-là a probablement connues. Parfois en pire ! Les gens l'ignorent, mais je n'oublie pas de rappeler que l'on trouvait parfois des têtes décapitées accrochées sur les panneaux de circulation et des cadavres au milieu des routes. Oui ! Quelquefois, dans la banlieue d'Alger, en plein jour, un panneau signalant un sens interdit était remplacé par une tête. Des images que l'opinion publique internationale allait découvrir seulement plusieurs années plus tard sur des photos provenant de Raqaa en Syrie ou de quelques villes irakiennes tombées entre les mains de Daech.

Toujours est-il qu'en octobre 1999, trois années après le drame du *Soir d'Algérie*, je choisis de quitter définitivement mon pays natal et de m'installer en France, persuadé que le terrorisme islamiste relèverait du fléau qui allait désormais faire partie du passé. Au pire allait-il juste habiter certains de mes cauchemars. Je croyais que je n'aurais plus jamais à jouer à l'oiseau de mauvais augure ni à être celui devant annoncer aux proches d'un ami ou à l'épouse d'un collègue la disparition d'un être cher. Je pensais que je n'aurais plus à enterrer des confrères tombés sous les balles de salafistes ou les explosions de bombes confectionnées par des illuminés se réclamant de l'islam. Et, surtout, j'étais loin d'envisager que, plus de deux décennies après le déclenchement de la guerre civile algérienne, il me faudrait continuer à craindre pour ma vie, pour celle de mes proches, et être contraint de regarder constamment autour de moi comme si je devais éternellement avancer en semi-liberté, presque en clandestinité.

Mais, en janvier 2015, un trio de criminels fanatisés, assoiffés de sang et abreuvés d'une idéologie mortifère, m'a démontré que mon sort – comme celui de la France, ce pays devenu aussi le mien – était probablement scellé à cette folie meurtrière s'exprimant au nom de la religion de mes ancêtres. Ce 7 janvier 2015, lorsque j'apprends ce qui vient de se produire dans les locaux de *Charlie Hebdo*, des sentiments contradictoires s'entrechoquent dans ma tête.

D'abord, sur le moment, je suis étonné de constater à quel point je demeure serein. Presque impassible. L'effet de surprise n'a pas joué. Comme si j'étais préparé ou conditionné à apprendre une telle nouvelle, propulsé dans un état de sidération, sans réelle réaction, sans montrer de véritable émotion. Avant de connaître le bilan, j'ai compris qu'un carnage venait de se produire. Pourtant, loin d'être de nature pessimiste, je m'étonne d'envisager le pire. Mais je le sais : un drame est arrivé. Celui que nous étions quelques-uns à redouter. Convaincu que mes amis, notamment Charb et, peut-être, Tignous, ceux que je fréquentais le plus, ont enduré quelque chose de très grave, je me refuse à leur téléphoner comme si je savais déjà qu'ils ne sont plus là ou comme si je voulais retarder l'instant d'avoir la confirmation de leur disparition.

Comme je l'ai déjà expliqué, j'ai préféré appeler Laurent Muller, l'un de nos amis communs, pour lui dire que des tireurs avaient ouvert le feu dans les locaux du journal satirique. Il essaie de me rassurer. En vain !

Lorsqu'il me rappelle vers 12 h 30 pour m'annoncer que Charb ne répond pas au téléphone, je lui annonce que notre ami fait partie, avec Cabu, des nombreuses victimes. Probablement douze ! m'a-t-on annoncé. En effet, un coup de fil a, entre-temps, confirmé mes craintes, avant qu'une autre conversation téléphonique avec une source policière vînt m'apporter quelques détails supplémentaires et le bilan définitif.

J'éprouve un sentiment de déjà vécu ! C'est la raison pour laquelle, lorsque plusieurs connaissances m'appellent pour m'inviter à les rejoindre sur les lieux de l'attentat, je refuse de m'y rendre afin d'éviter de revoir ces images : celle des ambulanciers allant au secours des blessés, constatant le décès des corps inanimés, et celles des policiers à l'air grave figeant la scène de crime, des proches apeurés craignant d'apprendre le pire, des compagnes éclatant en sanglots, des amis déchirés par la douleur... autant de scènes que je connais par cœur, vues et revues à plusieurs reprises. Et je ne veux pas donner, à travers ces lignes, l'image de l'homme suffisant et endurci qui, au cours de son existence, de sa carrière professionnelle, aurait tout vu. Au contraire, je n'ai rien vu, sinon l'horreur, et ce que j'ai pu vivre suffit à me renseigner sur cette calamité qu'est le terrorisme. Je ne veux pas en voir davantage, ni vivre plus de désolation. Ni même savoir que d'autres que moi vivent le millième de ce que j'ai pu endurer, sachant que ma propre expérience n'est rien aujourd'hui devant celle d'un démocrate en Syrie ou en Irak, par exemple, qui a à subir le joug de Daech.

La mort est un fait violent. La perte d'un être cher une épreuve dont on ne se remet pas vraiment. Le meurtre, quoique ancré dans l'histoire de l'humanité depuis des lustres, est une action inhumaine, contre nature, à laquelle on ne s'habitue jamais. Je pense que lorsque des personnes ne sont plus capables de se révolter face au meurtre, c'est qu'elles ont perdu leur humanité. Que dire alors lorsqu'elles s'en réjouissent ? Comment qualifier la situation où des individus se réclamant de la culture de vos aïeux, portant des prénoms qui vous sont familiers, assassinent, au nom de Dieu, de leur Dieu, qui est également celui de vos ancêtres, des innocents, dont certains sont vos amis ? Se cacher lâchement derrière la fameuse litote et répéter bêtement : « Tout ça n'a rien à voir avec l'islam », outre que c'est une sottise et une erreur théologique et sociologique, revient à dissimuler son incapacité à expliquer la réalité de l'islamisme, cette « maladie de l'islam[1] », ainsi que le qualifiait le regretté Abdelwahab Meddeb. Constater, par ailleurs, la présence de ce fléau qu'est l'islamisme et sa dangerosité dans les sociétés modernes et démocratiques sans broncher est une lâcheté, parmi d'autres, que je n'ai jamais tolérée. J'exècre la facilité langagière produite par des musulmans et certains « amis des musulmans » qui tendent à dédouaner l'islam politique de la violence. Mais j'exècre tout autant l'autre facilité langagière incarnée par l'extrême droite et les tenants d'une droite réactionnaire et populiste qui, en manipulant l'opinion, recourent à une autre désinformation, celle consistant à affirmer « l'islam, ce n'est que ça », et, d'une certaine manière, sous-entendent que derrière chaque musulman croyant et pratiquant, voire, selon eux, derrière chaque enfant de musulmans, se cacherait, au mieux un ennemi de la République, au pis un terroriste en puissance. La vérité, j'essaierai de l'expliquer plus avant, se situe entre les deux et se révèle loin d'être aussi simpliste, aussi manichéenne et caricaturale.

Nous allons tous mourir un jour ! Croyants, agnostiques ou athées, hommes et femmes, nous sommes programmés en ce sens, depuis la naissance, aussi faut-il en accepter la fatalité.

C'est probablement l'une des premières violences, la plus terrible des injustices, que la vie inflige. Quel sens de nous créer pour nous faire disparaître ensuite ? L'Homme serait donc un produit consommable ?

Et pourtant ! Si mourir de vieillesse, de belle mort dit-on, ne nous effraie pas (ou beaucoup moins) ; si disparaître après une maladie pour éviter la souffrance est une éventualité dont nous serions prêts à nous accommoder ; et si, enfin, certains d'entre nous décident d'eux-mêmes, pour des raisons qui leur sont propres, de choisir de mettre fin à leurs jours, il n'est pire situation que celle où un être, alors que ses fonctions biologiques fonctionnent correctement, alors qu'il pourrait vivre encore plusieurs années, fait l'objet d'une attaque qui vise à l'envoyer

1. Abdelwahab Meddeb, *La Maladie de l'islam*, Seuil, 2002.

de vie à trépas, à briser son existence par la seule volonté des autres ! Comment se préparer à cette violence inouïe et intégrer l'idée que l'on peut mourir de la sorte, ou devoir encore et toujours enterrer des proches, des amis ou des confrères happés par la folie meurtrière des islamistes ? Eh bien, aussi incroyable que cela puisse paraître, je me suis accommodé de cette éventualité. Et c'est même en m'y préparant que j'arrive, enfin, depuis plusieurs années, à dormir en paix. Mon esprit s'est, d'une certaine façon, accommodé à l'idée de la mort et l'a acceptée comme possibilité pouvant intervenir le plus tard possible de vieillesse, un peu plus tôt de maladie ou d'accident, ou encore beaucoup plus tôt d'une balle dans la tête. Qu'est-ce qui changerait fondamentalement, sinon la durée du sursis dont nous bénéficions tous ? Je crois que, une fois cette idée de la mort acceptée, on est forcément beaucoup plus serein. Donc beaucoup plus fort mentalement.

Ce 7 janvier 2015, vers 13 heures, j'interromps brutalement mon rendez-vous pour rentrer chez moi. Je veux m'isoler quelques heures et essayer de réfléchir au drame qui vient de se produire. En quittant le salon de thé, l'agent de sécurité qui me fixait avec insistance et que j'avais un temps soupçonné, vient me voir : « Je vous ai reconnu, me lance-t-il, et je voulais vous dire que je suis musulman et que je soutiens votre combat contre le fanatisme... »

Il ignore, à l'évidence, ce qui vient de se produire. Je ne suis pas en mesure d'écouter, à ce moment précis, quoi que ce soit, mais ses mots atténuent quelque peu le désarroi dans lequel je me trouve.

Même si le cœur n'y est pas, je participe, en fin d'après-midi, à quelques émissions de télévision pour essayer d'éclairer l'opinion sur ce qui s'est produit. Le soir, je retrouve quelques amis. J'ai failli reprendre une cigarette alors que j'ai arrêté le tabac depuis plusieurs mois ; Laurent Muller, qui connaissait très bien Charb, me supplie de ne pas céder, pour ma santé d'abord, par respect pour la mémoire de notre ami, patron de *Charlie Hebdo*, ensuite, qui, comme je l'ai précisé, était radicalement opposé au tabac.

Vers minuit, alors que nous parlons toujours de l'attentat, mon téléphone sonne. Au bout du fil, Guilaine Chenu, qui assurait jusqu'en juin 2016, avec Françoise Joly[1], la rédaction en chef de l'émission « Envoyé spécial ». Elle m'informe que la police aurait retrouvé la carte d'identité de Saïd Kouachi dans le véhicule des terroristes ayant sévi à *Charlie Hebdo*.

« Tu te souviens de ce nom ? » me demande-t-elle.

Évidemment que je m'en souviens ! J'ai brièvement croisé les frères Kouachi quand j'enquêtais en 2005 sur la cellule dite des Buttes-Chaumont, quartier du 19e arrondissement parisien où un groupe s'était constitué autour d'un jeune « idéologue » autoproclamé de vingt-trois ans, dénommé Farid Benyettou, lequel avait convaincu des jeunes de son âge d'aller combattre en Irak au lendemain de l'invasion américaine en 2003. À l'époque, les frères Kouachi étaient des rouages insignifiants, passablement endoctrinés, mais ne représentaient pas encore une cible prioritaire pour les services de renseignements, qui ne les prenaient d'ailleurs pas au sérieux.

Guilaine Chenu m'informe que si l'information quant à l'implication des frères Kouachi se confirme, l'enquête que j'ai réalisée pour l'émission sera actualisée et diffusée le lendemain, jeudi soir. Je dois, dans ce cas, passer à France 2 et participer au nouveau montage.

Des personnes sur lesquelles j'ai enquêté dix années auparavant auraient-elles assassiné mes amis ? Décidément, cette journée du 7 janvier 2015 n'allait cesser de me renvoyer vers mon passé. Même deux bouteilles de vin n'avaient pas réussi à me faire vaciller. Ce soir-là, le vin comme la vie avaient un goût particulièrement amer.

---

1. Les deux rédactrices en chef furent brutalement et, à mon sens, injustement débarquées de la direction de cette émission. Je veux leur témoigner ici toute ma considération et mon amitié.

2

Voir la démocratie et... vivre

Être démocrate, ce serait agir
en reconnaissant que nous ne vivons jamais
dans une société assez démocratique[1].

Jacques Derrida

Je suis fréquemment agacé par la suffisance d'une partie de l'intelligentsia parisienne qui, face à des personnes de culture ou de confession musulmane, refuse souvent de faire l'effort de comprendre et d'analyser les motivations qui poussent certaines d'entre elles à se montrer déterminées et zélées lorsqu'il s'agit de défendre la démocratie et les valeurs qui la constituent. L'un des exemples les plus éloquents fut donné par un « collectif[2] » qui a signé, le 11 février 2016, une tribune pathétique dans les colonnes du *Monde*[3]. Son but ô combien généreux :

1. Jacques Derrida, *Papier machine : le ruban de machine à écrire et autres réponses*, Galilée, 2001.

2. Noureddine Amara (historien), Joël Beinin (historien), Houda Ben Hamouda (historienne), Benoît Challand (sociologue), Jocelyne Dakhlia (historienne), Sonia Dayan-Herzbrun (sociologue), Muriam Haleh Davis (historienne), Giulia Fabbiano (anthropologue), Darcie Fontaine (historienne), David Theo Goldberg (philosophe), Ghassan Hage (anthropologue), Laleh Khalili (anthropologue), Tristan Leperlier (sociologue), Nadia Marzouki (politiste), Pascal Ménoret (anthropologue), Stéphanie Pouessel (anthropologue), Elizabeth Shakman Hurd (politiste), Thomas Serres (politiste), Seïf Soudani (journaliste).

3. « Nuit de Cologne : "Kamel Daoud recycle les clichés orientalistes les plus éculés" », *Le Monde*, 11 février 2016.

dénoncer les prétendus « clichés orientalistes » du journaliste algérien Kamel Daoud. Ce dernier, brillante plume, lauréat de plusieurs prix, s'est illustré depuis quelques années par des billets d'humeur et des chroniques dénonçant, à juste titre, la pensée islamiste ainsi que les logiques archaïques et intégristes qui minent ce qu'on appelle communément le « monde arabo-musulman » en général, mais aussi, en particulier, l'Algérie, son propre pays.

Outre le fait que la plupart des signataires de la tribune sont eux-mêmes des orientalistes patentés, experts en « clichés orientalistes », dénoncer ainsi une cible, se parer des plumes de l'élégance et se dire « humaniste autoproclamé » ont de quoi surprendre. Mais acceptons ce postulat : quand des intellectuels prétendent sonder les cœurs pour jauger l'humanisme et le juger sincère ou seulement déclaratif, c'est, à mon sens, qu'ils manquent cruellement d'arguments sérieux. En plus de jouer aux magistrats de la pensée, les membres de ce pitoyable collectif, non encore reconnus comme éminents psychologues, spécialistes des syndromes post-traumatiques, s'en sont allés sonder l'esprit de Kamel Daoud dont l'engagement est psychanalysé, et ont osé proférer, de manière hasardeuse, un diagnostic qui les amène à écrire : « Certainement marqué par son expérience durant la guerre civile algérienne (1992-1999), Daoud ne s'embarrasse pas de nuances et fait des islamistes les promoteurs de cette logique de mort. »

Et comme de piteux matadors sans honneur, probablement revigorés par un contexte global où certains tentent de faire croire que les pourfendeurs des islamistes, par ailleurs défenseurs des valeurs universelles, ne seraient rien d'autre que des bêtes blessées et excessives tournoyant dans une arène – où, comme d'autres le disaient à propos de *Charlie Hebdo*, ils chercheraient à « chatouiller la fatwa » –, les membres de ce « collectif » ont ouvert la porte à un nouvel hallali, désignant à la vindicte islamiste un talentueux journaliste, déjà affaibli et harcelé par une multitude de menaces, produites, quoi que puissent penser ses contempteurs, par des islamistes algériens, promoteurs universels de la logique de mort, incapables soit dit en passant de déchiffrer, encore moins d'apprécier, littéralement parlant, ne serait-ce qu'une ligne des textes de leur victime désignée. Quels vils adeptes de la culture de l'excuse et des discours victimaires que les membres de ce collectif ! Quelle fausse naïveté faite de couardise, que de demander : « De quoi Daoud est-il le nom ? », comme pour mieux planter la lame dans un corps déjà meurtri ! La méthode est rodée et, disons-le, peu digne d'éminents universitaires, surtout lorsqu'elle induit cette réponse au ras des pâquerettes : « Après d'autres écrivains algériens comme Rachid Boudjedra, Boualem Sansal, Kamel Daoud intervient en tant qu'intellectuel laïque minoritaire dans son pays, en lutte quotidienne contre un puritanisme parfois violent. » Évidemment si, en lieu et place d'un « intellectuel laïque minoritaire », on avait eu le texte d'un « militant islamiste majoritaire », nos universitaires, dont la vacuité de pensée restera, elle aussi, et fort heureusement, minoritaire au sein de l'université française, seraient demeurés bien silencieux, j'en fais le pari.

Naturellement, nos vaillants érudits n'allaient pas conclure leur texte sans essayer de faire passer Kamel Daoud, au mieux pour un allié inconscient des tenants des « discours racistes affublés des oripeaux d'une pensée humaniste », au pis – et insidieusement – pour un raciste. Voilà où nous en sommes : les laïques d'origine maghrébine – pour ne citer qu'eux – sont d'emblée suspects. Leur parole est suspecte, leur silence est suspect.

C'est dire qu'en parlant de couardise à propos des membres de ce collectif pathétique – même si certains, à n'en pas douter, sont des universitaires sérieux et respectables, s'étant probablement laissé entraîner par camaraderie, manque de vigilance intellectuelle ou corporatisme dans une aussi vile aventure –, je ne pense pas être dans l'abus de langage. Et pour cause : parmi les signataires, pas un n'est référençable parmi les grands pourfendeurs (bien au contraire) de l'islam politique ou des méfaits qu'il produit. Comme d'autres avant eux, ces universitaires ont choisi de suivre la tendance qui estime beaucoup plus chic de tomber à bras raccourcis sur les laïques, détracteurs des islamistes, que sur les islamistes eux-mêmes. Si cette attitude est moins risquée, elle reste tout de même, disons les choses clairement, on ne peut plus déshonorante.

À mon corps défendant, j'ai appris à subir les anathèmes de certains intellectuels, universitaires, journalistes ou acteurs de la société civile. Entre un Pascal Boniface qui me qualifie, avec d'autres, de « faussaire », un Alain Gresh, journaliste proche de Tariq Ramadan, qui prétend implicitement que mes enquêtes journalistiques seraient sinon exagérées, carrément bidonnées, alors qu'elles m'ont valu plusieurs dizaines de menaces de mort et une protection policière qui a duré dans un premier temps cinq ans (2003-2008) et qui a été remise en place en janvier 2015 – pour ne citer que ces deux champions de la disqualification –, j'ai appris à encaisser, le plus souvent sans sourciller, les attaques les plus basses.

J'ai fini par comprendre le désarroi de ces parangons de la « gauche la plus bête du monde » qui n'acceptent pas qu'un « Arabe » sorte de la case dans laquelle il est censé demeurer. Je suis prêt à parier que j'aurais été plus sympathique à leurs yeux si j'avais eu un discours plus religieux, sinon plus identitaire, moins laïc en tout cas. Ces gens-là pensent vraisemblablement qu'un Maghrébin ne doit pas s'émanciper, non de ses dogmes et de ses archaïsmes seulement, mais de leur tutelle !

Depuis, j'ai observé des constantes, qui se reproduisent quelle que soit la cible pour peu que celle-ci n'appartienne pas au courant qui promeut le relativisme culturel, le déterminisme social ou le discours victimaire : les spécialistes du dénigrement, juges de la pensée, sont prompts à déployer une folle énergie pour fustiger les démocrates, mais se montrent en revanche bien économes de déclarations hostiles aux islamistes. Même au lendemain des attentats, certains ont osé excuser *a priori* les auteurs des crimes, allant jusqu'à « victimiser » plus les agresseurs que les victimes elles-mêmes.

Comment se fait-il que si peu d'observateurs aient été choqués par un ignoble communiqué du Collectif contre l'islamophobie en France (CCIF), diffusé au lendemain de la décapitation d'Hervé Cornara à Saint-Quentin-Fallavier, en Isère ? Ce paisible chef d'entreprise a été tué par son employé, Yassin Salhi, un islamiste qui voulait perpétrer un attentat contre une usine classée « Seveso[1] ». Si l'indignation a été quasi unanime, peu, voire aucun, de ceux qui se comptent parmi les pires détracteurs de Kamel Daoud ou de Boualem Sansal, de Zineb El Rhazoui ou de moi-même, n'ont jugé utile de s'indigner devant l'indécence du texte publié le 26 juin 2015 sur le site Internet du CCIF. Sauf à imaginer leurs « revues de presse » très sélectives, il faut leur rappeler peut-être aujourd'hui encore que cette association islamiste produit alors un écrit surréaliste dans lequel elle précise – nous sommes cinq mois à peine après les attentats de janvier 2015 et quelques heures après la décapitation du malheureux – que « dans un contexte déjà difficile, où la société française est gangrenée par une montée du racisme et de l'intolérance ainsi qu'une recrudescence des actes islamophobes, nous mettons en garde contre toute tentative d'amalgame... » Et précise : « Le danger ne réside pas dans les vaines tentatives de groupes armés de déstabiliser la République. Ses principes sont assez ancrés dans l'esprit des Français et l'histoire de notre pays l'a maintes fois montré. Le vrai danger réside du côté de ceux qui utilisent ces événements pour déverser leur haine contre une partie de la population qui est, de fait, celle qui paie le plus lourd tribut face au terrorisme. » Oui, nous avons bien lu : pour l'association proche de l'idéologie des Frères musulmans, les prétendus « actes islamophobes », susceptibles d'être la conséquence de l'acte terroriste, seraient plus graves que l'action criminelle qui, elle, a bien eu lieu. En somme, la menace abstraite serait plus gravissime que le crime concret !

La construction intellectuelle de ce communiqué est tout simplement vicieuse. Aussi vicieuse que l'est la nature des islamistes. Accrochons-nous ! Si, par malheur, un terroriste avait

1. La directive européenne dite « Seveso » est la conséquence d'un accident industriel qui a eu lieu dans la région du même nom en Italie en 1976, et qui avait incité les États européens à se doter d'une politique commune en matière de prévention des risques industriels majeurs.

l'idée de vous décapiter, son action serait, selon le CCIF, moins grave que les éventuels actes qui pourraient en résulter. En d'autres termes, cette organisation a préféré condamner, en juin 2015, des actes qui n'ont jamais eu lieu plutôt que pourfendre longuement l'action criminelle qui, elle, était bien réelle.

Or aucune hostilité manifeste ne s'est exprimée contre des musulmans au lendemain de cet odieux assassinat (ni après les autres actes terroristes[1]). Je me suis rendu en Isère à deux reprises pour prendre part à une marche blanche et assister aux obsèques du défunt Hervé Cornara, et je peux témoigner qu'à chaque instant la dignité a prévalu. À aucun moment ne s'est exprimée une quelconque hostilité à l'encontre des musulmans de la région, qui furent d'ailleurs représentés aux différentes manifestations à travers des religieux locaux ou des figures du Conseil français du culte musulman (CFCM). On peut reprocher à cette dernière organisation beaucoup de choses, notamment sa tiédeur quand il s'agit de condamner les différentes pensées salafistes, ses accointances avec différents pays étrangers, le manque de courage de la plupart de ses dirigeants, leur formation minimaliste aussi, mais il serait malhonnête de lui imputer une non-condamnation des attentats. Contrairement au CCIF qui ne s'empresse jamais de déléguer un représentant aux rencontres ou manifestations dénonçant les actes terroristes et les idéologies mortifères qui les alimentent.

Aux yeux de certains contempteurs, dans le meilleur des cas je ne serais qu'un « excité qui en fait trop ». Comme si la démocratie se défendait avec parcimonie, comme si l'on devait demeurer indifférent lorsque ses fondements sont bafoués, comme s'il fallait se contenter de postures déclaratives sans aller

1. S'il est évident que le racisme qui viserait des musulmans, quand bien même prendrait-il comme prétexte le terrorisme islamiste, est inacceptable et doit être condamné et poursuivi avec la plus grande fermeté devant les tribunaux, il est hors de question qu'on mette sur un pied d'égalité, ni même que l'on cherche à hiérarchiser ou à mettre en miroir ce racisme, réel ou ressenti, et les actions criminelles perpétrées par les tenants de l'islam politique.

au-delà. Pour essayer d'expliquer le sens de mes engagements, je répète souvent ceci : la démocratie – comme la laïcité – n'a pas fait partie de mon environnement naturel, puisque je suis né et j'ai grandi en Algérie. La différence qui peut exister entre ceux ayant toujours évolué dans un cadre démocratique et ceux qui n'ont pas eu cette chance est presque similaire à celle séparant ceux qui, naturellement oxygénés, ont pu respirer normalement tout au long de leur existence et ceux qui, au contraire, ont connu maints épisodes durant lesquels ils ont manqué d'air. Et, en ce qui me concerne, il m'est arrivé, je l'avoue, de suffoquer. De plus, quand on vit dans un pays autoritaire, comme ce fut mon cas, la démocratie n'est présente nulle part ou, plus précisément, absente tout le temps : à l'école, dans le milieu familial, dans la rue, au sport, à l'intérieur des mosquées, quand vous faites vos emplettes, chez le coiffeur... Devant des juges ou des policiers, n'en parlons même pas. Coupable ou innocent, on a intérêt à adopter un profil bas ! Même s'il existe des personnes attachées aux valeurs universelles, il n'en demeure pas moins que la culture locale n'a pas développé une logique permettant à l'individu de s'émanciper du groupe. En Algérie, dans la plupart des milieux, il n'était guère de bon ton de contredire son père ou de ne pas suivre ses recommandations, de critiquer le Président ou ses ministres, de s'interroger sur le Prophète ou ses *hadiths*, de questionner jusqu'à l'existence de Dieu ou des anges, de débattre du Coran ou de ses versets, de polémiquer avec l'imam ou ses fidèles, toutes choses relevant peu ou prou du « sacré » !

Le fameux « sacré » que l'on n'a pas le droit de toucher, de discuter, d'interroger, de mettre en doute. Le fameux « sacré » qui abrutit, anesthésie, empêche de réfléchir et, au nom duquel, parfois, on peut décider de votre mort. Ce « sacré », il fallait l'accepter en héritage, avec son lot de superstitions, tel un paquetage, et, ensuite, au sein du groupe, se comporter en bon soldat sans jamais rien oser remettre en question. En revanche, il était possible de critiquer les équipes de football et les récoltes de pommes de terre, le comportement de la voisine qui ne s'habillait pas de façon pudique ou celui de son mari qui rentrait parfois soûl le soir. Il était juste admis de s'offusquer – même si la pratique, pas très *islamiquement* correcte, était répandue au cours des années 1970 –, mais rarement de s'indigner qu'il profitât de cette ivresse pour « corriger » son impudique épouse.

Bien évidemment, l'Algérie ne fut jamais la Corée du Nord, l'Irak ou la Syrie, mais ce pays a brisé le destin de plusieurs générations, singulièrement celles nées au lendemain de l'indépendance. Les hommes politiques ont misé sur un nationalisme aussi bête que méchant – qui voulait amener à haïr, dans une logique purement et simplement xénophobe, tout ce qui n'était pas à l'intérieur des frontières – et se sont appuyés sur un islam politique archaïque et violent qui souhaitait nous lobotomiser pour nous transformer, non plus en citoyens, mais en machines à produire des prières. Ces politiques hasardeuses leur échapperont et formeront, plus tard, les hordes barbares du GIA.

Les uns – les nationalistes – juraient que nous allions finir par vivre dans un paradis terrestre, l'Algérie étant décrite comme un jardin d'Éden en voie de développement et de construction ; les autres – les islamistes – promettaient le paradis éternel dans l'au-delà, à condition de nous plier à des bondieuseries qui, lorsqu'elles débutent, ne finissent jamais. Cet Allah – que nous devions adorer, matin, midi et soir – nous était implicitement présenté comme un mégalomane incapable de se satisfaire de notre simple spiritualité. Son narcissisme ne serait rassuré, et même rassasié, qu'en nous sachant prosternés à ses pieds, humbles lui réclamant, tout au long de l'existence, la récompense ultime de son paradis, récompense dont seraient seulement dignes ses esclaves les plus assidus. Notre croyance zélée passerait évidemment – cela vaut pour toutes les religions – par un renoncement à la vie, au sens large, qui se transformerait en un vaste champ où séviraient toutes les tentations transformées en interdits et tabous. J'ai toujours pensé qu'il appartiendrait à la psychiatrie d'intervenir devant la schizophrénie produite par les dérives de certaines croyances. Car, au mieux, ce Dieu dévoyé et mis en avant par quelques fanatiques n'était pas celui aimé, rêvé, par tous les fidèles ; au pire, il ne serait, en définitive, qu'une supercherie car inexistant, voire une création de ses propres premiers fidèles.

De fait, n'y a-t-il pas un brin de perversité dans la vision d'un Dieu boulimique d'ordres, jamais satisfait des prières de ses créatures ? Ou certaines de ses créatures n'ont-elles pas plutôt projeté sur lui leurs propres névroses et obsessions ? Vaste débat.

En France, le mot « démocratie » est si présent, tellement constituant du décor commun qu'on ne prête plus attention à son sens réel – sort réservé à tous les grands principes qui codifient le fonctionnement de la société hexagonale. On pense qu'il s'agit d'acquis que rien ni personne, aucun événement ni force, ne sauraient remettre en cause. Quelle erreur de le croire ! Il n'existe aucun système ni aucune valeur qui soit éternel ou immuable. Tout est en perpétuel mouvement. Ce qui est durable (et encore !), c'est ce que l'on veut bien préserver le plus longtemps possible. Nul acquis n'est capable de résister aux coups de boutoir totalitaires visant à laminer les valeurs universelles. Des idées corrosives ou des discours putrides parviennent à fragiliser les principes les plus solidement ancrés d'une société, puis à les annihiler en un laps de temps fort court. L'histoire des nations déborde d'exemples : des pays civilisés qui sombrent dans le fascisme le plus abject ; des sociétés émancipées qui voient s'abattre sur elles, telle la foudre, des régimes théocratiques ; des démocraties qui se transforment en dictatures ; autant de dégringolades capables de survenir en un espace-temps similaire à celui où l'on éteint la lumière pour que s'installe l'obscurité. En vérité, dans ces cas, il serait plus approprié de parler des Lumières que l'on éteindrait pour laisser place à l'obscurantisme.

Si le mot « démocratie » est partout, cela ne signifie en rien que cette valeur soit bien réelle. Le mot est par exemple revendiqué, aujourd'hui, tel un slogan, par 118 États. Dont mon pays d'origine, qui a pour appellation officielle : République algérienne démocratique et populaire. Dont la République démocratique du Congo et même la République populaire démocratique de Corée du Nord. Cela veut tout dire !

Plus sérieusement, ce terme n'a jamais bénéficié d'une définition claire et largement admise, notamment quant au sens philosophique qu'il est censé contenir. Est-ce en raison des instrumentalisations successives dont il ne cesse de faire l'objet ? On parle volontiers de « démocratie » lorsqu'il s'agit de légitimer une action politique. Un usage qui doit accroître la méfiance, tant convoquer ce principe en adjectif souligne souvent de façon grossière une usurpation voire une mascarade. Ainsi, les tenants des régimes détestables rappellent-ils systématiquement qu'ils ont été « élus démocratiquement » ou que les débats internes ont eu lieu dans un cadre « démocratique ». En vérité, un homme (ou femme) politique élu démocratiquement ne saurait se suffire du processus démocratique qui lui a été favorable pour s'autoproclamer « démocrate ». C'est dire que la démocratie doit demeurer une culture, la tête de pont d'un corpus idéologique, un projet de société, en d'autres termes un exercice de chaque instant et non un vocable fourre-tout récupéré et dévoyé par tous les hommes ou mouvements détestables en quête de respectabilité et légitimité.

Faut-il rappeler que Hitler est arrivé progressivement au pouvoir, au début des années 1930, grâce à une succession de processus démocratiques ? Que Philippe Pétain avait obtenu, le 10 juillet 1940, les « pleins pouvoirs » à l'issue d'un vote de sénateurs et députés tous démocratiquement élus ? Qu'à l'époque, seuls 80 des 846 parlementaires avaient voté contre cette décision validée par 62 % des voix exprimées, tache indélébile dans l'histoire de la République, abolie par le même Pétain au profit d'un honteux « État français » qui piétina toutes les valeurs incarnées jusque-là par la République française ?

C'est en comprenant ce type d'événements historiques que je n'ai cessé de rappeler combien la démocratie ne se résume pas à des processus électoraux, aussi honnêtes soient-ils.

Depuis vingt-cinq ans, à plusieurs reprises j'ai affronté des polémiques où mes contradicteurs n'arrivaient pas à comprendre comment je pouvais à la fois me prévaloir de la démocratie, brandir ce statut de « démocrate », et dénoncer, tout en rappelant leur caractère illégitime à mes yeux, les « victoires démocratiques » du FIS algérien en 1991, du Hamas palestinien en 2006 ou des Frères musulmans égyptiens en 2012. Si, en tant que démocrate, j'appelle à la non-reconnaissance – ne serait-ce que symbolique – des victoires électorales de ces partis et mouvements, c'est parce que leur corpus idéologique, leurs discours et leur projet de société rejettent et refusent la démocratie. Ces partis et groupes, ennemis déclarés et souvent assumés de la démocratie, n'en respectent ni la lettre, ni l'esprit, ni les principes, ni les valeurs. Les partis islamistes – c'est le cas de tous les mouvements totalitaires – utilisent les processus électoraux (j'y reviendrai) pour atteindre le pouvoir dans le but d'abolir et de piétiner, disons de façon légale et légitime, les principes mêmes du caractère démocratique. C'est, sans verser, là encore, dans le point Godwin ni dans le parallèle historique inadapté, la « logique Hitler » qui avait conduit l'homme bientôt chef du IIIe Reich à se servir des atouts de la démocratie pour faire campagne, accéder à la chancellerie et abolir le régime. Une méthode qui reste dramatiquement d'actualité.

Revenons à la définition théorique du terme. On apprend généralement dans les instituts d'études politiques que la démocratie est un régime politique qui consacre, valide et installe la souveraineté du peuple. La formule d'Abraham Lincoln, souvent citée en référence – la démocratie est « le gouvernement du peuple, par le peuple pour le peuple » –, est l'une des définitions canoniques. En témoigne son introduction dans la Constitution de 1958 de la Ve République.

C'est donc ce même peuple qui accorde, à travers des élections libres, une légitimité à son (ou ses) représentant(s). Eh bien, reconnaissons que, si l'on devait se contenter d'une telle acception du mot, on tomberait dans le risque d'être confronté au processus de prise de pouvoir réussi par les nazis dans les années 1930. En d'autres termes, le choix démocratique du peuple n'est valide que si, et seulement si, tous ses représentants sont engagés dans des logiques de préservation et de respect du corpus démocratique et, donc, des valeurs universelles. Par conséquent, il me paraît important d'explorer les recoins d'un exercice politique permettant de définir ce que celui-ci doit charrier comme valeurs avant d'être totalement digne d'avoir le droit de se targuer d'être un vrai démocrate.

C'est, par exemple, l'usage qu'en fait Alexis de Tocqueville. Celui-ci s'attache à l'ensemble des éléments constitutifs de la démocratie ; dans lesquels, outre le système politique, il intègre l'élément culturel, les dimensions philosophiques, voire spirituelles. Car le terme « démocratie » désigne en fait un ensemble de valeurs, d'idéaux et de principes politiques, sociaux et culturels. Qui repose essentiellement sur le principe d'égalité.

Les questions qui se posent aujourd'hui face à la percée du Front national doivent porter aussi sur ces données. Ce parti est-il fidèle, ou pas, aux valeurs de la république, aux fondements de la démocratie et aux exigences de l'esprit des Lumières ? En d'autres termes, respecte-t-il le triptyque républicain (Liberté, Égalité, Fraternité) ? Considère-t-il que chaque citoyen, sans distinction, est digne de respect ? C'est en répondant froidement et avec exigence à ce genre d'interrogations – la liste n'est pas exhaustive – qu'on saura si le mouvement de Marine Le Pen est digne ou non d'aspirer à diriger la démocratie française.

Théoriquement, un processus démocratique, pour être valide, garantit un premier principe : la liberté. Tous les candidats, dans le cadre de la loi, doivent être libres dans leur expression, dans la présentation de leur projet, l'exposition de leur programme et, d'une certaine manière, doivent garantir la même liberté à leurs alliés comme à leurs contradicteurs. *Idem* pour l'électeur, le fameux citoyen qui doit jouir d'une totale liberté, toujours dans le cadre de la loi, aussi bien pour ses choix que dans ses opinions. Enfin, il est évident que la garantie de la préservation de ces libertés doit être le préalable permettant à un candidat de faire valider à la fois sa participation à un suffrage et, éventuellement, légitimer celui-ci s'il venait à se produire. En d'autres termes, mettons-nous d'accord sur un point fondamental : il ne peut exister d'électeurs qui choisiraient librement et démocratiquement un candidat dont le slogan serait : « Demain, il n'y aura plus de liberté ! » Aujourd'hui, le système politique garantit une liberté, dans le cadre de la loi, y compris au Front national. Si, un jour, le parti fondé par Jean-Marie Le Pen arrivait au pouvoir, offrirait-il les mêmes garanties à ses opposants ? Je n'en suis pas certain.

Une liberté, pilier essentiel de la démocratie, nécessairement totale, globale, effective, limitée uniquement par des textes législatifs inspirés d'une philosophie garantissant les principes mêmes de la liberté. Celle-ci, clairement énoncée, dès le lendemain de la Révolution française, dans la Déclaration des droits de l'homme et du citoyen de 1789, et ainsi définie : « La liberté consiste à pouvoir faire tout ce qui ne nuit pas à autrui... » Voilà qui induisait les libertés de conscience, d'opinion et d'expression. Tout cela réaffirmé au fil des siècles, et jusqu'en 1948, par la Déclaration universelle des droits de l'homme. Cette liberté est consubstantielle au genre humain. C'est la spécificité de chaque être depuis la création de l'univers. Même les religions monothéistes qui insistent sur le créationnisme valident à travers leurs textes – probablement de manière inconsciente tant leurs dogmes enferment et enchaînent – que l'Homme est né libre. L'histoire du « péché originel » n'en est-elle pas l'une des illustrations ? En croquant la pomme, Adam et Ève n'ont-ils pas opté pour la désobéissance individuelle, donc pour la liberté, l'autonomie, fait prévaloir leur esprit critique et rejeté toute autorité extérieure dans le but d'être leurs seuls et uniques maîtres ? Le « péché originel » n'est-il pas le symbole de la consécration de la liberté de conscience ?

Deux autres valeurs devinrent parallèlement liées à la démocratie et en constituèrent le corpus : l'égalité et l'universalité. Car ne l'oublions pas : au sein d'une démocratie réelle, tous les citoyens – sans exception – sont égaux en droits. Et, au-delà, tous les habitants, en l'occurrence les étrangers qui y résident, sont égaux en dignité.

3

S'engager contre l'islamisme

C'est dans le vide
de la pensée que s'inscrit le mal[1].
Hannah Arendt

D'où vient ma détermination à lutter contre l'islamisme ? On m'a souvent posé la question. Certains ont cru pouvoir répondre à ma place. Beaucoup se sont même essayés au décryptage psychologique de comptoir. Pour les uns, « traumatisé » par des attentats qui m'ont visé directement ou indirectement en Algérie, j'aurais décidé, presque par vengeance et seulement en tant que victime du terrorisme, de m'engager contre ce fléau. Pour les autres, adeptes d'explications encore plus farfelues, ayant été moi-même un affreux islamiste, je me serais engagé, tel un amoureux déçu ou éconduit, contre le phénomène après l'avoir testé. Une troisième catégorie, constituée de quelques journalistes et éditeurs conspirationnistes, a aussi cru déceler en moi, notamment au début des années 2000 – c'était la rumeur à la mode –, sinon un « officier des services de renseignements algériens », un vulgaire indicateur zélé, voire un « agent » travaillant pour plusieurs officines, françaises et/ou étrangères,

1. Hannah Arendt, *Les Origines du totalitarisme*, t. 3 : *Le Système totalitaire*, 1951. Il existe aussi une traduction par Jean-Louis Bourget, Robert Davreu et Patrick Lévy (1972) révisée par Hélène Frappat, Seuil, coll. « Points Essais », 2005.

tout aussi obscures les unes que les autres. Je passe naturellement sur mes liens prétendus avec les « lobbies » sioniste, franc-maçon, etc., ragots plus complotistes les uns que les autres, désinformation me présentant comme une sorte d'agent d'influence dont l'objectif inavoué serait de salir, en tout lieu, « l'islam et les musulmans ». Rien de moins ! Comme si, au temps du GIA, d'Al-Qaïda ou de Daech, l'islam et les musulmans avaient besoin de quelqu'un pour voir leur image ternie ! Comme si le journaliste qui explique la barbarie des islamistes était au bout du compte – et de loin – plus nocif pour l'islam et les musulmans que les islamistes eux-mêmes... Soyons sérieux !

Tout ce qui précède est, bien sûr, à la fois faux et grotesque. N'importe quel esprit rationnel et honnête l'aura compris. Donc ce qui va suivre n'est pas, tant s'en faut, une justification en réponse à des accusations puériles, mais l'explication qui pourrait répondre à ceux qui, de façon légitime, se questionnent sur les raisons m'ayant conduit à choisir cette vie – peu sereine – depuis une trentaine d'années.

Pour dire les choses clairement, mon engagement contre l'islamisme n'est pas une séquelle de la guerre civile algérienne. Les attentats et les menaces qui m'ont visé – directement ou pas – sont plutôt la conséquence de ma position anti-islamiste. En clair, à mon modeste niveau, c'est moi qui ai déclaré – en premier – la guerre idéologique à l'islam politique et aux islamistes, et non l'inverse.

Reprenons les choses depuis le début.

Je suis né dans une commune d'Alger, à Kouba, d'où sont originaires les miens, dans un quartier, jadis bourgeois, peuplé de vieilles familles plutôt émancipées, au milieu d'un environnement sociologique certes conservateur mais complètement sécularisé. Durant mon enfance d'abord, mon adolescence ensuite, l'islam est davantage l'expression d'une spiritualité. Il s'agit alors d'un puissant référent culturel consolidé du temps du colonialisme, presque par opposition à une logique où la France voulait complètement nier l'identité algérienne.

L'Administration coloniale, tout en occultant celle-ci, parlait de « Français musulmans ». L'islam était donc plus ancré comme un référent identitaire que comme un dogme religieux.

En clair, même au lendemain de l'indépendance, notre vie familiale n'a jamais été rythmée par les cinq prières quotidiennes ou un quelconque excès de religiosité, y compris du vivant de mes grands-parents. Dans ma famille, au sens large, certains étaient mélomanes, s'adonnant davantage à la musique qu'à la récitation du Coran ; d'autres fêtaient la Saint-Sylvestre en arrosant, comme il se doit, leur soirée pour saluer la nouvelle année et, quelques semaines plus tard, accomplissaient le jeûne du ramadan. Il ne s'agissait pas de schizophrénie, mais, c'est ainsi que je l'ai toujours perçu, d'une cohabitation pacifique entre le temporel et le spirituel, entre la vie et la religion, entre le culte et la culture, bref, entre la modernité et l'archaïsme. Une autre catégorie, située à la périphérie de la famille, n'observait même pas les rites islamiques, tout en respectant la religion et ceux qui s'adonnaient à sa pratique. Dans ce méli-mélo, personne n'était sommé de se justifier, et aucun n'osait proférer – du moins publiquement – le moindre jugement sur la pratique ou la non-pratique des autres. Certes, il y avait bien une ou deux vieilles mégères qui lâchaient parfois une réflexion désagréable sur le manque de religiosité de tel ou tel, mais jamais on ne constatait ou percevait, chez les uns comme chez les autres, de postures inquisitrices.

Dans la société, même les imams qui officiaient au cœur des mosquées ne se permettaient jamais de donner leur avis à l'extérieur de leur lieu de culte. Le prosélytisme et la prédication dans l'espace public ont commencé par l'avènement sur la scène du mouvement islamiste algérien, jusque-là ultraminoritaire et fort discret. Soit à partir du début des années 1980.

Les femmes – en tout cas les jeunes filles –, notamment en zone urbaine, n'étaient pas voilées, et celles qui l'étaient portaient un voile traditionnel. Dans ma famille, hormis les femmes d'âge très avancé, aucune n'arborait un fichu, attribut réservé parfois aux plus pieuses sinon aux veuves, à celles qui avaient effectué le pèlerinage à La Mecque (il paraît que la tradition l'exigeait). Toujours est-il que ce voile-là, appelé *haïk* à Alger, n'avait absolument rien à voir avec le voile islamiste que l'on connaît aujourd'hui. Il n'avait, surtout, aucune connotation idéologique, juste une signification purement et strictement culturelle, en tant que marqueur identitaire. Il était en outre synonyme de pudeur alors que l'accoutrement spécifique des intégristes est, de mon point de vue, l'illustration d'une extrême vulgarité. Pourquoi ? Parce qu'il intègre une nouvelle façon de vivre sa religion, laquelle passe par la construction d'une sorte de sur-musulman, un « musulman plus que les autres » qui s'affirme, entre autres, par des codes vestimentaires spécifiques.

Jusqu'aux années 1980, même si l'environnement politique était antidémocratique, nous étions loin de toute logique totalitaire. Nous critiquions malgré la pression et, parfois, la répression la mauvaise gouvernance, la corruption et les passe-droits. La religion, elle, était plutôt respectée, mais on se permettait, surtout entre jeunes, de blasphémer sans problème. D'ailleurs, en Algérie, la célèbre injure «*Naal Dine Babake*» – qui peut être traduite par la très blasphématoire expression : « Maudite soit la religion de ton père ! » – fait partie du langage courant. Que dis-je ? Du patrimoine culturel. L'insulte est même déclinée de manière à viser également la « religion de la mère » («*Naal Dine Yemmak*» ou «*Naal Dine Oumouk*»), voire la « religion de Dieu » («*Naal Dine Rabek*»). C'est dire...

Ayant appris ces injures très jeune, j'avoue éprouver un malin plaisir à en abuser à l'envi, notamment lorsqu'un islamiste croisé par hasard dans la rue me jette un regard assassin ou m'accable d'une expression excommunicatrice. C'est un peu mon «*Allah Akbar*» à moi lorsque je veux lancer une attaque laïque...

Adolescent, rien ne m'intéressait davantage que mes études, la musique et le football. Les filles faisaient partie des préoccupations de mon âge et, malgré le conservatisme ambiant, l'hypocrisie de la société m'a permis, bon an mal an, de vivre, de ce point de vue, une jeunesse plutôt épanouie. Même lorsque l'on a voulu, dans la société, interdire ou limiter la mixité et ériger les pires archaïsmes, avec mon groupe d'amis de l'époque, une trentaine de jeunes, nous vivions un peu en marge des codes imposés par cette Algérie en voie de régression, insouciants, scrutant les derniers tubes américains qui nous permettaient d'organiser les soirées les plus endiablées au rythme d'une musique funky alors à la mode. Sans être des débauchés (certains nous voyaient pourtant comme tels), nous avions choisi de vivre pleinement notre adolescence et notre jeunesse. La religion était, alors, une affaire de vieux.

Peut-être est-ce l'appartenance à une certaine jeunesse dorée, citadine issue de la bourgeoisie ou de la classe moyenne, plutôt nantie, qui m'a prémuni des frustrations. De fait, très jeune j'ai pu sortir en boîte, fréquenter les boums, les filles ; plus tard j'ai eu l'occasion de voyager, d'abord en famille, ensuite seul ou avec des amis, avant de m'habituer, en avançant en âge, aux soirées algéroises les plus extravagantes où vin et whisky coulaient à flots. Cela peut paraître banal à un public français, mais dans la situation algérienne des années 1980, c'était loin d'être anodin. Grâce à ce contexte ouvert, comme n'importe quel jeune j'ai pu faire ces quatre cents coups où l'interdit faisait office de règle... et me construire !

Les études furent une préoccupation essentielle. Très tôt – c'est probablement ce qui m'a sauvé –, un goût et une attirance prononcés pour la lecture m'ont gagné. Ce qui m'a fait découvrir et explorer des cultures, courants, univers non enseignés par l'école algérienne et, pis, inexistants dans les librairies et bibliothèques. Que ce soient les œuvres de Camus ou de Sartre, de Gramsci ou d'Arendt, de Rousseau ou de Voltaire ; qu'il s'agisse de romans ou d'essais politiques, de livres policiers ou de nature philosophique, les bons ouvrages étaient une denrée rare. Tandis que les textes vantant le nationalisme arabe, le tiers-mondisme, la « Guerre de libération nationale » et les « héros de l'islam » ou les idéologues de l'islamisme foisonnaient, il était difficile de trouver dans les rayons l'expression d'autres avis, une diversité de points de vue. À partir d'une certaine époque, la Foire du livre d'Alger fut même presque exclusivement consacrée aux textes islamistes. La régression et l'oppression sournoise des idées avaient débuté.

Depuis l'indépendance de 1962, le pouvoir algérien édifiait une pensée unique (et par ailleurs inique) qui reposait sur ce qu'il qualifiait de « constantes nationales » : l'appartenance à la nation arabe et au monde islamique. Cette approche, qui réécrivait selon une logique particulière le récit national, occultait des pans entiers de l'identité algérienne, et notamment la berbérité, tout comme elle cachait les dimensions ottomane, méditerranéenne, francophone, chrétienne, juive, africaine qui, toutes, ont façonné au fil des siècles la personnalité algérienne et l'âme profonde de ce pays.

Les Berbères – pourtant historiquement éléments fondamentaux de la société – étaient complètement niés. Tout comme les Ottomans, effacés de la mémoire collective, la France, vue exclusivement comme un « ennemi » colonial, le Juif, présenté seulement sous le vocable de l'« ennemi sioniste ». Bref, ce pouvoir, inféodé dès le départ aux chantres du nationalisme arabe, expliquait que nous étions arabes et musulmans, un point c'est tout ! Toute discussion ou remise en cause de ce postulat passait pour haute trahison. Le pouvoir algérien, sa télévision, ses journaux, sa politique, ses mosquées, tout ce qui était contrôlé par lui diffusait cette seule pensée sous la bannière du FLN, le Front de libération nationale.

Pourtant, je l'écris clairement, je ne me suis moi-même jamais senti arabe, ni proche de la culture arabe, encore moins appartenant à la fameuse « nation arabe ». À vrai dire, je n'ai jamais eu la moindre affinité avec la culture arabe (que je respecte et connais par ailleurs) tant elle m'a été inculquée presque comme une culture « étrangère », malgré moi donc, dans un pays non pas arabe mais arabisé.

Inconsciemment, je devinais que le système, notamment éducatif, voulait m'endoctriner. Je ressentais le bourrage de crâne. D'abord, je me rendais compte que les ferments de haine qu'on tentait d'inculquer à l'école étaient aux antipodes des valeurs d'amour et de respect que me transmettait mon grand-père paternel, être particulièrement génial, qui m'a élevé et duquel j'étais proche. Je comprends aujourd'hui, au regard de cette modeste première expérience personnelle (empirique), combien la famille et l'école, sauf à vouloir former des schizophrènes ou des êtres se révoltant contre elles, doivent véhiculer des messages et enseignements nobles, similaires, en tout cas abonder dans le même sens pour assurer le bien-être de l'enfant, adulte en devenir et donc futur citoyen.

Chez moi on expliquait qu'il fallait respecter les autres, à l'école on matraquait le rejet du « mécréant », le mépris du Juif, la déshumanisation de l'homosexuel et l'exclusion de toute différence – réelle ou supposée. Je me souviens par exemple de certains enseignants d'arabe, syriens ou égyptiens le plus souvent, dont j'apprendrais – bien plus tard – l'appartenance aux Frères musulmans. Ouvertement, ils professaient le pire : haine de l'Occident, appels à l'antisémitisme, apologie de la violence...

En plus de se montrer humainement et professionnellement mauvais, ils étaient violents, nous frappaient, depuis notre plus jeune âge. Et nous pensions que ces exactions étaient normales... Vous voulez savoir d'où provient la violence d'une grande partie des Algériens ? Inutile de chercher trop loin... Les psychologues expliquent en tout cas qu'un enfant ayant subi de façon continue des violences ne manquera pas d'en générer à son tour, notamment à l'âge adulte[1].

J'ai été frappé tellement de fois à l'école, depuis le primaire jusqu'à l'adolescence, qu'un jour, au collège, alors que je commençais à me forger, auprès des enseignants, une réputation d'« adolescent sympathique, sérieux, mais bagarreur », j'ai reçu une énième baffe de mon professeur d'arabe, un Syrien qui voulait me sanctionner pour avoir ri à la réflexion d'un camarade de classe. Rien de plus banal là-bas ! Cet enseignant, coopérant technique, avait l'habitude de me gifler pour un oui ou pour un non alors que je n'étais pas particulièrement

1. C'est ainsi que les Spartiates formaient leurs soldats; non en éduquant les plus jeunes mais en les « dressant » dès le plus jeune âge avec des coups afin de développer leur agressivité.

difficile en classe, sauf que sa matière ne m'intéressait guère. Pour dire vrai, quand j'obtenais un 17 en français ou en maths, je me contentais d'un 9 ou d'un 10 en arabe. Mais, cet après-midi-là, la gifle a eu l'effet d'un déclencheur. Je me suis levé, l'ai regardé dans les yeux et lui ai envoyé un « coup de poing dans la gueule » qui l'a fait tomber par terre. À la suite de quoi, j'ai pris la chaise sur laquelle j'étais assis et lui ai assené un second coup sur le dos. Interloqué, il s'est levé et enfui de la classe. Tous mes camarades, pantois, incrédules, me regardaient en silence.

Ce professeur, nous ne le revîmes plus jamais. Lorsque mon père a appris le calvaire que j'avais enduré et constaté la solidarité de la classe, qui a témoigné unanimement de ce que quelques-uns subissaient, il m'a soutenu. Je suis passé évidemment en « conseil de discipline », pour la forme, mais je fus sauvé de l'exclusion par mes autres professeurs, lesquels m'avaient jugé favorablement tout en désavouant la violence que j'avais moi-même exercée. Ce que j'ai compris.

Après cet épisode, je me suis juré que, plus jamais de ma vie, personne ne porterait impunément la main sur moi. Depuis, je puis assurer que j'ai tenu parole et, en toutes circonstances, je suis parvenu à me faire respecter, au besoin physiquement. Évidemment – et fort heureusement – cette option devint, avec le temps, l'une des plus ultimes et de plus en plus rare ! Quant à l'agressivité qui sourd en chacun, je suis parvenu à la canaliser dans l'activité physique et... les sports de combat.

Indépendant d'esprit, développant un tempérament plutôt rebelle depuis ma tendre jeunesse, j'ai entretenu, là encore de manière instinctive, une passion boulimique pour la lecture. Je lisais tout. Tout le temps. Y compris des ouvrages qui, prétendait-on, n'étaient pas de mon âge. Je m'intéressais à la psychologie, à la psychanalyse, à la sexualité, à la philosophie, à la politique, au christianisme, mais aussi au peuple juif, aux Phéniciens ; à des personnalités comme Marx, Lénine, Hitler, Jésus, de Gaulle, Martin Luther King ; et encore aux civilisations omeyyade ou abbasside, aux époques grecque ou romaine, aux deux guerres mondiales... Bref, à tout. Même à la religion musulmane.

D'un autre côté, j'ai développé très tôt un vif intérêt pour le cinéma. Grâce à mon grand-père, maternel cette fois. Musicien, il jouait de la mandoline et était adepte de la musique arabo-andalouse. Mais comme en Algérie on ne pouvait pas véritablement vivre de son art, il travaillait, agent de la ville, comme inspecteur des salles de cinéma. Il gérait les questions de sécurité, d'hygiène, de commodité, de tarification, ce qui lui permettait d'effectuer des visites inopinées. Bien sûr, tous les gérants de cinéma le connaissaient. Une aubaine pour moi, puisque à chacune de mes vacances scolaires il m'emmenait avec lui au centre d'Alger, me laissait choisir les films à voir et m'installait dans une salle, ensuite une autre, prévenant la caissière, un responsable ou la placeuse de ma présence, tandis que lui vaquait à ses vérifications. Il m'est arrivé de voir trois à quatre films dans un même après-midi.

Au fil des années, je suis passé des films pour enfants aux westerns spaghetti avant de m'orienter vers des longs-métrages d'auteur ou des comédies plus sophistiquées type Woody Allen. Les grands films populaires français et les acteurs les plus célèbres n'avaient aucun secret pour moi. En plus, ces petits « privilèges » me permettaient de récupérer des affiches, des posters et des magazines. L'Algérie, certes, n'était plus française en ces années 1970-1980, mais la culture française résistait, notamment à Alger et dans certaines villes où les francophones et les francophiles pouvaient encore trouver leur bonheur, que ce soit à la cinémathèque d'Alger ou auprès de quelques bouquinistes.

Toute cette période a forgé incontestablement la personnalité de l'homme que j'allais devenir.

Un jour de l'été 2015, sur le plateau de « C dans l'air », l'émission de France 5, j'ai lancé d'un ton volontairement provocateur, je l'admets, que la langue arabe véhiculait l'obscurantisme. Comme d'habitude, les réseaux sociaux – très réactifs, mais fort prévisibles – ont sonné l'hallali et se sont enflammés devant ce qu'il leur paraissait relever du quasi-blasphème. Qu'avais-je dit ? Rien d'autre qu'une malheureuse petite phrase qui, de façon factuelle, rappelait qu'avec « la langue arabe, aujourd'hui, on avait accès à l'obscurantisme ». Devant le tollé, j'ai essayé d'expliquer que, hormis quelques auteurs arabophones contemporains, peu nombreux malheureusement, comme le poète syrien Adonis ou le prix Nobel égyptien Naguib Mahfouz, eux-mêmes iconoclastes et décriés dans le monde dit « arabo-musulman », la littérature, les librairies et les bibliothèques arabes étaient phagocytées par une pensée obscurantiste.

Naturellement, dans un environnement où la parole est quasiment criminalisée, où l'on croit que ceux qui font du bruit ont davantage raison que ceux qui parlent ou écrivent sur des « sujets délicats », il était normal que mon propos soit – volontairement – mal interprété.

Pour autant, avais-je si tort ? Faisons une petite expérience accessible à n'importe quel arabophone. Allons sur un célèbre moteur de recherche et introduisons le mot « islam » en arabe. Que constaté-je ? Que les deux premières pages offrent des résultats terrifiants, proposant soit des sites salafistes, soit des sites véhiculant la pensée des Frères musulmans. L'islam se voyant totalement enfoui, phagocyté, dévoré par ces pensées extrémistes, la langue arabe se voit, elle aussi, comme l'ensemble du monde musulman, les dogmes islamistes, les Lieux saints de l'islam, Médine et La Mecque, prise en otage. Au mieux par des idéologies archaïques et rétrogrades, au pire par un véritable et terrifiant obscurantisme. *Idem* pour les librairies dites « musulmanes » qui fleurissent dans l'Hexagone, notamment au cœur des quartiers les plus communautarisés. Eh bien, les librairies présentes se révèlent, souvent, des points de vente islamistes qui diffusent le salafisme à travers ses différentes variantes ou la pensée des Frères musulmans. Donc l'obscurantisme.

Ayant constaté très jeune que la langue arabe, pourtant belle, mélodieuse et poétique, tombait entre les mains de dictateurs ou de fanatiques l'utilisant en vue de diffuser des idées totalitaires, je m'en suis éloigné. Recourir et utiliser la langue française me permettait en somme d'entrouvrir, dans un premier temps, une porte sur les Lumières.

À vrai dire, d'une manière quasi naturelle que je ne peux expliquer, j'ai commencé très jeune, progressivement, à me révolter. En silence d'abord, bruyamment ensuite. Contre les dogmes que l'on tentait d'ériger autour de moi dans différents recoins de la société, contre la propagande religieuse dont on espérait me bourrer le crâne. Cette logique, ancrée sur l'interdit, me répugnait. Interdiction de critiquer l'enseignant, interdiction de contredire son propre père ou un aîné, interdiction de s'interroger sur les choix politiques des dirigeants, de discuter les préceptes religieux ou de refuser des idées fondées sur la superstition voire l'irrationnel... Oser contredire le moindre de ces dogmes était perçu comme une forme d'irrespect, voire de rébellion. Et si, au début, c'était la mentalité dominante qui imposait ces interdits, par la suite c'est la religion qui a sacralisé cette façon de penser le monde et la vie en commun. Dans l'Algérie de mon enfance et de mon adolescence, même si la religion n'était pas au centre de tout, tout était néanmoins sacré ou devait être considéré comme tel par principe. La lutte pour l'indépendance était sacrée, les « martyrs » de cette même guerre également. Tous ! Tout comme les blessés et les survivants, les résistants de la première heure et ceux de la dernière ! Et pour cause, ces derniers, entre-temps, avaient confisqué le pouvoir. On nous a même imposé un nombre de « martyrs » que nous n'avions pas le droit de discuter. Attention, disait-on, nous avions la chance de vivre dans « le pays du 1,5 million de martyrs », et remettre en cause ce bilan – totalement farfelu du point de vue historique – relevait de la haute trahison, même avec des documents ou des faits précis.

Résultat : quand, depuis votre plus jeune âge, vous vivez dans la falsification de l'histoire de votre propre pays, dans celle de votre culture, quand on vous fait passer de Maghrébin méditerranéen aux origines probablement un peu phénicienne, romaine, berbère, ottomane à « tu es arabe, point barre ! », vous risquez – à terme – de rejeter la partie de vous-même qu'on a tenté de vous imposer non comme une part de votre identité mais en tant que tout. Lorsque, en plus, on falsifie la religion de vos parents alors que vous avez été élevé dans le respect d'une certaine éthique, de certaines valeurs – quelques-unes puisées dans la religion, d'autres dans une morale familiale –, lesquelles vous inculquent d'accepter ceux qui sont « différents », de respecter la vie humaine, d'écouter les arguments des autres car peut-être peuvent-ils avoir raison, de ne pas se laisser influencer par le premier venu, de développer votre esprit critique, de ne jamais vous faire corrompre, mais qu'une fois sorti de l'adolescence vous croisez le chemin d'apprentis sorciers tentant de vous convaincre que le « mécréant » n'est pas l'égal du musulman, que l'homosexuel doit être assassiné (que dis-je, massacré) alors que vos propres interlocuteurs sont souvent eux-mêmes des homosexuels refoulés, que le Juif est un personnage vil honni par Dieu et par ses saints... vous avez un choix à faire. Soit rester fidèle aux valeurs familiales originelles et rejeter toutes ces influences toxiques, soit faire des secondes votre charpente idéologique, l'architecture de votre personnalité. Et là, bonjour les dégâts !

C'est dans ce contexte qu'a émergé en Algérie (et ailleurs) le mouvement islamiste. Progressivement, sournoisement. Il n'est pas le fait d'une génération spontanée ni un accident de l'histoire. En silence, comme une bête qui se faufile discrètement, tournoyant autour de sa proie en attendant le moment propice pour porter l'estocade, l'islamisme a avancé dans la société en se confondant malicieusement avec la religion islamique au point de se prétendre celle-ci sans que personne s'en aperçoive. Ce moment propice est survenu en 1988, au lendemain des émeutes d'octobre qui étaient, certes, en partie instrumentalisées par une frange du pouvoir, mais qui reposaient, en vérité, sur une réelle aspiration au changement démocratique d'une bonne part de la jeunesse. La jeunesse voulait autre chose. Elle voulait vivre. Et vivre libre !

Et, en définitive, ce « printemps arabe » avant l'heure a bénéficié aux islamistes. Parce qu'ils étaient les seuls déjà structurés et organisés, capables de mener une bataille idéologique, voire d'engager une lutte armée. En un second temps, c'est le pouvoir qui a tiré profit de la situation puisqu'il a trouvé l'argument pour refuser une ouverture démocratique à laquelle le peuple devenait, à ses yeux, en raison du contexte, imperméable. Et pour cause, lorsque, dans une société maghrébine, les écoles enseignent le totalitarisme et l'intolérance au nom du nationalisme, et les mosquées une autre intolérance et un autre totalitarisme au nom cette fois de la religion ! En fin de compte, l'Algérie se composait d'un groupe social presque homogène aux réflexes islamo-nationalistes.

Mon engagement, jusque-là embryonnaire, rejetant à la fois ce pouvoir corrompu et corrupteur, et des logiques religieuses archaïques et totalitaires, prit de l'ampleur. Écrire, dénoncer, expliquer, mettre en garde seraient ma façon d'ouvrir les yeux des autres. Ayant commencé à donner forme à mes convictions à la faveur du bouillonnement de la société, j'entamai une carrière professionnelle de journaliste. Et, très vite, je me suis intéressé à l'islamisme.

Ma vie de citoyen, mon parcours personnel m'incitèrent en outre à réfléchir au contexte déstabilisant que je constatais. Lorsque l'on découvre qu'une partie de ses amis d'enfance, de ses camarades de classe, vire, sous couvert de religiosité, vers quelque chose d'acariâtre, lorsque l'on constate que des membres de son deuxième ou troisième cercle familial sont attirés par des postures attribuées jusque-là à des Bédouins du désert saoudien, lorsqu'on entend un cousin germain âgé d'une trentaine d'années expliquer qu'il ne peut plus faire la bise à l'une de ses cousines âgée d'à peine treize ans, ni se retrouver dans la même pièce qu'une grand-mère en raison de sa pratique religieuse, on ne peut demeurer insensible. L'islamisation radicale de la société gagnait du terrain, il fallait mettre en garde. Surtout en songeant à ce vague cousin refusant la présence d'une femme. Qu'un jeune de vingt ans en arrive à considérer une dame de soixante ans comme un objet de désir sexuel à bannir, donc comme une source d'impureté, relevait déjà, à mes yeux, d'une sorte de maladie mentale, d'une frustration pathologique et non de l'application de préceptes religieux réels.

La gangrène commence toujours ainsi, fort discrètement. L'air de rien, des religieux autoproclamés ou des fidèles fanatiques se mettent à expliquer doctement : « Dieu a dit que... » Il aurait édicté que telle chose ou attitude était « licite » mais qu'en revanche telle autre ne le serait pas. Cette obsession de l'interdit, je l'avoue, m'a dégoûté de la religion. Ayant évolué dans une société qui, hypocritement, a voulu m'interdire ce qu'elle avait décrété comme tel, j'en suis arrivé à tout m'autoriser, à l'exception de ce que ma propre éthique et ma propre morale réprouvent. Des enseignements prétendument divins, je n'ai que faire !

Combien de fois ai-je écouté des personnes se croyant autorisées à m'expliquer que « Dieu a dit... » ? En vérité, j'ai entendu de telles inepties que s'est produit en moi une sorte d'indigestion. Au point qu'un temps je me suis mis à vomir lorsque quelqu'un tentait de m'expliquer l'islam à travers ce genre d'interdits. À vomir réellement. Au début des années 1990, âgé de moins de vingt-cinq ans, déboussolé par les dérives de l'Algérie, j'en suis donc arrivé à vouloir m'exiler en Tunisie. Parce que, dans le quartier où je vivais, tout le monde ou presque était devenu islamiste. Pour qu'on cesse de m'aborder dans la rue, je m'étais résolu à arborer une barbe de plusieurs semaines, habitude conservée de me raser par intermittence, habitude d'où vient la rumeur infondée selon laquelle j'aurais été moi-même islamiste. En tout cas, c'est à cette époque que j'ai commencé à développer un rejet physique de l'islamisme. À force de voir des prêcheurs nous arrêter dans la rue pour nous soumettre à une séance expresse d'endoctrinement ou nous faire la morale à propos de la cigarette, qu'ils voulaient interdire, je me suis mis à vomir. Littéralement. Comme si je voulais, tel un anorexique, faire sortir de mon corps, non pas la moindre portion de nourriture, mais le plus petit brin de religiosité qui pouvait y exister.

La situation m'écœurait tellement que je vomissais de façon récurrente. Et ce alors que, c'est le paradoxe, j'avais fait de l'islam politique mon objet d'étude. Un sujet qui me passionnait.

Au départ, enfant, j'étais croyant. Comme on peut l'être lorsqu'on vous explique que vous êtes né musulman, donc que c'est « comme ça » ! Disons que, petit garçon, je croyais que l'on naissait musulman, comme on vient au monde avec deux bras. *C'est comme ça...*, pensais-je moi aussi. *Nous les Algériens, nous sommes musulmans parce que nous naissons musulmans...* Nous héritons de l'islam. Cela écrit, l'islam en tant que tel ne m'a jamais causé d'ennuis. Il y avait entre cette religion et moi une cohabitation pacifique. Liée à de nombreux détails.

D'abord mon prénom, Mohamed, à connotation très islamique puisque c'est celui du Prophète et que la plupart des familles maghrébines l'attribuent à l'aîné de chaque fratrie. Lui-même n'a jamais représenté pour moi le moindre problème et jamais je ne le changerai, il est le mien, m'appartient, je l'ai adopté, et aucun niveau d'intégration à la société française ne me le fera renier tant il est une part de moi.

Ensuite, il y a les formules consacrées qu'on apprend, gamin, de façon instinctive : *Al-hamdoullah* (« pour louer Dieu »...) ; *Inchallah* (« pour se référer à la volonté divine »...) ; *Bismillah* (« pour attribuer à Dieu toute chose »...). Bref, des expressions que j'ai cessé d'utiliser avec le temps, tant l'islam politique en a fait ses marqueurs, mais qu'initialement je prononçais sans y prêter attention... Et puis, au fil des années, en les décortiquant je me suis mis à les considérer autrement, à constater qu'elles n'ont pas un sens ou un usage strictement culturels, donc devaient être bannies de mon vocabulaire. Cela sans me défaire pourtant de certains tics : ainsi, quand un ami algérien me demande : « Ça va ? », il m'arrive de répondre instinctivement, comme jadis, par : « *Hamdoullah !* » Mais j'utilise le *hamdoullah* culturel et non son homologue islamiste transformé, avec une prononciation très littérale, en « *El Hamdou lil Allah* ». Conseil au lecteur français non arabophone : concentrez-vous, l'affaire est assez subtile.

S'agissant des pratiques religieuses, le ramadan – et subsidiairement les fêtes de l'aïd – a longtemps représenté le seul lien maintenu entre ma vie et les rites musulmans. Mais je le pratiquais pour faire plaisir aux miens, à un entourage qui, souvent, s'angoissait de mon athéisme de plus en plus prononcé et assumé. Cette inquiétude partait, je le sais, d'une bonne intention, ces proches devant se faire du mouron pour mon âme tant, à leurs yeux, celle-ci risquait de finir en enfer ! Mais bon, mon observance du ramadan – pour y revenir – avait autant à voir avec la pratique de la religion de mes ancêtres que Noël et la naissance du Christ pour un enfant parisien préoccupé avant tout de ses cadeaux : le rite relevait plus de l'habitude que de la conviction.

Avant de me sentir réellement athée, je suis passé par toutes les étapes : j'ai pensé au départ être croyant, on l'a vu ; ensuite j'ai longtemps cru en mon agnosticisme ; avant d'être finalement convaincu de ne croire en aucun dieu. Un paradoxe pour quelqu'un qui a accepté qu'on le décrive en « musulman modéré », alors que ses convictions sont aux antipodes et que sa seule religion est le journalisme ! Cela dit, quand on me posait cette question, je pensais encore être musulman. Je le suis bien sûr un peu toujours, mais culturellement – si tant est qu'on puisse l'être ainsi –, par éducation. Je sais désormais combien ma foi est nulle. Vide... ou vidée !

Puisque j'ai franchi le pas de la vérité totale, je dois écrire que, ma foi, je l'ai testée. Et même soumise à rude épreuve. Voici quelques années, probablement à cause de la cigarette, je suis tombé malade. Une explication médicale qui, conséquence bénéfique, m'a permis de me sevrer, définitivement je l'espère, du tabagisme. Toujours est-il qu'à cette époque, durant plusieurs semaines, je fus convaincu – alors que je ne suis pas hypocondriaque – que j'allais y passer. Et, naturellement, en de tels moments on apprend à évaluer sa croyance. Eh bien, un sentiment bizarre m'a traversé en pensant à la mort. Alors que j'avais échappé à des attentats terroristes, je me suis rendu compte que je n'avais jamais vraiment songé au passage de la vie à trépas. Cette nonchalance indifférente aurait pu m'alerter, car, en islam, il est dit qu'un bon croyant doit constamment songer à la mort. Je me suis donc rendu compte que, en fait, je pense uniquement à la vie. La seule chose qui m'intéresse, c'est elle ! Et les gens ! Oui, j'aime les gens. Même ceux qui m'exaspèrent, ceux qui m'attaquent injustement. Pourquoi être obnubilé par la mort puisqu'on se dirige vers elle aussi progressivement qu'inéluctablement ? Si c'est la fin du voyage, pourquoi être obsédé par elle ? Pourquoi ne pas contempler, chemin faisant, les paysages, s'autoriser de belles rencontres, se rendre utile à la collectivité, donner un sens à son parcours et donc à sa vie ?

Pendant les vagues terroristes algériennes, j'ai pensé à la mort des autres. Mais à aucun moment à la mienne. Ou très peu, de façon furtive. J'ai intériorisé l'idée qu'une mort – la mienne – est davantage un drame pour mon entourage que pour moi. Et je crois cela vrai pour chacun. La mort est le calvaire de ceux qui nous aiment, tiennent à nous et souffriront de notre absence !

Durant ma maladie – période où je me suis senti à la fois affaibli et fragilisé –, plusieurs nuits blanches m'ont incité à penser à la fameuse « vie d'après ». Et je suis arrivé à la conclusion – personnelle – qu'il n'y aura rien après. Je ne vois pas pourquoi, d'ailleurs, nous devrions bénéficier d'une vie après la vie. Quelle est la rationalité de cette approche ? Mon athéisme s'est-il révélé avec le temps alors que mon caractère rationnel s'affermissait ? Je le pense.

Écrivons les choses avec un peu de légèreté : quelle histoire les religions veulent-elles nous raconter ? En gros – je prends volontairement la version musulmane du film –, Dieu était un célibataire endurci qui s'ennuyait tellement qu'un jour, probablement pour se divertir, il a décidé de créer un homme et une femme, Adam et Ève, qui devaient lui servir d'animaux (humanisés) de compagnie. N'ayant pas suivi ses recommandations (surtout la femme), à en croire la tradition religieuse patriarcale et misogyne, dès le départ il les envoya, l'un et l'autre, sur Terre, où ils multiplièrent les pratiques sexuelles incestueuses et une endogamie effrénée pour créer l'humanité devenue la nôtre. Et après un passage ici-bas, où tout serait quasiment prédéterminé selon une logique appelée destinée, Dieu, en juge ultime, récompensera les uns et sanctionnera les autres ! Pour se retrouver dans une situation où les unes et les autres de ses créatures finiront qui au paradis, qui en enfer, pour l'éternité.

Tout ça pour ça ?! ai-je envie d'écrire...

Pour oser se proclamer athée, qui plus est lorsqu'on est de culture musulmane, il faut bénéficier de quelques atouts. D'abord un environnement où toutes les libertés sont garanties par les lois, à commencer, bien sûr, par celle de conscience. Or, même si oser de tels propos expose partout à la furie des islamistes et autres bigots, la France est, malgré tout, l'un des pays qui assurent et protègent cette liberté de conscience. Mais cet environnement positif – et nécessaire – n'est pas suffisant : s'avouer officiellement athée, c'est aussi pouvoir se sentir libre, affranchi de toute pression familiale et communautaire. Pour y parvenir, il faut être entouré de proches ouverts d'esprit, mais aussi accepter l'idée que chaque personne appartient d'abord à elle-même, surtout lorsqu'il s'agit de l'intime. Ma croyance ou ma non-croyance est mon affaire, mon affaire à moi seul, ni celle d'un père ou d'une mère, ni d'un conjoint ou d'un enfant, ni d'un ami ou d'une connaissance, et encore moins d'une famille ou d'une tribu, voire d'une communauté. Ma croyance n'est même pas une affaire entre Dieu et moi, puisque Dieu n'existe pas, plus : elle est entre moi et moi. Et si d'autres voient différemment, tant mieux (ou tant pis) pour eux, l'essentiel étant qu'ils le fassent dans la sphère privée et ne cherchent pas à imposer leurs convictions !

Lorsqu'on est plus jeune, dans un environnement où règnent pesanteurs et archaïsmes, où tout un chacun s'offre le luxe de juger – et même de condamner – son voisin, son vis-à-vis, son prochain, il n'est pas facile d'assumer une telle position. Voilà la raison pour laquelle j'ai attendu d'être capable, par mon parcours et mes enseignements, de le reconnaître aux yeux de tous, même si l'idée fait son chemin en moi depuis une dizaine d'années.

Tout cela pour expliquer que ces convictions intimes en perpétuelle évolution ont construit mes convictions anti-islamistes publiques.

Je dois toutefois préciser que, selon moi, le combat contre l'islamisme politique n'est pas celui de l'athéisme contre la croyance, mais celui de la démocratie contre le totalitarisme et des Lumières contre l'obscurantisme.

Pourquoi s'étendre sur ce cheminement personnel, se demanderont sans doute certains. Par exigence de parler vrai, nécessité de montrer comment et à partir de quoi certaines évolutions de pensée se font, et aussi afin d'expliquer à partir d'où et de quoi s'est construite mon identité républicaine, la seule que je mets en avant. Parce que l'universalisme m'anime, je ne pense pas cultiver, ni aujourd'hui ni à l'avenir, une autre identité que celle-ci, même si, évidemment, je ne renie rien de ce qui forge ma personnalité d'adulte : mon pays d'origine, l'Algérie; ma culture islamique; ma région maghrébine; mon pays d'adoption, la France; mais surtout cette identité qui s'est façonnée, forgée, consolidée à travers les valeurs de la République – la démocratie et la laïcité – et qui est à la fois humaniste et universelle. Donc profondément antiraciste, refusant toutes les formes d'intolérance qui traversent la société. Une dernière chose à souligner, forte, essentielle même : l'intolérance à l'intolérance n'est pas, en soi, une forme d'intolérance, mais un devoir citoyen !

4

Moi, le réfugié

L'Exil est une espèce de longue insomnie.

Victor Hugo

Victime du terrorisme, je me suis retrouvé progressivement coupable d'avoir refusé une politique, celle du président algérien Abdelaziz Bouteflika, et de l'armée qui l'avait fait roi. Dès la fin des années 1990, au prétexte fallacieux de faciliter le retour à la paix civile, les caciques du régime décidèrent, de façon unilatérale, en manipulant l'opinion à l'aide d'une propagande sans précédent, d'amnistier, sans même les juger, les terroristes et de les transformer en respectables citoyens. Ils ont fait croire à une population meurtrie par sept années de tueries islamistes, et crédule, qu'il s'agissait de la seule solution pour retrouver la paix. Dans l'absolu, cela aurait pu être vrai. Mais ce qui fut à mes yeux insupportable, c'était de voir cette décision prise au mépris du droit, puisque, dans cette supercherie politique, on n'envisagea pas une seconde de permettre à la justice de jouer son rôle, à la fois symbolique et pédagogique. Ce qui revenait à faire passer les 200 000 morts, comme le diraient les règles de la comptabilité de cette guerre, par « pertes et profits exceptionnels ». Pis, la plupart des tueurs sortiraient de cette amnistie avec un casier judiciaire vierge, dès le moment où ils déposeraient les armes et jureraient, en signant une attestation écrite, « ne pas avoir de sang sur les mains ». De quoi récupérer un passé judiciaire aussi *clean* que celui du paisible citoyen qui, lui, avait souffert du terrorisme, et d'apparaître quasiment plus propre que le plus petit journaliste irrévérencieux. Un comble ! Une ignominie !

Une décision d'autant plus insupportable et injustifiable que les islamistes avaient été défaits militairement au prix d'incroyables sacrifices des forces de sécurité (les appelés ainsi que les soldats, sous-officiers ou officiers de la base, aussi bien dans l'armée que dans la police, furent utilisés, le plus souvent, comme chair à canon), qui elles-mêmes avaient payé un très lourd tribut à la lutte antiterroriste.

Une décision d'autant plus inique et aberrante que les intégristes avaient en outre perdu politiquement puisque la population, très largement, les rejetait. Même si demeuraient une sorte de bigoterie ordinaire et des archaïsmes, l'islamisme, en tant que projet de société, n'était plus accepté par la majorité des Algériens.

Résultat : avec Bouteflika, une terrible régression s'est mise en place, sa politique ayant remis en selle le substrat idéologique islamiste, qui est devenu, expurgé certes de sa partie violente, une composante importante du projet de société algérien.

Nous aurions pu imaginer, à la fin des années 1990, un véritable processus de « réconciliation ». Qui aurait dû obéir, selon moi, à trois conditions : *primo* la reconnaissance de l'islam politique comme fléau, en tout cas comme idéologie dangereuse et néfaste, responsable de la mort de plusieurs dizaines de milliers d'innocents et porteuse d'idées contraires à la culture et à l'histoire même de l'Algérie ; *secundo*, l'acceptation de la démocratie comme alternative et projet de société ; et *tertio* enfin, la permission accordée à la justice de sanctionner, ne serait-ce que symboliquement, les terroristes « repentis » avant que ceux-ci, admettant le compromis, ne soient graciés par le président de la République dans le cadre de ses prérogatives constitutionnelles, sous condition bien sûr qu'ils renoncent à la fois à la violence et au prosélytisme.

Évidemment, il n'arriva rien de cela. Au lieu d'imposer un accord de fermeté porteur d'un avenir plus serein, a prévalu la facilité. Mais aussi une logique pernicieuse qui voulait que Bouteflika, roitelet de petite envergure, offre sa mansuétude à des assassins sans songer une seconde à tous ceux qui avaient souffert du terrorisme islamiste. Il est vrai que lui-même n'endura pas grand-chose, puisque avant son retour aux affaires le Président algérien était planqué en Suisse ou auprès de ses amis, dignitaires des pays du Golfe, entre Dubaï et Doha.

J'ai bien sûr dénoncé, à la fois en tant que citoyen et comme journaliste, cette décision prise au mépris de la souffrance de toute une population et des intérêts moraux des victimes de ces années noires, incapables, malgré leur nombre, de constituer une réelle force au sein d'une société civile laminée par près de quarante ans d'autoritarisme et huit ans de terrorisme islamiste. En réalité, elle est là, l'amère vérité : à la fin des années 1990, il n'existait plus de société civile. Les principales figures – les plus grands intellectuels, les meilleurs universitaires et journalistes – étaient mortes alors que d'autres avaient choisi le chemin de l'exil pour essayer de se reconstruire, en France ou ailleurs. N'ayant plus la capacité ni, probablement, la force de se faire entendre, beaucoup de femmes et d'hommes de talent et de conviction – ils se reconnaîtront – n'avaient plus voulu ou pu faire entendre leurs voix. Les meilleurs enfants de ce pays – à quelques exceptions près – ne se trouvaient plus en Algérie, terre laissée largement et définitivement aux voleurs, aux corrompus, aux minables et aux islamistes !

Même si ce fut laborieux, j'ai voulu, à ma modeste échelle, faire entendre une voix dissonante. Ce qui a, on s'en doute, fortement déplu au régime de Bouteflika, élu en avril 1999. Naïvement, au départ, après avoir écouté quelques-uns de ses discours de campagne, j'avais soutenu sa candidature, séduit par un ton qui se voulait volontariste. Mais j'ai déchanté quand la question de l'amnistie des terroristes s'est posée. Mes craintes se sont confirmées lorsque j'ai eu l'occasion de le rencontrer et de m'entretenir avec lui, durant la campagne présidentielle de mars 1999. L'ayant questionné sur le sort réservé aux terroristes dits « repentis », l'homme m'a rabroué comme il sait le faire lorsqu'il exprime un désaccord avec quelqu'un, en me lançant : « Vous faites partie de ceux qui veulent que le sang continue de couler dans ce pays... » Une seconde fois, en juillet 1999, j'ai tenté de prendre ma « revanche », l'interpellant publiquement durant une conférence de presse en marge du sommet de l'Organisation de l'unité africaine (OUA), devant d'autres chefs d'État. Non seulement il a refusé de répondre à ma question, mais je fus aussitôt prié par un responsable de la sécurité de quitter la salle. Mon accréditation fut ensuite annulée parce que j'avais osé offenser « Sa Majesté » !

Aussi, dès son arrivée au pouvoir, en quelques semaines seulement, s'est abattue sur moi une déferlante de procédures judiciaires. Toutes initiées par le régime aux prétextes d'articles « diffamatoires » ou de déclarations publiques « offensantes ». Il n'y avait en vérité rien de répréhensible juridiquement parlant dans mes écrits ou propos, mais le pouvoir en Algérie a toujours su instrumentaliser la justice à son profit. Ces procédures ont engendré pas moins de sept « gardes à vue » en six mois et des convocations répétées chez un juge d'instruction. Au point qu'à un moment il ne se passait quasiment plus une semaine sans que je me retrouve, sinon au commissariat, à la gendarmerie, voire dans les locaux de la Sécurité militaire. Quand ce n'était pas devant le magistrat instructeur qui me convoquait de nouveau pour me signifier, dans trois affaires distinctes, une mise en examen. Il faut préciser que le droit algérien, en matière de délit de presse, est très différent du droit français. Le pouvoir détient, telle une épée de Damoclès, des moyens de coercition lourde, qui passent par la sanction pénale, donc l'emprisonnement, sans oublier de fortes condamnations pécuniaires et autres interdictions de publication. De quoi museler fortement toute presse ou plume un tant soit peu curieuse ou indépendante !

En ce qui me concerne, plusieurs types de chantage furent utilisés. Menaces à peine voilées mais non dites parfois, à d'autres moments plus directes. On me menaçait évidemment d'emprisonnement, mais également de supprimer mon incontournable « carte de presse étrangère », autorisation délivrée par le ministère de la Communication avec l'aval des services de renseignements permettant d'exercer en qualité de correspondant permanent pour une publication française. Comme j'étais, par ailleurs, rédacteur en chef d'un hebdomadaire politique appelé *Le Chroniqueur*, des membres de la présidence et de l'armée ciblaient le journal en laissant entendre qu'ils seraient susceptibles de l'interdire, purement et simplement, de parution. Déjà qu'il était privé, depuis quelque temps, en raison de nos écrits, de toute page de publicité étatique afin de l'étouffer financièrement, inutile de dire combien tout cela était pesant.

En somme, j'étais soumis à un chantage sournois multiforme dont le seul objectif visait à me faire rentrer dans le rang. Ce que j'ai refusé, il va sans dire. Ce qui, au contraire, a renforcé ma volonté de lutter et procuré une énergie supérieure. La folie de ce régime l'amenait à surveiller jusqu'aux discussions que je pouvais avoir, en privé, avec des confrères. Lors d'un interrogatoire, on m'a en effet appris que certaines de mes conversations téléphoniques – je n'avais pourtant pas de téléphone portable à l'époque – étaient écoutées, à l'instar de celles des autres membres de la profession !

Des observateurs étrangers, non avertis, croyaient tous les non-islamistes, épargnés par le régime, proches de lui. C'était totalement faux, puisque le pouvoir profitait de la situation sécuritaire pour museler l'ensemble des libertés et toutes les opinions qui ne lui convenaient pas. Quant à ceux qui, comme moi, n'avaient aucune tutelle au sein du régime, ils étaient encore plus vulnérables et bridés. Je n'étais, de fait, l'homme de personne, d'aucun clan ni groupe, même si parfois quelques affinités idéologiques me liaient – de loin, car j'ai toujours tenu à mon indépendance – à tel ou tel responsable[1].

1. Je tiens à le préciser, car c'est toujours mieux : jamais aucune affinité idéologique ne m'a amené à me compromettre avec tel ou tel clan du régime.

En 1997, soit avant même l'arrivée de Bouteflika, j'avais été brutalement licencié de la radio algérienne pour une chronique jugée irrévérencieuse. Le directeur de la chaîne, avec lequel je m'entendais très bien, m'a convoqué dans son bureau pour m'annoncer la nouvelle avec le sourire, non sans prendre soin de me flatter : « On m'a obligé de te licencier. Et je n'ai pas le choix. Ce sera soit toi, soit moi, a-t-il dit, ajoutant ironiquement : Je préfère que ce soit toi. » Et d'enchaîner cyniquement : « Je te fais confiance, tu as du talent, tu sauras rebondir, moi je suis à quelques années de la retraite... »

Il est vrai que j'ai pu rebondir vite, mais j'ignorais que mon attitude déplaisait déjà au plus haut niveau. Je pensais que mes convictions anti-islamistes – qui rejoignaient celles de certains clans du régime – suffiraient à me protéger. Je croyais que le pouvoir avait suffisamment à faire avec le terrorisme pour s'occuper de journalistes trentenaires comme moi. Progressivement, je me rendis alors compte que le combat anti-islamiste mené par les autorités n'était pas nourri, tant s'en fallait, par une quelconque aspiration démocratique, mais exclusivement par la volonté de pérenniser le système – de surcroît antidémocratique, générateur de frustrations et d'injustices – mis en place au lendemain de l'indépendance. Le pouvoir algérien se moquait de la démocratie, et l'islamisme représentait le seul vrai danger pour sa pérénité.

Conscient de cette réalité, je dus utiliser le moindre « trou de souris » pour tenter de faire passer, à dose homéopathique, les idées qui déjà étaient les miennes : démocratie, laïcité, universalisme, antiracisme... Mon combat – et celui de beaucoup d'autres – consistait à faire vivre, bon gré mal gré, en dépit du climat de guerre civile, ces principes. Alors nous les distillions subtilement dans les articles, chroniques ou entretiens publiés par les rares médias qui défendaient cette ligne éditoriale... ou instrumentalisions d'autres tribunes. N'ayant jamais pu – ni voulu – me départir de cet engagement, voilà pourquoi je ne peux m'empêcher, aujourd'hui encore, de donner du sens à chaque travail journalistique que j'effectue. Professionnellement parlant, je me suis construit ainsi : dans l'adversité !

Contrairement à certains mensonges colportés et fantasmes entretenus, je n'ai jamais appartenu à un quelconque clan du pouvoir algérien, même si j'étais philosophiquement proche d'un courant de pensée qui survivait de manière transversale dans la société. Ce courant à la fois persécuté par les islamistes et par la frange la plus conservatrice du régime, militait en faveur d'une république sociale, de la démocratie, de la laïcité et des droits de l'homme. Il serait faux de prétendre que ces valeurs n'étaient pas représentées à l'intérieur des institutions, car même s'ils étaient minoritaires, donc nécessairement discrets, certains membres du pouvoir algérien, refusant le projet islamiste, croyaient possible de démocratiser le pays et agissaient en soutiens discrets. Cela ne se traduisait pas par des rencontres secrètes ou des réunions conspirationnistes – dont l'existence plairait à certains complotistes parisiens trop heureux de l'apprendre –, mais simplement à travers des échanges subtils. Il m'est arrivé, par exemple, de croiser un dignitaire du régime dans le cadre de mes activités professionnelles, qui me faisait alors imperceptiblement savoir qu'il partageait une position que j'avais exprimée dans un article, pourtant hostile au régime. Des informations étaient aussi distillées, voire des dossiers, par des sources à l'intérieur du pouvoir qui, au regard de certaines affaires, risquaient parfois « très gros » en agissant ainsi. Je ne suis pas en train de dédouaner ce pouvoir corrompu et corrupteur – que j'exècre et sur lequel, dans les années 2000, j'ai publié deux ouvrages[1] expliquant, arguments à l'appui, sa nocivité –, mais il me paraît juste d'écrire que, dans ce système pourri, il y avait, quoi qu'on puisse en penser, des individus qui essayaient, de l'intérieur mais sans succès, de faire évoluer les choses vers la démocratie. Les idéalistes peuvent fleurir partout, même dans les lieux les plus improbables ! Certes, ils ont échoué – nous avons tous échoué, tant la machine mise en place par le régime algérien afin d'assurer sa

1. *Bouteflika : ses parrains et ses larbins*, Encre d'Orient, 2011 ; *Histoire secrète de l'Algérie indépendante*, Nouveau Monde, 2012.

pérennité broie les meilleures volontés. Toujours est-il qu'en Algérie le pouvoir, à l'époque comme aujourd'hui, n'est pas homogène, tant s'en faut ! Aussi je tiens à rendre hommage à ceux qui ont pris beaucoup de risques pour essayer... Ils se reconnaîtront !

Entre septembre et octobre 1999, la pression s'est accentuée. J'ai été arrêté par des officiers du DRS, le Département de renseignement et sécurité (l'ex-Sécurité militaire), qui me questionnèrent sur mes liens, supposés obscurs, avec l'ambassade de France. Pour eux, j'agissais en « informateur » d'une puissance étrangère. Rien que cela ! Accusation fréquemment utilisée pour intimider, faire craquer et briser, dans ce pays où la « traîtrise » est, sur le plan psychologique et judiciaire, le pire des délits qui puisse exister. À ce jour encore, le terme « harki », désignant à l'origine les supplétifs de l'armée française durant la guerre d'Algérie, porte cette connotation péjorative au point d'être devenu l'injure suprême. Une sorte de jugement d'excommunication de la communauté nationale pour les Algériens. De fait, suite aux positions que j'ai pu prendre contre le régime dans divers ouvrages, suite à différentes interventions télévisées, nombre de messages et insultes ont fusé contre moi où, systématiquement, le mot « harki » surgissait. Une manière de signifier que j'étais définitivement exclu de la société algérienne. Une manière aussi de me menacer physiquement quand on sait le sort réservé aux harkis après l'indépendance, tués pour les uns, interdits de séjour dans leur propre pays pour les autres[1] !

À l'époque de mon interpellation, en réalité, ces choses-là ne m'impressionnaient guère, ayant toujours réussi à domestiquer mes peurs et mes angoisses grâce à ma conviction d'avoir la

1. Quatre injures (ou assimilées) se superposent dans le langage algérien : « harki » pour désigner inconsciemment l'ennemi intérieur ; « le suppôt de la France » pour pointer l'ennemi extérieur ; le « juif » ou le « sioniste » pour qualifier le « traître » ; et le « mécréant » pour fixer l'excommunication. Ces quatre termes péjoratifs renseignent bien sur la tendance antidémocratique d'un régime baignant dans le nationalisme et l'islamisme.

conscience tranquille. Je comprenais qu'il s'agissait d'un moyen de pression pour me faire taire, puisque je n'ignorais pas les liens privilégiés entretenus notamment entre les hommes du général Smaïn Lamari, alors numéro 2 du DRS, et la DST française, notamment dans le cadre de la lutte antiterroriste. Pour l'anecdote, comme c'étaient ses hommes qui m'interrogeaient, je leur ai rétorqué qu'ils étaient probablement mieux placés que moi pour « échanger avec les Français » au regard des informations dont ils disposaient. De telles réponses me valurent divers « désagréments » (euphémisme), et si je n'avais pas bénéficié d'un statut de correspondant d'un média étranger, les problèmes auraient été plus graves. J'aurais pu, par exemple, comme certains confrères journalistes, être placé en « détention préventive » sans procès, à attendre un hypothétique passage devant un juge dans des délais normaux. Le calme et la sérénité que j'ai opposés aux « enquêteurs », les contacts que j'entretenais avec plusieurs organes de presse internationaux, m'ont protégé.

En fait, alors que mes activités étaient claires, une frange du régime, la plus meurtrière, ne voulait pas que, d'une manière ou d'une autre, je parvienne à dénoncer la politique dite de « concorde civile » qui allait bénéficier aux terroristes. Quand je me plaignais auprès des autorités officielles du comportement de certains « services », on me répondait par une sorte d'étonnement feint, et la discussion finissait systématiquement par un « On va se renseigner ! »... jamais suivi d'effet.

En qualité de journaliste travaillant pour un journal français – l'hebdomadaire *Jeune Afrique* –, je me rendais de temps à autre à l'ambassade de France, soit invité à des cérémonies officielles, soit pour couvrir les visites de travail effectuées par des responsables hexagonaux, soit pour rencontrer des sources ou des connaissances. À l'époque, l'ambassade était « bunkerisée » en raison de la menace terroriste. Les diplomates et le personnel consulaire avaient instruction de ne jamais se rendre à des rendez-vous à l'extérieur. Donc toutes les rencontres, privées ou professionnelles, se déroulaient à l'intérieur de l'enceinte diplomatique. Les responsables algériens – qui, par ailleurs, allaient régulièrement en France ou avaient leurs enfants scolarisés là-bas – voyaient d'un très mauvais œil des journalistes avoir des contacts à l'ambassade. Je ne comprenais pas les raisons de cette schizophrénie. Nous aurions été en Corée du Nord ou à Berlin-Est durant la guerre froide, je l'aurais admis, mais là je ne saisissais en rien les griefs du pouvoir à mon encontre alors que mes visites – souvent à caractère professionnel – se déroulaient en plein jour, au vu et au su de tout un chacun. Mais j'étais dans un pays paranoïaque où l'espionnite relève de l'art de vivre et où chaque fait et geste se voit surinterprété. Et détourné, trafiqué lorsqu'il y a volonté de nuire. On s'en doute, je me trouvais dans cette situation, mais j'ai mis du temps à cerner cette schizophrénie. Il a fallu qu'un ami m'ouvre les yeux. Un jour, il m'a dit : « Ils pensent que tu es en train de te renseigner sur leurs biens immobiliers et les comptes qu'ils détiennent dans des banques françaises, donc tu les inquiètes ! »

Quelques jours après l'interrogatoire à la caserne de Ben Aknoun, je suis convoqué une énième fois par le juge d'instruction, avec lequel j'avais quasiment sympathisé. En quatre mois, il avait constaté mon dossier vide, en tout cas bien fragile même si les « affaires » s'entassaient. Lui et moi, sans avouer les choses clairement, savions qu'on lui donnait des instructions auxquelles il ne pouvait déroger.

Cela dit, jusqu'à l'ultime échange d'octobre 1999, je croyais que ces tracas correspondaient à la manifestation d'un harcèlement policier et judiciaire visant à me « calmer », pour reprendre l'expression chère aux figures du régime. Or, à la fin de l'entretien, le magistrat déclara qu'il allait clore l'instruction et transmettre le dossier au parquet, ajoutant spontanément : « Je note que vous m'avez déclaré ne pas avoir de passeport, sinon je vous l'aurais confisqué. Car je vais délivrer, dans quelques semaines, contre vous une interdiction de quitter le territoire national. »

Or je disposais d'un passeport, et il ne m'avait jamais interrogé jusqu'alors sur ce document. M'adressait-il un message ? J'ai osé poser la question : « Qu'est-ce que je risque, monsieur le juge ? » Il sourit : « Qu'est-ce que vous risquez ? Je vous le dis tout de suite avant même votre procès : vous allez être condamné à une année de prison ferme. » Devant mon air étonné, il renchérit, comme pour atténuer l'émotion visible sur mon visage et ôter définitivement le peu de naïveté et d'insouciance qui me restaient : « Nous sommes en Algérie, jeune homme. On n'écrit pas impunément que le Président est en train de mener une politique criminelle. » Avant de préciser : « C'est pour cela que je vous ai interrogé sur votre passeport. Si vous en aviez un, je vous l'aurais confisqué pour vous empêcher de quitter le pays », répéta-t-il en me fixant droit dans les yeux, un léger sourire au coin des lèvres.

À tort ou à raison, j'y ai vu un message.

Trois jours après, le 28 octobre 1999, je quittai définitivement l'Algérie par le premier vol. Avant midi, j'atterrissais à Paris. Depuis, je n'ai plus jamais remis les pieds dans mon pays d'origine. Et je n'y songe même pas !

Quelques mois plus tard, j'appris, par des amis qui s'étaient rendus au tribunal, que, durant une mascarade de procès, je fus condamné, par défaut, en quelques minutes, à une année de prison ferme pour diffamation envers le président de la République. Oui ! Voilà ce qu'est une politique criminelle. La politique de l'arbitraire et de l'instrumentalisation de la justice.

Au même moment, hasard du calendrier et coup du sort, le régime algérien libérait les terroristes et les islamistes dits « repentis ». La boucle était bouclée. Et la morale pas sauve. L'Algérie avait fait son choix. Les démocrates et les laïques devaient être soit emprisonnés, soit poussés à l'exil tandis que les islamistes allaient devenir les partenaires privilégiés et respectables du pouvoir.

Cette stratégie surréaliste, instaurée après près de huit années de terrorisme quotidien, n'a évidemment jamais permis au pays de regagner une totale stabilité puisque l'islamisme est une doxa appliquée par une société largement endoctrinée et par un pouvoir archaïque affichant un visage prétendument moderne. Le Sud – jadis si prisé par les touristes – deviendra peu après le bac à sable des terroristes, et l'ensemble du Sahel le navire amiral d'une organisation régionale appelée Al-Qaïda au Maghreb islamique (AQMI). Quant au semblant de stabilité avancé par certains, il tient essentiellement à l'embellie économique due à une hausse des prix du pétrole, qui a permis au régime d'acheter la paix sociale et de payer les terroristes pour qu'ils déposent les armes, sans risquer de condamnation de surcroît... Comme s'il fallait ajouter de l'indécence à l'abject.

Dans un tel climat, bien que j'aie toujours été légaliste, je ne pouvais donc me retrouver emprisonné. Hors de question ! Je refusais – et c'est toujours ma position – de comparaître devant une « justice » que je ne reconnais pas. Comment lui accorder une once de confiance lorsqu'on sait qu'elle ne dispose d'aucune indépendance ? Heureusement, à l'instar de ce juge d'instruction – qui m'a probablement sauvé –, il existait et existe en son sein – tout n'est pas pourri – des personnes possédant encore des principes !

Albert Camus écrivait dans *L'Homme révolté* : « C'est la philosophie qui peut servir à tout, même à changer les meurtriers en juges. » Quiconque parcourt l'œuvre camusienne se rendra compte de la présence récurrente, dans ses écrits, d'éléments, propos, scènes renvoyant à l'esprit de justice. Il n'est guère, dans ses livres, de passages qui n'accueillent pas une dénonciation de l'injustice. Or, lorsqu'on a été bercé par ses livres (de *La Chute* à *L'Étranger*, en passant par *La Peste* jusqu'à sa pièce de théâtre *Caligula*), son approche philosophique empreinte d'une quête de justice vous marque. « Simplement, le prêche rendit plus sensible à certains l'idée, vague jusque-là, qu'ils étaient condamnés, pour un crime inconnu, à un emprisonnement inimaginable », écrivait-il dans *La Peste*. Alors oui, je le dis, sans me prétendre expert en littérature ou spécialiste de l'œuvre d'Albert Camus, ni par posture ou preuve de snobisme, les mots ont, comme pour lui, toujours représenté chez moi quelque chose d'important. Et les principes, les « grands principes », je les ai réellement et sincèrement chevillés au corps. Lorsqu'on a eu la chance de baigner dans cette littérature-*là*, lorsqu'on est devenu familier des grands auteurs français et qu'on a rejeté les ouvrages des bigots islamistes ou des nationalistes arabes, on choisit naturellement la France comme terre d'accueil.

Alors oui, peut-être mon prénom gêne-t-il la quiétude d'un Éric Zemmour, qui se croit forcément plus attaché à ce pays que moi et moque les patronymes des autres ? Alors oui, peut-être mes origines étrangères bouleversent-elles une Marine Le Pen qui, à coup sûr, voit le « réfugié » que je fus comme un danger potentiel ? Alors oui, peut-être les tenants des « racines chrétiennes de la France » verront-ils dans mes prises de parole et convictions une voix illégitime car pas assez « de souche », pas assez française, pas assez catholique ? Alors oui, peut-être un Robert Ménard déclarerait-il que je suis venu fouler le sol de France attiré par les allocs ? Alors oui, peut-être beaucoup d'autres continueront-ils à déverser sur moi des torrents de fiel et sur les réfugiés perçus en hordes barbares à l'assaut de la France des flots de haine ?

En vérité, n'en déplaise aux apeurés et extrémistes droitisés, si j'ai choisi la France, c'est parce que j'aime ce que représente ce pays. Et l'idée que je m'en suis fait n'a jamais été celle véhiculée par certains propos beaufs, manquant d'élégance et d'humanité donc, sur le fond, indignes de figurer dans les répertoires politiques ou médiatiques.

Idiot est celui qui croit, au temps de la mondialisation, alors que la planète est devenue un village, que l'étranger, par ce seul statut, serait, d'une manière ou d'une autre, un danger. Idiot est celui qui affirme, en 2017, que par la seule édification de frontières, il serait capable d'endiguer la venue de personnes affamées ou fuyant la mort. Ne voit-on pas tous les jours que le danger d'une noyade en Méditerranée n'arrive pas à stopper les déplacements de populations désespérées ? Idiot est, enfin, celui qui soutient que quelques milliers, voire quelques centaines de milliers de personnes parviendraient à remettre en cause l'histoire d'une nation, d'un peuple, en somme l'identité d'un pays tel que la France. Croire cela reviendrait à douter de sa propre identité, à ne pas connaître son sens réel. Idiots sont ceux qui ne perçoivent pas combien le monde a changé, combien l'équilibre ancien entre coutume et droit – qui accordait à la première, fût-elle mauvaise, une préséance de fait – a basculé en faveur du droit. En d'autres termes, les règles, telles qu'édictées, doivent être appliquées, les principes affirmés respectés avec une rigueur sans faille. Un pays n'est pas faible lorsqu'il reçoit des étrangers, mais une nation s'émiette lorsqu'elle ne sait plus dire qui elle est. Or l'identité française n'est pas, plus, uniquement chrétienne. Et ce quoi qu'on puisse en dire. L'identité de la France est républicaine, et la chrétienté comme le judaïsme hier et l'islam aujourd'hui, au même titre que l'athéisme ou des croyances minoritaires, sont des données qui désormais la constituent !

Donnée qu'il ne faut surtout pas omettre, tant elle colle à l'ADN de la République, les droits de l'homme sont chez nous d'exercice direct. Aussi la devise républicaine n'est belle que si elle s'applique au présent. La France est un magnifique pays, mais les manières d'épicier de village exécrables dont certains usent pour regarder de haut « l'étranger » venu soi-disant troubler la quiétude des habitants ne sont plus de mise ni de saison à l'heure de la mondialisation. Les Ménard, Zemmour, Le Pen et quelques autres n'agissent pas comme des politiques ou des intellectuels responsables, s'appuyant sur une pensée républicaine portée par des valeurs lorsqu'ils dénoncent à tout-va « l'autre », « le migrant », mais se comportent en boutiquiers Dupont-la-Joie jouant avec les peurs parce que émergent des prénoms ou des visages trop exotiques à leurs yeux. Pis, l'« exotisme » qui les dérange n'est pas celui de n'importe quel étranger. Un milliardaire russe, proche de Poutine, même s'il traîne derrière lui des soupçons de voyoucratie, sera toujours le bienvenu dans leur environnement, alors que le Syrien fuyant Bachar Al-Assad, autre allié historique de l'extrême droite française, le Yézidi victime du génocide perpétré par Daech seront, eux, mal accueillis voire honnis et montrés du doigt.

Or il est de l'intérêt de la France de savoir être une terre d'accueil pour « réfugiés », ceux fuyant les dictateurs comme ceux mis sur les routes pour éviter le terrorisme. Il ne s'agit pas

« d'accueillir toute la misère du monde, mais d'y prendre sa part », pour reprendre l'expression complète de Michel Rocard. Outre qu'être fidèle à ses propres principes serait à son honneur – la France ne sera plus la France le jour où elle renoncera à ses propres idéaux républicains –, le réalisme politique et l'éthique concordent ici. Ne serait-il pas paradoxal que le pays qui se targue d'avoir inventé les droits de l'homme en respecte globalement certains tout en leur ajoutant des modalités d'application allant en sens contraire ? De quoi humilier, meurtrir, blesser les éventuels bénéficiaires qui ont déjà beaucoup souffert et sont des ayants droit universels, et plus qu'écorner l'image hors des frontières de notre démocratie.

Ne faut-il pas, aussi, se poser la question des retards de réflexion accumulés durant des décennies en matière d'immigration en France au lieu de constamment tirer à boulets rouges sur les « immigrés », devenus pour beaucoup, dans l'intervalle, des citoyens français ? Je m'explique : comment se fait-il qu'au Canada Michaëlle Jean qui, en 1968, à onze ans, arrive de Haïti avec sa famille fuyant le pouvoir de Duvalier, devienne, en 2005, trente-sept ans plus tard – très naturellement – grâce à ses compétences (elle a fait une grande carrière de journaliste) gouverneur générale du Canada avant d'être élue, en 2014, secrétaire générale de l'Organisation internationale de la francophonie ? Et ce alors qu'en France la simple nomination d'un journaliste « noir » comme présentateur d'un journal télévisé de chaîne privée, TF1, se transforme en événement national, poussant certains quotidiens à y consacrer leur une ? Pourquoi la nomination d'une ministre noire à la tête de la Justice a-t-elle suscité tant d'hystérie et, disons-le clairement, de racisme le plus abject ? C'est cela, la France ? Comparer Christiane Taubira à un singe ?

Comment se fait-il par ailleurs que, dans des pays fondés sur des systèmes communautaristes, il y ait obligation pour les primo-arrivants d'apprendre parfaitement la langue, alors qu'en France – une république – on a permis à des nouveaux venus de s'installer et devenir citoyens sans jamais réclamer d'eux une maîtrise complète de la langue du pays d'accueil ni leur offrir un dispositif permettant d'accéder aisément à celle-ci ? Qu'a-t-on fait, mis en place de manière institutionnelle, pour que les mères de famille, souvent analphabètes, « rapatriées » par le biais des regroupements familiaux, puissent apprendre à la fois la langue et les codes républicains ? Quarante ans après les lois permettant le regroupement familial, on continue d'en débattre et de se déchirer. Qui a été défaillant ? Les femmes analphabètes qui n'ont pas cherché à s'instruire, ou le pays d'accueil qui ne leur a jamais rien proposé ? Ce même pays d'accueil qui – oublieux du temps qui passe – propose aux enfants de ces mères de famille « de s'intégrer » alors qu'ils sont nés en France et ne connaissent pas d'autre pays que celui-ci, le leur !

En réalité, la France n'a jamais eu de politique d'immigration et encore moins de politique cohérente d'intégration. Il faut rappeler une réalité – qui va éviter aux citoyens d'être trompés par le simplisme ambiant des éditoriaux des journaux de la « droite dure » : si certaines situations posent aujourd'hui un problème réel, c'est surtout en raison d'une démission de l'État français depuis quarante ans, démission de son rôle de régulateur de l'immigration et de concepteur d'une stratégie d'accueil à même de permettre d'intégrer les « étrangers » et ensuite de les faire accepter par la société, non en tant qu'ouvriers ou travailleurs étrangers, mais en citoyens à part entière. Aujourd'hui, le « fameux » citoyen français qui ne ressemble pas à l'image du « Gaulois » ancrée dans l'inconscient collectif est considéré comme un éternel citoyen étranger. Et il en est conscient. C'est probablement ce rejet qu'il convient d'analyser lorsqu'on veut comprendre ce que cet « éternel citoyen étranger » ou ses enfants renvoient à la société. Combien de fois ai-je constaté la souffrance de certains jeunes Franco-Maghrébins ou Franco-Africains qui, rejetés par la société française et par le pays de leurs parents, finissent par se dire et clamer : « Nous ne sommes ni français ni maghrébins, nous sommes musulmans. » Alors qu'en réalité ils tombaient dans les bras de l'islamisme, lequel a créé une « identité religieuse » devenue le ferment de substitution aux identités nationales.

Un autre élément me frappe : l'espèce de contradiction dans laquelle s'empêtrent nombre de porte-voix de cette France obsédée par l'identité. À quoi correspond précisément cette identité française, dont s'autoproclament (à quel titre ?) maints thuriféraires ou représentants, une identité qu'on ne peut apprécier qu'à l'aune du rapport entre le corps national et ceux appelés à l'intégrer ou qui l'ont intégré par la naissance ? Qu'est-ce que cette identité qui ne prend conscience d'elle-même que sur un registre de repli, obsidional ? Disons les choses franchement : qu'est-ce que ce vieux pays qui ne cesse d'attribuer ses malaises, sa décrépitude politique, ses abandons culturels, à l'action (prétendue souvent) de l'Autre, l'« étranger », qualifié comme tel, je le rappelle, même lorsqu'il ne l'est plus ? Qu'est-ce que ces gouvernants qui cherchent dans l'invention de rituels d'adhésion à une identité française (qu'il ne leur appartient en rien de définir) la solution aux problèmes d'ordre public ? Depuis quand faut-il (s')être reconnu français de francitude avérée pour ne pas « caillasser » des bus ou ne pas traiter les représentants de l'autorité comme de la merde ? En gros, un descendant de « Gaulois » serait-il plus légitime à la délinquance qu'un descendant d'allogène qui, lui, serait condamné à se comporter, sur plusieurs générations, en enfant de chœur, pour être éligible (et encore !) à la nation française ?

Voici quelques années, j'avais été marqué par l'échange avec un ancien membre du « milieu », Mohamed Dja-daouadji, durant la rédaction de l'ouvrage[1] racontant son parcours. Il m'expliquait que même en choisissant, pendant un temps, la délinquance, il se vivait « comme un délinquant français ». Il ne comprenait pas pourquoi, à chacune de ses exactions défrayant la chronique, il était renvoyé systématiquement à son identité singulière, comme si, contrairement à ses complices de « souche », on lui déniait le droit d'être français. Alors qu'il avait été le comparse d'Antonio Ferrara, on le ramenait toujours à ses lointaines origines alors que jamais personne ne voyait ce dernier, né en Italie, comme un

1. *J'étais braqueur de banques... Aujourd'hui je suis un homme*, *op. cit.*

délinquant étranger. Mais lui, Mohamed Dja-daouadji, devait forcément être perçu comme un Algérien, pays de ses parents... qu'il connaissait à peine !

J'ai l'impression, là encore, qu'une personne d'origine étrangère, surtout issue d'un pays non européen, doit être exemplaire sur plusieurs générations, alors qu'un « Français de souche » ou un Européen aurait le droit, lui, de faillir. En somme, quand il faute, le « Français de souche » a le droit d'être français, mais, pour la même faute, celui d'origine étrangère devrait, lui, du moins dans certains discours politiques ou médiatiques, être expulsé de la communauté nationale. Voilà une citoyenneté à deux niveaux qui n'est pas du tout conforme, là non plus, à l'esprit de la République. Et ce rejet, réel ou ressenti, a souvent des conséquences catastrophiques dans les quartiers populaires. Il favorise le communautarisme et encourage les communautaristes. Identité française, dites-vous ?

Là où beaucoup de commentateurs, comme Éric Zemmour, participent à une véritable trahison des clercs, c'est quand il ne leur vient pas à l'idée, eux qui haïssent les logiques victimaires, de comprendre que « victimiser » la nation française est la pire des attitudes. La France n'est victime de rien, parce qu'elle est un grand pays, riche d'une histoire millénaire, qui ne saurait se fragiliser à cause de certains esprits dérangés. Pourquoi, lorsqu'on tente d'analyser un fait sociologique, ces angoissés sont-ils les premiers à crier au « discours victimaire » et « bien-pensant » alors qu'eux-mêmes sont les premiers à user de cette méthode ? « Attention, la France se meurt, la République se perd, la démocratie est en danger », s'exclament-ils. Et quelques-uns de clamer la mise en place d'un « grand remplacement », cette absurdité conspirationniste – très bien illustrée par la logique houellebecquienne par ailleurs – qui laisse croire que les musulmans finiront par dominer la France ? Certes, Mohamed est un prénom de plus en plus répandu, mais si je savais que, par la grâce de mon seul prénom, les Français et la France, l'identité même de ce pays, seraient en danger, je me ferais appeler Olivier ! Car Olivier aurait de la gueule – c'est la traduction littérale du mot berbère *zemmour*, patronyme que le très « assimilé » chroniqueur s'est gardé de choisir – et me permettrait de porter le même prénom qu'Olivier Corel, par exemple. Ce nom bien français ne vous dit rien ? C'est pourtant le patronyme francisé que s'était choisi l'idéologue salafiste de Toulouse qui fut, entre autres, le maître à penser des frères Merah !

Plus sérieusement, on ne résout pas des questions aussi graves à coups de victimisations ou de diabolisations. La France est un État, un pays, une histoire, des institutions, des valeurs ; les « étrangers » ne sont pas une entité homogène, mais des personnes. Des êtres humains, vérité qui n'intéresse pas les dandys cathodiques ou les commentateurs à la mode, qui préfèrent se simplifier la vie en parlant des « étrangers », des « Noirs » ou des « Arabes », en somme, des « autres » ! Ceux qui portent en eux une différence, celle qui angoisse, uniquement car elle vient de loin !

La nostalgie mélancolique est un mode d'intervention politique douteux ; cultiver l'idée qu'une bonne « France d'avant » (parfaitement idéalisée, car loin d'avoir fonctionné si bien que cela, même et peut-être surtout à l'heure républicaine) a été cassée par une sorte d'ennemi intérieur, par le politiquement correct, par Mai 68, par les féministes, mais aussi les bobos, les homosexuels et autres épouvantails, et depuis livrée affaiblie à la vindicte et aux assauts des musulmans, délinquants, « barbares », à fort quotient chromatique, n'est rien d'autre que de la démagogie crasse. Et, en plus, cela est faux.

Il serait plus sage et intelligent de réfléchir, d'analyser, de comprendre pourquoi ce pays est si mal avec lui-même ; pourquoi l'autorité s'y est à ce point délitée ; pourquoi les « lepenisteries » diverses ont remplacé les évidences de la civilité et du respect humain ; pourquoi des « Gaulois » se laissent tenter par l'islamisme ; pourquoi des personnes françaises décident de retourner les armes contre leur pays ; pourquoi un certain nombre de Normands et de Bretons s'en sont allés rejoindre Daech... Pourquoi ?

La liste est longue, qui conduit à se demander pourquoi la France est confrontée à une telle désagrégation sociale et quels sont les vices quasi systémiques qui font, comme dans d'autres pays européens mais plus sans doute, qu'elle ne fait plus nation, n'a plus la cohérence d'un peuple. Réduire ces maux au seul problème de l'immigration est un biais politique mortifère. Rien n'est plus triste que d'imaginer la France incapable de se doter d'une identité autre que négative. Une France *contre* les musulmans, *contre* l'immigration, *contre* les « sans-papiers », *contre* les homosexuels, *contre* le burkini, *contre* les jeunes serait-elle la France aimée du monde ? Une France fumeuse dans l'invocation creuse des droits de l'homme, de la République serait-elle respectée ? Alors une seule question se pose : finalement, France, qui es-tu ? Que veux-tu ? Quelles sont tes valeurs ?

Assimilation, disent certains, mais assimilation à quoi ? Acculturation à quelle culture, dans un pays qui, depuis quelques lustres, a remplacé Camus par Zemmour, de Gaulle par Sarkozy, Jaurès par Mélenchon, bref a donné l'impression d'avoir envoyé l'intelligence en exil ? Ne vaudrait-il pas mieux contribuer à définir un projet qui permette à tous ceux qui cohabitent sur la terre de France de s'inventer un destin commun ? Un destin moderne, conforme à la société d'aujourd'hui, pas à celle d'Astérix – qui n'a jamais existé, sinon dans le récit national. Un destin qui permettra de s'en sortir par le haut, ce que la France parvint à faire à ses meilleurs moments mais après avoir, hélas, trop souvent, touché auparavant au désastre, qu'il s'agisse de déréliction interne ou de débâcle devant ses véritables ennemis.

On ne construit pas un pays *contre*, on le bâtit *avec* ! Parce qu'on n'érige plus un édifice en opposition à quelqu'un ou à quelque chose (le temps des remparts et des fortifications est révolu, comme celui des frontières et des murs avec barbelés et miradors), mais on fonde des monuments dans un esprit d'ouverture sur le monde. À l'heure d'Internet, des réseaux sociaux et des autoroutes de l'information, il convient de développer des capacités qui ne replient pas sur soi (comme l'exigent les angoissés), mais se déploient vers les autres.

Les angoissés de l'avenir sont ceux qui ne croient guère à l'authenticité des sentiments. En général, ils sont assez contre les sentiments d'ailleurs, et si le « Seigneur » ou Clovis les avaient consultés avant de créer l'univers (cela pour les croyants) ou la France (cela pour les férus de l'identité chrétienne), si la nature avait sollicité leur avis avant d'éclore (cela pour les athées), il/elle aurait pris garde à faire l'être humain plus froid, plus posé, plus sérieux, plus distant, moins « politiquement correct », moins bien-pensant. Il/elle aurait peut-être évité aussi de créer la femme, les mélodies, la couleur, le rap, la danse africaine, l'arc-en-ciel et à coup sûr les arabesques.

Pour les sceptiques et ceux qui pensent que j'use de caricature, prenons Éric Zemmour comme exemple et nous aurons une illustration de cette vision grise, pessimiste, décliniste, morbide, de nos sociétés et pays. Que dit-il ? Qu'avoir « un enfant n'est pas un droit » ; que le réchauffement climatique, c'est pour les bobos et autres écolos ; que la discrimination est « naturelle », tout comme les contrôles au faciès ; que la guerre est nécessaire tout comme la domination du « faible » ; que l'amour est une religion comme les droits de l'homme ; que la loi SRU obligeant les maires à construire des logements sociaux est inacceptable comme le principe du droit opposable au logement ; que l'antiracisme serait la cause du racisme et une atteinte à la liberté d'expression... Quant à la compassion, elle serait l'ennemie de l'intelligence. En bons grincheux, les réactionnaires d'aujourd'hui, contrairement à ceux de jadis, sont contre tout (ou presque) ce qui serait susceptible de donner un peu de bonheur aux êtres humains. Et ne leur parlez surtout pas d'émotions ! Nos penseurs fustigent « les bons sentiments », réservés semble-t-il à cette frange de la société touchée de plein fouet par une effémination croissante. Attention, il n'y a pas que les réfugiés, les étrangers ou les « Noirs » qui les indisposent, les homosexuels aussi, comme on l'a vu lors des polémiques qui ont émaillé la loi portant sur le « mariage pour tous ». Ces rabat-joie rancis s'empêchent de considérer les gays comme les ayants droit, eux aussi, d'une France fraternelle et libre qui aurait la capacité à s'adresser à tout le monde. Car ce serait un blasphème contre la France « virile ».

Tous ces oiseaux tristes au ramage mité, tous ceux qui disent ne pas aimer les roucoulades et condamnent le port de l'aigrette ; tous ceux qui ne ratent pas une occasion de qualifier, bien au-delà du nécessaire, de niaiserie « caractéristique de notre époque », la moindre manifestation de sentimentalité ; tous ceux qui disent, entraînés par la haine qu'ils portent à l'esprit petit-bourgeois du bobo à état d'âme, qu'ils ne supportent pas les ritournelles sur la défense de la planète... sont des angoissés appartenant à la droite dite décomplexée. Et tous m'exaspèrent autant que les représentants de la gauche coincée bien mal dans sa peau.

On cherche parfois à réduire l'histoire à un enchaînement de phénomènes naturels, ce qui revient à la déshumaniser puisqu'on oublie qu'elle est largement tissée par le refus – d'individus, de communautés ou de peuples – du « cela s'est toujours passé comme ça ». Certains réactionnaires actuels, sans entrain ni conviction, terribles commentateurs de la race, en sont venus, par haine de l'autre, à combattre ce qui existe, à détester leur société et ceux qui la composent, à vouloir infliger un retour vers des horizons de feu et de sang. S'ils sont réactionnaires, c'est au sens de conservateurs fatigués n'ayant plus assez d'énergie à consacrer à la lutte pour le changement, plus assez de dynamisme en eux pour *faire* l'histoire. Des individus, élus ou penseurs, hélas, représentatifs d'un mélodrame français, où l'on crée les situations avant de pleurer à chaudes larmes de les avoir provoquées.

Mais le pays ne peut plus se permettre de jouer le matamore au nom d'un passé révolu et de ne pas affronter les défis du présent. Se trompent ceux qui ont le fantasme d'une France ayant un jour atteint durablement son point d'équilibre, point d'équilibre fait de moments d'unité fantasmés par-dessus les divisions et les différences (les rois de France, la Révolution, l'Empire, la IIIe République, l'État gaulliste...), moments qui n'ont jamais duré et dont la réalité est sujette à caution. La seule chose vraie, ce sont les valeurs et les grands principes qui ont fait et doivent faire la grandeur de la France.

C'est la raison pour laquelle je n'aime pas les oiseaux de mauvais augure, ces vautours crépusculaires pour temps d'abattement, mobilisateurs d'énergies défaites, nostalgiques de consensus mélancoliques et utopiques d'un pays en berne. Toujours ils sont à contre-courant de ceux qui ont fait la France en osant aller au-devant des difficultés, en s'efforçant de transcender les haines, de définir de nouveaux desseins, d'inventer de nouveaux bonheurs. Malheur à qui veut figer l'histoire de la France, de son peuple et refuse de voir son métissage patient et réussi ! Un Colbert ne voyait-il pas dans le métissage des Amérindiens et des Français d'origine le meilleur moyen de peupler le Canada et d'agrandir le royaume ? Si l'on devait chercher dans le passé des références pour espérer en l'avenir, en voilà un bel exemple !

5

La France malade de l'islamisme et... de la xénophobie

Le monde est fatigué de la haine.
Gandhi

La France, comme je ne cesse de l'expliquer ici et ailleurs, je l'avais quelque peu idéalisée avant d'appartenir à sa société. Aujourd'hui encore, je continue d'être dans cet état d'esprit, mais de manière différente, plus réaliste, lucide aussi. Je continue parce que j'ai énormément voyagé et ne veux pas être de ceux qui – citoyens français ou pas, d'une origine autochtone ou allogène – ont la fâcheuse tendance à... cracher dans la soupe. Ce pays, quoi qu'on puisse en penser, est formidable. Oui. Extraordinaire même ! Certainement l'un des meilleurs qui puissent exister.

N'est-ce pas Jehiel Levinas, père du célèbre philosophe qui, depuis sa Lituanie natale, au moment de l'affaire Dreyfus, s'écria : « Un pays où l'on se déchire pour le sort d'un petit capitaine juif est un pays où il faut se dépêcher de se rendre ! » ? Ce que lui-même n'a pas tardé à faire. C'était il y a fort longtemps, certes, mais sa phrase, que l'on pourrait transformer en maxime, demeure valable malgré le contexte puant qui se diffuse dans l'Hexagone depuis quelques années. Certes, il ne s'agit plus d'un « petit capitaine juif », même si l'antisémitisme est une réalité nauséabonde qui s'exprime de différentes façons et si les sujets de discorde et de haines intérieures se démultiplient – les droits des homosexuels, les réactions face au racisme... –, mais ces batailles parfois homériques voire hystériques attestent que la France – et c'est très bien ainsi – reste la France. Un pays où l'on se déchire toujours, que ce soit pour le sort d'un « petit épicier arabe », celui d'un « commerçant asiatique », l'attitude à avoir face à ceux qui mettent en danger ses principes essentiels – je pense aux islamistes – ou la sécurité des personnes. On peut se plaindre – à juste titre – de l'existence de polémiques incessantes (et parfois stériles) survenant même sur des sujets qui gagneraient à faire l'unanimité, mais cela indique la vivacité d'une démocratie et le fait que les Français, à la différence d'autres peuples éteints ou sous l'étouffoir, peuvent aujourd'hui encore se déchirer en songeant à l'avenir et à la manière de traiter ceux qui les menacent ou les provoquent. Dans quel autre État est-on capable de débattre autour du traitement que doit subir en détention un Salah Abdeslam, l'un des terroristes du 13 novembre ? Dans quelle nation polémique-t-on à propos du burkini, querelle qui montre combien les pires pourfendeurs de la France et de ses valeurs, y compris les plus violents et détestables, sont protégés par sa société ? Oui, la vieille tradition de dispute qui pousse aussi bien la base que les élites intellectuelles et politiques à se déchirer pour ceux qui subissent des injustices (« le petit capitaine juif ») que pour ceux qui les commettent (« le petit terroriste islamiste ») est assez unique. Et perdure.

Malgré ce qu'elle renfermait de délétère, l'affaire Dreyfus, ayant révélé l'antisémitisme quasi culturel du pays, a produit par ailleurs, au sein de l'élite, des anticorps. Lesquels se sont impliqués corps et âme dans cette bataille restée, à juste titre, l'un des plus grands symboles de la haine du Juif, mais aussi l'illustration majeure de l'engagement d'autres Français pour faire triompher la justice et brimer le racisme. Comme chacun le sait, malgré la violence de la polémique, l'Affaire (avec un grand A) s'est terminée par la victoire des seconds : le « petit capitaine juif » fut disculpé. Du coup, l'image de la République s'est retrouvée réhabilitée après avoir été profondément abîmée. La conscience profonde de la France, j'en suis convaincu, sait toujours se réveiller, s'exprimer et s'imposer quand la patrie se retrouve en danger, menacée par des démons qui se revendiquent d'elle, disent la chérir, mais n'hésitent pas à piétiner, en toute conscience, ce qu'elle est.

Voilà pourquoi mon intime conviction m'a toujours dicté que ce pays, malgré ses insuffisances, ses travers et ses défauts, a quelque chose de magique. D'original. Et je n'ai jamais compris la gêne qu'éprouvent tant de Français à proclamer haut et fort leur amour de la France, laissant l'exclusivité de cette expression à des courants idéologiques plus que douteux qui l'aiment comme le violeur aime sa proie. Cette « honte », plus que troublante, est anxiogène et malhonnête. La tendance manifestée par certains angoissés à ne voir que le mauvais côté de la vie ici et à omettre l'essentiel, en célébrant seulement les théories déclinistes, a fini par démoraliser une partie de la société et plusieurs de ses clercs et élites.

Or la France est magnifique grâce aux valeurs universelles qu'elle porte, valeurs consolidées par sa république. Elle l'est aussi par sa culture démocratique, ses débats, même excessifs, ses polémiques, même stériles, ses manifestations régulières, parfois exaspérantes et inutiles. Car cela montre à quel point cette société est frondeuse, exigeante, boudeuse, mais vivante. Combien de sociétés résignées, même grandes démocraties, se contentent-elles de ce que leurs dirigeants ont à offrir et ne ressentent aucun besoin de se battre, donc de s'engager en faveur des principes sociétaux ou économiques, populations se laissant dès lors réduire à une masse docile pensant que l'exercice démocratique ne relève pas de l'engagement quotidien, d'une citoyenneté de chaque instant, mais d'un réveil survenant juste lors d'échéances électorales périodiques ? Oui, la société française est fantastique par le caractère rebelle, donc très républicain, qui est le sien ! Ce pays est magnifique aussi par son histoire, parfois sinueuse, à d'autres moments obscure, mais toujours capable de dépasser les périodes infamantes en puisant ce qu'il y a de meilleur en son sein afin de reconstruire autre chose et repartir de plus belle. Elle est enfin extraordinaire, cette France, parce qu'elle a su, bon gré mal gré, construire, au fil des décennies, une République « une et indivisible », mais en même temps diverse, plurielle, hétérogène, société où chacun se retrouve, se mélange et s'entremêle dans ce creuset mis en danger par plusieurs courants qui, certes, se honnissent mutuellement mais s'alimentent en même temps.

Évidemment, tout cela repose sur des institutions solides – surtout celles de la Ve République, personne ne peut le nier –, mais aussi sur des équilibres sociétaux, eux parfois fragiles. L'alchimie ne peut prendre, et perdurer, que si tous ceux qui constituent le pays respectent les règles énoncées dans les principes de la nation : Liberté, Égalité et Fraternité, bien sûr, mais encore laïcité, antiracisme, respect de l'État de droit et refus de la communautarisation, toutes valeurs fondamentales ayant forgé les équilibres de la nation. La France n'est pas constituée de « communautés » qui s'additionnent, mais d'individus, de citoyens, qui forment la seule et véritable entité reconnue : la « communauté nationale ». Les autres, lorsqu'elles sont tolérées, existent pour faire vivre, dans des logiques de coexistence, des histoires, des mémoires ou des cultures singulières, pour organiser des croyances, des religions ou des cultes, mais certainement pas pour réclamer un traitement ou des lois particuliers. Tout ce qui n'entre pas dans cette conception ne serait pas républicain et préconiserait une organisation de la société selon le modèle dit « anglo-saxon », ce qui reviendrait à entraîner la perte de la France, le délitement de la République. Et exposerait, dans le contexte actuel, le pays à tous les dangers. Car là où il y a « communautés », apparaissent généralement la compétition, forcément la confrontation et, parfois, des affrontements. Ce que nous devons refuser collectivement.

Durant mes dix-huit ans de présence en France, je n'ai cessé d'observer la société. Mes engagements ont été nourris de mes expériences passées, mais aussi enrichis de celles que j'ai accumulées depuis mon installation. Et si ce pays est magnifique – il ne s'agit en rien d'une posture sémantique, mais d'une réelle conviction, vous l'avez compris –, il reste néanmoins malade de quelques réflexes, indignes de ce qu'il doit être.

À peine installé en France, je fus d'ailleurs confronté à cette réalité. Sans sombrer – ce n'est ni ma nature ni ma façon de fonctionner – dans le discours victimaire, j'ai moi-même été victime de racisme et de discrimination. Et ce malgré la relative notoriété médiatique que je suis parvenu à acquérir. Comme je préfère positiver, aller de l'avant et retenir l'image des amis et complices « gaulois » qui m'ont toujours soutenu, y compris dans des moments fort difficiles, j'ai enduré des propos ou constaté des attitudes peu honorables, et même odieuses. Une anecdote, parmi d'autres, vaut exemple. Que je vais raconter avec humour, même si je ne plaisante jamais avec ces choses-là, tant le racisme, malgré sa gravité, contient en lui quelque chose d'absurde. Et les racistes, ceux de tradition comme d'idéologie, me semblent des êtres totalement absurdes, malades de leur propre absurdité. En vérité, lorsque je suis confronté à ce type de situation, je me rends compte, même si la méchanceté peut être présente, ainsi que la morgue, le mépris et l'arrogance qui nourrissent les différentes formes de discrimination, qu'en définitive le raciste est un être culturellement fragile et vulnérable, mais aussi éducativement voire psychologiquement diminué, carencé. L'anecdote (qu'il m'est déjà arrivé de raconter tant elle m'a marqué) est en tout cas intéressante tant elle souligne combien les clichés et préjugés ont la vie dure.

Quelques jours après mon arrivée en France, j'avais sollicité un statut de « réfugié politique » avant de demander, bien plus tard, la nationalité française. Après avoir obtenu le premier, nécessaire à l'établissement d'une « carte de résident », je me suis empressé d'accomplir les formalités requises pour obtenir le sésame qui allait me permettre de relancer mes activités journalistiques. J'ai donc scrupuleusement suivi les procédures : Ofpra, préfectures, Cimade... Certaines personnes s'en étonneront peut-être, mais ce parcours administratif fut – est – celui des « réfugiés » ou « migrants » dont on parle aujourd'hui et qui font si peur à certains. À la fin des années 1990, j'ai donc moi aussi pris part aux queues interminables, subi les longues heures d'attente et enduré les humiliations ordinaires d'agents – disons les choses calmement – maladroits.

Une étape de ce parcours du combattant me contraignait à me présenter, à une date précise, à la préfecture territorialement compétente, située à l'époque Porte d'Aubervilliers. Un matin, vers 8 heures, je pris un taxi pour me rendre à ladite institution qui, m'avait-on indiqué, ouvrait ses portes à 8 h 30. Une fois sur place, je ne compris pas d'emblée ce que mes yeux découvraient. Je crus d'abord qu'il y avait une manifestation ou un rassemblement de « sans-papiers ». Près d'un millier de personnes – des étrangers – étaient amassées à l'entrée de la préfecture. Et deux fourgons de CRS surveillaient l'étrange attroupement composé essentiellement de « Noirs » et d'« Arabes ».

Ce n'est qu'en approchant du lieu que je pris conscience que tous guettaient l'ouverture des portes afin de réclamer le document pour lequel je m'étais moi-même déplacé. En fait, nous étions tous convoqués à la même heure, cohérence de l'Administration française en général et humanité dans l'accueil des étrangers en particulier obligent. Mais vu le nombre de demandeurs, peu d'entre nous allaient avoir la chance de se retrouver parmi les heureux élus. Je pris donc place au bout de la queue pour, patiemment, attendre mon tour. Mon attention fut très vite attirée par l'odeur de pisse qui prenait à la gorge, mais surtout par les couvertures, la dizaine de cartons et autres sacs de couchage amassés à même le sol. J'ai alors interrogé mon voisin de file, un homme d'origine africaine, sur la raison de tout ce bric-à-brac.

— La majorité est là depuis 5 heures du matin. Et les premiers sont arrivés vers 3 heures. Ils ont dormi ici.

Je ne comprenais pas. Je fis répéter le monsieur, qui ne manqua pas de s'étonner de mon incrédulité.

— Moi, c'est la troisième fois que je viens. Sachez qu'ils n'accueillent plus personne à partir de 11 h 30. Si vous ratez le rendez-vous, il faut rappeler un numéro afin qu'ils vous en donnent un autre, précisa-t-il.

En trois heures d'attente, j'avais avancé de dix mètres. À 11 h 30 précises, des policiers approchèrent, matraque à la main, de l'arrière de la queue, où se trouvaient des Maghrébins, Chinois et Africains venus tous de pays où les forces de l'ordre manient davantage la matraque que la parole, pour demander de quitter les lieux. Ce que nous fîmes de manière fort disciplinée, probablement parce que nous étions habitués à être traités ainsi : bienvenue, en tout cas, au pays des droits de l'homme ! Bienvenue en République française !

À peine rentré à la maison, je m'empressai de rappeler le numéro de la préfecture afin d'obtenir une nouvelle date.

— Je vous propose la semaine prochaine, à 8 h 30, dit une voix froide au bout du fil.

Ce qui signifiait d'être présent sur place à 5 heures au plus tard, selon les sages recommandations de mon voisin de file d'attente. Mais, cette fois, ils ne m'auraient pas. Le jour du rendez-vous, je pris mon petit déjeuner à 3 heures du matin sans avoir au préalable trouvé le sommeil, tant j'étais angoissé par cette histoire de carte de résidence. À 4 heures, un taxi réservé vint me récupérer. Et, par un froid glacial, je me suis retrouvé debout, parmi les premiers arrivants, devant la porte du paradis. Une trentaine de personnes attendaient déjà, mais, au moins, j'étais en *pole position*. Donc mes chances intactes. Hourra !

Dans de telles conditions, un banal bout de papier administratif vous transforme en être primaire. Content d'un rien. Irascible si on tente de lui piquer sa place. Car pas question de se faire dépasser. Certains dormaient à même le sol. Comme j'avais pris soin de prendre un livre de circonstance, les *Pensées et Anecdotes* de Coluche, l'humoriste allait me permettre de supporter l'atmosphère glauquissime dans laquelle j'étais plongé et l'attente qui s'imposait.

À peine eus-je ma place que j'allumai une lampe de poche pour éclairer ma lecture dans cette nuit hivernale qui ne voulait pas se dissiper. Les personnes autour de moi me regardaient bizarrement, surtout quand je me mis à m'esclaffer seul comme un imbécile en découvrant (ou redécouvrant) certaines tirades du satiriste.

Et il y avait de quoi : « La France, comme elle est, c'est pas plus mal que si c'était pire ! »; « Je voudrais rassurer les peuples qui meurent de faim : ici, on mange pour vous »; « L'administration en France, c'est très fertile ! On y plante des fonctionnaires, il y pousse des impôts ! »

Mes voisins qui, pour la plupart, parlaient le français, commencèrent à comprendre les raisons de mon hilarité. Du coup, je leur ai fait partager les *Pensées* de Coluche, histoire d'améliorer notre condition de misérables quémandeurs et d'atténuer les désagréments liés à l'interminable attente. Très vite, un petit attroupement se forma autour de mon livre.

— Écoutez celle-là, lançai-je : « Un Noir et un Blanc, c'est la même chose, sauf qu'il y en a un qui court plus vite. »

Fou rire général de mes compagnons d'infortune originaires de l'Afrique francophone. En peu de temps, j'étais devenu, grâce à Coluche, l'attraction de la file d'attente.

— Allez, encore une autre : « Tous ces étrangers seraient bien mieux dans leur pays... La preuve : nous, on y va bien en vacances ! »

Ce manège imprévu allait durer deux bonnes heures. À un moment, voyant que quelque chose d'inhabituel était en train de se produire, trois policiers se sont dirigés vers l'attroupement pour constater ce qui s'y déroulait. En levant la tête, je découvris un grand blond, fronçant les sourcils et me dévisageant avec curiosité. Le fonctionnaire devait être originaire de la France profonde, un Alsacien probablement, vu son accent :

— Que se passe-t-il ici ?

— Rien, monsieur l'agent, répondit un Congolais.

— Juste des blagues, chef, dit un autre Africain.

— Ce n'est pas à vous que je parle, c'est à ce monsieur, en pointant le menton en ma direction.

— Rien du tout, je suis en train de leur lire des blagues, lui ai-je assuré tranquillement.

— Pourquoi, vous savez lire, vous ? grogna-t-il avec un brin d'arrogance et un soupçon de provocation.

Oui, telle fut la réflexion que me fit ce policier, agrémentée d'un sourire narquois. Qui a dit que la police nationale n'avait pas d'humour ? Je n'eus d'autre réflexe que de répliquer spontanément :

— Non, j'apprends ! J'apprends le français pour pouvoir m'intégrer.

L'agent me lança un dernier regard méprisant et se tourna vers le groupe :

— Allez, dispersez-vous. Faites la queue parce que vous êtes en train de provoquer des troubles à l'ordre public.

Des troubles à l'ordre public ? Rien que cela !

Je n'ai alors pu m'empêcher de rétorquer :

— Ce n'est pas notre faute !

— Pardon ? questionna-t-il.

— Nous ne sommes pas notaires, c'est la faute à Voltaire, nous sommes petits oiseaux, c'est la faute à Rousseau.

— Pardon ! Je ne comprends pas ce que vous me dites, monsieur ! releva-t-il quelque peu menaçant, sentant probablement la situation lui échapper.

— Normal, vous n'avez pas lu Victor Hugo. Si vous aviez lu Hugo, vous auriez compris !

C'était ma petite vengeance. Discussion close, l'homme, que j'ai du mal à qualifier de « gardien de la paix », repartit en hochant la tête.

Le jour se leva. Il allait faire beau, malgré cet hiver froid qui me terrifiait. La porte de la préfecture s'ouvrit. Le policier qui n'avait jamais lu *Les Misérables* nous adressa un geste de la main et ajouta : « Allez-y, les bourricots ! » Je préférai ne pas entendre. Car, finalement, ce n'était pas si grave : la France et la République s'apprêtaient à m'accueillir. Et pour moi, comme pour mes compagnons « noirs » et « arabes », venant tous du tiers-monde, l'essentiel était de garder en tête l'idée que nous nous faisions de ce pays. Au diable donc ce policier peu représentatif, qui ne connaîtra probablement jamais l'œuvre de Hugo.

Je dis « peu représentatif », car mes engagements me vaudront, plus tard, plusieurs années de protection policière, assurée par des personnes, elles, formidables. Des fonctionnaires qui, dans leur écrasante majorité, sont attentifs, ouverts, consciencieux et républicains, derniers remparts face à la barbarie. Cela, je ne veux pas l'oublier ! C'est là que le propos zemmourien m'apparaît inepte : chacun voit une réalité à travers sa fenêtre, mais une chose ne doit pas être oubliée, surtout lorsqu'on a la chance ou le devoir d'avoir une expression publique : exprimer les choses avec justesse et justice. Les policiers, pas plus que les journalistes, pas plus que les « Noirs » et les « Arabes », pas plus que les « étrangers », pas plus que les « musulmans », ne forment des groupes homogènes ou monolithiques qu'il faudrait traiter comme tels. Dans chaque groupe il y a, parfois, une minorité susceptible de ternir l'image de l'ensemble. Et notre vigilance doit, en toutes circonstances, refuser de croire aux idées toutes faites, bannir les clichés et préjugés établis sur des aventures ou anecdotes personnelles (comme celles que j'ai pu vivre avec le policier qui ne connaît pas Hugo, ou d'autres encore) présentées à tort comme des généralités. C'est lorsqu'un journaliste ou, pis, un homme politique, se change en gestionnaire manipulateur du fait divers et la transforme en vérité soi-disant universelle que naît le populisme.

Je n'ai pu m'empêcher de penser à ce policier ignorant le jour où, plusieurs années après, j'entendis le provocateur Éric Zemmour lancer sa « vérité » sur les « Noirs » et les « Arabes ». Si le fonctionnaire croyait que je ne savais pas lire, c'est parce que, comme Éric Zemmour ensuite, il estimait peut-être que je faisais partie de la population illettrée et désœuvrée stigmatisée par le journaliste du *Figaro*, celle dont seraient issus « la plupart des trafiquants ». Parce que les clichés ont la peau dure, on continue de penser que les réfugiés, ceux qu'on appelle les « migrants », seraient forcément non éduqués, non instruits, non civilisés, des personnes ne pouvant représenter autre chose qu'un « danger pour la civilisation ». Hélas, on en est encore là aujourd'hui !

Si, en m'installant en France, j'ai découvert qu'elle était parfois atteinte de xénophobie, j'ai aussi constaté, très vite, qu'elle était malade de l'islamisme. Ce fut d'ailleurs le titre de l'un de mes premiers livres[1].

1. *La France malade de l'islamisme. Menaces terroristes sur l'Hexagone*, Le Cherche Midi, 2002.

J'avais voulu réaliser une enquête journalistique aidant à comprendre et à mesurer le niveau de pénétration de l'idéologie islamiste dans la société. Et sillonné les quartiers populaires de la région parisienne comme d'autres en province, notamment les mosquées et les lieux de prière. Chaque fois pour « prendre la température », écouter les prêches, discuter avec les fidèles. Selon les situations, il m'arrivait de décliner mon identité de journaliste et, à d'autres moments, afin de laisser une certaine spontanéité s'exprimer, de me faire passer pour un « blédard[1] » en train de s'installer dans l'Hexagone... ce qui n'était pas totalement faux.

Travaillant alors depuis plus de dix ans sur l'islam politique, dont j'avais constaté les ravages en Algérie, il me semblait intéressant et utile d'en voir l'implantation en France. L'islamisme étant à mes yeux comme une maladie qui, après avoir envahi un corps sain, le transforme en corps amoindri guetté par la mort, je me disais qu'il fallait absolument endosser un rôle – modeste – de lanceur d'alerte tant ce que je percevais m'inquiétait. Je refusais que, par naïveté ou excès de générosité, dogmatisme ou idéologie, certains Français se laissent déborder par des courants de pensée profitant des facilitations d'une société ouverte et démocratique pour avancer leurs pions et idées. Et, en conclusion de l'ouvrage, paru en 2002, j'écrivais : « Si aucune concession ne doit être faite aux terroristes, aucune concession ne doit également être consentie aux islamistes. Je dis cela parce que certains gouvernements français qui ont eu à gérer ce problème par le passé ont souvent privilégié l'équilibrisme à la fermeté, le calcul à la dure réalité. À commencer par la "question du foulard" qui, au nom de la laïcité, ne doit

1. Appellation péjorative utilisée curieusement dans les quartiers populaires, notamment pour les Maghrébins, afin de qualifier ceux qui viennent du *bled*, du pays d'origine. Elle désigne donc ceux qui ne sont pas comme eux, des Français ayant bénéficié du droit du sol. Cette discrimination intracommunautaire s'exprime de façon naturelle, sans que personne s'en émeuve. Certes, elle est sans conséquences, mais elle entretient une sorte de hiérarchisation qui montre que certaines personnes issues de l'immigration compensent le complexe d'infériorité né probablement des discriminations subies par une sorte de complexe de supériorité à l'égard des primo-arrivants.

être toléré dans aucun établissement scolaire ou éducatif, au même titre que les signes ostentatoires des autres religions, jusqu'aux mosquées clandestines qui servent de lieux de rencontre aux intégristes. Aucun traitement de faveur ne saurait être accordé aux islamistes et toute décision – de quelque nature soit-elle – doit être prise dans le cadre du respect des lois et des règles de la République. Cela sera naturellement difficile, car les mentalités sont travaillées par un réflexe de facilité : on achète la paix sociale et civique à n'importe quel prix. »

Lorsque je rédigeai ces lignes, au début des années 2000, il n'y avait pas encore eu les attentats commis sur le sol européen, l'écriture du livre avait même commencé avant le 11 Septembre. Il n'y avait pas non plus de débats ni de polémiques sur le port du voile, la burqa ou le burkini, encore moins d'atteintes frontales, pas encore, et sanglantes à la liberté d'expression. La société française ne percevait pas l'islamisme, mais moi je le voyais. Les élites et les journalistes minimisaient la réalité, et la plupart me prenaient pour un farfelu excessif, une sorte d'alarmiste venu d'Algérie traumatisé par ce qu'il avait vécu au point de dénicher des « barbus » partout. Et d'autres joyeusetés aveuglées. Certains se demandaient même si je n'étais pas un vulgaire indicateur de la police ou de la sécurité militaire algérienne !

Je n'ai pas cherché à répondre à tout, même si ces insinuations iniques me blessaient et même si elles ont parfois causé du tort à ma carrière puisque je suis toujours blacklisté dans certains journaux et suspecté par quelques rédactions. La rumeur, on le sait, peut causer de grands ravages. J'ai préféré néanmoins tracer ma route et poursuivre mon chemin, étant en paix avec ma conscience. Ne ressentant pas le besoin de m'épancher publiquement et systématiquement sur mon parcours, mes connaissances du sujet et mes convictions, je laissais dire. J'entendais les murmures, parfois en souriant. La seule chose qui m'embêtait, c'est que je ne trouvais pas d'éditeur, malgré mes tentatives répétées et les rendez-vous décrochés. Jusqu'au jour où une connaissance proposa de me présenter les responsables des éditions du Cherche Midi : Philippe Héraclès et Pierre Drachline[1]. Les deux ont cru en moi et ont compris ce que j'avais à dire. C'est ainsi que le livre *La France malade de l'islamisme* a pu voir le jour.

À travers ce travail journalistique, je tenais à expliquer plusieurs points sur lesquels je n'ai eu de cesse, depuis, de revenir. D'abord que combattre le terrorisme sans s'attaquer au mal qui lui sert de racine, c'est-à-dire l'islamisme, serait donner un coup d'épée dans l'eau. Négliger cette vérité revenait – et revient – à s'exposer à tous les risques possibles et imaginables, tant il faut avoir à l'esprit que, toutes proportions gardées, l'islamisme est pour le XXIe siècle ce qu'a été le nazisme au XXe. L'islamisme est, en effet, une doctrine qui se sert d'une religion, la manipule, la prend en otage, dans le but d'atteindre un pouvoir destiné à lui permettre d'étendre l'obscurantisme. Les associations intégristes, qui ne cessent d'utiliser subterfuges, malices, manœuvres et impostures pour se faire accepter dans les sociétés occidentales, ne comptent pas s'intégrer dans ces mêmes sociétés, tant s'en faut. Ce serait commettre une grave erreur que de croire possible de *domestiquer* l'idéologie islamiste et d'amener ses adeptes à respecter les valeurs occidentales en fermant les yeux, ici et là, sur des comportements contraires aux valeurs républicaines.

À ce propos, j'écrivais dans ma conclusion : « En France, si l'islamisme est dangereux, c'est parce qu'il ne cesse d'enfanter des terroristes et des criminels, il est aussi dangereux parce qu'il est en train d'influer de manière négative sur toute une génération de Français de confession musulmane. Il déstructure sociologiquement une partie de la société dans le but de créer des marginaux qui se retourneront ensuite contre cette société à laquelle ils sont pourtant censés appartenir. L'intégrisme religieux utilise les malheurs, les crises économiques, les conflits et le désespoir pour essayer de se greffer sur la vie des citoyens.

1. J'ai une affection particulière pour ces deux amis auxquels je dois beaucoup. Je tiens à rendre hommage à Pierre Drachline, pour lequel j'ai eu un immense respect. Il est décédé le 3 décembre 2015. Philippe Héraclès dirige toujours les éditions du Cherche Midi.

Seules des actions dialectiquement menées seraient à même de venir à bout de ce fléau. Sur le plan national d'abord, afin d'endiguer le mal, et international ensuite, pour réduire partout les inégalités et les injustices, promouvoir la démocratie et la liberté, et accorder davantage d'intérêt au bien-être de l'individu en mettant quelque peu entre parenthèses les intérêts économiques qui prennent tous les États en otage et les empêchent de penser, en premier lieu, à la sécurité. Ces actions amoindriraient certainement l'influence de la mouvance islamiste et affaibliraient les rangs du terrorisme international. » Et d'ajouter plus loin : « En France, une politique claire et cohérente, qui agirait loin des pressions électoralistes, permettrait, grâce aux volontés affichées par une majorité d'intellectuels, d'associations et de citoyens, d'éliminer un danger qui nous menace tous. Oui, l'islamisme, qui nourrit ce terrorisme barbare qui tente de tuer aveuglément partout où il passe, doit être combattu, et ce grâce à une volonté politique où les calculs politiciens n'auraient aucun droit de cité ! Cela dit, il ne faut surtout pas penser que le problème pourrait être réglé en s'attaquant à l'islam et aux musulmans. Ce serait là une autre erreur monumentale. Erreur stratégique, recherchée d'ailleurs par les islamistes, et qu'ils ne manqueraient pas d'exploiter. Il ne s'agit pas d'aller vers un "choc des civilisations" ou une chasse aux boucs émissaires. Tous les étrangers résidant en France, tous les musulmans de France et tous les immigrés clandestins ne sont pas des terroristes potentiels. Le croire serait faire le jeu de l'extrême droite qui, dans tous les cas de figure, reste, ne l'oublions pas, un allié objectif des extrémistes musulmans. Les extrémistes de tous bords ont toujours su, malgré leurs divergences de forme, faire alliance sur des questions de fond. Non, les musulmans vivant sur le sol français ne sont pas tous des terroristes potentiels ! Bien au contraire. Une illustration s'il est besoin : le tireur isolé qui a attenté à la vie de Jacques Chirac, durant le défilé du 14 juillet 2002, a été maîtrisé par de simples citoyens. Parmi eux, il y avait... Mohamed Chelali, un Algérien ! »

Je reproduis tout cela pour préciser, par ailleurs, à quel point les accusations et rumeurs qui continuent de me viser sont mensongères : je n'ai jamais voulu ni cherché à salir *tous* les musulmans, comme le prétendent les milieux islamistes. Non par bien-pensance, mais parce que dire ou laisser dire que *tous* les musulmans seraient des dangers potentiels est absolument faux et inadmissible. Ces raccourcis honteux relèvent de la propagande de l'extrême droite et des droites populistes que je ne cesse de combattre. Or mes amis ou moi-même n'avons strictement rien à voir avec les tenants de cette autre haine. Mes écrits et mon parcours sont du reste assez clairs pour le rappeler, quoi que puissent en dire les menteurs et diffamateurs qui ne peuvent entraîner dans leur sillage que les crédules et... ceux qui ne lisent pas ou ne me lisent pas !

Je n'ai cessé de le répéter en France. Atterré par la réaction de certains gouvernements face à la gravité que représente l'islamisme, j'ai souvent pensé que les autorités faisaient preuve de laxisme. Notamment sous des gouvernements de gauche quand certains osaient fouler les principes républicains et la laïcité en accordant des concessions aux islamistes au nom... du prétendu « droit à la différence » ou des supposés « droits des minorités », concepts n'ayant aucune place dans un système républicain. Le relativisme culturel, le différentialisme, le déterminisme social n'ont pas voix au chapitre dans une République « une et indivisible ». Quant à penser que le « musulman » serait, d'une part, inapte aux valeurs universelles et, de l'autre, ouvert, par nature, au fanatisme, cela me paraît l'expression d'un autre racisme – de gauche celui-ci – qui ne dit pas son nom.

Cette approche avait commencé avec François Mitterrand. Opposé à l'arrêt du processus électoral en Algérie et à la décision des autorités locales de dissoudre le FIS, l'ancien président de la République pensait que la prise du pouvoir par les islamistes était une chose inéluctable et... normale. Ces mêmes islamistes, qui avaient gagné des élections « démocratiquement », devaient, estimait-il, prendre les rênes du pays. Ce qu'il ne savait peut-être pas, c'est que cette mouvance n'avait cure de la démocratie et des grands principes universels consacrés par la Déclaration des droits de l'homme. Pour les intégristes musulmans, la démocratie est *kofr*, une « impiété » à combattre.

François Mitterrand – et avec lui une partie de la mitterrandie – avait décidé, sans l'avouer, de ménager les islamistes algériens, voyant vraisemblablement en eux, au début des années 1990, de futurs partenaires politiques et économiques. Fort heureusement, l'Histoire ne lui a pas donné raison, car si l'Algérie était tombée entre les mains des fondamentalistes religieux, la France aurait eu à gérer un autre Kaboul ou un autre Mossoul à quelques centaines de kilomètres de Marseille. Si je cite l'exemple des islamistes algériens, c'est en raison des liens qui existent entre cette mouvance et les intégristes agissant sur le sol français. Ces derniers sont – dans leur majorité – d'origine maghrébine, algérienne notamment, et proches des différents courants islamistes existant dans ces pays, liés géographiquement, historiquement et culturellement à la France.

C'est en homme attaché aux valeurs de la gauche et en progressiste que je peux affirmer et écrire ceci : la gauche européenne a, à travers ses politiques, servi les intérêts de l'islamisme depuis les années 1990. Parce qu'il ne fallait pas froisser la susceptibilité des activistes musulmans et prendre le risque de créer un malaise donc, du coup, passer pour d'affreux racistes intolérants. Le complexe colonial, il est vrai, a commis des ravages dans nombre d'esprits. Des courants d'extrême gauche, eux, font pire : certains se sont transformés en porte-voix de l'Internationale islamiste.

Quand on sait qu'un gouvernement socialiste avait, en 1991, licencié – sous la pression des milieux islamistes français – Jean-Claude Barreau, le directeur de l'Office des migrations internationales (OMI), parce que celui-ci avait commis un crime de lèse-majesté en publiant *De l'islam en général et du monde moderne en particulier*, un livre qui dénonçait ceux qui parmi les musulmans instrumentalisaient la religion musulmane à des fins politiques, on constate combien ce dossier a été géré d'une manière (euphémisme) sacrément légère, les considérations politiciennes prévalant sur le reste... c'est-à-dire l'essentiel !

Les Français ont aujourd'hui peur de l'islam, et les musulmans français se méfient de leurs concitoyens non musulmans. Trente ans de silence ont fini par créer des fissures, de plus en plus apparentes et élargies. Une méfiance réciproque, des incompréhensions et des arrière-pensées qui placent les uns et les autres sur la défensive. Une situation qui, de toute évidence, n'arrange personne, puisque la République en souffre. Cette question grave – peut-être plus que d'autres – concerne tous les Français, quelles que soient leurs origines et religions, car ne l'oublions pas : une société qui se fragmente est une société qui risque de se disloquer. Tel est le véritable piège qui nous est tendu.

Pour autant, soyons lucides : l'islamisme ne représente pas un danger comparable à celui qu'incarnait l'Armée rouge dans les années 1950. C'est davantage aux Brigades rouges qu'il faut le comparer. En d'autres termes, comme projet de société il ne pourra jamais prendre le pouvoir ; en revanche, par les nocivités qu'il génère, il est en mesure de fracturer le pays, d'accentuer la xénophobie et le racisme, donc de permettre – surtout si les partis républicains se montrent impuissants – à l'extrême droite de l'emporter à terme. Celle-ci sait récupérer, à travers son populisme, les peurs et en tirer profit.

6

Suspecté par tous !

La véritable grandeur d'un homme ne se mesure pas à des moments où il est à son aise, mais lorsqu'il traverse une période de controverses et de défis.

Martin Luther King

Les premières années ayant suivi mon installation en France, certains journalistes ont proposé ou se sont approprié une sorte de présentation type de moi. Or ce portrait puisé aux mauvaises sources d'information – souvent tronquées ou incomplètes – découvertes sur Internet n'avait rien à voir avec la réalité. N'empêche, dès cette époque, systématiquement, ma biographie complète ou succincte commençait par : « Le journaliste controversé Mohamed Sifaoui... » Pour présenter mes travaux, article ou reportage, livre ou débat, on ressentait systématiquement le besoin de me qualifier de « journaliste controversé ». Presque comme s'il s'agissait d'un deuxième prénom !

À la longue, je me suis habitué à cette entrée en matière erronée et agaçante, même si accepter, impuissant, les étiquettes que vous impose le paysage médiatique irrite. Le plus ennuyeux, en vérité, est de se voir insidieusement mis en accusation et de devoir, quasi automatiquement, se justifier d'une chose que l'on n'a pas commise ou d'expliquer que l'on n'est pas le personnage décrit. Après avoir essayé de convaincre, j'ai fini par lâcher prise, pensant, avec une certaine distance, voire nonchalance, qu'*ils* allaient bien finir, un jour, par découvrir leur méprise. Comprendre que tous les noms d'oiseau dont j'ai été affublé – affabulateur, menteur, bidonneur, assassin, indicateur, espion, malhonnête, faussaire, délateur, zélateur... – ne tenaient pas la route, n'avaient aucun rapport avec la réalité. Que les faits prouveraient la fausseté de telles accusations et la pertinence de mes analyses. Ben Laden ou Al-Baghdadi n'ont sans doute pas bénéficié, de la part des mêmes plumes, d'un tel traitement[1] !

Certes, mes engagements sur des sujets aussi passionnels que l'islamisme ou la laïcité provoquent – ce sont les sujets qui veulent cela – quasi naturellement la controverse, mais l'utilisation répétée de cette description négative entachait d'une connotation péjorative n'importe laquelle de mes productions intellectuelles. Étant « controversé », quoi que je fasse de sérieux, d'étayé, d'intéressant, se voyait appréhendé par certains avec suspicion. Mes productions devenaient sujettes à caution avant même d'être lues, écoutées ou regardées.

Cette charge continue parfois de me poursuivre, mais peu à peu, à force de ne pas avoir eu tort sur certains sujets, elle s'allège. De quoi irriter mes détracteurs, comme les énerve mon caractère combatif, ce tempérament qui laisse apparaître une solidité mentale qu'ils ne supportent probablement pas. Ils ont tiré sur moi, y compris à l'arme lourde, en visant mon intégrité intellectuelle, mais je suis toujours vivant. Ce qui me permet d'affirmer sans arrogance : « Je comprends que cela puisse vous agacer. »

Donc, je suis « controversé ». Et je continuerai probablement à l'être, puisque je me positionne, à ma modeste échelle, à la fois comme un « lanceur d'alerte » – pour reprendre l'expression à la mode (plus trivialement comme un empêcheur de tourner en rond) –, mais surtout comme un journaliste, un intellectuel, un écrivain qui ne veut pas se taire sur ce qui préoccupe, de manière

1. En bon Méditerranéen, j'exagère à peine !

légitime, les sociétés, un citoyen engagé et attentif, soucieux de sans cesse rappeler que les valeurs sont universelles et que notre humanité, si tant est qu'elle soit sincère, ne saurait se limiter à un cercle restreint. Là où il y a âme qui vive, l'engagement pour ces valeurs doit s'exprimer sans limites.

On peut penser, même à la lecture de mon parcours, que mes engagements sont excessifs, ma parole parfois maladroite, ma démarche sujette à débat, pourquoi pas, mais je n'accepte pas – car cela est mensonger et injuste – que l'on puisse mettre en doute, sans preuves, mon honnêteté morale, le sérieux de mon travail ou la sincérité de mes convictions.

Je vais reprendre les points utilisés par mes détracteurs, souvent eux-mêmes grands manipulateurs de l'opinion et dogmatiques adeptes de mensonges, pour tenter de me discréditer et de me faire éjecter du débat public, donc de faire taire l'expression qui est la mienne. Car le point crucial est là : l'intention malveillante ne relève pas de différends personnels, n'est pas liée à une querelle d'ego, tant s'en faut, mais relève d'une vraie guerre idéologique. D'un combat entre ce que représente la voix qui est la mienne (les pourfendeurs du totalitarisme islamiste) et ce que sont plusieurs de mes détracteurs, le plus souvent alliés, voire idiots utiles de l'islam politique. À défaut d'apporter des arguments tangibles et des démonstrations implacables, ces derniers usent d'un procédé connu : la disqualification intellectuelle, la diabolisation de ceux qui avertissent, en France, des dangers de l'islamisme. Ces pourfendeurs-là avaient agi de même avec *Charlie Hebdo* : en joignant leur parole haineuse à celle des fanatiques, ils ne pourront jamais dire qu'ils n'ont pas participé – indirectement – à la diabolisation morale de cette rédaction, confortant par ricochet les frères Kouachi dans leur entreprise meurtrière. Rationaliser la haine, lui conférer un pseudo-caractère logique et prétendument légitime est le jeu de certains intellectuels et commentateurs, qui ne comprennent pas ainsi combien ils poussent les esprits faibles ou limités à appuyer sur la gâchette. C'est un peu ce qui s'est passé avec Jean Jaurès : au tribunal de l'Histoire peuvent se présenter autant son assassin, Raoul

Villain, militant nationaliste, que des intellectuels tantôt réfractaires au progressisme et à la modernité comme Charles Péguy, tantôt nationalistes et antidreyfusards comme Léon Daudet. Le premier avait écrit : « Dès la déclaration de guerre, la première chose que nous ferons sera de fusiller Jaurès », alors que le second martelait dans *L'Action française* : « Nous ne voudrions déterminer personne à l'assassinat politique, mais que M. Jaurès soit pris de tremblement ! » Huit jours plus tard, celui que la presse nationaliste et conservatrice appelait *Herr* Jaurès en raison de son opposition à la guerre était tué[1]. Le climat ambiant, entretenu par la classe politique et l'élite intellectuelle, permit cependant de faire acquitter son assassin, qui ne fut donc pas condamné. Un énième coup de poignard dans la dépouille du tribun socialiste.

Je crains qu'aujourd'hui les diabolisations, celles qui me visent comme celles ayant visé *Charlie Hebdo*, même si elles proviennent davantage de courants de gauche et d'extrême gauche, ne favorisent, toutes proportions gardées, le même type de situations, et ne fassent courir le risque de dérives identiques. Désigner à la vindicte un adversaire, le disqualifier voire le déshumaniser sont autant d'attitudes qui rationalisent la haine et confèrent au meurtre (perpétré par des faibles d'esprit) un caractère légitime. Dès lors, je l'écris ici : que certains fassent attention à leurs discours ; à force de jouer avec le feu, quelques simplistes risquent de les prendre au mot.

Mes détracteurs n'ont jamais utilisé la moindre accusation exacte contre moi. Tout est faux, orienté ou manipulé. La meilleure preuve, c'est que je n'ai jamais perdu un seul procès lorsque des polémiques ont dû être tranchées par les tribunaux, aussi bien face aux islamistes et à leurs alliés que lorsque je fus opposé à quelques intellectuels malveillants. Même s'il serait long de revenir sur chacune des affaires point par point, je vais reprendre, dans les pages et les chapitres qui suivent,

1. Cités *in* Max Gallo, *Le Grand Jaurès*, Robert Laffont, 1984.

un fil chronologique qui permettra au lecteur, je l'espère, d'y voir plus clair dans ces assauts ineptes... mais instructifs.

La première accusation à laquelle j'ai été confronté a perduré des années, avant que différents observateurs se rendent compte de son caractère farfelu. Selon mes contempteurs, j'étais un espion. Et mon nom ne révélait pas, à les en croire, ma véritable identité. Accrochons-nous, car nous entrons dans le pathologique !

Comment est née cette rumeur ? En avril 2000, alors que je venais de régulariser ma situation administrative, l'association Reporters sans frontières (RSF) me permit d'obtenir une petite bourse en échange d'une aide à l'élaboration de leur rapport annuel sur la situation de la liberté de la presse dans la sphère « Maghreb-Moyen-Orient ». Durant cette mission, je fis la connaissance d'Habib Souaïdia, ancien militaire algérien qui, disait-il à l'époque, voulait dénoncer à la fois les exactions du pouvoir algérien dans la lutte antiterroriste et les violences produites par l'islamisme. Il s'était de lui-même présenté aux locaux de RSF, sollicitant des conseils en vue de démarches administratives – il demandait l'asile politique – et désireux de croiser des journalistes intéressés par son récit. Estimant qu'un tel témoignage, au regard de l'opacité ayant régné depuis le début de la guerre civile algérienne, allait éclairer l'opinion quant à la réalité de la lutte antiterroriste, la barbarie des groupes islamistes et les méthodes, plus que discutables, de l'armée algérienne, j'avais accepté de l'aider. Son récit, conforme à la réalité que j'avais connue en Algérie, me paraissait tenir la route. En outre, son témoignage était intéressant, même si parfois confus, d'autres fois inexact, notamment lorsqu'il sortait du strict cadre du témoignage pour évoquer des situations non vécues directement, apportant alors un regard de l'intérieur de l'institution militaire. Même si l'homme n'était pas haut gradé – il était sous-lieutenant seulement –, il avait été témoin, dans un secteur militaire sensible (que je connaissais bien, par ailleurs, pour y avoir réalisé plusieurs reportages), d'un segment de cette guerre civile si complexe.

Je lui ai donc fait connaître des journalistes et des médias, à commencer par des confrères exerçant à l'hebdomadaire *Marianne* qui, depuis sa création, s'intéressait de près à la situation algérienne. Jean-François Kahn, connu lorsqu'il avait effectué un voyage à Alger quelques années plus tôt, bien au fait de cette réalité, m'avait permis, par ailleurs, de débuter une collaboration épisodique avec le journal qu'il avait fondé et dirigeait alors.

Parallèlement, un journaliste de ma génération appelé Jean-Baptiste Rivoire, fils d'une pied-noir ayant passé quelques années d'enfance en Algérie, s'intéressait à ce pays. Travaillant pour une agence de presse en lien avec Canal +, il s'est montré attentif au récit de l'ancien militaire. Lequel, tous les jours, m'abreuvait d'éléments nouveaux et s'avouait impatient de voir son témoignage médiatisé. Je lui ai donc proposé d'écrire un livre ensemble, estimant que mon expérience algérienne, portant principalement sur les questions sécuritaires, et son regard d'ancien militaire pouvaient donner naissance à un récit assez complet, et même circonstancié. Tous les deux ne comptant pas retourner en Algérie, aucune pression ne pouvait nous empêcher de relater nos témoignages, et, en les additionnant, nous aiderions le public à comprendre ce qui se passait dans ce pays depuis les années 1980. Nos visions étaient en outre, à l'époque, proches et se recoupaient. Ce qu'il relatait de son expérience était assez équilibré et me paraissait conforme à la réalité que j'avais moi-même constatée.

J'ai donc pris contact avec François Gèze, alors patron des éditions La Découverte. Aussi incroyable que cela puisse paraître, c'est Robert Ménard, actuel maire de Béziers, mais à l'époque secrétaire général de RSF, qui m'avait mis en relation avec lui. Autrement dit bien avant qu'il montre son visage de militant xénophobe proche des thèses d'extrême droite, entretenant une sorte de racisme chic sans honte ni vergogne. Je comprendrai ultérieurement que ce pied-noir n'ayant, à l'évidence, jamais digéré l'indépendance de l'Algérie, était davantage dans une démarche revancharde de règlement de comptes avec le pouvoir algérien qu'en quête d'une manifestation de la vérité, quête mue par la curiosité qui anime chaque journaliste. Quoi qu'il en soit, François Gèze, dont je ne tarderai pas à découvrir l'hostilité au régime algérien, accepta avec enthousiasme le projet. Un contrat d'auteur fut alors établi entre La Découverte, Habib Souaïdia et moi-même. Et le travail entamé.

Tout a fonctionné plus ou moins normalement jusqu'à ce que l'ancien militaire, au contact du patron des éditions La Découverte, fasse évoluer son récit initial, passant d'une mise en accusation du terrorisme islamiste et des dérives du régime vers un quasi-dédouanement de l'islam politique, des groupes djihadistes et l'élaboration d'une thèse conspirationniste laissant entendre que presque tous les attentats contre les civils perpétrés en Algérie seraient l'œuvre, non des islamistes, mais quasi exclusivement du pouvoir et des militaires. J'ai essayé de raisonner celui qui devait être mon coauteur et celui qui devait être mon éditeur, en vain ! Au début 2001, sortit donc le « livre événement » – c'est ainsi qu'il fut présenté – intitulé *La Sale Guerre*, ouvrage qui véhicula, à grand renfort de battage médiatique, une thèse fausse. Qui plus est en reprenant des passages que j'avais écrits, détournant donc le sens de mes propos, et en publiant le livre malgré mon refus avec mon nom dessus. À l'époque (chose que je maintiens, et je crois que l'histoire m'a donné raison), j'avais donc qualifié l'ouvrage de tissu de mensonges construit sur un socle de vérité. À mes yeux, un tel texte restera une honte pour l'édition française.

Paradoxalement, malgré ses contrevérités, à ce moment-là le livre était le bienvenu, tant, depuis quelques années, certains cercles parisiens, surtout de gauche, laissaient entendre – comme réponse à la question faussement naïve « Qui tue qui ? » – que le pouvoir algérien était à la fois l'instigateur des groupes terroristes et le vrai et seul coupable, responsable, direct ou indirect, des attentats. L'islamisme se retrouvait dès lors littéralement dédouané, comme idéologie, et ses adeptes présentés presque comme les victimes de l'instrumentalisation du régime, voire comme des « révolutionnaires » opposés à un pouvoir autoritaire. On s'en doute, pour plusieurs cercles médiatiques ou associatifs, ce qui ne cadrait pas avec cette thèse se révélait forcément suspect. On ne pouvait accuser l'islam politique sans devenir *persona non grata* de ces milieux. Non par pure bienpensance, mais par dogmatisme.

Je ne vais pas refaire l'histoire complète de cette polémique quinze ans plus tard. Mais je dois rappeler, pour lever toute ambiguïté, que j'ai rédigé par ailleurs deux ouvrages dénonçant le régime algérien, le système militaire, et expliquant, à travers une démonstration jamais contestée qui m'a valu l'ire du système mafieux en Algérie, la réalité de ce que fut la « décennie noire », pour reprendre l'expression utilisée alors afin de décrire la guerre civile. Toute tentative – et l'histoire post-11 Septembre l'a prouvé – visant à dédouaner l'islam politique serait l'œuvre d'un dogmatisme au pis malhonnête, au mieux conspirationniste. Afin de résumer la situation algérienne, il suffit de rappeler la responsabilité des islamistes (ils ont eux-mêmes, *a posteriori*, reconnu la plupart de leurs crimes et les preuves existent) et de pointer celle du pouvoir algérien, ou plus précisément de ses cercles, et singulièrement des clans de l'armée qui, de manière cynique, instrumentalisèrent les uns et les autres pour conforter leurs positions politiques et préserver leurs intérêts économiques.

Mais en défendant cette thèse et en refusant de me rendre complice d'un mensonge grossier et d'une manipulation de l'opinion publique à travers le livre, je me suis retrouvé montré du doigt et désigné, sans autre forme de procès, comme un « agent des services secrets algériens ». Dans une émission de Daniel Schneidermann de février 2003, à l'époque diffusée sur France 5, prompte à dénicher de pseudo-complots et à jeter l'opprobre sur des journalistes avec pas mal de légèreté (j'en sais quelque chose), le présentateur, procureur des médias, laissa le dénommé Jean-Baptiste Rivoire, lui-même très militant dans le genre « Qui tue qui ? », proférer des inepties sans prendre soin de le contredire. Le sieur Rivoire annonça en effet avec une déconcertante assurance, sans le moindre respect envers ma personne ni à l'égard de la centaine de journalistes assassinés : « Il y a, dans les journaux algériens, des journalistes qui se disent journalistes algériens et qui travaillent en fait pour les services secrets d'Alger », ajoutant : « Par exemple, dans le cas de Mohamed Sifaoui, je m'interroge [...]. Il se présente comme journaliste, mais l'ensemble de son travail depuis trois ans est dans un sens bien particulier... » Pour conclure, il alla jusqu'à affirmer : « Je m'interroge sur sa véritable identité... »

Voilà le premier acte d'une tentative d'exécution publique. Quelles auraient pu être les conséquences d'une telle accusation si j'avais été moins solide mentalement ? Je ne tiens pas à convoquer le registre émotionnel de l'affaire, restons froids, mais au regard de ce que j'avais déjà traversé, ce genre de mise en cause avait quelque chose d'assassin.

Une année plus tard, en février 2004, un autre journaliste appelé Didier Contant, parce qu'il avait défendu une thèse ne plaisant pas à Jean-Baptiste Rivoire, subit à son tour, de la part de ce dernier, des accusations similaires. Celui qui aime à se présenter comme un « journaliste d'investigation » avait montré, une fois de plus, l'étendue de sa légèreté et usé de la même méthode pour jeter l'opprobre non sur un détracteur mais sur un contradicteur. Une différence notable puisqu'il ne répond pas à ceux qui le mettraient en cause – ce serait, à la limite, compréhensible –, mais préfère attaquer, en mettant en doute leur probité intellectuelle, ceux qui relatent des thèses contraires aux siennes.

Fait troublant, à cette période Didier Contant s'est suicidé. Bien sûr, impossible de savoir ou de dire s'il existe une relation de cause à effet, mais certaines personnes, notamment l'amie du défunt, Rina Sherman, iront jusqu'à pointer l'index en direction de Rivoire et déposeront une plainte contre lui. Il sera condamné en première instance, avant de se voir relaxé en appel et complètement innocenté. Il ne s'agit pas ici de préjuger d'une responsabilité dans le suicide, l'affaire ayant été tranchée en sens contraire par les tribunaux, mais de s'interroger sur de telles méthodes. Lorsque la personne visée est fragilisée, meurtrie, subir des assauts injustes, dangereux et fielleux peut conduire au pire. L'acharnement dont Jean-Baptiste Rivoire a fait preuve contre moi en véhiculant dans la profession des rumeurs totalement infondées aurait pu me coûter ma carrière et me pousser au pire si je n'avais pas été « costaud ». Car le contexte du début des années 2000 ne m'était pas des plus favorables.

Imaginez : à l'époque, mis à part quelques journalistes, malgré plus de dix ans de carrière en Algérie, je suis totalement inconnu de mes confrères français. Je devais donc tout reprendre de zéro. Sans réseau important, n'ayant pas fait mes études en France, ne bénéficiant pas de camarades de promotion, ayant peu d'amis, sinon des récents, ayant fui le régime algérien et les islamistes, il me faut donc à la fois rebâtir ma vie professionnelle et me reconstruire psychologiquement. Et voilà que, sur une chaîne de télévision, à une heure de grande écoute, un dimanche après-midi, dans une émission suivie par l'ensemble de la profession, on jette mon nom en pâture et annonce, sans un début de preuve, que je suis un « espion », voire un vulgaire « indicateur » roulant pour les services secrets algériens. Comme les seuls capitaux dont peut disposer un journaliste sont son intégrité, son indépendance et sa probité intellectuelle, j'aurais pu, d'un coup, me sentir ruiné.

En toute franchise, j'ai réellement cru que ma carrière allait s'arrêter ce jour-là ! Si je n'avais pas bénéficié de la confiance de personnes honnêtes et équilibrées, imperméables aux thèses farfelues, mon nom aurait totalement disparu du débat public[1].

1. Je ne peux pas citer ici tous ceux qui m'ont permis de faire mes preuves professionnellement et de contredire la rumeur publique. Mais je tiens à rendre particulièrement hommage au magazine *Marianne*, et notamment à Jean-François Kahn, à l'ensemble du staff de M6 et singulièrement à tous ceux qui avaient en charge l'émission « Zone interdite » et, ensuite, à « Enquête exclusive ». Je pense à Jean-Marie Tricaud, Maud Brunel et à Bernard de La Villardière. Évidemment aussi à mes amies Guilaine Chenu et Françoise Joly, qui dirigeaient « Envoyé spécial » sur France 2. Sans oublier le regretté Benoît Duquesne, rédacteur en chef de « Complément d'enquête », *Le Figaro Magazine* – dont pourtant je ne partage pas toujours la ligne éditoriale. Il y a aussi tous mes éditeurs, des producteurs comme l'agence TAC – notamment mon ami Frédéric Texeraud qui la dirigeait –, Bernard Laine et Tony Comiti, les fondateurs de Tony Comiti Productions. Ainsi que des personnes comme Jérôme Belay, producteur de l'émission « C dans l'air », et Yves Calvi qui la présentait : tous deux m'ont permis de montrer à la fois mes connaissances de l'islam politique et du terrorisme, et d'asseoir auprès du public

En quelques minutes, avec quelques mots seulement, Jean-Baptiste Rivoire a failli réussir en France ce que les terroristes du GIA n'étaient pas parvenus à obtenir en Algérie : me faire taire. Je ne sais pas comment on peut se dire journaliste, faire la leçon à toute la profession, aux régimes autocratiques, aux tenants du grand capital, prétendre défendre des principes et agir de la sorte. Plus de quinze ans après l'assaut, mon mépris à son égard est resté intact. Pour autant, même si je ne lui pardonnerai jamais cette injustice, je n'ai pas cherché à m'acharner contre lui alors que les occasions n'ont pas manqué. Et puis, avec le temps, beaucoup, dans la profession, ont compris le fonctionnement du personnage.

Après plusieurs mois de polémique, l'affaire qui m'opposait à La Découverte s'est soldée par un procès. Que j'ai gagné – dans l'indifférence – contre la maison d'édition et l'ancien militaire, condamnés solidairement à « 6 000 euros à titre de dommages et intérêts et 2 800 euros au titre des frais d'avocat ». Lesquels s'étaient répandus en avançant que je devais juste être, au départ, le « nègre » de l'ancien militaire algérien (et non un coauteur à part entière) et probablement, par ailleurs, un proche du régime dénoncé. Pour étayer ces propos, l'ancien patron de La Découverte s'appuyait sur les déclarations de Jean-Baptiste Rivoire ; la boucle était bouclée !

La dépêche AFP[1] diffusée le 14 octobre 2002, qui annonçait cette victoire judiciaire, fut très peu reprise. Tandis que les

une notoriété qui n'a jamais été, quoi qu'on puisse en dire, prise en défaut par un quelconque travail approximatif. Quand je réclamais la criminalisation du salafisme ou la fermeture des sites djihadistes – pour ne citer que ces exemples – au milieu des années 2000, ces sujets, jugés par certains « excessifs » à l'époque, sont devenus des thèmes de débat quelques années plus tard.

1. La dépêche du 14 octobre 2002 : « Le TGI de Paris a jugé que [...] Mohamed Sifaoui, auteur d'un premier manuscrit de *La Sale Guerre*, livre publié en 2001 par La Découverte, était bien coauteur avec Habib Souaïdia, dont le nom figure en couverture [...]. Le jugement [...] ajoute qu'en publiant le livre sans l'accord de M. Sifaoui mais en reprenant des éléments de son manuscrit, M. Souaïdia et La Découverte ont porté atteinte à ses droits. Il les a condamnés solidairement à lui verser 6 000 euros de dommages-intérêts. Le tribunal ajoute qu'à la demande de M. Sifaoui son nom sera supprimé dans les rééditions du livre. M. Souaïdia n'ayant pas la capacité de rédiger un livre en français avait fait appel à M. Sifaoui au

accusations dont j'avais fait l'objet avaient été, elles, largement diffusées. Daniel Schneidermann, par exemple, alors qu'il avait vu sur son plateau Jean-Baptiste Rivoire lancer la rumeur me concernant, ne dut pas avoir le temps de prendre connaissance de cette information, car son émission ne l'évoqua pas.

Pour être honnête, de mon côté j'ai aussi participé, parfois, à brouiller ma propre image. Un peu par naïveté, sans doute au début par manque d'expérience, excès de spontanéité et pas suffisamment de calcul. Peut-être en raison aussi d'un tempérament d'écorché vif qui n'a pu avoir de répit durant plusieurs années voire, à une époque, à cause d'un manque de maturité et de maîtrise des nuances du débat public.

Durant la promotion de *La Sale Guerre*, l'ancien militaire Habib Souaïdia s'en donna à cœur joie dans un discours unilatéral. Et ce avec la complaisance de plusieurs médias incapables de lui apporter la moindre contradiction. Ainsi, en mai 2001, dans une émission de France 5, il déclara : « C'est eux [les généraux] qui ont tué des milliers de gens pour rien du tout. C'est eux qui ont décidé d'arrêter le processus électoral, c'est eux les vrais responsables... Je ne peux pas pardonner au général Massu et au général Aussaresses les crimes qu'ils ont commis, comme je ne peux pas pardonner au général Nezzar, ex-ministre de la Défense. » Une déclaration inscrite dans la continuité du livre visant à dédouaner les islamistes, l'ancien militaire s'étant très vite vu entouré de cercles parisiens militants défendant mordicus cette thèse. Au point, quand les islamistes revendiquaient leurs propres attentats, de rétorquer avec condescendance : « Non, ça ne doit pas être eux, mais un

printemps 2000 [...]. Mécontent du résultat [...] l'éditeur avait décidé [...] de procéder lui-même à la réécriture avec M. Souaïdia. M. Sifaoui s'était alors plaint d'avoir été manipulé par M. Souaïdia "pour régler ses comptes avec ses supérieurs hiérarchiques" alors que les éditions La Découverte ont "dénaturé" et "vidé de sa substance" son manuscrit. "À l'origine [le livre] mettait autant en évidence les exactions des groupes islamistes que celles de l'armée. Il n'a jamais été question pour moi d'écrire un ouvrage qui imputerait l'exclusive responsabilité des massacres à l'armée", avait-il dit dans une interview au magazine *Marianne* [...]. L'éditeur avait alors poursuivi M. Sifaoui en diffamation mais a perdu son procès le 17 octobre 2001. »

coup des services algériens... » Face à une approche aussi stalinienne, tout avis contraire se révélait forcément suspect, genre « coup des services algériens ».

Toujours est-il que, après cette déclaration tonitruante, le général-major Khaled Nezzar – qui fut bel et bien l'un des artisans de l'arrêt du processus électoral visant à empêcher les islamistes de prendre le pouvoir en janvier 1992 (décision que j'avais, je le rappelle, soutenue à mon modeste niveau de citoyen et de jeune journaliste) et devint, entre la fin des années 1980 et le début de la décennie suivante, l'un des hommes forts du régime – porta plainte pour diffamation contre l'ancien militaire qui accusait les généraux d'assassiner des milliers de civils.

Ni proche du général Nezzar ni l'une de ses connaissances, j'éprouvais un réel mépris pour ce galonné, et surtout pour ce qu'il incarnait comme système de gouvernance. N'empêche que, quelques semaines après l'annonce de sa plainte, je suis contacté par Khaled Bourayou, un ami avocat, défenseur connu des journalistes en Algérie. De passage à Paris, il m'informa qu'il voulait me parler. Lors de l'échange, il m'apprit avoir rejoint le collectif d'avocats chargé de la défense du général et me demanda si j'acceptais d'apporter mon témoignage lors du procès en faveur de Nezzar. Instinctivement, j'ai dit oui. Pourquoi ? Même si j'éprouve un profond rejet du personnage, quatre raisons me guidèrent. D'abord, la cohérence : même si je rejetais le système de gouvernance en Algérie, j'ai toujours refusé de le mettre sur un même pied que les tueurs islamistes. L'armée, malgré ses insuffisances, son manque d'éthique et la corruption de certains de ses dirigeants, me semblait un rempart contre le terrorisme islamiste. Je vais le réécrire ici : le régime, certes, est autocratique, imperméable à la démocratie et entretient un système de gabegie, mais face à lui avance une idéologie totalitaire et violente. Les deux sont donc incomparables, quoi qu'on puisse en dire. Autre point non négligeable, le pouvoir algérien n'est pas représenté par des clones de Bachar Al-Assad ou de Saddam Hussein ; il s'agit d'une autocratie bien sûr, mais plus subtile, pernicieuse peut-être, en tout cas moins brutale. Ensuite, des questions d'éthique et d'honnêteté m'ont conduit à ce témoignage : en mon âme et conscience – et je le répéterai jusqu'à la fin de mes jours –, ce ne sont pas les militaires qui tuaient les civils en Algérie, mais les islamistes. L'armée commettait – ce qu'il convient de dénoncer – des exactions contre les personnes soupçonnées d'être proches des milieux intégristes ou appartenant aux groupes terroristes, mais pas contre les citoyens paisibles. Elle luttait contre ceux qui ne respectaient pas les droits de l'homme et, dans sa lutte antiterroriste, ne faisait pas dans la dentelle. Et si certains responsables des services secrets utilisaient le contexte et l'opacité qui régnaient pour régler des comptes internes au régime, qu'y pouvais-je ? Par ailleurs, j'ai accepté de témoigner car je m'étais rendu compte, dans l'intervalle, que Habib Souaïdia, l'ancien militaire accusateur, m'avait sinon menti par omission, du moins avait tenté de me manipuler. Il m'avait caché les raisons réelles de son renvoi de l'armée après avoir purgé une peine de prison. L'incarcération ne relevait pas de motifs politiques, mais d'attitudes délictuelles : selon plusieurs témoignages que j'avais recueillis, recoupés par différents journaux algériens, il s'était rendu coupable de dépassements qu'il prétendait par ailleurs dénoncer. Énième motivation de mon accord, subsidiaire mais utile à énoncer, au moment où je dois venir à la barre, en juillet 2001, Khaled Nezzar n'était plus l'homme fort du régime, mais un retraité qui avait quitté l'armée depuis huit ans, même s'il gardait une certaine aura auprès de ses anciens collègues. Pour finir, résolument opposé à la politique du président Bouteflika, il dénonçait publiquement sa stratégie d'amnistie des islamistes.

Cerise sur le gâteau des raisons m'ayant conduit à penser que mon témoignage n'avait rien d'incongru, l'auteur de *La Sale Guerre*, lors du même procès, n'a pas tardé à s'appuyer sur le témoignage d'un ancien militaire converti à l'islamisme pour soi-disant corroborer ses propos. Or celui-ci, qui fut son instructeur au sein de l'armée, le capitaine Ahmed Chouchane, visait à dédouaner l'islam politique et les groupes djihadistes pour mettre en accusation exclusivement l'armée. La manipulation, à mes yeux, continuait.

Le refus du manichéisme et mon rejet du régime, je les ai exprimés à la barre en introduction de mon témoignage. Je me suis directement adressé au général Khaled Nezzar, durant l'audience, dans une salle comble, pour lui dire : « Beaucoup de gens ici présents savent que je suis un réfugié politique et beaucoup de gens se sont étonnés du fait qu'un réfugié politique puisse témoigner en faveur d'un général algérien. Il est vrai que cette question prise superficiellement pourrait offrir un certain paradoxe [...]. Je suis là parce que, d'abord, au-delà de l'histoire ou de l'aventure éditoriale que j'ai pu vivre avec M. Habib Souaïdia, j'estime que les propos qui ont été tenus par ce dernier sont d'une extrême gravité. Ces propos sont graves non pas parce qu'ils toucheraient M. Nezzar en tant que personne ou même en sa qualité de général, ancien ministre de la Défense, mais parce qu'ils s'attaquent à quelque chose qui reste à mes yeux fondamental [...]. Un courant de pensée, en France, essaie de remettre en cause cette question de l'arrêt du processus électoral en Algérie. Et cela est grave. Je suis venu défendre des convictions personnelles très profondes [...]. Je suis quelqu'un qui a toujours combattu le système auquel M. Nezzar a appartenu et je continuerai de le combattre tant qu'il n'y aura pas de rupture et tant qu'il n'y aura pas une autre Algérie plus démocratique, plus républicaine, celle que beaucoup de gens souhaitent voir naître. Par ailleurs, et de la manière la plus solennelle qui soit, je veux dire à M. Nezzar, en le regardant dans les yeux, que je ne serai jamais d'accord avec les politiques qui ont été suivies en Algérie depuis l'indépendance. Toutefois, et j'assumerai toujours ces propos devant l'Histoire et devant ma conscience, je tiens à vous rendre hommage, à vous et à vos collègues, pour avoir arrêté le processus électoral et pour avoir empêché des islamistes, des intégristes, de faire de l'Algérie un autre Afghanistan. Rien que pour cela, je dis bien rien que pour cela, je tiens à vous rendre hommage. »

Seize ans après cette déclaration, je ne regrette strictement rien du propos. Et si c'était à refaire, je le referais. De la même manière. Peut-être toutefois en communiquant différemment, en faisant plus de pédagogie à l'adresse de certains confrères afin de bien expliquer que ce témoignage n'était pas destiné à soutenir Khaled Nezzar en tant que personne – pour lequel je n'ai aucune considération particulière, j'insiste –, mais dans le but de rétablir une vérité historique, de ne pas laisser des personnes malintentionnées dédouaner l'islamisme de ses crimes et, en définitive, de ne pas injurier les victimes, dont la mémoire a déjà largement été bafouée par Abdelaziz Bouteflika et sa politique de « réconciliation nationale ».

Bon, force est d'admettre que, dans un monde médiatique où l'on refuse les nuances et catalogue vite les individus, où l'on ne s'embarrasse pas de subtilités ni ne cherche à connaître les raisons de tel témoignage (que je viens d'énoncer plus haut), ma présence au tribunal et mon témoignage ont brouillé les cartes et permis aux adeptes des caricatures de me vouer aux gémonies et de me présenter faussement. Sinon comme l'homme des « services algériens », à tout le moins celui du général Nezzar. J'aurais pu, cela dit, me laisser corrompre et, en guise de « récompense », obtenir le droit de revenir à Alger. Malgré la position exprimée lors de ce procès, je n'ai évidemment jamais remis les pieds en Algérie. Je n'ai jamais revu non plus le général Nezzar. Et dans un livre que j'ai publié en 2012, *Histoire secrète de l'Algérie indépendante*, j'ai mentionné, sans le ménager, tous les faits susceptibles de le mettre en cause !

Je dois ici évoquer aussi un « article » rédigé sur un blog et signé par un ancien officier des services de renseignements algérien, Aboud Hichem, me concernant. Connu pour ses positions plus qu'ambiguës avec certains clans du régime et réputé pour son opportunisme et une incohérence politique qui l'amènent tantôt à se faire l'ami du régime, tantôt son ennemi juré, il a rédigé un papier utilisé par certains de mes accusateurs auquel je dois faire un sort.

À la veille du témoignage au procès Nezzar-Souaïdia, cet ancien officier m'a contacté. Son objectif : me dissuader, avec insistance, de témoigner. Comme j'ai refusé d'accéder à cette injonction, il m'a menacé en me disant : « Je vais te plomber ! »

Quelques jours plus tard, se diffuse sur Internet un article mensonger allant jusqu'à insinuer que je serais recherché en Algérie pour... assassinat. On voit le niveau !

Pour quelles raisons n'ai-je pas poursuivi mes accusateurs devant les tribunaux ? D'abord parce que les procédures judiciaires sont coûteuses : à l'époque, alors que je repartais de zéro, mes moyens ne me le permettaient pas. Ensuite parce que, quand certains sites sont hébergés à l'étranger, les procédures lancées en France ne peuvent pas aboutir. Enfin, et cela pourra sembler grandiloquent, parce que j'accorde une réelle valeur à la liberté d'expression : je permets donc, y compris à la bêtise et à l'idiotie qui me visent, d'exister. Oui, en démocratie, il n'y a pas que les intelligents qui ont droit de s'exprimer !

Bref, on a le droit de penser que mon témoignage en faveur de Nezzar était une erreur, mais le transformer en preuve me transformant en suppôt du régime algérien est d'une malhonnêteté intellectuelle totale. Une déformation inique de la vérité dont vont se gargariser les idiots utiles de l'islamisme, mes détracteurs privilégiés, comme le sociologue Vincent Geisser, le polémiste Pascal Boniface, l'islamiste Tariq Ramadan ou son ami, le journaliste Alain Gresh. Quand on cherche à salir une réputation, tout est bon.

Toujours est-il que ce statut de « journaliste controversé » va me poursuivre tout au long de ma carrière, rumeur planant au-dessus de ma tête laissant entendre qu'il y aurait, chez moi, quelque chose d'obscur. Or ces qualificatifs (ici sournois), s'ils ne cachaient quelque chose de malsain et – j'ose le mot – malhonnête, je les aurais assumés, sans rechigner. « Controversé » parce que j'ai très vite, sans ambages et en toute clarté, dénoncé l'islam politique ? « Controversé » parce que je refuse d'adopter le ton imposé par la doxa et de répéter, comme un perroquet, des dépêches d'agences ou des communiqués officiels ? « Controversé » parce que j'ai refusé les dogmatismes et accepté de m'approprier jusqu'aux sujets dits « tabous » abandonnés aux mains des extrêmes ? Ces acceptions du terme, oui, je les revendique.

À dire vrai – est-ce l'effet de l'âge et de l'expérience ? –, le statut qui m'est imposé, je l'assume aujourd'hui, même s'il m'a longtemps blessé. Car, désormais, je rends coup pour coup, surtout lorsque ceux que je reçois sont gratuits. Longtemps j'ai subi la diffamation en refusant, comme je l'ai précisé, les poursuites devant les tribunaux, estimant qu'en démocratie toutes les sensibilités avaient le droit de s'exprimer. Ayant subi la censure, j'ai toujours rechigné à recourir au droit pour faire taire mes détracteurs. J'ai misé sur le temps, estimant – je le constate, hélas, tous les jours – que celui-ci me donnerait raison et montrerait la vacuité de la pensée de tels adversaires.

J'ai cependant commencé à changer d'avis quand, de la diffamation, certains sont passés à l'injure et que, de l'injure, ils ont choisi la menace. Même si je poursuis davantage en justice aujourd'hui qu'avant (notamment à cause de ce que charrient les réseaux sociaux d'hystériques), j'essaie d'avoir une retenue, agissant uniquement lorsque certaines lignes rouges sont franchies.

« Controversé », j'ai choisi de l'être car je n'ai jamais envisagé qu'un journaliste ou un intellectuel puisse se montrer insipide, lisse, inodore, incolore, consensuel, voire transparent. L'engagement fait sens dans ce métier, qui n'est pas seulement une profession à proprement parler, mais un état d'esprit. Le journalisme ne revient pas exclusivement à informer, selon moi, en répétant bêtement que l'eau mouille, que le feu brûle, que l'été il fait chaud et que l'hiver il caille ; c'est avant tout dire ou écrire la vérité, donner à réfléchir, découvrir des réalités cachées, poser les questions qui gênent, se battre pour réaliser le progrès et anéantir les injustices ; c'est dénoncer les infamies, condamner les violences et les haines, et se battre pour que les droits ne soient pas bafoués. Celui qui exerce ce métier doit aspirer à faire bouger les sociétés, en s'inscrivant dans l'universel, en entretenant une curiosité de toute chose, donc en prenant les risques. Il lui faut se sentir concerné par ce qui se passe à Paris ou à New York, mais aussi à Alep, à Mossoul, à Athènes ou à Moscou.

Oui ! Il faut se mettre en danger, en péril, bousculer sa tranquillité et sa liberté, voire son intégrité physique et sa propre vie, pour que le public prenne conscience de ce qui l'entoure ou le guette. C'est un engagement où l'on doit se placer au premier rang, non pour recevoir les éloges et participer aux mondanités, mais afin d'être à la fois un spectateur privilégié, un témoin conscient et un acteur engagé de son époque. Un journaliste est forcément au service des autres, de la communauté universelle. C'est dans cette logique – qui peut paraître grandiloquente mais dont la sincérité est réelle et totale – que j'ai inscrit mon engagement.

Malgré la sincérité de ces convictions, j'étais loin de me douter que le microcosme parisien (en tout cas certaines de ses figures dogmatiques dont l'honnêteté intellectuelle fait débat) allait chercher, même lorsque les menaces islamistes pesaient sur ma tête, à mêler sa voix aux croassements des fanatiques dans le but de fragiliser ma parole.

Parmi eux, Alain Gresh, ami de l'inénarrable Tariq Ramadan, dans un livre et sur son blog. Il décide en effet, un jour, de dénigrer l'un des travaux journalistiques que je viens de mener (et par là même de discréditer son auteur), sans jamais, règle élémentaire du journalisme, me donner la parole en retour, entendre mes explications ni rien démontrer. Que prétend-il ? En substance que j'aurais bidonné une enquête ou, à tout le moins, exagéré ses conclusions. Des accusations que ceux qui connaissent ce dossier considèrent purement et simplement dénuées de fondements.

Mes «frères» assassins[1] est une enquête parue en 2003, qui fait à la fois l'objet d'un livre et de deux reportages pour la télévision. Dans ce travail sur une cellule d'Al-Qaïda, les principaux mis en cause sont désignés comme membres du Groupe salafiste pour la prédication et le combat, le GSPC algérien, personnes actives autant pour cette organisation que pour Al-Qaïda. Cité nommément, l'un d'eux décide de me poursuivre devant les tribunaux, non pour diffamation puisqu'ils admettent ouvertement cette appartenance – qu'Alain Gresh leur dénie curieusement –, mais... pour atteinte au droit à l'image, car j'ai pris la décision, avec M6, de montrer le visage des principaux dirigeants de cette cellule, contre leur avis étant donné qu'il s'agissait de militants islamistes s'assumant complètement. Évidemment, aucun tribunal ne m'a condamné pour cela, estimant que l'enquête était sérieuse et que le droit à l'information supplantait celui à l'image.

Mais Alain Gresh, lui, dans un ouvrage, met en doute ce travail et mes compétences. Et la réalité de cette cellule. Il aurait pu m'entendre ou contacter mon avocat. Ou s'intéresser aux noms des principaux terroristes cités dans mon enquête, connus pour leurs exactions, notamment Adel Mechat, alors émir du GSPC en Europe, Omar Saïki, chef de la cellule française, et Karim Bourti, chargé du prosélytisme et de l'endoctrinement en vue d'envoyer les recrues en Afghanistan. Ces noms révèlent un pedigree intéressant, tant ils ne trahissent pas de simples «délinquants». Et quand bien même, lorsqu'on connaît les liens – existants – entre l'islamisme et la délinquance, tant nombre d'activistes interpellés en 1998 avaient été condamnés pour «association de malfaiteurs en relation avec une entreprise terroriste», refuser de voir ce rapport relevait à mes yeux de l'aveuglement. N'importe quel utilisateur d'Internet aurait pu vérifier en quelques clics la pertinence de mon analyse. Enfin, un élément factuel en disait long : juste après mon enquête, en janvier 2003, je fus placé par le ministère de

1. *Mes «frères» assassins. Comment j'ai infiltré une cellule d'Al-Qaïda*, Le Cherche Midi, 2003.

l'Intérieur sous protection policière permanente, un projet d'attentat visant à m'éliminer ayant été découvert lors de la surveillance d'islamistes dans le cadre d'un autre dossier. La police m'apprit qu'un commanditaire londonien avait échangé avec un islamiste, installé en France, proche des milieux sur lesquels j'avais enquêté et lui avait demandé de me liquider. Alain Gresh aurait pu se poser une question : pourquoi l'État français dépenserait-il de l'argent public pour assurer la protection d'un journaliste si celui-ci était malhonnête ou bidonneur ?

Quelques mois plus tard, le même Gresh réédita sa mise en cause, suite à une autre de mes enquêtes, consacrée cette fois à Tariq Ramadan. Par respect des méthodes journalistiques fondamentales, en réalisant le portrait de l'islamiste suisse, j'ai cherché à la fois à lui donner la parole et à faire intervenir Alain Gresh, son ami et par ailleurs coauteur. Le premier a refusé, prétextant que j'avais témoigné contre lui (ce qui était vrai) dans un procès qui l'opposait au journal régional *Lyon Mag'* et à l'orientaliste Antoine Sfeir.

Sans doute pour poursuivre sa vindicte à mon égard, le second écrivit un jour sur son blog : « Mohamed Sifaoui, dont les travaux d'"enquête" sont à la vérité, pour reprendre une formule du chanteur Renaud, ce que le diable est au bon dieu[1]. » S'érigeant en autorité morale, peut-être pensait-il que la sentence, qui rejoint d'ailleurs celle des islamistes, me ferait taire. C'était mal me connaître. Que me reprochait-il ? Deux enquêtes en particulier, l'une portant donc sur son ami Tariq Ramadan, l'autre relatant l'infiltration dans les milieux terroristes. Concernant l'investigation qui a montré le vrai visage du prédicateur suisse, il n'y avait dans celle-ci strictement rien de faux ni de diffamatoire ; l'intéressé, pourtant très procédurier, n'a jamais poursuivi le reportage réalisé pour l'émission « Envoyé spécial » de France 2, se contentant de gesticulations et se reposant sur les réseaux habitués à dénigrer ma personne

1. Blog d'Alain Gresh, 1er octobre 2006.

et mon travail. Quant à l'autre travail contesté, j'ai décrit plus haut la vraie nature du réseau que je dénonçais.

Les années ont passé et Alain Gresh poursuivit son acharnement. En 2012, son blog dénigrait ceux qui dénoncent l'islam politique, parmi les intellectuels de culture ou de confession musulmane, en ces termes : « Ces derniers temps, certains se sont éclipsés. Le dénommé Mohammed [*sic*] Sifaoui a disparu dans la clandestinité, sans doute infiltré dans une de ces nombreuses cellules d'Al-Qaïda[1]. » Ce qu'il ignorait c'est que, certes, j'avais disparu quelque temps, mais parce que j'étais en train de lutter en silence, le plus pudiquement possible, contre une situation personnelle complexe qui faillit m'emporter ! Peut-être, en lisant cela, Alain Gresh aura-t-il l'élégance de se dire qu'il avait poussé le bouchon trop loin. Sait-on jamais...

1. Blog d'Alain Gresh, le 25 mars 2012.

7

Les « maudites » caricatures...

Toute critique, tout blâme revient à dire : Je ne suis pas toi.

Paul Valéry

Plusieurs personnes, parfois commentateurs avisés, continuent de parler de l'affaire dite des « caricatures danoises » sans savoir précisément ce qui est arrivé. Beaucoup, les mêmes et d'autres, ont fustigé *Charlie Hebdo*, les dessinateurs, leur humour caustique volontairement provocateur, pour avoir repris et publié certains de ces dessins. Et dénoncé, souvent avec virulence, les engagés français qui ont soutenu le droit à la liberté d'expression ailleurs comme ici. Ce qui a valu à ces derniers des tombereaux de propos injurieux et agressifs.

Charb, comme je l'ai mentionné, a été maintes fois accusé de choses détestables, contre lesquelles lui-même se battait, notamment de racisme. Une journaliste engagée et honnête (oui, honnête !) comme Caroline Fourest, ancienne collaboratrice de l'hebdomadaire satirique, a été à maintes reprises traînée dans la boue, surtout sur Internet, par les experts en calomnie. Des assauts venus aussi bien de l'extrême droite (car elle a consacré une enquête fouillée à ce côté de l'échiquier politique[1]) que des alliés des islamistes (parce qu'elle a écrit un

1. Avec Fiammetta Venner, *Marine Le Pen*, Grasset, 2011.

livre montrant le vrai visage de Tariq Ramadan[1]), et de quelques excités du sionisme (pour avoir pris position contre certains excès des gouvernements israéliens). Faisant partie, avec d'autres, des « révélateurs de salauds » – formule à mon sens parfaite pour désigner les intellectuels, femmes ou hommes politiques, journalistes, qui en viennent à susciter l'hystérie des extrémistes, agressivité irraisonnée et surdimensionnée –, elle n'a jamais été ménagée. Il faut dire qu'être femme, blanche, belle, homosexuelle, intelligente, voire carrément brillante, de plus athée, militante antiraciste, attachée à la laïcité, féministe, républicaine, revient, aux yeux des adversaires de l'indépendance d'esprit, à cumuler tous les handicaps. Et comme Caroline Fourest, avec sa compagne Fiammetta Venner, a en outre cosigné un livre[2] fustigeant les trois intégrismes monothéistes et fait la leçon à une certaine gauche prise par la *tentation obscurantiste*, vraiment, elle avait tout pour déplaire à un certain public. Je dirais presque que c'est tant mieux ainsi. Personnellement, souvent pour savoir qui j'ai en face de moi, je cite son nom et j'observe tranquillement si surviennent admiration, adhésion, simple critique (ce qui est normal) ou réaction hystérique. Dans ce cas de figure, je préfère abréger la discussion.

D'autres personnes suscitent le même genre de réactions aussi hallucinantes que souvent hallucinées, personnes dont le nom semble quasiment devenu un blasphème. Si aucun de nous n'est au-dessus de la critique, susciter tant d'animosité irrationnelle est déraisonné. Je pense notamment (attention, roulements de tambour !) à Bernard-Henri Lévy, ce fameux BHL qui fait partie, lui aussi, des « révélateurs de salauds » (j'y reviendrai) et qui, régulièrement, se fait étriller.

Bref, au moment des caricatures danoises, voilà quelques courageux désireux seulement de défendre les principes essentiels de ce pays… qui n'ont pas manqué d'ennemis.

1. *Frère Tariq. Discours, stratégie et méthode de Tariq Ramadan*, Grasset, 2004.
2. *Tirs croisés. La laïcité à l'épreuve des intégrismes juif, chrétien et musulman*, Calmann-Lévy, 2003.

Lors de la reproduction des caricatures par *Charlie*, beaucoup de commentateurs – sans avoir pris le temps de se pencher assidûment sur la chronologie d'une publication qui a fini par coûter la vie, entre autres, à certains de mes amis en janvier 2015 – ont fait la fine bouche au lieu d'apporter leur soutien au journal, alors que des menaces islamistes pleuvaient sur lui.

Si la critique n'a à épargner personne, j'estime qu'une éthique minimale impose de la formuler à bon escient et au bon moment. Car il y a un temps pour tout. Comment s'acharner sur un individu ou un journal lorsque celui-ci doit gérer une pluie de menaces de mort et même, dans le cas de *Charlie Hebdo*, des attaques ? Au lendemain de l'incendie subi par l'hebdomadaire en novembre 2011, j'ai entendu des remarques du genre : « Ils l'ont bien cherché », « Ils le méritent ». Plus tard, lorsque Charb lança un appel à la solidarité en raison de la situation financière catastrophique de la publication, des personnes, connues (face à leur bêtise, je préfère ne pas citer leurs noms), ont lancé sur les réseaux sociaux une campagne intitulée : « Envoyez un chèque de zéro euro à *Charlie Hebdo*. » Certaines, pour se distinguer, joignaient au chèque un Post-it sympathique où était mentionné : « Crève ! » Dont des gens croisés dans la marche du 11 janvier 2015, des gens qui osaient arborer, dès le 7 janvier au soir, un ostentatoire « Je suis Charlie » sur leurs pages Facebook, etc. ! *No comment...*

Mais reprenons les choses depuis le début.

Nous sommes en 2006. L'« affaire » des caricatures du prophète Mahomet a pris une énorme ampleur sans que personne comprenne vraiment les dessous de l'histoire qui, nous le verrons plus loin, baigne dans la manipulation. Au sommet de l'État, à l'époque, beaucoup choisissent l'abdication. Jacques Chirac, alors président de la République, déclara qu'il ne « fallait pas jeter de l'huile sur le feu » alors que le quotidien *France-Soir* et l'hebdomadaire satirique *Charlie Hebdo* avaient décidé, tour à tour, de publier les caricatures « offensantes » en signe de solidarité avec le *Jyllands-Posten*, le journal danois source du « scandale ».

Comment apprécier le propos du chef de l'État quand on songe que des journalistes étaient alors emprisonnés dans les pays arabes pour avoir osé, eux, publier les caricatures ? C'était une nouvelle preuve du fait que les gouvernements occidentaux, en Europe comme en Amérique du Nord, n'ont jamais été du côté des démocrates et laïcs de culture ou confession musulmane hors de leurs frontières, ni été de grands défenseurs de la liberté d'expression, sujet avec lequel beaucoup entretiennent une certaine ambiguïté.

Rappelons aussi, afin de noter l'hystérie d'alors et l'aveuglement des hommes politiques hexagonaux, que, en même temps quasiment, des élus de droite comme Éric Raoult, alors député-maire de la Seine-Saint-Denis, et Jean-Marc Roubaud, son collègue du Gard, cherchent à faire passer des lois antiblasphème[1]. Le premier, vraisemblablement au nom d'un clientélisme destiné à plaire à l'électorat musulman, le second pour satisfaire à coup sûr son électorat catholique plutôt intégriste goûtant peu la caricature anticléricale d'un *Charlie Hebdo*. La polémique autour des caricatures danoises se transforma donc en moment idéal pour régler leurs comptes aux satiristes et autres blasphémateurs dévergondés. Malgré la tentative (qui renseigne sur la période), les législateurs ne sont pas tombés dans le piège. La proposition de loi fut enregistrée, certes, mais rejetée tant la démarche visait à remettre en cause une valeur essentielle de la République : la liberté d'expression, y compris celle de critiquer les religions et les dogmes.

Concomitamment, dans cette ambiance délétère, des intellectuels – parfois de gauche – se sont mis à crier à « l'islamophobie ». Concept douteux, sur lequel je reviendrai, qui ne vise rien d'autre qu'à atrophier le débat et à empêcher la critique et la dérision visant la religion musulmane, y compris la dénonciation et la condamnation de l'islamisme et des manifestations extrémistes qui s'expriment au nom de l'islam. Ces bien-pensants commencèrent par accuser le *Jyllands-Posten* d'être raciste et d'extrême droite. Ce qui est faux : il s'agit d'un journal

1. Projet de loi enregistré à la présidence de l'Assemblée nationale le 29 mars 2006.

de droite, mais non extrême. Prenons une image parlante : si le *Jyllands-Posten* est raciste, alors le *Figaro* le serait. Aussi, devant le déversement de rumeurs et sentences, j'ai senti qu'il fallait ne pas rester à Paris – où l'on juge volontiers du monde sans se lever de sa chaise –, mais qu'il convenait de se rendre au Danemark. Pour enquêter. Ce que j'ai fait dans ce pays scandinave, depuis, à maintes reprises.

Comprendre le contexte a son importance.

Onze mois avant la publication par le *Jyllands-Posten* danois des caricatures de Mahomet, un climat de peur générale avait envahi l'ensemble des pays nordiques. Et pour cause : le 9 novembre 2004, des milliers de personnes s'étaient rassemblées à Amsterdam, aux Pays-Bas, pour assister aux funérailles de Theo Van Gogh, un réalisateur néerlandais assassiné une semaine plus tôt en pleine rue par un islamiste.

Âgé de 47 ans, Theo Van Gogh, arrière-petit-neveu du célèbre artiste Vincent Van Gogh, s'était distingué durant les dernières années et notamment depuis les attentats du 11 septembre 2001, par ses critiques virulentes de l'islam. Plusieurs fois menacé par des intégristes, il répétait : « Je ne suis qu'un idiot du village, ils ne me feront rien », croyant sans doute naïvement que les islamistes avaient de l'humour et la capacité d'admettre la dérision, la satire, voire une provocation de beauf qui peut complaire à certains milieux populistes. Lui-même avait été, d'ailleurs, supporter de Pim Fortuyn, le dirigeant d'extrême droite néerlandaise assassiné en 2002 par un militant de l'extrême gauche.

Theo Van Gogh était consciemment provocateur. Presque comme un choix de vie. Il avait, par exemple, suscité de vives polémiques aux Pays-Bas en tenant des propos antisémites à un moment où il voulait en découdre avec la communauté juive. Mais si ses détracteurs le prenaient parfois pour un fou, ses amis continuaient de le soutenir en répétant qu'il s'agissait d'un « brave type ». Même un homme comme Jan Marijnissen, le dirigeant du Parti socialiste néerlandais, le pensait.

Quoi qu'il en soit, plusieurs déclarations tenues par Theo Van Gogh étaient revêtues d'un caractère raciste. D'autres se révélaient sexistes ou homophobes. En clair, ses provocations n'épargnaient personne et ses critiques à l'égard de l'islam correspondaient au personnage et à l'image qu'il reflétait, celle d'un raciste, antisémite, homophobe et sexiste. Une sorte d'amuseur de foule extrême qui montrait aux gens qu'il les détestait. Un humour limite qui ne passait pas avec tout le monde, encore moins avec la plupart des musulmans et pas du tout avec les islamistes.

Lorsqu'il décide de réaliser le court-métrage *Submission*[1], écrit par la députée du parti conservateur libéral d'origine somalienne Ayaan Hirsi Ali, il plaide pour l'émancipation des femmes musulmanes – nouvel aspect des contradictions du personnage. Mais là où le réalisateur est égal à lui-même, c'est quand il pousse la provocation le plus loin possible. Dans ce court-métrage, Van Gogh fait en effet dessiner des citations du Coran sur des corps de femmes. Et quand il s'adresse aux médias, il traite les musulmans de « baiseurs de chèvres » et de « cireurs de pompes d'Allah ». À côté, un Charb serait passé pour un enfant de chœur.

Theo Van Gogh était convaincu de l'existence d'une guerre des religions, d'un clash des civilisations, et ne faisait aucun distinguo entre la religion musulmane et l'idéologie islamiste. Beaucoup de ceux qui l'ont connu estiment, aujourd'hui, qu'il voulait convaincre les Néerlandais de l'impossibilité de vivre en harmonie avec les musulmans.

N'empêche, malgré ce comportement plus que discutable, outrancier même, parfois condamnable mais admissible en démocratie[2], le réalisateur néerlandais méritait un procès au pire, mais pas la mort. C'est l'idée essentielle que nous devons faire admettre aux générations futures : il faut apprendre à cohabiter avec les pires provocateurs, les racistes, les extrémistes, sans jamais songer à attenter à leur intégrité physique. Car, dans un pays de droit, seul l'État est dépositaire de la violence légitime.

1. Littéralement « Soumission ».
2. Puisqu'un propos extrême peut être condamné par le droit et jamais en faisant justice soi-même.

Ensuite parce que ce genre de conflits, aussi détestables soient-ils, peuvent être réglés de manière civilisée. Tuer de sang-froid, sous n'importe quel prétexte, relève de la barbarie.

Son assassin, Mohammed Bouyeri, âgé à l'époque de 26 ans, est d'origine marocaine mais possède la nationalité néerlandaise. Après avoir tiré plusieurs coups de pistolet, il avait tranché la gorge du réalisateur et tenu à laisser sur son cadavre un message de cinq pages dans lequel il reconnaissait avoir agi au « nom de l'islam ». Dans le même pamphlet, il menaçait de mort d'autres personnalités néerlandaises, et notamment la députée d'origine somalienne Ayaan Hirsi Ali, connue pour ses positions hostiles aux islamistes, cette dernière visée notamment à cause de son rôle de scénariste de *Submission*.

L'assassinat déclencha, le grand public l'a probablement oublié, une série d'incidents intercommunautaires dans ces Pays-Bas réputés pour leur tranquillité et la coexistence pacifique entre les communautés, vivant côte à côte selon le modèle anglo-saxon. Plusieurs mosquées furent attaquées, deux églises ont failli être incendiées, un attentat à la bombe fut perpétré contre une école islamique d'Eindhoven. Des injures fusaient sur Internet, des menaces de mort se déversaient... Bref, un climat détestable s'installa durant plusieurs mois.

Les appels au calme se sont multipliés et les autorités, jusque-là passives face aux militants islamistes, craignirent un ou des attentats terroristes, alertées par des menaces de plus en plus fréquentes sur le Net émanant notamment d'organisations djihadistes. Ce climat profita aux leaders de l'extrême droite néerlandaise, qui glanèrent des voix dans les sondages. Comme ce qui se passe au Pays-Bas intéresse énormément les pays scandinaves, où une forte communauté musulmane vit, l'attention de toute la région se porta sur le petit pays. D'autant qu'en Suède, au Danemark ou en Norvège, des islamistes avaient trouvé refuge notamment à partir des années 1980.

L'affaire Van Gogh est suivie de près à Copenhague. Si, officiellement, les islamistes danois condamnent le meurtre, en privé (je l'apprendrai au cours de mes différents séjours) certains d'entre eux « comprennent » le geste de son bourreau, lui trouvent même des « circonstances atténuantes ». Beaucoup de musulmans, y compris « modérés », considèrent que la sacralité de la vie humaine s'annule devant le blasphème. D'autres, plus extrémistes, affichent une colère souvent surjouée, histoire d'entretenir une sorte de dramaturgie destinée à impressionner, faire peur et, surtout, fléchir les démocraties.

Les intégristes installés dans les pays nordiques ont provoqué un tollé, par exemple, lorsque plusieurs associations scandinaves décidèrent de remettre des prix à Ayaan Hirsi Ali, visant à saluer son courage et sa résistance à l'obscurantisme. En janvier 2004, elle reçoit le « prix de la Liberté » décerné par un *think tank* ultralibéral flamand. La même année, on lui décerne un « prix de la liberté », remis par des responsables du Parti libéral danois, la plus importante formation du pays. À la même époque, son livre – intitulé en France *Insoumise*[1] – est publié également au Danemark sous le titre : *J'accuse*. Dans cet ouvrage, elle dresse un violent réquisitoire contre les fondamentalistes. Simultanément, elle est reçue par le Premier ministre danois Anders Fogh Rasmussen, chef de file du Parti libéral et d'une coalition gouvernementale qui rassemble aussi bien des centristes que des représentants de la droite nationaliste. Une rencontre jugée inacceptable par les islamistes de Copenhague, qui crièrent alors à la « provocation ». Dans les rues de la capitale danoise, Ayaan Hirsi Ali devait donc circuler avec un impressionnant dispositif de sécurité. Il est vrai que, depuis l'assassinat de Theo Van Gogh, elle était en tête d'une liste comportant les noms de personnalités hollandaises à assassiner, liste dressée par Mohammed Bouyeri et ses acolytes.

Au Danemark, trois hommes, qualifiés jusque-là de modérés, se distinguèrent dans la contestation islamiste de Ayaan Hirsi Ali : Ahmed Abu Laban, Ahmed Akkari et Raed Hlayhel. Des islamistes que j'eus l'occasion de rencontrer et qui vont jouer, quelques mois plus tard, un rôle central dans l'affaire des

1. Ayaan Hirsi Ali, *Insoumise*, Robert Laffont, 2005.

« caricatures du Prophète ». Interviewés par les médias, ils tentaient de justifier leur position, prétendaient vouloir éviter une autre « affaire Van Gogh », reconnaissant à demi-mot que les critiques formulées à l'égard de l'idéologie qu'ils défendaient risquaient de coûter très cher à leurs auteurs.

Tant et si bien que la présence de Ayaan Hirsi Ali au Danemark finit par provoquer la rupture entre les islamistes et le gouvernement. Une rupture accélérée par les propos de Pia Merete Kjaersgaard, présidente du Dansk Folkeparti, Parti du peuple danois, autrement dit la droite nationaliste et populiste, qui avait qualifié les jeunes musulmans de « métastases », usant ainsi de la rhétorique dont raffolent les populistes !

Il me faut souligner que la ligne politique du Parti du peuple danois est teintée, à la fois, de préoccupations sociales, d'une volonté de réprimer toutes les formes de criminalité, mais aussi d'un nationalisme exagéré caractérisé par une opposition farouche à l'immigration. Or le parti a rencontré un réel succès lors des élections législatives du 20 novembre 2001. Deux mois après les attentats du 11 Septembre, les électeurs, traumatisés, s'étaient mis à regarder autrement les musulmans vivant sur leur sol, inquiétude renforcée par le fait que le seul islam visible au Danemark était celui présenté par les islamistes ! N'ayant ni histoire ni passé commun avec les pays musulmans, les Scandinaves en général, et les Danois en particulier, n'avaient pas la moindre connaissance de l'islam ou de ses coutumes, contrairement aux pays méditerranéens par exemple. Leur seule vision de l'islam se résumait à celle délivrée par les islamistes : barbe, prosélytisme, intolérance, soumission de la femme et... terrorisme. Autre point à noter : le Danemark n'est pas un pays laïc. En Scandinavie, seule la Suède a procédé, en janvier 2000, à la séparation de l'Église et de l'État. Les Danois, eux – ils sont 5,5 millions –, considèrent à 85 % qu'ils appartiennent à l'Église évangélique luthérienne. C'est dire combien la surenchère identitaire et religieuse marque.

Un tel climat crée donc pour les journalistes, satiristes et dessinateurs une situation inédite. Dans ce pays non laïc mais connu pour son impertinence à l'égard des religions, comment aborder ce sujet sensible ? L'autocensure, qui existait, a alors interpellé plusieurs rédactions, des maisons d'édition et des intellectuels. Kare Bluitgen, auteur danois désireux de rédiger une biographie illustrée de Mahomet, se plaignit notamment du climat d'autocensure qui s'installait chez les dessinateurs puisqu'il éprouvait des difficultés à convaincre l'un d'entre eux de l'accompagner dans la réalisation de son ouvrage.

Au sein des milieux intellectuels, deux tendances s'opposaient. Une position très relativiste renvoyait, d'une certaine manière, les musulmans à leurs archaïsmes, ne les considérant pas en mesure de comprendre la satire, l'humour et certainement pas le blasphème. Un autre courant défendait l'idée qu'aucune religion ne devait être au-dessus des autres et bénéficier d'un traitement privilégié, que les « musulmans » n'étaient pas un groupe homogène et monolithique mais des citoyens, avec des convictions diverses et variées, qu'il serait malsain d'infantiliser.

Un journal, le *Jyllands-Posten*, décida alors de lancer une sorte de concours de dessin sous l'intitulé « Peut-on dessiner l'islam ? ». Et ce, à l'impulsion du rédacteur en chef des pages culturelles, Fleming Rose.

On constate donc, contrairement à ce qui a été dit à l'époque, que la publication des croquis ne relevait pas de la provocation gratuite, destinée à choquer, blesser ou défier les musulmans, mais du désir de s'inscrire dans un débat de société. Quoi de plus normal au sein d'une démocratie ?

C'est dans ce contexte que, le 30 septembre 2005, le *Jyllands-Posten* publia, sous le titre « Le visage de Mahomet », douze caricatures qui allaient mettre la planète en ébullition. Des dessins accompagnés d'un article intitulé : « Menaces de la part des obscurantistes » signé Carsten Juste, directeur de la rédaction du journal, éditorial qui explique la démarche du quotidien et notamment sa position par rapport à la liberté de la presse.

Après la publication, la polémique explosa et enfla.

Les islamistes tentèrent d'abord de mettre en avant l'interdiction de représenter tous les prophètes. Une interdiction prônée par quelques écoles juridiques mais valable, naturellement, uniquement pour des musulmans afin d'éviter l'idolâtrie. Pour autant, si certains courants de l'islam ont décidé qu'il était « strictement interdit de représenter le prophète Mahomet », d'autres sont restés muets sur cette question et quelques-uns admettent que cette « tradition » est à rejeter car elle ne trouve aucun argument coranique sur lequel reposer. Divers courants sunnites et toutes les écoles chiites ne tiennent ainsi aucun compte de cet « interdit ». C'est dire combien les interprétations canoniques islamiques n'empêchent en rien la représentation de Mahomet et que le fameux interdit repose davantage sur une tradition sacralisée qu'autre chose. Raison pour laquelle on peut retrouver aujourd'hui des représentations du Prophète dans certains pays musulmans et dans l'art islamique traditionnel. Des miniatures persanes, des tapis ou des tableaux incarnant le Prophète dans différents épisodes de sa vie existent. Parfois les artistes ont réalisé un compromis, qui consistait à masquer son visage. Dans les traditions occidentales, des représentations de Mahomet sous les traits d'un marchand ont également été réalisées plusieurs siècles durant sans que cela suscite de réactions de la part des autorités religieuses musulmanes. Plus encore, il existe plusieurs adaptations modernes du Coran en bandes dessinées, quelques-unes étant l'œuvre de musulmans éclairés, tel l'universitaire tunisien Youssef Seddik. Des adaptations publiées sans la moindre protestation, en tout cas comparable à celle qui a suivi la publication des dessins danois. C'est dire combien la réaction suscitée par les caricatures était en total déphasage avec ce qui s'était fait jusque-là.

Mais quand bien même, oui, quand bien même il serait interdit de représenter le prophète des musulmans, cette interdiction est valable pour un musulman soucieux de respecter son dogme, et certainement pas pour celui qui ne l'est point ou pour le croyant qui a envie de braver l'interdit. Une recommandation religieuse n'est jamais destinée à celui qui ne veut pas l'appliquer. Le sacré n'est sacré que pour celui qui pense que la chose est sacrée. En d'autres termes, la sacralité des uns n'est pas celle des autres, *a fortiori* dans une société ouverte et démocratique. Un non-croyant ou un non-musulman n'est donc en rien tenu, selon la logique, au respect d'un précepte islamique – ce serait un comble ! Selon ce genre de construction intellectuelle, les islamistes pourraient dès lors faire interdire la représentation de Jésus ou de Moïse, voire d'Abraham, les traditions prohibant la représentation de Mahomet étant celles qui interdisent chez eux celle des autres prophètes. Et que fait-on alors de la liberté de conscience ? Du droit au blasphème ? De la liberté d'expression ?

Analyser les douze caricatures ayant donné l'impression que la planète se dirigeait vers une troisième guerre mondiale vaut par ailleurs son pesant de surprises. Quatre, parmi les douze, ne représentaient pas le prophète Mahomet. L'une montrait un jeune élève, se prénommant Mohamed, écrivant en persan sur le tableau d'une salle de classe que les « journalistes du *Jyllands-Posten* ne sont que des provocateurs et des réactionnaires ». Les trois autres traduisaient, de manière symbolique, les questions liées aux libertés en islam. Quant aux huit caricatures dessinant Mahomet sous les traits d'un homme barbu, la plupart étaient on ne peut plus anodines. Voire insipides. Elles n'étaient même pas, pour certaines, d'une grande qualité graphique. L'une représente le Prophète en berger; une autre décrit un homme barbu accueillant des kamikazes aux portes du paradis en précisant qu'il n'y avait plus de vierges, référence à ce qui revient toujours – comme souhait – chez les aspirants terroristes. Le dessinateur s'est certainement inspiré, ici, d'une blague répandue dans le monde musulman que les gens se racontent sans aucun problème. Une troisième illustration représente, à travers des symboles islamiques comme l'étoile et le croissant, le visage d'un homme barbu, censé être Mahomet. Un autre dessin montre un autre barbu, censé là encore être le Prophète, calmer deux individus furieux, épée à la main, en leur expliquant que les dessins « ont été réalisés par des mécréants danois qui ne sont même pas musulmans ». En somme, un homme sage qui n'encourage pas la violence et comprend la dérision.

Le dessin le plus controversé a fait le tour de la planète. Mahomet apparaît sous les allures d'un homme hirsute au regard dur, une bombe dans le turban. Avec inscrite sur la bombe la profession de foi : « Il n'y a de Dieu que Dieu et Mahomet est son prophète. » Un croquis qui va susciter les plus vives critiques et faire l'objet de toutes les instrumentalisations.

Aux yeux du caricaturiste Kurt Westergaard, ce croquis « n'illustre pas la religion musulmane dans son ensemble, mais la partie de l'islam qui, apparemment, peut pousser à la violence, au terrorisme, au meurtre et à la destruction ». Une déclaration montrant que l'illustrateur voulait faire passer un seul message : le dessin ne vise pas les musulmans mais les fanatiques et autres tenants d'un islam fondamentaliste. Et le créatif de préciser que « si une religion tourne au fascisme religieux, nous nous trouvons face à des tendances totalitaires que nous avons connues en d'autres temps, comme le fascisme et le nazisme. C'est la même situation où les gens sont obligés de baisser la tête et de faire ce que le régime leur commande de faire ».

Ce qui constitue insulte au Prophète n'est pas, ne l'oublions jamais, un coup de crayon, aussi irrévérencieux soit-il, mais le lien qu'osent établir les terroristes islamistes entre leurs actions et les recommandations de ce dernier. Les fameux « amalgames » sont d'abord le fait de tueurs qui, en prétendant obéir aux recommandations de Mahomet, l'ont à son insu transformé en commanditaire en chef de crimes barbares. Quoi qu'on pense de l'œuvre en elle-même, cette caricature s'est contentée de représenter une amère réalité : celle où l'on voit derrière chaque acte terroriste des criminels justifier leurs actions par des versets coraniques ou des citations prophétiques. C'est aussi contre ce dévoiement, cette prise en otage du religieux qu'il faut s'élever, et les criminels qui tuent au nom de l'islam et de son Prophète qu'il convient haut et fort de dénoncer. L'association graphique entre la violence et les symboles religieux n'est-elle pas déjà, et d'abord, l'œuvre de pays comme l'Arabie Saoudite qui associe dans son drapeau un sabre, la profession de foi à la couleur de la religion ? N'est-ce pas le fait des confréries et organisations comme les Frères musulmans, lesquels sur leur emblème dressent deux sabres croisés ornés d'un Coran ? Ne la voit-on pas chez d'autres groupes et partis islamistes comme le Hezbollah (chiite) ou le Hamas (sunnite), dont les emblèmes associent citations coraniques et armes ? En définitive, le caricaturiste n'a rien fait que représenter, en forçant le trait (ce qui est sa vocation), une époque et une réalité.

Par conséquent, et contrairement à ce que pourraient croire quelques bonnes âmes perméables aux diktats islamistes, les caricatures danoises n'étaient ni offensantes ni racistes. Cette affaire, on le constate encore plus de dix ans après, a été récupérée à la fois par des islamistes et des gouvernements dictatoriaux ayant su manipuler des masses ignorantes et exciter une rue galvanisée contre les démocraties et les valeurs qu'elles incarnent. Au nom d'un prétendu sacré, il fallait humilier, que dis-je, terroriser la liberté d'expression. Celle-ci n'étant reconnue ni par les dictateurs et autocrates, ni par les islamistes et fanatiques, transformer une banale affaire de dessins de presse en abcès de fixation anti-Occident détournait l'attention et exaltait les nationalismes.

Les images de foules excitées brûlant des drapeaux ont marqué les esprits et caché le fait que quelques intellectuels arabes ont voulu réagir différemment. Hélas, ils furent inaudibles dans le brouhaha ambiant. Faut-il rappeler le courage de Jihad Momani, rédacteur en chef de l'hebdomadaire jordanien *Shihane*, qui décida de publier trois des caricatures danoises en posant la question suivante : « Qu'est-ce qui porte plus préjudice à l'islam, ces caricatures ou bien les images d'un preneur d'otage qui égorge sa victime devant les caméras, ou encore un kamikaze qui se fait exploser au milieu d'un mariage à Amman ? » Un acte de bravoure qui lui valut d'être emprisonné durant quelques semaines avant d'être libéré. Une incarcération comme un rappel à l'ordre. À Amman, une ville qui n'est ni Ryad ni Kaboul. Quelques billets ou dessins ont été reproduits « ailleurs », dans la presse algérienne ou tunisienne par exemple, voire diffusés par des blogueurs et internautes au Caire ou à Damas, voix courageuses tentant de faire entendre un autre discours. Mais la modération, la raison n'étaient plus audibles, dictateurs et islamistes ayant décidé de montrer l'image d'une communauté d'idiots hystériques se roulant par terre au moindre trait de crayon.

Au Danemark, quelques jours après la publication des caricatures, les islamistes sont dans tous leurs états. Ils exigent du journal, et du Premier ministre, des excuses officielles. Le gouvernement refuse, le quotidien aussi. À juste titre.

Le 12 octobre, le *Jyllands-Posten* commence à recevoir ses premières menaces de mort. Les responsables les minimisent mais préviennent la police, qui installe une surveillance discrète aux alentours du quotidien. De leur côté, plusieurs imams proches des Frères musulmans préparent la riposte. Ils organisent une manifestation réunissant entre 3000 et 4000 personnes qui scandent en plein Copenhague : « Dieu est grand et Mahomet est son prophète. » La mobilisation n'est pas aussi importante qu'espéré par les organisateurs, puisque près de 200000 musulmans vivent au Danemark ; dans la rue sont donc descendus moins de 3 % d'entre eux. C'est un cuisant échec.

Parallèlement, des figures issues de l'immigration arabe, comme le député démocrate d'origine syrienne Naser Khader ou l'ancien président de l'association des étudiants pakistanais Hadi Khan, militant progressiste, organisent une contre-attaque pour montrer qu'elles refusent de se laisser représenter par les bigots intégristes. Les deux hommes, accompagnés de certains amis, comme l'homme d'affaires engagé d'origine égyptienne Ibrahim Ramadan (le patronyme n'a rien à voir avec le Suisse connu en France), essaient d'expliquer à l'opinion danoise, aux médias et aux autorités, que les islamistes cherchent avant tout la confrontation.

Furieux, des imams intégristes accusent Naser Khader et Hadi Khan de « trahison », voire d'« apostasie ». Une diabolisation répétée qui, comme d'habitude, impacte, de manière négative, certains adolescents de confession musulmane désirant en découdre. De quoi entretenir un climat détestable dans ce pays d'habitude paisible.

Des responsables du journal sont reçus par des membres du Politiets Efterretningstjeneste (PET), les services secrets, qui leur conseillent de ne plus parler des pressions et des messages reçus, et de leur transmettre désormais toute information susceptible de s'apparenter à une menace. Le gouvernement a donné des instructions strictes : les autorités craignent une « affaire Van Gogh » *bis*. Les renseignements danois, conscients que les caricaturistes courent un vrai danger, décident de les mettre sous protection discrète. Certains d'entre eux doivent quitter leur domicile.

Quelques jours plus tard, la rédaction du *Jyllands-Posten* reçoit, par e-mail, d'autres menaces. Cette fois, la police estime le risque monté d'un cran. Le message a en effet été envoyé d'un pays étranger et l'adresse utilisée serait connue des services européens de la lutte antiterroriste. Malgré les risques encourus par le journal, les imams ne font aucune déclaration visant à calmer les esprits. Bien au contraire, ils créent un mouvement composé de vingt-sept associations islamistes danoises qu'ils appelleront : « The European Committee for Honoring the Prophet[1] ». Objectif : faire pression sur le gouvernement afin que celui-ci condamne les caricatures.

Ce comité est présidé par Abu Laban, secondé par Raed Hlayhel. Ahmed Akkari, un jeune imam intégriste de 28 ans, est nommé porte-parole. D'origine libanaise, ce dernier est arrivé au Danemark au début des années 1990 et a été naturalisé quelques mois avant l'affaire des caricatures, alors qu'il s'était déjà distingué par des prises de position extrémistes. Si les islamistes locaux sont apparus au grand jour, à un niveau international, à travers cette affaire, ils étaient déjà fort actifs sur la scène intérieure. Et s'étaient fait connaître en multipliant les revendications radicales : aménagement de plages horaires pour les femmes dans les piscines, séparation des garçons et des filles dans les lycées, mise en place d'un menu hallal au sein des écoles, etc. Des exigences qu'on retrouve dans la bouche de tous les islamistes vivant sur le territoire européen. Ces imams maintiennent également une pression psychologique intense sur les filles musulmanes, les incitant notamment à porter

1. Le Comité européen pour la défense du Prophète.

le voile. Ahmed Akkari avait par exemple choqué le pays en déclarant qu'il était permis de « frapper les filles musulmanes qui ne portent pas le foulard ». Et lui, comme d'autres, avait déjà essayé d'imposer une sorte d'autocensure à la presse.

En vérité, Abu Laban, Akkari et Hlayhel, à l'instar de nombreux intégristes ailleurs, s'employaient à propager une vision politique et idéologique de l'islam puisée dans le corpus des Frères musulmans. Pour Ahmed Abu Laban, les jeunes de la deuxième génération « commençaient à influencer le débat public ». Lui-même fut fier de me rappeler, lorsque je vins enquêter au Danemark, que les « filles voilées défendent la question du foulard à la télévision ». Et l'un de ses collaborateurs me confia que leur association assurait un « prosélytisme extraordinaire ». « Louanges à Dieu ! me lança-t-il. Si tu savais le nombre de nationalités européennes que nous avons converties. On fait plein de missions de prosélytisme, on a des jeunes spécialisés dans cela. » Me croyant islamiste, il me conseilla de convertir tous les Européens que je connaissais. Ce que je tente de faire depuis toujours, mais pas dans le sens qu'il imaginait, préférant essayer d'amener la société à se convertir à une vision universaliste, vision qui rejette l'islam politique et les extrémismes et consolide la laïcité comme valeur cardinale.

Organisés et déterminés, les islamistes danois passent à la vitesse supérieure. À la mi-octobre 2005, ils adressent un courrier à l'ensemble des ambassadeurs des pays musulmans installés à Copenhague les incitant à agir. En clair, Abu Laban et ses hommes cherchent à provoquer l'incident diplomatique. Onze ambassadeurs de pays musulmans réagissent à la missive des imams et demandent, le 19 octobre 2005, audience au Premier ministre Anders Fogh Rasmussen afin de protester officiellement contre la publication des caricatures.

La réponse de Rasmussen intervient deux jours plus tard. Comme un camouflet. Car le chef du gouvernement défend la liberté d'expression en rappelant que celle-ci est le « fondement même de la démocratie danoise ». Il refuse en outre de recevoir les ambassadeurs, leur rappelant, en fin pédagogue, qu'en démocratie le pouvoir exécutif ne doit pas interférer avec le travail de la presse.

Les onze diplomates, touchés dans leur amour-propre, voient leur orgueil en prendre un sacré coup. Et conviennent de riposter.

En analysant les choses de près, on comprend mieux leurs réactions. Les diplomates montés au créneau et soutenus par les imams ont une spécificité : tous représentent des États rencontrant, pour beaucoup, des problèmes avec l'islamisme ; chez d'autres, on constate l'ambition d'assurer la promotion de cette idéologie. Faut-il rappeler que les premiers ambassadeurs à protester contre la publication des caricatures furent ceux d'Arabie Saoudite, d'Iran, du Pakistan, d'Algérie, du Maroc, de l'Autorité palestinienne, de Libye, de Turquie, d'Indonésie, de Bosnie et d'Égypte ? Autant de pays dirigés par des monarques ou des gouvernements islamistes (l'Arabie Saoudite, l'Iran, la Turquie) ou connaissant de vrais problèmes politiques avec ces mouvements. En somme, ces États ont cherché à récupérer l'affaire des caricatures pour se faire une virginité à bon compte, et essayer, sur le dos de la liberté d'expression, de se réconcilier avec leur population sensible à la propagande islamiste.

Selon Abu Laban, interrogé par moi sur ce point, les ambassadeurs « ont bougé de leur propre chef, parce que s'attaquer à la personnalité du Prophète, ce n'est pas du tout quelque chose de simple ». Un mensonge, comme je m'en aperçus, deux jours plus tard, lorsqu'il me remit un dossier contenant, entre autres, la lettre adressée par le comité qu'il préside aux ambassadeurs évoqués. Une lettre multipliant les contrevérités.

Dans ce courrier, les imams affirment, par exemple, que les caricatures du *Jyllands-Posten* ont été publiées presque en même temps qu'un « autre livre, qui bénéficie d'une promotion médiatique, contenant ces mêmes caricatures », faisant référence vraisemblablement à un ouvrage pour adolescents écrit par Kåre Bluitgen[1]. L'affirmation relève du mensonge grossier

1. *Koranen og profeten Muhammeds liv* (« Le Coran et la vie du Prophète Mohammed »), Høst & Søn, 2006.

puisque le document évoqué ne comportait aucune caricature, donc pas celles du *Jyllands-Posten*, mais des illustrations sans le moindre caractère insultant ou offensant. Si cela avait été le cas, le monde entier en aurait entendu parler. Et les islamistes danois n'ont plus reparlé de l'ouvrage ensuite, concentrant leurs « efforts » sur le *Jyllands-Posten*[1].

Courant octobre 2005, la pression n'était pas retombée sur le *Jyllands-Posten*. Bien au contraire, elle s'accentuait chaque jour. Mais le 17 octobre, en plein ramadan, le journal égyptien *Al-Fagr*, dirigé par un célèbre journaliste appelé Adel Hamouda, publia six des caricatures du *Jyllands-Posten*, y compris celle avec la bombe dans le turban. Malgré cette première reproduction des dessins litigieux – une première, à l'époque – dans le monde musulman, aucune réaction des autorités religieuses ou gouvernementales ne fut signalée. Bizarre !

Pourquoi ? Parce que les islamistes veulent surtout faire pression sur les pays européens. Et cette pression s'est exercée sur le Danemark. Sous différentes formes.

Un groupe islamiste portant le nom des « Brigades glorieuses en Europe du Nord » menaça d'attentats, sur Internet, le quotidien et l'État danois. Les journalistes du *Jyllands-Posten* commencèrent à vivre dans la psychose et à craindre le pire. Sur le Net, des hackers envoyaient vers le site du quotidien et sur d'autres sites danois des dizaines de milliers de messages. En une semaine, le journal en reçut plus de 100 000, ce qui ne manqua pas de créer des *bugs* et de rendre le site inaccessible. Le 2 novembre, l'ambassadeur d'Égypte au Liban indiqua à la presse qu'il avait « examiné avec le ministre libanais des Affaires étrangères les mesures qui pourraient être prises contre le Danemark ». Dans certains pays musulmans, on se mit à réfléchir à des sanctions diplomatiques. Que l'Égypte ait alors pris les choses en main ne relevait en rien du

1. Abu Laban avait tenté d'attaquer le journal en justice au nom de Det Islamiske Trossamfund I Danmark, l'organisation dont il est le chef spirituel. Après avoir été débouté, il s'acharna davantage et jura, aux dires de ses collaborateurs, de faire « plier le Danemark ».

hasard. L'ambassadrice de ce pays à Copenhague, Mona Omar Attia, se montrait très active et entretenait un contact régulier avec les imams.

Selon le *Politiken*, organe de presse opposé par bien-pensance à la publication des caricatures, l'ambassadrice d'Égypte aurait envoyé aux autorités de son pays un dossier constitué par Abu Laban et ses amis. Les membres des services de renseignements danois estimèrent que le ministère égyptien des Affaires étrangères aurait copié le document remis par les imams pour le transmettre aux autres pays musulmans. Information que moi-même j'ai pu recouper à l'époque. Drôle de procédé pour les diplomates d'un pays confronté à une menace islamiste. En clair, ces représentants d'États ont récupéré un dossier à charge monté par des intégristes et l'ont considéré comme un document de travail. Mieux – enfin pis –, lorsque plusieurs quotidiens danois ont évoqué le rôle central de l'Égypte dans la montée en puissance de la protestation, le chef de la diplomatie égyptienne, au cours d'une interview à *Politiken*, n'a pas nié ce rôle. Bien au contraire, il l'a assumé.

De quoi entretenir la pression. Le 15 novembre, celle-ci monta d'un cran : un journal pakistanais à fort tirage, citant un responsable de la branche de la jeunesse du parti islamiste Jamaat-i-Islami, affirma que ce dernier aurait proposé une récompense de 500 000 roupies (moins de 10 000 euros), à quiconque tuerait l'un des caricaturistes.

D'autres islamistes appelèrent au boycott des produits danois. Certains dressèrent des listes de créations scandinaves en vente dans le monde musulman. Les représentations diplomatiques danoises accréditées dans nombre de pays musulmans se mirent à multiplier notes et rapports à l'attention de Copenhague. Quelque chose se préparait et ils le savaient. Lors des prêches du vendredi, les idéologues de l'obscurantisme utilisaient cette affaire pour évoquer, en termes peu élogieux, ce paisible État et, à travers lui, le « monde de la mécréance », en l'occurrence l'Occident. La colère de la rue s'attisa. Comme la propagande et l'endoctrinement finissent toujours par payer, dans plusieurs pays musulmans on fit passer comme message à la population, notamment non instruite et ultraconservatrice, que les Européens osaient « se moquer du Prophète ». La rue, manipulée par ceux qui lui faisaient croire qu'humoristes et dessinateurs occidentaux « se permettaient avec l'islam ce qu'ils ne s'autoriseraient jamais avec le judaïsme[1] », instrumentalisée dans l'unique but d'entretenir un discours victimaire et d'exacerber un sentiment de persécution déjà bien ancré, se souleva. Et le monde musulman entra chaque jour un peu plus en ébullition.

Dans cette ambiance délétère et électrique, les glissements s'effectuèrent vite. Des chefs d'État fanatiques tel l'ancien président iranien Ahmadinejad ou des idéologues islamistes comme Al-Qaradhaoui encouragèrent des dessinateurs à commettre des caricatures antisémites, niant l'Holocauste, ou de nature révisionniste.

On ne peut raisonnablement – et cela toute personne sensée doit le comprendre – mettre sur un pied d'égalité la satire visant une religion et la contestation ou la négation d'un fait historique avéré, de surcroît un crime contre l'humanité. Le sentiment du « deux poids, deux mesures » que les islamistes veulent semer dans le subconscient de l'opinion musulmane est fondé sur une approche purement antisémite. Il n'y a en réalité aucun « deux poids, deux mesures ». Celui-ci existerait si l'on se permettait de croquer Mahomet et pas Moïse. Autant une caricature niant l'esclavage n'est pas acceptable, autant une autre faisant l'éloge du colonialisme ne le serait pas plus, autant un dessin révisionniste ou négationniste doit être combattu. Comparons ce qui est comparable.

Dans la capitale danoise, Ahmed Abu Laban et ses amis islamistes continuaient à s'agiter. Et intensifiaient les contacts. Mona Omar Attia, l'ambassadrice d'Égypte, prit attache avec Amr Moussa, le secrétaire général de la Ligue arabe. Qu'elle

1. Cette idée est totalement infondée. Rappelons que Theo Van Gogh avait tenu des propos antisémites avant de critiquer l'islam, et que Kurt Westergaard, l'auteur de la caricature de la bombe dans le turban, avait dessiné, quelques mois plus tôt, une bombe sur laquelle était apposée l'étoile de David pour critiquer certaines ripostes israéliennes contre les Palestiniens.

connaissait bien puisqu'il était ministre égyptien des Affaires étrangères entre 1991 et 2001. Personnage clé de la diplomatie arabe, l'homme est dans le circuit depuis les années 1970. En poste à l'ONU, ex-ambassadeur en Inde, il a croisé tous les dirigeants du monde durant sa longue carrière. Et son implication dans l'affaire des caricatures, qui lui offrit l'occasion d'avoir une formidable tribune médiatique d'où affirmer ses ambitions personnelles – les chancelleries occidentales affirmant à l'époque qu'il ambitionnait de succéder au président égyptien Hosni Moubarak –, se révéla déterminante. Mêler sa propre stratégie à un tel sujet ne pouvait, aux yeux de ses soutiens, qu'être profitable. Depuis 2004, une pétition, lancée par ses militants sur Internet, avait réuni quelques dizaines de milliers de signatures réclamant sa candidature à l'élection présidentielle. S'il attendra le lendemain du Printemps arabe pour se porter candidat (sans succès), une polémique comme celle des caricatures ne pouvait que lui être utile : un tel sujet pouvait lui obtenir une extraordinaire popularité sur les bords du Nil. Tant auprès des conservateurs que des islamistes, auxquels il comptait donner des gages de religiosité. C'est dire qu'Amr Moussa n'hésita pas à faciliter les démarches des imams danois du haut de son statut stratégique de secrétaire général de la Ligue arabe.

Abu Laban et son groupe d'imams cherchèrent à organiser une tournée diffusant leur message dans plusieurs capitales des Proche et Moyen-Orient. Et, comble de l'aberration, les voilà transformés en « diplomates » par la complaisance générale. Ahmed Akkari, jeune porte-parole du comité, expliquera ainsi que, après le refus du Premier ministre danois de recevoir les ambassadeurs, les imams décidèrent d'évoluer « vers un autre niveau et de passer à la vitesse supérieure ». « Nous avons décidé, me confiera le jeune islamiste, que pour être entendu par le gouvernement danois et les responsables du *Jyllands-Posten*, il fallait une pression extérieure. » Le rapport de force dans toute sa splendeur. Douze petits dessins furent donc instrumentalisés par une trentaine de petits imams dans l'unique but de faire plier les grandes démocraties et de les pousser à renoncer à l'une de leurs valeurs essentielles : la liberté d'expression ! Valeur pourtant inscrite dans la Déclaration universelle des droits de l'homme.

Dans leur périple d'internationalisation de l'affaire, Abu Laban et les membres du « Comité européen pour la défense du Prophète » emportèrent avec eux le fameux « dossier » de 42 pages. Qui contenait les douze caricatures du *Jyllands-Posten*, les dix images publiées par un organe de presse, le *Weekend-Avisen*, dont on n'avait jamais entendu parler, diverses correspondances et quelques communiqués. Mais aussi... trois dessins et photos, d'un tout autre registre, dont personne ne connaissait la provenance. La première image représente un homme déguisé en cochon. Sur celle-ci est écrit : « Ceci est la véritable image de Mahomet. »

Or il s'agit d'une photo représentant un habitant de Tulle, en Corrèze, mécanicien de son état, affublé d'un groin factice et de fausses oreilles de porc. Un Français immortalisé dans ce déguisement lors d'un championnat de France de... cri du cochon, qui se tient chaque année, en août, à Trie-sur-Baïse, dans les Hautes-Pyrénées. Durant ce concours, les participants tentent d'imiter de la manière la plus réaliste et précise possible les cris d'un porc. Pourquoi cette photo puisée sur Internet a-t-elle atterri dans le « très sérieux dossier » des imams danois ? Probablement afin de manipuler leurs interlocuteurs. Les deux autres photos ajoutées paraissaient de la même veine. Vraiment insultantes, l'une représentait un homme barbu affublé de cornes de diable et tenant deux poupées à la main. En bas est écrit : « Le prophète Mahomet est un pédophile. » La dernière image, un photomontage, montrait un musulman prosterné, en train de prier, se faisant sodomiser par un chien. Accompagnée d'une légende qui précise : « C'est pour cela que les musulmans prient. »

L'ajout de ces trois images, incitant clairement au racisme antimusulman, pose la question de la manipulation. Car selon plusieurs témoignages que j'avais recueillis à l'époque, ce sont ces photos qui ont le plus choqué les autorités musulmanes rencontrées par les imams durant leur périple.

Les mensonges des islamistes ne s'arrêtèrent pas là. Dans leur dossier, ils ne concentraient pas leurs critiques sur les seules caricatures, comme on serait tenté de le croire, mais davantage sur le Danemark lui-même. En lisant attentivement le rapport intitulé « Pour la défense du prophète Mahomet », l'affaire des dessins du *Jyllands-Posten* paraît presque secondaire. Le préambule du document débutait ainsi : « Les musulmans pratiquants souffrent en raison de plusieurs situations. À leur tête : la non-reconnaissance officielle de la religion musulmane... » Une affirmation totalement fausse, au demeurant, puisqu'il existe au Danemark 27 associations musulmanes reconnues officiellement par les autorités et plus de 160 mosquées réparties sur l'ensemble du territoire.

En réalité, à travers cette présentation à charge, où se côtoient contrevérités et contradictions, Abu Laban et ses amis ont insidieusement tenté de présenter le Danemark comme un pays raciste et « islamophobe », pour reprendre cette expression désormais consacrée sur laquelle je reviendrai plus loin. Et y parvinrent.

Grâce à leur activisme, début décembre 2005 l'affaire prit une autre tournure. Abu Laban envoya au Caire une première délégation composée de Ahmed Akkari, porte-parole du comité, Ahmed Harbi, l'islamiste égyptien de nationalité norvégienne, Raed Hlayhel, président de la délégation, et Abu Bashir, islamiste syrien formé au Liban et réfugié politique au Danemark. Sous leurs bras : le fameux dossier.

Au Caire, la délégation eut un programme chargé. Ses membres rencontrèrent le grand cheikh de la mosquée Al Azhar, Mohammed Sayed Tantaoui, celui-là même venu, quelques mois plus tôt, au secours de Nicolas Sarkozy dans l'affaire du voile en France. Ils furent reçus également par Ali Gomaa, le mufti de la République égyptienne, véritable autorité religieuse et politique dans son pays, ainsi que par le ministre des Affaires étrangères, Ahmed Abou Al-Gheit, et le secrétaire général de la Ligue arabe, Amr Moussa. Dans la foulée, les islamistes danois virent des journalistes égyptiens et arabes. À l'occasion d'une conférence de presse, ils enfoncèrent le clou, allant jusqu'à prétendre que des intellectuels danois étaient prêts à « publier une version tronquée du Coran ». Les journalistes présents, révoltés, sans prendre la peine de vérifier l'information, rendirent compte dès le lendemain dans les colonnes de leurs journaux de ces assertions. Déjà échauffée, la rue égyptienne s'agita. À l'université du Caire, les étudiants devinrent déchaînés.

Devant ces pressions conjuguées, le gouvernement égyptien, à travers son chef de la diplomatie, se concerta avec le secrétaire général de la Ligue arabe. Ils décidèrent, ensemble, de convoquer l'ambassadeur du Danemark au Caire.

Les responsables danois commençaient à sérieusement s'inquiéter, effarés de voir qu'aucun pays n'appelait au calme et ne venait dénoncer les menaces de mort répétées proférées contre les caricaturistes. Anders Fogh Rasmussen fut en effet lâché par tout le monde, y compris par plusieurs gouvernements européens, qui adoptèrent la stratégie du profil bas. Le ministère danois des Affaires étrangères mit donc en garde ses ressortissants vivant dans les pays musulmans. À raison puisque, le 8 décembre, l'affaire des caricatures est inscrite à l'ordre du jour du sommet de l'Organisation islamique, qui se déroule à La Mecque, en Arabie Saoudite. La Ligue islamique mondiale (LIM) et son secrétaire général, Abdallah Turki, s'emparaient du sujet.

À cette rencontre rassemblant cinquante-sept chefs d'État, le ministre égyptien des Affaires étrangères se rendit avec le fameux dossier. Le sommet revêtait une importance non négligeable puisqu'il était question de consacrer les travaux à l'épineux problème de l'extrémisme religieux. Depuis le 11 septembre 2001, les autorités saoudiennes désiraient prouver au monde qu'elles combattaient, elles aussi, le terrorisme islamiste – alors qu'en réalité elles ne cessent de faire la promotion de l'idéologie totalitaire qui le nourrit : le wahhabisme[1].

---

1. Doctrine extrémiste fondée, au XVIIIe siècle, par Mohamed Ibn Abdelwaheb, cofondateur du royaume d'Arabie Saoudite.

Mais, en coulisses, chefs d'État et diplomates ne parlèrent pas d'intégrisme en ce début décembre 2005. Les « caricatures danoises » furent au cœur de toutes les discussions. Dès lors cette réunion va être le tournant de l'affaire, les différents responsables des pays musulmans voulant agir. Eux qui, habituellement, ne parviennent jamais à se mettre d'accord lors de ce genre de sommet, décidèrent de donner au sujet des allures de crise mondiale. Une grande victoire pour les imams danois qui s'empressèrent d'en remettre une louche en organisant une deuxième tournée dans le monde arabe. Cette fois, direction le Liban.

Toujours munis du fameux dossier, les imams rencontrèrent le grand mufti de Beyrouth, Mohammed Rashid Kabbani, le patriarche de l'Église maronite, Nasrallah Sfeir, mais aussi le guide moral des chiites libanais, l'ayatollah Mohammad Hussein Fadlallah, chef spirituel du Hezbollah. Un homme qui avait écrit une lettre ouverte à Jacques Chirac lors de l'affaire du voile où il menaçait clairement les intérêts français. À l'époque, il rappelait : « L'État français est présent dans tout le monde musulman. » Et ajoutait : « Cette loi [celle interdisant les signes religieux à l'école], au cas où elle paraîtrait, créera de nombreuses complications pour la France, dans les pays musulmans, et ces complications profiteront à un autre État. »

Suite à ces rendez-vous, les autorités religieuses libanaises se dirent extrêmement « choquées » par le contenu du dossier et apportèrent un soutien sans faille aux islamistes danois. Ahmed Akkari profita même de sa venue au Liban pour effectuer un voyage éclair à Damas et remettre une énième copie du dossier litigieux à Ahmad Badreddin Hassoun, le grand mufti de la République syrienne. Un document reçu comme un cadeau au moment même où la communauté internationale songeait à prendre des sanctions contre le régime syrien pour son implication quasi certaine dans l'assassinat de l'ancien Premier ministre libanais Rafic Hariri.

Partout, tension et colère montaient.

Les Égyptiens continuaient à mener le bal. Mi-décembre, Fawzi Salloukh, ministre libanais des Affaires étrangères, reçut une lettre officielle de son homologue égyptien. Évoquant le dossier manipulé. Comment en suis-je sûr ? Selon des informations recueillies au cours de mon enquête consacrée aux imams danois, c'est bien le ministre égyptien des Affaires étrangères qui en fit parvenir à son collègue une copie.

C'est bel et bien après cette tournée que l'affaire des caricatures prit une ampleur internationale. Le Danemark et son gouvernement comprirent alors qu'ils étaient pris dans un étau. D'un côté, la pression de certains dirigeants de pays musulmans, de l'autre, les assauts répétés des islamistes. Tout le monde demandant au Premier ministre de s'excuser.

Mais les imams désiraient désormais plus que cela. En privé, ils juraient pouvoir obtenir sa démission. Réunis le 29 décembre au Caire, au siège de la Ligue arabe, les ministres des Affaires étrangères du Maghreb au Moyen-Orient pointèrent du doigt les caricatures publiées par le *Jyllands-Posten*. Dans un communiqué, les chefs de la diplomatie arabe condamnèrent « cette atteinte qui va à l'encontre de la sainteté des religions ». Et tinrent à exprimer « leur surprise et leur indignation face à la réaction du gouvernement danois qui n'était pas à la hauteur malgré les rapports politiques, économiques et culturels qui le lient au monde musulman ». Un message clair : les « rapports politiques, économiques et culturels » entre les pays musulmans et Copenhague risquaient de changer. La diplomatie danoise se trouvait au plus mal.

Pendant ce temps, les journalistes du *Jyllands-Posten* continuaient de recevoir des menaces de mort. Une société de vigiles fut engagée pour surveiller le siège d'Aarhus, et la police était sur ses gardes. Le mardi 31 décembre, alors que les membres de la rédaction s'apprêtaient à fêter le réveillon de la Saint-Sylvestre, le quotidien reçut un appel anonyme. Une bombe serait prête à exploser. Panique. La police évacua les lieux, mais, finalement, l'alerte se révéla fausse.

Le 5 janvier 2006, Anders Fogh Rasmussen, Premier ministre danois, présenta à ses compatriotes ses vœux pour la nouvelle année. Au cours du discours, traduit en arabe, il évoqua l'affaire des caricatures. En expliquant que la liberté d'expression était « non négociable » et constituait « un droit fondamental ». Pour essayer de clarifier les choses, il condamna aussi « toute forme d'expression, d'action ou de signes qui tenteraient de diaboliser un groupe de personnes sur la base de leur religion ou de leur origine ethnique ».

Un discours insuffisant aux yeux des islamistes, qui estimèrent que le gouvernement et les responsables du journal devaient faire un *mea culpa* et présenter des excuses. Pour eux, l'action continuait.

De leur côté, les membres du *Jyllands-Posten* et les caricaturistes refusaient, à juste titre, de se plier à ces injonctions, estimant n'avoir fait que leur travail, celui d'exercer le droit à la satire et à la caricature dans un pays où la liberté de la presse est une réalité. Sidérés par l'ampleur de l'affaire, ils n'arrivaient pas à comprendre – et c'est une question centrale – pour quelle raison un organe de presse non musulman devrait se conformer aux interdits de l'islam. Un non-sens total.

Pourquoi un athée devrait-il, en effet, respecter les religions ? Pourquoi ne pas demander à l'islam, comme aux autres religions, de respecter les athées ? Ne s'agit-il pas d'une pure question de bon sens ?

Comment raisonnablement réclamer à un caricaturiste de s'excuser d'avoir publié un dessin qu'aucune loi de pays démocratique ne juge offensant, qui plus est lorsque le dessin évoqué stigmatise une doctrine extrémiste inspirée d'une religion mais la dévoyant ?

De mon côté, j'essaie d'expliquer les choses, d'argumenter, mais sans convaincre. Plusieurs de mes interlocuteurs, en France comme au Danemark, me traitèrent alors de « provocateur ». Voilà un reproche à ajouter à ma réputation de « journaliste controversé ». J'ai eu en tout cas l'impression, à cette période, que le monde marchait sur la tête. J'ai beau essayer d'expliquer la manipulation, les agissements en coulisses des imams danois, tenter de sensibiliser des confrères, des politiques, ma « pédagogie » ne fait pas l'unanimité.

Au nom de quel principe progressiste, de quelle valeur universelle n'aurait-on plus le droit de critiquer, de caricaturer ou de faire de la satire autour des religions ? « Au nom du respect ! », me rétorquaient certains. Soit, mais quel respect évoque-t-on ? Le premier, à mon sens, est celui de la vie humaine, que les textes divins ont justement rendue sacrée, mais que certains bafouent en tuant, égorgeant et torturant. Aussi incroyable que cela puisse paraître, je sens alors plusieurs interlocuteurs davantage outrés par ces maudits dessins que par les meurtres et les actions terroristes perpétrés au nom de l'islam. Par ailleurs, réserver aux musulmans un « traitement particulier » ne reviendrait-il pas à les infantiliser ? À leur nier un statut d'égalité avec l'ensemble de la communauté nationale ? À les mépriser indirectement en les considérant comme des êtres inaptes à la satire, incapables de vivre dans une démocratie où toutes les sensibilités s'expriment ? Ces arguments ne tiennent pas.

Alors un dialogue de sourds s'installa. Une ligne de fracture franche se dessinait.

Et où se trouverait cette « rue musulmane », instrumentalisée à souhait dans cette affaire, lorsque des attentats endeuilleraient par la suite Londres, Madrid, Paris, Charm El-Cheikh, Le Caire, New York, Alger, Bombay et j'en passe ? Pourquoi personne ne brûla plus tard l'étendard de l'islamisme pour dire aux tueurs intégristes : « Non ! Pas en notre nom ! Pas au nom de notre religion ! Pas au nom de notre Prophète ! » ? Pourquoi, ces fois-là, aucun pouvoir ne la fit-elle réagir ? Des dessins caricaturant le Prophète seraient-ils plus graves que des crimes commis en son nom ? En leur nom ?

Si excuses il devait y avoir, était-ce au Danemark de les exprimer ou plutôt à l'Arabie Saoudite, qui avait formé idéologiquement pendant des décennies des terroristes, à l'Afghanistan pour avoir abrité des criminels, aux gouvernements arabes pour avoir fait preuve de laxisme face à une idéologie totalitaire gagnant l'âme des populations ? J'étais effaré devant le dévoiement de la foi par tant d'apprentis sorciers, par tant de gouvernements et puissants cachant leurs faiblesses derrière des postures fausses.

Les diplomates danois tentaient plus que jamais de calmer le jeu. Quelques heures après le discours télévisé de Fogh Rasmussen, le ministre des Affaires étrangères, Per Stig Møller, prit son téléphone et appela Amr Moussa au Caire. Les deux diplomates, qui se connaissaient bien, arrivèrent à conclure un accord. L'ambassadrice d'Égypte au Danemark, Mona Omar Attia, changea son fusil d'épaule et, sur instruction de son gouvernement, fit des déclarations de bonnes intentions. Commentant le discours de Rasmussen, elle estima qu'il s'agissait d'un « premier pas vers une solution de la crise diplomatique internationale ». Et ajouta : « Si le gouvernement [danois] continue sur cette même voie, nous pourrons mettre fin au différend. » Cela en précisant qu'elle informerait également les musulmans résidant au Danemark de la clôture de l'affaire des caricatures. Décryptage : si le gouvernement danois et le *Jyllands-Posten* présentaient des excuses et faisaient profil bas, tout cesserait.

À Copenhague, on se mit à respirer et espérer. Amr Moussa donna sa parole de faire le nécessaire et les Égyptiens semblèrent désireux de revenir à de meilleurs sentiments. Mais, coup de théâtre ! Le 10 janvier 2006, l'affaire fut relancée. Contre toute attente, *Magazinet*, un journal norvégien de petit tirage, obtint l'autorisation du *Jyllands-Posten* de publier les fameuses caricatures de Mahomet.

La polémique repartit. Désormais, ce n'était plus le seul Danemark qui était montré du doigt, mais l'ensemble des pays scandinaves. Une opportunité pour les imams danois comme pour tous les islamistes. La machine infernale redémarrait...

Deux jours après cette nouvelle publication, le rédacteur en chef de *Magazinet*, Vebjoern Selbekk, reçut à son tour des menaces de mort. Selon la presse, l'expéditeur d'un de ces messages, envoyés par e-mail, se trouvait en France.

Le 18 janvier, l'Organisation de la conférence islamique dénonça « la publication de caricatures insultantes et blasphématoires du prophète Mahomet ». Le lendemain, les communiqués fusaient de toute part : l'Union internationale des oulémas musulmans demanda « plus de fermeté » aux dirigeants scandinaves contre leurs journaux et menaça ces pays de boycott ; le Parlement jordanien appela au « châtiment des auteurs des caricatures » ; des ambassadeurs protestèrent, des islamistes menacèrent et, ici et là, on essaya d'organiser des « manifestations spontanées ». Les journaux européens, eux, se mirent à consacrer leur une à la désormais « affaire des caricatures ».

Les Saoudiens songeant à lancer une campagne de boycott contre les produits scandinaves, la Norvège, jusque-là épargnée par la polémique, se retrouva visée malgré elle. Le gouvernement d'Oslo demanda à ses diplomates présents dans les pays musulmans d'« exprimer les regrets des autorités ». Mais il était trop tard. Une chaîne de supermarchés très présente aux Émirats arabes unis, la Consumers Cooperative Union, annonça officiellement, le 30 janvier, un boycott des produits danois. De son côté, le chef spirituel des Frères musulmans, le grand *Mourchid*, appela les musulmans du monde à ne plus acheter de produits norvégiens et danois.

Quant à Arla Foods, groupe laitier suédo-danois deuxième exportateur européen du secteur, il ferma provisoirement son site de production en Arabie Saoudite. Avec à la clé le licenciement économique de cent vingt-cinq personnes. Plus d'une centaine de Saoudiens se retrouvèrent au chômage, quel paradoxe !

Le groupe laitier alla plus loin. Pour réduire ses pertes, il lança une hallucinante campagne de communication. Dans laquelle il n'hésita pas à critiquer la politique du Premier ministre, Anders Fogh Rasmussen, et s'adressa aux médias arabes. Pour condamner les caricatures. Une attitude plus qu'indigne qui déplut tellement au gouvernement danois que le porte-parole du Parti libéral au pouvoir affirma que le groupe laitier avait « plié genoux de manière pitoyable devant les musulmans », ajoutant : « Mes principes de liberté ne sont pas à vendre pour deux litres de lait. »

Le groupe, qui avait par ailleurs annoncé la fermeture temporaire de sa laiterie de Riyad et le gel d'un projet de laiterie dont l'inauguration était prévue une semaine plus tard en Arabie Saoudite, constata quand même, impuissant, l'effondrement de ses ventes au Moyen-Orient qui, jusque-là, atteignaient 1,5 million de dollars par jour.

L'Arabie Saoudite, ne voulant pas laisser la gestion de cette crise aux seules mains des Égyptiens et redoutant de paraître à la traîne, craignant de donner aux idéologues de l'islamisme si puissants chez elle l'impression de mener une politique complaisante à l'égard de l'Occident, entra dans la danse. Riyad appela au boycott. Et, en un jour, la plupart des produits danois furent retirés des étalages de ses supermarchés.

Le 26 janvier, l'affaire vira carrément à la crise diplomatique. Le royaume saoudien rappela son ambassadeur au Danemark. L'émirat du Koweït l'imita, dénonça le « racisme » scandinave et convoqua l'ambassadeur du Danemark accrédité à Koweït City. À Téhéran, le régime des mollahs fit de même. Les ministres de l'Intérieur des pays arabes, réunis à Tunis, demandèrent aux gouvernements scandinaves de « sanctionner fermement les auteurs de caricatures ». La Syrie appela Copenhague et Oslo à « punir les fautifs ». Le gouvernement yéménite « exige[a] des excuses », les Émirats arabes unis pourfendirent un « extrémisme culturel ». Le ministre irakien des Affaires étrangères convoqua l'ambassadeur du Danemark et lui fit part de « la condamnation » de son gouvernement en exigeant « des excuses officielles ». La surenchère. La Libye alla plus loin et ferma sa représentation diplomatique à Copenhague. La Ligue arabe et l'Organisation de la conférence islamique annoncèrent qu'elles s'apprêtaient à demander à l'ONU l'adoption d'une résolution interdisant les atteintes aux religions. Comprendre : une loi antiblasphème.

Autant de mesures et réactions décidées dans la précipitation par des régimes ne connaissant rien à la démocratie ni à la liberté de la presse, n'hésitant pas à manipuler les questions liées à l'islam dans l'espoir de se mettre au diapason d'une opinion publique abreuvée à la propagande islamiste. Aucun gouvernement musulman ne voulait rester en marge de cette affaire.

Le boycott s'étendit du Koweït au Maghreb. Les protestations populaires, elles, devinrent quotidiennes. Avec une rue chauffée à blanc. Comme les chaînes satellitaires arabes ne parlaient que de la « question des caricatures », le ton était donné, la grande kermesse allait pouvoir commencer. Des centaines de personnes manifestèrent à Nouakchott, en Mauritanie. Les mêmes scènes commencèrent à se reproduire à Djakarta, Gaza, Le Caire, Kaboul, Islamabad, etc. Et les images à se diffuser et à attiser les passions plus encore.

Avec partout les mêmes scènes : des hommes, parfois armes au poing, scandant des slogans hostiles à l'Occident et à Israël, brûlant des drapeaux. Des groupes terroristes se mettaient aussi à parler d'attentats sur Internet. Certains, sévissant en Irak, invitaient leurs partisans à cibler « tout objectif appartenant au Danemark et à la Norvège ». À Gaza, la foule, en transe, piétina et brûla des drapeaux scandinaves, suisses, israéliens et américains. Dès lors les ressortissants européens furent évacués des territoires palestiniens.

Si des appels à la vigilance se multipliaient, les Scandinaves craignaient le pire. La pression était trop grande.

La plupart des dirigeants occidentaux, eux, se montrèrent fort discrets. En réalité, ils laissaient tomber les Danois. Après la grande kermesse vint le bal de la drôlerie et des faux-culs. Le « très sympathique » Bill Clinton dénonça « l'outrage » fait aux musulmans et mit en garde contre le risque de « remplacer les préjugés antisémites par des préjugés anti-islamiques ». Il fallait oser ! Les nouveaux esprits munichois se réveillaient...

On sombra dans le ridicule lorsque le groupe agroalimentaire Nestlé, craignant un « amalgame », prit les devants et acheta de coûteux encarts publicitaires dans les journaux arabes, tel *Al-Sharq Al-Awsat*, publié à Londres, précisant que ses marchandises n'étaient « ni produites au Danemark, ni importées du Danemark[1] ». L'encart, qui portait le sigle d'une marque phare de lait en poudre, précisait également :

1. Source : dépêche, du 3 février 2006.

« Les honorables consommateurs peuvent s'assurer de l'origine de nos produits en vérifiant les emballages. » Incroyable, mais vrai !

L'attitude de certains Français ne fut pas plus noble. Plusieurs magasins liés au groupe Carrefour, numéro deux mondial de la distribution largement implanté dans les pays arabes, décidèrent de leur propre chef d'ôter des rayons les produits scandinaves. Le franchisé en Égypte annonça sur son site Internet ne plus distribuer de produits danois. Selon l'AFP, un porte-parole du groupe a expliqué que ces « initiatives ne dépendent pas de la direction du groupe Carrefour en France, car il s'agit d'un franchisé et que les franchisés sont libres de retirer ou non des produits de leurs magasins ». Au bout du compte, ce furent bien des groupes européens, ou leurs franchisés, qui en vinrent à boycotter le Danemark. Cela s'appelle-t-il du pragmatisme économique ou de la lâcheté ? Interrogé par des journalistes de l'Agence France-Presse, le leader français des produits laitiers, Danone, fit savoir de son côté qu'il « ne commercialisait pas de produits danois ».

À Copenhague, l'inquiétude des opérateurs économiques s'amplifia : le Danemark avait exporté en 2005 pour plus d'un milliard de dollars de marchandises vers des pays musulmans. Que faire ?

Le Premier ministre Anders Fogh Rasmussen choisit, de nouveau, de s'exprimer. Cette fois, il fit profil bas et affirma respecter toutes les religions. « J'ai personnellement un tel respect pour les croyances religieuses des gens, dira-t-il, que je n'aurais jamais pu représenter Mahomet, Jésus ou d'autres figures religieuses d'une manière qui puisse être insultante. » Tout en tentant d'expliquer qu'en Occident les gouvernements ne dirigent pas les journaux. « Je ne peux pas, précisa-t-il, appeler les rédactions et décider de ce qui doit être publié. »

Les autorités danoises avaient néanmoins « conseillé » aux responsables du *Jyllands-Posten* de faire un geste d'apaisement. Au nom de la raison d'État, Rasmussen s'autorisa à appeler (ou faire appeler) les dirigeants du quotidien. Sensibilisés, les patrons du

Jyllands-Posten demandèrent à Carsten Juste, le rédacteur en chef, de présenter ses excuses. À Aarhus, au siège, on jure que le gouvernement n'a jamais enjoint les responsables du journal à faire amende honorable. Carsten Juste aurait, seul, pris cette initiative, effaré par la pression et les proportions du scandale.

Quoi qu'il en soit, à la fin janvier, les démocraties sont à genoux et la liberté de la presse ébranlée. On peut ne pas me croire, mais déjà, au fond de moi, je savais que cette polémique grave allait un jour ou l'autre engendrer des cadavres... Ce qui arrivera près de dix ans plus tard.

Le 31 janvier 2006, le rédacteur en chef du *Jyllands-Posten* adressa donc une lettre à PETRA, l'agence d'information jordanienne, dans laquelle il présentait ses excuses, et celles du journal, à l'ensemble du monde musulman. Il écrivit : « Ces dessins ne violaient pas la législation danoise, mais ont offensé de manière irréfutable beaucoup de musulmans, et nous nous en excusons. » Le jour même, *Magazinet* exprima à son tour ses « regrets ». Sans toutefois les agrémenter d'excuses.

La repentance du *Jyllands-Posten* et du *Magazinet* était exigée, depuis plusieurs mois pour l'un et plusieurs jours pour l'autre, par un grand nombre de gouvernements et de dignitaires religieux du monde musulman. Elle intervint donc à un moment où la pression se révélait insupportable. Protestations de rues, travailleurs scandinaves menacés de mort et appels au boycott ne cessaient de croître.

Le *mea culpa* prononcé, Rasmussen parut rassuré. « Cela me réjouit énormément que le *Jyllands-Posten* ait fait ce pas très important », déclara-t-il à la télévision danoise. Et d'espérer que ce geste « contribue à trouver une solution à la crise ».

Plusieurs éditorialistes arabes considérèrent les excuses du *Jyllands-Posten* comme une « victoire de la campagne de boycottage » des produits danois. Sans doute est-ce vrai. Mais le plus important n'était pas là : voilà très longtemps que les pays arabes n'avaient pas remporté une victoire. Cette fois, ils en tenaient une. Fin du premier acte. Un deuxième allait commencer dès le lendemain.

8

Charlie est le diable…

Le courage est la première des qualités humaines
car elle garantit toutes les autres.

Aristote

Le 1er février 2006, quelques organes de presse européens publièrent, au nom de la liberté d'expression, les dessins du *Jyllands-Posten*. En France, le premier journal à le faire fut *France-Soir*. En une, le quotidien du soir, aujourd'hui disparu, titra : « Oui, on a le droit de caricaturer Dieu ». L'éditorialiste rappela que, dans les croquis incriminés, il n'y avait « aucune intention raciste, aucune volonté de dénigrement d'une communauté en tant que telle ». Du bon sens et de la vérité. Mais comme cette rédaction vivait, depuis plusieurs mois, une profonde crise financière, elle fut accusée, par les islamistes, d'avoir voulu se « refaire une santé financière ». Une attaque absurde puisque ce sont les journalistes qui prirent cette décision et non les principaux actionnaires, plutôt opposés à l'idée. Après un débat houleux, le directeur de la rédaction, qui finira par se faire remercier, avait osé.

Dans un contexte aussi tendu, la réaction des autorités françaises ne se fit pas attendre. Le ministère des Affaires étrangères a tenu, le soir même, à prendre ses distances avec *France-Soir* en précisant immédiatement que la publication des caricatures n'engageait « que la responsabilité du journal ». Le courage habituel du Quai d'Orsay ! Pour se défendre, les diplomates expliquaient en *off* qu'ils craignaient que la France ne subisse le même sort que celui réservé aux Scandinaves. Au pays de Voltaire, conserver son rayonnement dans le monde arabe et l'amitié des dirigeants musulmans pouvait donc conduire au renoncement et au baissage de culotte. L'affaire des caricatures démontra en somme que les démocraties ne défendaient plus les philosophies à la base de leur identité démocratique, préférant faire primer leurs intérêts. En se conduisant en « responsables pragmatiques », les responsables mettaient en porte-à-faux les médias et la société civile, transformant la diffusion des caricatures en attitude irresponsable d'idéalistes, de doux rêveurs croyant encore que les convictions veulent dire quelque chose.

Les conséquences furent immédiates. Quelques heures après la distribution du quotidien, le directeur du journal, Jacques Lefranc, s'est vu limogé. Le propriétaire de l'époque du quotidien, l'homme d'affaires franco-égyptien Raymond Lakah, l'a décidé lui-même. Cela faisait une éternité que, en France, on n'avait pas viré un patron de presse pour la publication de caricatures sur les religions. Le propriétaire de *France-Soir*, organe créé dans la Résistance et longtemps dirigé par Pierre Lazareff, avait choisi de se plier aux règles de l'autocensure, voire de la censure. Lamentable !

Raymond Lakah publia en outre un communiqué dans lequel il interprétait sa décision comme un « signe fort de respect des croyances et des convictions intimes de chaque individu ». L'homme d'affaires tint également à présenter ses « regrets auprès de la communauté musulmane et de toutes personnes ayant été choquées ou indignées par cette parution ». Le même jour, les autorités marocaines et tunisiennes réagirent également : le numéro de *France-Soir* fut interdit à la vente dans ces deux pays.

En France, les « représentants officiels » de la communauté musulmane exprimèrent aussi leur désapprobation et leur courroux. Dalil Boubakeur, le président du Conseil français du culte musulman (CFCM), considéra la publication de *France-Soir* comme une « vraie provocation ». Réputé pourtant depuis plusieurs années, au sein du microcosme parisien, comme le défenseur d'un « islam éclairé et moderne » capable de discuter aussi bien avec les représentants de la communauté juive qu'avec les loges maçonniques non sans une certaine bonhomie, Dalil Boubakeur, cette fois, se comporta en bigot, préférant verser dans l'archaïsme plutôt que hisser vers le haut la « communauté » qu'il prétend représenter. Au diable, l'islam « éclairé et moderne »; pour l'heure, le diable niche du côté des médias. Doué dans l'art de théâtraliser l'émotion, il qualifia la reproduction des caricatures d'« odieuse ». De quoi étonner les journalistes qui le connaissent. Mais, au fil des jours, sa montée au créneau inhabituellement virulente va finir par se clarifier.

Avant cette déclaration Dalil Boubakeur, également recteur de la mosquée de Paris, présidait une réunion du CFCM. Lequel était tellement en ébullition que certains de ses proches le jugèrent « contraint de faire une telle sortie médiatique ». Dans le but, semble-t-il, de calmer les ardeurs des quelques intégristes installés au bureau du conseil. Il est vrai que la tension grimpait. La Fédération nationale des musulmans de France (FNMF) et l'Union des organisations islamiques de France (UOIF), qui défend l'idéologie de la confrérie des Frères musulmans, avaient ainsi annoncé étudier « le lancement d'une procédure judiciaire ». Face à des islamistes en voie d'excitation, il lui fallait bouger. Après des échanges de coups de fil avec le ministère de l'Intérieur et l'Élysée, le recteur fit sa déclaration. Tout le monde était donc sur la même longueur d'onde : réitérer son attachement à la liberté de la presse afin de rassurer la population et vilipender les médias irresponsables pour calmer les esprits des intégristes.

Une ligne de conduite adoptée par la majorité des hommes politiques. Jean-François Copé, à l'époque porte-parole du gouvernement, rappela que la liberté d'expression devait s'exercer

« dans un esprit de tolérance et de respect des croyances de chacun ». Décryptage : les caricatures, c'est bien, mais inutile d'en abuser quand elles visent les religions. Lui-même se révélera pourtant, quelques années plus tard, comme un très bon caricaturiste avec ses histoires de « pains au chocolat ».

Toujours est-il que l'heure se veut à la responsabilité ! Le gouvernement français est en harmonie avec le Vatican qui estime, dès le 4 février, que « le droit à la liberté de pensée et d'expression ne peut entraîner le droit d'offenser le sentiment religieux des croyants ». À croire que Jean-François Copé aurait pu être également porte-parole du pape !

Le MRAP, le Mouvement contre le racisme et pour l'amitié entre les peuples, dirigé alors par feu Mouloud Aounit, décida de son côté de porter plainte contre *France-Soir*. Une attitude qui surprit beaucoup de personnes, à l'exception de celles qui avaient constaté combien, depuis quelques années, le président du mouvement antiraciste s'impliquait dans des « combats » qui servaient plutôt la cause de l'idéologie islamiste. Ce militant de gauche, pourtant fondamentalement opposé à cette idéologie fasciste, ne s'empêchait pas, vraisemblablement au nom d'un communautarisme ou d'une idéologie anti-impérialiste, de servir la soupe à des intégristes dont la démarche se révélait cependant en totale contradiction avec les valeurs que le MRAP est censé défendre. L'organisation antiraciste ayant fait du discours de victimisation son credo, cette logique conduisit Mouloud Aounit à poursuivre le quotidien du soir pour « provocation et incitation à la haine raciale ».

À travers le monde, l'excitation ne cessait de croître. À Gaza, 50 000 personnes descendirent dans la rue, des groupes terroristes palestiniens menacèrent la France, le Danemark et la Norvège, pays qui ferma d'ailleurs sa représentation diplomatique en Cisjordanie. Mahmoud Zahar, un des dirigeants du Hamas, le mouvement terroriste islamiste palestinien, affirma que « les auteurs des dessins méritaient la mort ». « Nous aurions dû tuer tous ceux qui offensent le Prophète, et au lieu de cela nous sommes là, en train de protester pacifiquement », ajouta-t-il devant les caméras.

Le 4 février, la contestation de la rue musulmane connut un tournant. À Damas, des centaines de manifestants prirent d'assaut l'ambassade du Danemark puis celle de la Norvège. Les bâtiments furent sérieusement endommagés, diplomates et fonctionnaires évacués d'urgence afin de ne pas être lynchés par la foule déchaînée. Une hystérie collective totale. Plusieurs exaltés escaladèrent l'immeuble qui abrite les deux ambassades, y pénétrèrent, saccagèrent les bureaux et jetèrent une partie du mobilier dans la rue où il fut brûlé. Une crise de nerfs généralisée, encouragée par les dictateurs arabes, s'étalait devant les télés du monde entier. Quand on sait comment seront réprimées quelques années plus tard, au tout début du Printemps arabe, les manifestations pacifiques par le régime de Bachar el-Assad, on peine à croire que, lors de l'affaire des caricatures, les forces de sécurité aient pu être dépassées ! Tout débordement étant d'ordinaire écrasé, ces prêches et protestations s'avéraient savamment orchestrés par la police politique, omniprésente.

Après la Syrie, c'est la Turquie qui, le 5 février, fit parler d'elle. Andrea Santoro, un prêtre italien, fut assassiné au moment où il allait prier dans l'église Sainte-Marie de la ville de Trabzon, sur la mer Noire. Le tueur, un jeune homme de 17 ans, vu par des témoins au moment où il tirait sur le religieux, avait crié : « *Allah Akbar.* » L'abbé était pourtant un ardent promoteur du dialogue entre chrétiens et musulmans. Arrêté quelques jours plus tard, le jeune homme présenta son acte comme une riposte à la publication des caricatures.

En France, malgré le contexte international, un millier de personnes, des islamistes notamment, décidèrent de manifester dans Paris. Cette action, non autorisée par la préfecture de police, aurait pris « par surprise » les Renseignements généraux. Toutefois les manifestants – allant de Nation à la Bastille – furent suivis discrètement par certains de ses membres, comme un officier me l'avoua. Et surveillés par des forces antiémeutes positionnées dans le secteur, mais demeurées éloignées du trajet, donc non visibles des islamistes.

Rappeler le contexte est utile : nous sommes quelques mois après les émeutes ayant éclaté dans différents quartiers populaires de banlieue. Les forces de l'ordre sont donc sur le qui-vive, mais discrètes afin d'éviter d'éventuels affrontements entre la police et les manifestants, ce jour-là pour certains fort excités. Quelques-uns s'étaient même approprié le slogan des terroristes algériens : « Pour elle [notre religion] nous vivons, pour elle nous mourrons et dans sa voie nous accomplirons le djihad et pour elle nous retrouverons Dieu. »

Les autorités françaises se montraient d'autant plus inquiètes que l'Armée islamique en Irak, groupe terroriste qui avait pris en otage les deux journalistes français Christian Chesnot et Georges Malbrunot, menaçait de frapper les intérêts des pays européens dont des journaux avaient publié les fameuses caricatures.

Le 7 février 2006, vint le tour de Téhéran de se réveiller. L'ambassade du Danemark y fut attaquée. Comme à Damas, selon une flagrante manipulation des foules. Le régime des mollahs suspendit tout échange commercial avec Copenhague. L'un des plus importants journaux du pays décida de lancer un « concours de caricatures sur l'Holocauste au nom de la liberté de la presse ». Mahmoud Ahmadinejad, le très intégriste Président iranien de l'époque, applaudit l'idée. Comme l'écrivit un jour un éditorialiste algérien du journal francophone *El Watan*, la pire des caricatures fut finalement la treizième, celle dessinée dans les rues par des musulmans eux-mêmes.

La situation permit au Président iranien d'annoncer à l'Agence internationale de l'énergie atomique (AIEA) qu'il restreignait les inspections de son programme et que son pays allait reprendre ses activités nucléaires sensibles. Pour lui, l'affaire des caricatures tombait à point nommé. George W. Bush accusa l'Iran et la Syrie d'exploiter cette polémique. Et, pour une fois, le Président américain n'avait pas tort.

Après *France-Soir* ce fut au tour de *Charlie Hebdo* de publier, le 8 février 2006, dans le cadre d'un « numéro spécial », la totalité des caricatures danoises. La une de l'hebdomadaire reproduisait un dessin résumant parfaitement le message que les caricaturistes, français comme danois, souhaitaient faire passer. Réalisé par Cabu, on y voyait un homme barbu, censé représenter le prophète Mahomet, se prendre la tête entre les mains. Le titre précise : « Mahomet débordé par les intégristes » et la légende, attribuée au Prophète, traduit le problème qui secoue la planète depuis quatre mois : « C'est dur d'être aimé par des cons... »

Pour Philippe Val, directeur de la publication, ce numéro spécial était nécessaire « par solidarité mais aussi, dira-t-il, parce que si on recule, c'est Munich ». Il avait raison, car les islamistes et, accessoirement, les autocrates arabes, en ces jours intenses, testaient les démocraties (et leur capacité à assumer leurs propres valeurs) tout en engageant un rapport de force destiné à affaiblir moralement les puissances démocratiques et leurs sociétés civiles.

Publier les dessins ne fut en rien une sinécure. La veille de la parution annoncée des caricatures du *Jyllands-Posten*, le directeur dut affronter un premier obstacle : se défendre devant un juge des référés, qui avait retenu une plainte déposée par le CFCM. Poussé par les intégristes et encouragé par l'Élysée (on l'apprendra plus tard), Dalil Boubakeur avait entamé une procédure visant à faire interdire le numéro. Paraît-il pour canaliser la colère dans les prétoires plutôt que de la voir s'exprimer dans la rue. Un énième calcul.

Finalement, le juge débouta le CFCM en raison d'un vice de procédure. En fin connaisseur des démarches en matière de délit de presse, Richard Malka, l'avocat de l'hebdomadaire satirique, ne força pas son talent pour convaincre le magistrat.

Mauvais perdants, certains islamistes versèrent alors dans la désinformation. Ils prétendirent que *Charlie Hebdo* était motivé par l'appât du gain. Un argument lié à l'engouement suscité par le numéro, le journal étant introuvable dans les kiosques peu après sa mise sur le marché. En quelques heures, la France s'était arraché ce numéro. Presque par principe. Certains lecteurs l'avaient même commandé la veille. Le tirage avait été, au départ, de 160 000 exemplaires, soit à peine un peu plus que d'habitude, vite renouvelé pour atteindre, deux semaines plus tard, 500 000 exemplaires.

Compte tenu du contexte, d'emblée la police dressa des barrières à proximité du journal. Philippe Val et les caricaturistes bénéficièrent d'une protection rapprochée, décidée par le ministre de l'Intérieur et le préfet de police de Paris. À l'instar du *Jyllands-Posten*, *Charlie* se mit à recevoir une multitude de coups de téléphone, d'encouragements, mais aussi d'insultes et de menaces. L'une d'elles fut jugée plus sérieuse que les autres : c'était une alerte à la bombe. Le personnel fut évacué, les démineurs intervinrent, mais, heureusement, ils ne trouvèrent rien.

Philippe Val, Cabu ou Charb – qui me savaient sous protection depuis trois ans déjà – me demandèrent des conseils tout en espérant que l'accompagnement policier n'allait pas s'éterniser. D'autres, comme Tignous, plaisantaient. Moi, j'allais les voir presque tous les jours pour les encourager. Nous arrivions parfois à nous moquer de nous-mêmes et de nos situations respectives. Se rendre à trois au restaurant, c'était transformer l'établissement en commissariat de police. Cela écrit, même si je prenais les menaces au sérieux, jamais je n'aurais pu imaginer que des barbares tels que les frères Kouachi, croisés une année plus tôt durant une enquête sur la cellule du 19e arrondissement, assassineraient un jour mes amis.

Les réactions se succédaient en France comme à l'étranger. Les journalistes anglais et américains se montraient fort prudents, la plupart partageant la démarche de leurs élus opposés à la publication des caricatures (lesquelles n'ont pas été diffusées en Grande-Bretagne). Jack Straw, ministre britannique des Affaires étrangères, critiqua *France-Soir* et *Charlie Hebdo*. Il estimait que ces nouvelles publications « n'étaient pas nécessaires », que les journaux français et scandinaves avaient « eu tort ». Les islamistes ayant manifesté, après la grande prière du vendredi, à la mosquée centrale de Regent's Park de

Londres en criant : « Décapitons ceux qui insultent l'islam », ou : « Djihad, jihad, à bas l'Europe », étaient-ils plus à son goût ?

Les Anglo-Saxons, prompts à faire la leçon sur la notion de « respect » envers l'islam – quand on connaît leur histoire avec les Proche et Moyen-Orient, on rit jaune –, allèrent jusqu'à traiter le journal satirique français d'hebdomadaire raciste. Pour sûr, la propagande des islamistes avait atteint son but : accéder à des tribunes jusque-là inespérées et convaincre nombre d'esprits non aguerris qu'il serait « irrespectueux » et « islamophobe » de publier ces caricatures. Ainsi, le porte-parole du Département d'État américain estima les caricatures françaises comme danoises « évidemment blessantes pour les croyances des musulmans ». Tous pliaient devant l'intégrisme et pourfendaient les médias.

En France, Jacques Chirac, d'un ton qui se voulait « rassembleur », appela chacun « au plus grand esprit de responsabilité, de respect et de mesure pour éviter tout ce qui peut blesser les convictions d'autrui ». Décryptage : non à la publication des satires. Ce qu'il redira plus clairement en condamnant « toutes les provocations manifestes, susceptibles d'attiser dangereusement les passions ».

Un propos prononcé à dessein, le président de la République de l'époque devant en effet se rendre du 4 au 6 mars 2006 en Arabie Saoudite pour une visite d'État. Où il serait accompagné de plus de 150 patrons. Il ne fallait donc pas titiller les susceptibilités de la monarchie saoudienne à la veille d'une visite importante durant laquelle lui-même allait négocier deux gros contrats d'armement : le projet Miksa[1] de surveillance des frontières saoudiennes et une éventuelle vente d'avions Rafale. Jacques Chirac exprimera néanmoins « sa condamnation » de toutes les violences proférées contre le Danemark. Il appellera même Anders Fogh Rasmussen, le Premier ministre danois, pour l'assurer de sa « solidarité ».

1. Estimé à 7 milliards d'euros, le contrat « Saudi Border Guards Development Project », appelé aussi « projet Miksa », avait pour objectif de sécuriser les frontières d'Arabie Saoudite. Une première tranche de ce marché a été finalement obtenue par EADS en juillet 2009.

Finalement, c'est Nicolas Sarkozy qui surprit tout le monde en prenant une position courageuse, alors qu'il n'avait pas hésité, à maintes reprises, à faire « ami-ami » avec les intégristes de l'UOIF, les qualifiant volontiers d'« orthodoxes ». Le ministre de l'Intérieur assena qu'il préférait « l'excès de caricature à l'excès de censure ». Sentant le vent tourner et ayant pris la température de l'opinion à une année de l'élection présidentielle, celui qui était encore locataire de la Place Beauvau préférait lâcher ses « amis » de l'UOIF.

L'affaire des caricatures de Mahomet est donc, à ce moment, devenue une crise multidimensionnelle. Entourée d'enjeux domestiques et internationaux. De simples coups de crayon ont bouleversé les équilibres diplomatiques et pesé sur les relations internationales. Tous les pays du monde se retrouvent concernés. Les tenants du « choc des civilisations » jubilent. Plusieurs journaux italiens, allemands, espagnols et néerlandais emboîtent le pas aux médias français et publient les caricatures. Seuls les tabloïds britanniques, pourtant avides d'affaires à scandale, s'abstiennent. La bien-pensance fait son chemin, celle qui continue de considérer les musulmans comme des victimes qu'il ne convient pas d'offenser davantage, puisque l'humour serait offensant.

L'autocensure est également à l'œuvre. Plusieurs journaux, y compris dans l'Hexagone, se gardent de prendre part à la polémique. Certains ne se sentent même pas concernés, refusant de voir ce qui se joue. Or le bouillonnement suscité n'est pas sans rappeler l'affaire Salman Rushdie.

L'écrivain britannique avait eu droit, en 1989, à une fatwa de l'imam Khomeiny, le condamnant à mort pour avoir osé écrire *Les Versets sataniques*. À l'époque, le soutien accordé à l'écrivain était unanime et sans faille. Dix-sept ans plus tard, beaucoup de ceux qui l'avaient applaudi et célébré se retrouvent opposés à la publication des caricatures, donc – paradoxe – censeurs. Et ce alors que l'islamisme a montré son visage et sa barbarie, alors qu'ont eu lieu les attentats du 11 Septembre, de Madrid et de Londres. À croire que ces crimes ont anesthésié les démocraties, lesquelles estimeraient préférer vivre dans le déshonneur que de mourir dans la bravoure. Mais, comme aurait pu le dire Churchill, elles ignoraient qu'elles en arriveraient à gagner le déshonneur, la lâcheté sans pour autant faire reculer le terrorisme.

Car depuis dix-sept ans la situation n'a cessé de dégénérer et de s'aggraver : ceux qui menaçaient Rushdie étaient iraniens, ceux qui menacent le *Jyllands-Posten* ou *Charlie Hebdo* sont danois, français, bref, européens. C'est dire que l'islamisme ne se trouve plus à l'extérieur, mais installé au cœur de cette vieille Europe qui ne sait plus répondre à ceux qui la ciblent autrement qu'en permettant aux xénophobes et aux populistes de s'exprimer en son nom. Comme si ce combat devait opposer deux extrémistes qui en vérité se nourrissent mutuellement.

Les mêmes provocations, les mêmes mises en garde, les mêmes tentatives de censure d'un côté, mais pas du tout les mêmes réactions de l'autre. Sur la question de la liberté de la presse, la mode est désormais au : « La liberté de la presse, c'est bien, mais... » Quel mais ? Le seul « mais » qui vaille est le garde-fou installé grâce à des lois votées par les parlements des démocraties, instances seules à même de juger le caractère « offensant », « insultant » ou « indigne » d'un travail journalistique. La loi ne se fait pas dans la rue et sous pression. Il n'appartient pas aux défenseurs d'une idéologie rétrograde et intolérante de venir remettre en cause les valeurs fondatrices et fondamentales des sociétés modernes. Dans ce cas précis, les islamistes, au Danemark comme en France, se sont vus déboutés par la justice qui, contrairement à certains dirigeants politiques, ne jugea pas que les caricatures avaient un quelconque « caractère provocateur ».

Salman Rushdie n'était pas le diable, même s'il fut diabolisé par les mollahs. *Charlie Hebdo* ne l'était pas davantage, même si ses confrères ont souvent regardé ailleurs quand il fallait défendre l'hebdo humoristique contre les outrances dont il faisait l'objet pour avoir osé défendre et incarner un principe essentiel.

Aussi, penser que l'affaire des caricatures était une histoire opposant de paisibles musulmans à d'affreux racistes relevait, selon moi, de l'aveuglement. En ce mois de février 2006, les enjeux se dessinaient autrement. Et ailleurs.

Dans ce fameux « monde musulman ». Où même des journalistes de confession musulmane subissaient les conséquences de l'histoire. Outre l'arrestation d'un éditorialiste jordanien, en Algérie, des responsables de la télévision publique furent limogés sur instruction de la présidence de la République. Parce qu'ils « avaient osé » montrer les « caricatures offensantes » lors d'un JT. Sacrilège ! Quelques jours plus tard, les directeurs de deux hebdomadaires arabophones furent, eux, placés sous mandat de dépôt par un tribunal d'Alger, pour avoir publié des caricatures du *Jyllands-Posten*. Re-sacrilège !

Pourquoi l'auraient-ils fait ? Étaient-ils racistes ? « Islamophobes » ? Vivaient-ils dans une « haine de soi » ? Que nenni ! Une partie de la presse arabe, celle avide de démocratie et de liberté d'expression, comprenait que si les médias occidentaux renonçaient aux valeurs essentielles, ses journalistes progressistes, eux, espéraient parvenir à faire évoluer les choses de leur côté sans laisser le terrain aux islamistes.

À Rabat, le ministre marocain de l'Intérieur annonça l'organisation d'une marche nationale. Dans ce pays qui craignait depuis quelques années la poussée de l'islamisme, les dirigeants désiraient prendre les devants et ne pas laisser la rue aux intégristes. Une démarche qui visait à canaliser la colère à travers l'organisation de manifestations contrôlées.

Quoi qu'il en soit, pays musulmans et démocraties occidentales reculaient, chacun à leur manière, devant une colère que nombre d'islamistes rêvaient de récupérer.

Dix jours après avoir présenté des excuses, les responsables du *Jyllands-Posten* décidèrent de les réitérer. Cette fois, le quotidien danois publia sur son site une lettre en arabe destinée aux musulmans. Le gouvernement, lui, transmit un courrier d'excuses à la presse algérienne par le biais de l'ambassade du

Danemark à Alger. Des excuses plus claires et directes que les précédentes. Toujours dans un souci d'apaisement, Flemming Rose, responsable des pages culturelles du journal ayant déclenché la polémique, fut envoyé en vacances pour une durée indéterminée.

Malgré ces regrets répétés, la manipulation perdura. À Téhéran, le régime des mollahs permit à quelques centaines de jeunes de s'attaquer à l'ambassade de France. Les « manifestants », entourés d'un cordon de sécurité complaisant, lancèrent des pierres et des cocktails Molotov sur la façade du bâtiment. Des vitres furent brisées et un incendie se déclencha devant la grille de la représentation diplomatique, vite éteint. Paris accusa l'Iran de passivité et convoqua le chargé d'affaires iranien.

Dans la capitale française, on essayait également de « gérer l'affaire ». On encouragea – on l'a vu – le recteur de la mosquée de Paris, qui continuait d'essayer de contenir la « colère » des intégristes, à entamer une procédure judiciaire contre *Charlie Hebdo*. Si le bureau du CFCM souhaitait agir contre les journaux ayant publié les caricatures, Dalil Boubakeur, lui, paraissait mal à l'aise. Entretenant de bonnes relations avec les médias, il s'efforçait de gagner du temps.

En ce début février, je décidai d'aller le voir pour le raisonner. J'essayai de lui expliquer les manipulations des imams danois, leur propagande, lui parlai des débats animés à Copenhague et à l'université d'Aarhus. Convaincu au fond de moi qu'il était l'otage des islamistes, du pouvoir algérien et des autorités françaises, écartelé de partout, je m'efforçai de lui dévoiler tout ce que je savais et de l'inciter à la retenue. Il me promit d'y réfléchir. Finalement, il dut céder à ses « ultras » et la procédure fut lancée, comme je l'ai déjà évoqué.

Quelques mois plus tard, avant le procès, je lui rendis une autre visite, cette fois accompagné de Caroline Fourest, à l'époque journaliste à *Charlie Hebdo*. En privé, il prétendit nous apprécier tous les deux (même s'il n'a jamais exprimé publiquement cette « affection », y compris lorsque menaces et insultes se déversaient sur nous). Dans son bureau de la mosquée de Paris,

Dalil Boubakeur nous offrit du thé à la menthe. Le recteur tint à réitérer son « attachement à la liberté de la presse », mais Caroline et moi avons senti que la situation le plaçait dans une position inconfortable. L'homme est instruit, attaché aux valeurs républicaines, mais depuis la création du CFCM il donnait l'impression d'accomplir des efforts surhumains pour composer avec les intégristes qui l'entourent.

De fait, tiraillé entre son « ami » Jacques Chirac et la pression qu'exerçait sur lui le pouvoir algérien de Bouteflika, bousculé par les islamistes de l'UOIF, les luttes intestines qui rongeaient le CFCM et les manœuvres de Nicolas Sarkozy, Dalil Boubakeur a, à plusieurs reprises, menacé de démissionner. Chaque fois qu'il brandissait cette menace, son téléphone chauffait, on l'appelait d'Alger, de la Place Beauvau et de l'Élysée. Et pour cause, cet érudit modéré était devenu un élément central dans l'élaboration de ce vœu pieux que les politiques aiment évoquer dans les discours officiels : l'« islam de France ». Toujours est-il que, connaissant Dalil Boubakeur depuis quelques années et le rencontrant une à deux fois par an, je savais que cette situation le poussait à une sorte de schizophrénie intellectuelle, qui le contraignait à ménager le chou (démocrate) et la chèvre (islamiste). Il redoutait dès lors que l'affaire des caricatures ne l'affaiblisse au sein du CFCM au profit des « barbus » s'il n'arrivait pas à trouver la bonne attitude. Nous étions plusieurs à savoir que, dans l'ombre, des associations intégristes tentaient d'organiser une vraie contestation.

Toujours est-il qu'avec Caroline nous essayâmes de lui faire entendre raison. De lui faire comprendre que la mosquée de Paris, elle qui tenait à refléter un « islam d'ouverture », ne pouvait poursuivre un journal satirique pour des caricatures et se mettre au niveau des fanatiques qui donnaient une si mauvaise image de l'islam.

Après deux heures de discussion, nous arrivâmes à nous mettre d'accord sur l'idée d'organiser un débat entre lui, recteur de la mosquée de Paris, et Philippe Val, à l'époque directeur de *Charlie Hebdo*. Nous pensions leur joindre des intellectuels, des universitaires et des acteurs reconnus de la société civile, histoire d'engager un échange équilibré, respectueux et digne, ouvert à plusieurs centaines de personnes. Le pari était difficile, mais pas impossible. Notre objectif : éviter un procès dont nous étions convaincus, même s'il ne faisait à nos yeux pas de doute que les tribunaux ne condamneraient jamais *Charlie Hebdo*, qu'il exacerberait d'inutiles tensions et susciterait des haines chez les islamistes et communautaristes, lesquels ne manqueraient pas alors d'user d'un discours victimaire pour aggraver la situation.

Le lendemain matin, un mercredi, Caroline Fourest m'appela pour me dire :

— C'est mort !

— Qu'est-ce qui est mort ? ai-je réagi surpris.

— Notre projet de débat.

— Pourquoi ?

Elle se mit à rire et me conseilla d'ouvrir le *Charlie Hebdo* du jour et de jeter un œil à « la caricature de Luz en page 6 ».

Je me suis empressé d'aller acheter l'hebdomadaire satirique. Feuilletant frénétiquement le numéro, impatient de trouver le dessin, je découvris ce qui allait me faire piquer un fou rire. Un Dalil Boubakeur transformé, sous le coup de crayon de Luz, en bouledogue docile assis sur les genoux de Jacques Chirac qui, tout en le caressant, pensait : « Ne pas mettre de l'huile sur le feu. Sinon Bouba va s'oublier et passer chez Sarko en 2007... » Et à cela le « bouledogue Bouba » répondait par : « Arf, Arf Akbar » !

Je rappelai Caroline sans parvenir à calmer mon fou rire. Et lui dis :

— Oui, tu as raison, c'est mort !

Le recteur pouvait avoir de l'humour, mais pas à ce point.

Quelques semaines plus tard, au début de l'été 2006, une dépêche AFP annonça que le CFCM et la mosquée de Paris, ainsi que la Ligue islamique mondiale, avaient porté plainte contre *Charlie Hebdo*.

Le procès fut finalement fixé à février 2007. Une année après la publication des caricatures. Désormais, il fallait préparer ces audiences. Nous voulions tous, équipe de *Charlie* comme compagnons de route, transformer cette affaire non en simple empoignade idéologique mais en moment de pédagogie destiné à toute la société. Chose très difficile quand on a face à soi des ignares et des fanatiques.

9

Procès sous haute tension

Nous devons proportionner le châtiment, non au crime qui est grand, mais au criminel qui est petit.

Victor Hugo

J'étais loin de me douter que j'allais devenir, en quelques jours, au Danemark et malgré moi, un acteur dans l'affaire des caricatures. Et lancer ainsi, dans ce pays, le troisième acte de la crise. Parce que je déclencherais une polémique – une de plus – simplement en effectuant mon travail de journaliste d'investigation. Si les islamistes ou leurs affidés réagissaient désormais violemment à mes sorties médiatiques en essayant de me délégitimer pour contester les révélations de mes enquêtes, si, durant les quatre années précédentes, lorsque j'avais infiltré la cellule terroriste parisienne, assuré un reportage sans complaisance dans les zones tribales du Pakistan et d'Afghanistan, mis au jour un lieu de prière dirigé par des extrémistes à Clamart ou brossé un portrait peu amène du sulfureux Tariq Ramadan, chaque fois ces injures, assauts, tentatives de disqualification, menaces restèrent cantonnés à l'Hexagone. Comme cette fois j'œuvrais au Danemark, j'étais loin de penser que les réactions seraient identiques.

Depuis mars 2006, j'avais entamé la réalisation d'un reportage destiné à l'émission « Envoyé spécial » de France 2. Grâce aux contacts établis durant les semaines précédentes sur place et à la chronologie de l'affaire que j'avais scrupuleusement notée sur mon ordinateur, mon ambition était de raconter la manipulation constatée, celle où des leaders islamistes locaux, se faisant passer pour de simples « musulmans offensés », étaient parvenus à enflammer la planète et à isoler les pays scandinaves, pourtant pacifiques et paisibles. Cette affaire, à mes yeux, racontait quelque chose de beaucoup plus grave : l'islamisme, dorénavant bien implanté en Europe, se servait de la naïveté et de la méconnaissance occidentales pour imposer une vision contraire à ce que la vieille Europe avait réussi à diffuser depuis des décennies dans les pays la composant, une émancipation des dogmes et interdits religieux, une sécularisation réelle, une défense des libertés de conscience, de création et d'expression considérées comme des valeurs essentielles, parmi d'autres. Les répercussions hystériques de la publication des caricatures témoignaient, révélaient, une profonde régression. Une dérive annonciatrice d'une fragilisation très grave.

Certains me reprochent de tout ramener à mon expérience algérienne, comme si l'histoire devait éternellement se répéter. Ce n'est pas faux, mais seulement en partie. Il est vrai que la guerre civile en Algérie et, surtout, la période qui l'a précédée furent pour moi des moments formateurs, mais c'est surtout mon investissement dans la compréhension du fonctionnement islamiste qui m'a permis, parfois, d'anticiper des situations ou évolutions, malheureusement non démenties par la suite. Les islamistes obéissent scrupuleusement à leur idéologie et à des modes opératoires couchés sur le papier par plusieurs des figures composant cette nébuleuse. Par conséquent, comme je ne cesse de le répéter, il suffit de se pencher, de lire, pour comprendre leur démarche, leur stratégie. Seuls les fainéants, ceux qui ont choisi le déni comme ceux qui refusent de s'intéresser sérieusement au sujet, ignorent ce que mijotent les intégristes musulmans. La volonté de soumettre les dirigeants et les élites européens à une sorte de diktat se voit dans l'arrogance exprimée par certains islamistes, prétention qui leur fait croire qu'ils seraient, d'une certaine manière, le vrai « peuple élu », la « communauté de la vérité », donc que l'Occident, malgré sa puissance jugée éphémère, ne peut, ne doit pas, contredire cette « vérité divine ». Les logiques totalitaires, nous le savons, laissent peu de marge aux contradicteurs. Ma modeste ambition consistait donc à montrer que les imams à l'origine de tout ce brouhaha ne suivaient pas, loin s'en faut, une démarche dénuée d'arrière-pensées, en somme saine et sincère.

Pour étayer ma démonstration, il me fallait à tout prix interviewer et suivre pendant quelques jours une personne : le désormais célèbre Ahmed Abu Laban. L'homme était intéressant. Dans la semaine ayant précédé mon voyage à Copenhague, je l'avais vu, à deux reprises, sur des chaînes de télévision. Une première fois sur Al Jazeera, une seconde interviewé par Karl Zéro dans « Le Vrai Journal » de Canal +. Dans ces interventions, l'imam avait tenu deux discours diamétralement opposés. Sur la chaîne satellitaire arabe, il encouragea les jeunes musulmans « à boycotter les produits danois », alors que sur la française il rappela que le « Danemark était un pays formidable » et parla du « dialogue entre les civilisations ». À l'œuvre, le double discours qui caractérise les Frères musulmans, confrérie à laquelle il appartient idéologiquement parlant, me sauta aux yeux et aux oreilles.

Le jour du rendez-vous, en arrivant au siège de son association, j'ai eu l'impression d'entrer dans un QG de campagne électorale. Premier constat : aucun excès, un militantisme discret et sobre. Des téléphones qui sonnent sans interruption. Des va-et-vient incessants. Des journalistes qui supplient d'être reçus. Pas d'excitation, mais un activisme réel. Que l'on sent. Que l'on voit. Des livres de théologie, des exemplaires du Coran traduits dans toutes les langues, des publications d'idéologues de l'islamisme sont sur place. Ordinateurs, bureaux, dossiers, personnel affairé... tout paraît huilé, organisé.

Au siège de Det Islamiske Trossamfund I Danmark, la société islamique du Danemark où il me reçoit, Abu Laban est souriant, affable et attentionné. Il tend une boîte de chocolats en m'invitant à me servir, rapproche de moi une boîte de loukoums importés de Damas, me propose du café, mais aussi du thé. Une hospitalité réservée aux journalistes vraisemblablement destinée à mieux les séduire. Je le sonde, j'essaie de savoir s'il sait qui je suis et connaît mes positions face à l'islam politique. Non, semble-t-il. Je suis du coup content de constater que ma notoriété « controversée », selon l'expression consacrée, n'a pas franchi les frontières du monde francophone. Le leader islamiste danois paraît content de me voir et pense sans doute que je suis de ces journalistes arabes sensibles aux thèses islamistes. Je le laisse le croire, ne le contredis pas. Et écoute ses explications avec attention.

La veille, quand j'ai appelé d'Aarhus pour prendre rendez-vous, il a pris le temps de discuter, histoire de me jauger. Je lui ai juste expliqué que je cherchais à savoir comment il avait pu « faire plier le Danemark ». La phrase, visiblement, a touché son ego. Lorsqu'il chercha à connaître mon sentiment personnel sur l'affaire des caricatures, je lui ai simplement répondu que j'étais « scandalisé »... Sans lui préciser par quoi !

Au siège de l'association, je prends mes aises. Je veux, comme souvent, observer mes sujets sur la durée. Abu Laban a d'autres rendez-vous. Il enchaîne les interviews. Je lui fais donc comprendre que j'ai tout mon temps et lui propose de privilégier les confrères qui attendent. Je ne cherche pas une déclaration ou un scoop, je suis là pour enquêter. L'homme se dit reconnaissant de ma « patience ». Il reçoit alors des journalistes russes et leur accorde une interview dans un anglais parfait. La rencontre à peine terminée, il prend au téléphone un journaliste d'une radio égyptienne. Dans un arabe châtié, il ressasse un discours qui paraît rodé. Toujours très belliqueux face aux journalistes arabophones, plus conciliant voire doucereux avec les médias occidentaux.

Mais je veux qu'il m'en dise un peu plus, désire fouiller au fond de sa pensée. Le cameraman qui m'accompagne filme par intermittence des séquences susceptibles d'illustrer l'activisme du personnage.

Au milieu de la journée, je suis parvenu à sympathiser avec lui. Je lui demande donc s'il accepterait de me recevoir trois ou quatre jours de suite, en arguant que je cherche à « mieux cerner le problème qui l'oppose au gouvernement danois et au *Jyllands-Posten* ». « Avec plaisir, mon frère, acquiesce-t-il en me tapant sur l'épaule, y ajoutant le traditionnel : Ici, tu es chez toi. »

Étant désormais « chez moi », je choisis, avec mes collègues, cameramen et ingénieur du son, de filmer un maximum de séquences et d'interviewer tous ceux qui gravitent autour de l'association. Avec une caméra visible pour réaliser les entretiens et une autre cachée afin d'essayer de capter ce que les islamistes ne veulent pas montrer au public. Des cachotteries que les téléspectateurs doivent connaître afin de mieux comprendre la nature de ces militants qui, pour moi, ternissent l'image de la religion musulmane.

L'utilisation d'une caméra dissimulée (que certains confrères, érigés en gardiens autoproclamés de la morale éthique et déontologique, m'ont parfois reprochée) est à mes yeux essentielle dans ce type d'enquêtes. Pourquoi ? Parce que tous ceux qui travaillent sur l'islam politique savent que les islamistes manient le double langage et la dissimulation. Cela fait partie de leur ADN d'activistes et de « croyants » arrogants estimant que le « mécréant » – qui, selon eux, doit être méprisé – n'est pas digne de leur sincérité. En tant que journaliste d'investigation, mon rôle n'est pas de tendre un micro devant un activiste afin qu'il déverse sa propagande, mais d'informer le public sur la base de données, éléments et propos que nul ne pourrait contester. Et pour atteindre cet objectif, face à des personnes dans la simulation, je n'éprouve aucun état d'âme. Piéger des islamistes – ou tout autre extrémiste cachant à l'opinion publique ses réelles intentions – ne me gêne en rien dès lors qu'il s'agit de montrer qui ils sont réellement et ce qu'ils comptent réaliser. L'essence même de l'investigation, d'une manière générale, consiste à découvrir (en fouinant, en constituant des dossiers, en récupérant des témoignages, en enregistrant clandestinement et en multipliant les rencontres) ce qui est destiné à ne pas être révélé. Assurément certains commentateurs donneurs de leçons n'ont jamais effectué un réel travail de terrain.

Lors de cette enquête, Abu Laban veut me montrer combien il est fier de son action. L'humilité n'étant pas son fort, l'homme ne tarit pas d'éloges sur ses activités : « Nous disons que l'Europe doit nous remercier et l'Histoire doit nous rendre justice parce que le monde entier va savoir que nous avons fait un travail discipliné et conscient à travers lequel nous avons voulu faire tomber le masque de l'hypocrisie », lance-t-il en guise d'introduction.

Et de poursuivre : « Nous avons juste montré l'abcès. Il y avait une maladie qui s'appelle l'allergie à l'islam. Et s'il y a eu des morts et s'il y a des actes de vandalisme, c'est quelque chose qui ne nous plaît pas, mais personne ne doit nous interpeller sur ça parce que ce sont des choses de la vie courante. » Une docte explication pour justifier le chaos planétaire que ses amis et lui-même ont généré. Je ne réagis pas et fais mine d'acquiescer. Des « choses de la vie courante » ? Est-ce à dire qu'il s'agit de banals accidents de la vie ? Une vingtaine de victimes en Afghanistan, autant au Pakistan et en Libye, des menaces de mort sur des hommes dont le seul tort fut celui de dessiner relèveraient de « choses de la vie courante » ? Entendre de tels propos de la part de ceux censés représenter – certains esprits hypnotisés les cataloguaient ainsi à l'époque et d'autres continuent – « l'islamisme modéré », avait de quoi effrayer. Et confirmait le bien-fondé de mon enquête et de ma venue au Danemark.

Alors qu'il a manipulé l'opinion et entraîné des heurts et des manifestations aux quatre coins du monde, l'imam danois ne se sent responsable de rien. Et, naturellement, n'a aucun regret. Quant aux excuses des autorités danoises et des responsables du *Jyllands-Posten*, ni les imams ni lui n'en ont cure puisqu'ils ont décidé de poursuivre leur pression sur le pays qui les accueille ou auquel ils appartiennent (certains étant de nationalité danoise).

Autre découverte, apprendre que ces islamistes entretiennent des contacts réguliers avec le Saoudien Abdallah Turki, secrétaire général de la Ligue islamique mondiale (LIM), avec lequel, à l'évidence, ils coordonnent leurs actions. Ils veulent ainsi organiser sa venue à Copenhague avec conférence à la clé, afin d'« entretenir la ferveur des musulmans ». Et continuent de solliciter Amr Moussa, le secrétaire général de la Ligue arabe, pour amplifier davantage la contestation. La mascarade continue.

À un moment, Abu Laban tient à me faire rencontrer Raed Hlayhel, celui qui a présidé la délégation ayant effectué sa tournée dans le monde arabo-musulman. « Je te présente notre imam le cheikh Raed. Nous lui avons fait allégeance dans cette affaire », me dit-il. Et de se retourner vers l'imam intégriste à la barbe hirsute et au regard méfiant pour lui préciser, en termes codés, que je défends la même idéologie qu'eux. Rassuré, Raed Hlayhel esquisse un sourire complice.

L'homme, d'origine libanaise, est un salafiste pur et dur. Un véritable idéologue. Je connais la réputation de cet intégriste né dans la ville de Tripoli, à quatre-vingts kilomètres au nord de Beyrouth, qui défend, depuis son jeune âge, des thèses extrémistes. Après avoir été formé à l'université de Médine, il est entré en militantisme effréné pour promouvoir le wahhabisme saoudien. Installé au Danemark à la fin des années 1990, il a réussi à obtenir une carte de séjour pour « raisons humanitaires ». Parce que le fils de cet homme, qui a fait le tour du monde pour dénigrer sa terre d'accueil – pays qu'il considère aujourd'hui comme « raciste et xénophobe » –, devait recevoir des soins spécifiques accordés pour raisons humanitaires par les autorités. Si bien que celles-ci refusent d'expulser l'imam de la mosquée d'Aarhus, lieu de regroupement de militants intégristes. Sans obtenir de reconnaissance en contrepartie, on le voit.

Constatant que le courant passe avec le principal idéologue du groupe qui n'a pas hésité à tester mes connaissances théologiques, Abu Laban propose de me mettre en contact avec un autre islamiste danois : Abdelwahid Pedersen, un converti qui l'a aidé à venir au Danemark. À la tête d'une « association humanitaire », Pedersen sait parler aux médias. Et les imams danois aiment le mettre en avant pour montrer que leur « cause est défendue également par de vrais Européens ».

Le lendemain, je suis donc reçu au siège de Muslim Danish Aid, l'« association » dirigée par Pedersen. Apprenant mon origine, il commence par me questionner sur l'évolution de l'islamisme en Algérie. Après avoir écouté mes réponses, qui lui font croire que je suis au moins un de leurs sympathisants, il me lance cette phrase incroyable : « C'est grâce aux Algériens que nous allons étendre l'islam en France aussi. Car si on arrive à faire [valider] nos règles par la France, c'est toute l'Europe qui nous respectera. » Éberlué, je ne bronche pas.

Pedersen m'apprend ensuite qu'à travers son association il a soutenu plusieurs membres du Front islamique du salut (FIS) au lendemain de l'interruption du processus électoral et au début des violences. Je sais que plusieurs islamistes, dont certains impliqués dans des affaires de terrorisme, se sont réfugiés dans les pays scandinaves, plusieurs en Suède, d'autres au Danemark, mais j'ignorais son rôle. Je prends donc soin d'être évasif, redoutant que le converti ne me propose de me mettre en contact avec eux. Et pour cause, quelques-uns, originaires comme moi du quartier de Kouba, à Alger, connaissent mes convictions et sont susceptibles de m'identifier.

Lors de l'interview, Pedersen tient à insister sur un point : ses ennemis ne sont ni les juifs ni les chrétiens, mais plutôt « les athées et les laïcs ». Enfin, au soir de cette première rencontre, le converti danois m'annonce qu'il organise une conférence avec un « prestigieux invité ». Et me conseille d'y assister. Ce que j'accepte, curieux de savoir qui viendra discourir.

En fin d'après-midi, accompagné par l'un des hommes d'Abu Laban, un Marocain qui ne cesse de ressasser que « tous les mécréants iront en enfer », je me rends à la salle de conférences, louée pour abriter cette manifestation. À peine arrivé, je comprends que le public est acquis à un islam fondamentaliste. Abdelwahid Pedersen attend visiblement son conférencier.

Les femmes, toutes voilées et séparées des hommes, semblent elles aussi impatientes d'accueillir l'orateur. On nous rappelle qu'il est « préférable de ne pas filmer » les représentantes du sexe faible. Ce que, naturellement, nous ne faisons pas.

« Qui est l'invité ? » nous empressons-nous de demander. « Cheikh Hamza Youssef », répond l'un des collaborateurs de Pedersen en insistant sur le fait que l'homme est « le plus important et le meilleur orateur aux États-Unis, en Europe et en Moyen-Orient ». Avant de conclure : « On peut dire que c'est une véritable légende dans l'islam. »

Quelle chance pour nous ! Hamza Youssef est effectivement connu et respecté dans les milieux islamistes. De son véritable nom Mark Hanson – il est américain –, cet homme né à Washington, en 1960, dans une famille protestante, a vécu en Californie et, en 1977, s'est converti à l'islam après un accident de la route qui a failli lui coûter la vie.

Après cette conversion, il entame une série de voyages dans le monde arabe afin d'apprendre la langue et la théologie. Au fil des années, il se met à écrire des livres et à enregistrer des conférences prosélytes. Sorte de clone idéologique de Tariq Ramadan, pour les musulmans américains il est une véritable star. Chacune de ses apparitions suscite la ferveur, et ses conférences se déroulent « à guichets fermés » – elles rappellent les méthodes et le style des télévangélistes.

Pendant l'affaire des caricatures, Hamza Youssef n'a cessé d'expliquer « qu'il ne fallait pas insulter les musulmans ». C'est donc tout naturellement qu'il se retrouve à Copenhague pour évoquer le sujet devant un public acquis à ses thèses.

La conférence démarre. Après avoir longtemps commenté la publication des caricatures par le *Jyllands-Posten*, il établit un parallèle entre ces dessins et des caricatures faisant l'apologie de la négation de l'Holocauste, sujet et comparaison qui – on l'a noté – reviennent fréquemment dans la rhétorique des islamistes. De fait, les négationnistes ne dérangent pas ces derniers, qui mettent volontiers sur un pied d'égalité la contestation d'un fait historique avéré et la légitime critique de la religion. En habile tribun, Hamza Youssef achève son discours en oscillant entre émotion et menaces voilées. Il lance par exemple à l'assistance : « Je veux dire au peuple danois que je suis désolé de voir son drapeau profané... Mais ce qui a été fait par ces journaux est bien pis, dans le cœur des musulmans, que de se faire cracher dessus. Il y a même des musulmans qui préfèrent se faire tuer que de voir leur Prophète se faire dénigrer. C'est absolument vrai. »

Le message, très clair, passe. À la fin de la conférence, le public se montre ravi. Hamza Youssef quitte la salle comme une rock star, salué par tout un chacun avant de s'engouffrer dans une limousine pour poursuivre son parcours de prédicateur.

Au terme de cette soirée, je décide de revenir au siège de Abu Laban. Où je fais part à l'imam de ma satisfaction du programme qu'il « a eu la gentillesse » de me concocter. Visiblement, j'ai gagné sa confiance et il est prêt à me montrer plus. Il m'invite, probablement pour frimer, à le suivre dans une émission de télévision qu'il aurait organisée. Il tient aussi à me présenter Ahmed Akkari, celui qui joue le rôle de porte-parole du « Comité européen pour la défense du prophète Mahomet ». En nous rendant tous ensemble vers les studios de la chaîne, je vais avoir la possibilité de découvrir le véritable visage de ces personnages. Aussi je dis oui. Et fais tourner dans la voiture ma caméra cachée. Mon collègue cameraman branche aussi la sienne.

Or, au cours de ce trajet d'une petite demi-heure, j'obtiens la preuve que ces hommes, qui prétendent publiquement ne pas faire de politique, en vérité ne font que cela. Ahmed Akkari ne peut ainsi s'empêcher d'afficher sa satisfaction en songeant à l'effervescence que leurs actions ont créée. Et s'adresse à Raed Hlayhel en lui disant : « J'ai entendu les excuses du Premier ministre. Il a dit qu'il regrettait en son nom, au nom du gouvernement et du peuple danois l'offense faite aux musulmans. Maintenant, il faut faire un communiqué de presse pour l'encourager à dire davantage en faveur des musulmans. » Dans sa lancée, il précise qu'à ses yeux les excuses de Rasmussen devraient parvenir à « l'ensemble du monde musulman ».

L'idéologue Hlayhel enfonce le clou en affirmant, sans sourciller : « Je pense que la pression doit continuer afin d'obtenir un effet de haine contre le journal, si Dieu le veut. »

Favoriser un climat de haine contre le *Jyllands-Posten* ! Voilà le véritable objectif clairement avoué, en ma présence, par les imams danois. Je me garde d'émettre le moindre commentaire pour ne pas donner l'impression d'influencer, d'une manière ou d'une autre, les échanges. Les trois islamistes se mettent à discuter comme si je n'étais pas là. Ils ont presque oublié notre présence. De mon côté, sachant que ma caméra a tout immortalisé, je regarde à l'extérieur du véhicule, observant, un peu atterré, cette société danoise, insouciante et vaquant à ses occupations en ce début de soirée. Le pire, c'est que je ne suis pas au bout de mes surprises. Ahmed Akkari va en effet plus loin, en évoquant le sort qui pourrait être réservé au député danois de culture musulmane et d'origine syrienne, Nasser Khader, qui ne cesse de critiquer et dénoncer l'action des imams ainsi que leur idéologie. Akkari précise à son sujet : « S'il [Nasser Khader] devient ministre chargé des Étrangers ou ministre de l'Intégration, ne faudrait-il pas que deux [mecs] aillent le voir pour le faire exploser, lui et son ministère ? »

C'est cette phrase qui, après diffusion du reportage au Danemark, relancera la polémique à Copenhague. Si plusieurs spécialistes danois, comme les services de renseignements, connaissaient le caractère extrémiste d'Akkari (qui fréquentait à la fois les milieux proches des Frères musulmans et des salafistes attachés aux thèses djihadistes), l'homme était toujours resté prudent jusque-là, se contentant d'insinuations à la limite de l'acceptable, mais sans jamais déraper ni laisser transparaître le fond de sa pensée. De son côté, en termes à peine voilés, durant ce trajet Abu Laban évoqua l'éventualité d'un attentat, voire d'une opération suicide.

Avant la diffusion de mon reportage, lors d'une autre visite à Copenhague, j'ai voulu retourner au siège de l'association. À peine arrivé, des collaborateurs d'Abu Laban qui, jusque-là, m'accueillaient avec le sourire, m'interpellent méchamment. Sans détour, l'un d'eux me dit : « Ce que tu as filmé, ce que tu as écrit ou les paroles que tu as enregistrées, si jamais il y a des choses négatives sur nous, ce ne sera pas bien pour toi et ce ne sera pas bien pour tes amis non plus. C'est un conseil que je te donne parce qu'il paraît que tu as déjà fait des rencontres avec des gens ailleurs et que ça s'est mal passé. »

Je comprends que ces intégristes ont découvert mon objectif. Ils savent, désormais, que je réalise une enquête sur eux. En fait un islamiste d'origine maghrébine, de passage dans l'association, m'a reconnu et les a informés sur mes précédentes enquêtes. Malgré le changement de ton, je conserve mon calme, j'essaie de garder le flegme indispensable en de telles circonstances. Et précise à mon interlocuteur – qui devient vraiment menaçant – qu'il y a certainement erreur.

Ayant introduit le doute dans son esprit, probablement ébranlé en outre par mon attitude posée, le collaborateur d'Abu Laban se contente de ma réponse et me réitère de manière plus retenue son souhait : « Il faut que tu transmettes une idée positive et non pas quelque chose qui soit contre nous. Je préfère être clair. » À l'évidence, à l'instar de tous les islamistes, ces hommes n'hésitent pas à intimider les journalistes. Par des menaces et mises en garde claires.

Une fois l'orage apaisé, je m'isole avec lui. Quelque peu rassuré par mon attitude docile, l'assistant d'Abu Laban accepte de me livrer son analyse de la situation. « Chacun maintenant, en Europe, commence à revoir son point de vue sur les musulmans, explique-t-il. Ce petit groupe présent au Danemark a réussi à lancer cette affaire et il a pu faire tout ce vacarme. Sachant qu'au départ des gens se disaient qu'ils pouvaient nous gifler et ensuite nous baiser. Dieu merci, le groupe a résisté et l'affaire a pu avoir cette dimension. » Une confirmation de ce que d'aucuns savaient déjà : l'affaire des caricatures a été amplifiée et instrumentalisée par un groupe d'intégristes danois. Le collaborateur d'Abu Laban précise en outre qu'il existe au Danemark des personnes prêtes à passer à l'action, les « gens du djihad », comme il les appelle. À l'époque, peu ont voulu me croire quand j'affirmais, dans mes livres comme dans mes conférences, que le Danemark allait vraisemblablement devenir le théâtre d'attentats terroristes ou de tentatives d'actions. Comme d'habitude, beaucoup de donneurs de leçons pensaient que le « journaliste controversé » exagérait. Et pourtant...

Mon reportage a été diffusé sur France 2, dans l'émission « Envoyé spécial », mais également par l'une des chaînes danoises[1]. Les déclarations des imams, filmées discrètement, ont suscité une intense émotion. Pour se défendre, Abu Laban déclara aux journalistes ayant sollicité des explications que ces propos n'étaient rien d'autre qu'« une simple métaphore ». De son côté, Ahmed Akkari argua qu'il était « en train de plaisanter ». Drôle d'humour pour des personnes qui n'en ont pratiquement aucun et qui mettent la planète sens dessus dessous à cause de simples dessins de presse.

Je m'attendais à des réactions, mais j'étais loin d'imaginer l'importance qu'allait prendre, sur place, ce reportage. À peine la diffusion terminée, mon téléphone commença à sonner sans interruption des jours durant. Tous les journalistes locaux souhaitaient m'interviewer. Ils voulaient en savoir plus. Et quand le Premier ministre Anders Fogh Rasmussen demanda à ses services d'ouvrir une enquête sur les imams suite aux déclarations tenues, ce fut pire. Le jour de cette annonce, les islamistes danois se trouvaient à Manama, au Bahreïn, pour une conférence consacrée à l'affaire des caricatures. Dans cette sorte de grand-messe de l'islamisme international, Abu Laban et ses amis furent mis au courant par leurs adeptes de l'enquête déclenchée et du tollé provoqué par leur attitude au cours de mon reportage. À en croire plusieurs journalistes les ayant contactés, les imams étaient pour le moins « furieux ».

Après un moment de flottement, Ahmed Akkari fut chargé par ses acolytes de réagir. Il s'est d'abord empressé de rendre public un premier communiqué niant m'avoir rencontré ou

1. Le 23 mars 2006, dans l'émission « Envoyé spécial » de France 2 et la télévision danoise TV2.

même avoir rencontré des journalistes français. Du grand art de dénégation ! Nos caméras le montraient en train de discuter avec moi, mais lui jurait par tous les saints qu'il ne m'avait jamais croisé. Un couac lié au fait qu'il n'avait pas pu regarder le reportage donc voir les images obtenues en caméra cachée. Après s'être rendu compte de sa bévue, Ahmed Akkari fit une seconde déclaration destinée à minimiser la portée des paroles tenues et m'accusant, attitude courante chez les islamistes, d'avoir « manipulé leurs propos », de « travailler pour les services secrets français ». Tout en me traitant naturellement de « mécréant », de « traître », etc.

Dans cette affaire, ce qui m'a pourtant le plus étonné, ce fut l'attitude de la police danoise. Dans les jours ayant suivi la diffusion, les services de renseignements locaux ont en effet tenu à adresser leurs « félicitations aux imams » salafistes. Une manière de les rassurer et de les calmer face aux réactions virulentes de la société et des partis politiques danois. Une sorte d'appel aux islamistes d'autant plus surprenant qu'il intervint à une période où les douze caricaturistes étaient critiqués par une partie de l'élite et des intellectuels, et vivaient cachés.

À ce propos, les choses sont allées très loin. Des écrivains et des artistes danois, financés par des entreprises privées, ont en effet voulu organiser, à Aarhus, une énorme manifestation dite en faveur de « la tolérance, du respect et du dialogue ». Une rencontre qui devait leur permettre de condamner officiellement les douze caricatures publiées par le *Jyllands-Posten* et, par ricochet, d'apporter un soutien à l'action des imams.

Søs Egelind, comédienne très connue en Scandinavie ayant parrainé l'événement, estima que la réputation de « racistes faite aux Danois [était] bien méritée ». Toute une partie de l'extrême gauche était quasiment à genoux, demandant pardon aux islamistes de l'affreux « racisme » censé s'être exprimé dans ces dessins. J'ai moi-même croisé des personnes capables de m'expliquer que c'est à cause d'individus comme moi et d'organes comme *Charlie Hebdo* que le terrorisme existait.

Aux yeux de ces Munichois des temps modernes, je serais, moi, « le provocateur », celui qui allume la mèche. Pourquoi ? Pour avoir voulu faire un travail journalistique visant à montrer le vrai visage de ces islamistes. Une rhétorique récurrente, force m'est de l'admettre. Depuis que je travaille sur le dossier de l'islamisme, combien de fois ai-je entendu ce type d'accusation ? À vrai dire, j'ai tout entendu. Ne dit-on pas, sur des sites Internet, que j'aurais « déjà assassiné un islamiste » ?

Toujours la pauvreté du débat, toujours la vacuité dans l'échange, toujours l'aveuglement face aux vérités trop terribles à reconnaître, toujours ces lâchetés ordinaires qui, au final, envoient des messages rassurants aux seuls islamistes. Car c'est leur dire, en substance : l'Europe est une terre de « tolérance », violez ses valeurs à votre guise, seuls les « salauds » oseront les défendre.

Quand des esprits « de gauche », comme « de droite », personnes cultivées incluses, en viennent à pourfendre ceux d'ascendance ou de confession musulmane qui dénoncent l'intégrisme, c'est qu'on a perdu tout sens de la logique ou des valeurs. Un chrétien ou un juif qui agirait de même avec ses intégristes serait considéré comme un « progressiste », le musulman tirant un signal d'alarme se voit, lui, *de facto*, considéré comme un allié de l'extrême droite. Comprenne qui pourra.

Certains hommes politiques danois, de gauche, estimaient ainsi que les imams auraient rendu un « grand service à la nation en apaisant la situation ». Une attitude proche de celle exprimée par Ahmed Abu Laban, qui jugeait que le pire avait été évité grâce à lui et à ses frères. Il a ainsi affirmé : « J'aurais pu inciter à la rébellion, j'aurais pu transformer le Danemark en enfer. » Quant aux organisations de journalistes, d'écrivains et d'artistes, dans la plupart des cas, sur ces sujets elles ont pris soin de rester silencieuses. Comme pétrifiées par la situation ? Ou plutôt parce que, étant de « gauche » ou d'« extrême gauche », elles s'opposaient idéologiquement au *Jyllands-Posten* et à sa ligne éditoriale jugée « politiquement incorrecte » ?

L'aveuglement idéologique ne fut pas la seule cause à l'origine du silence que beaucoup se sont imposé. Je suis convaincu que la peur, aussi, a joué. Une crainte alimentée par les menaces répétées et la passivité des autorités, et notamment de la police bien impuissante face au danger idéologique que représente l'islamisme. Si les imams ne déposent évidemment pas de bombes, ne tuent pas directement, leurs propos allument les mèches insidieusement, inciteraient de jeunes excités conditionnés par plusieurs mois de crise à passer à l'action. Ahmed Abu Laban et ses amis – et c'est là que se situe l'escroquerie intellectuelle – se présentaient comme une sorte de rempart face au terrorisme. Et la police danoise se sentait presque obligée de composer avec eux.

Quand bien même ces intégristes agiraient uniquement à travers le discours et l'action politicienne, les allusions à la violence ne sont jamais loin dans leur esprit, comme l'a confirmé Ahmed Kassem, un des collaborateurs d'Abu Laban, lors d'une interview accordée à un journal local. « Désormais, il ne sera pas difficile de trouver des musulmans danois qui se sacrifieront volontairement pour des actes de terrorisme ici, dans ce pays. Je suis certain que beaucoup se porteront volontaires », dit-il sans sourciller. Une déclaration faite après qu'Ahmed Abu Laban eut annoncé qu'il en avait assez du Danemark et se préparait à partir pour Gaza. Mais, quelques jours plus tard, il se rétractait et oubliait ce désir d'exil.

Interrogé sur l'information selon laquelle il existerait une sorte de « liste de la haine » dressée par Abu Laban et ses hommes, le collaborateur de l'imam répondit sans gêne qu'une liste de « gens à haïr au Danemark » existait bel et bien. « Le numéro un sur cette liste est le ministre des Affaires religieuses, Bertel Haarder », tint-il même à préciser. Pourquoi ? « Parce qu'il a été le premier à soutenir la publication des caricatures et qu'il mène la guerre contre l'islam. » Et de préciser que l'énumération en question contenait également les noms du député Nasser Khader, du Premier ministre Anders Fogh Rasmussen et de la présidente du parti d'extrême droite, Pia Kjørsgaard.

Malgré ce propos atterrant, dont tout un chacun saura apprécier la nature, la police danoise refusa de réagir.

Suite à mon enquête, je savais que les islamistes n'allaient pas m'épargner. Trois jours après la diffusion du reportage, ils ont publié ma photo sur leur site en précisant que j'étais « un traître à la solde des mécréants ». Je tiens à préciser que, pour des islamistes, une telle déclaration n'est rien d'autre qu'une condamnation à mort. Aux yeux des intégristes, toute personne de confession musulmane considérée comme « traître » doit subir la peine de mort. Il n'y a, sur ce point – que beaucoup, en Europe, veulent minimiser –, aucun doute, et la démarche idéologique des islamistes ne souffre d'aucune ambiguïté à ce sujet. Je ne verse pas, là, dans le discours victimaire. Si j'évoque cet aspect, c'est, en quelque sorte, pour inciter les législateurs et les hommes politiques à réfléchir à la façon dont nos sociétés pourraient agir pour contrer les subtilités de l'idéologie islamiste.

Durant la prière du vendredi 31 mars 2006 à la mosquée de Grimhøjvej, l'imam salafiste Raed Hlayhel présenta une liste agrandie d'ennemis, affirmant à ses fidèles que l'affaire des caricatures avait montré la séparation nette entre « le Bien et le Mal ». Côté Mal, il cita, outre le député danois d'origine syrienne Nasser Khader, ma modeste personne ainsi que le rédacteur en chef du *Jyllands-Posten*, Carsten Juste, les caricaturistes, les imprimeurs et les distributeurs de journaux. Sans oublier le procureur danois Henning Fode, qui avait refusé de traîner le journal en justice pour blasphème. Depuis ce prêche, les menaces contre Nasser Khader et sa famille se sont accentuées et ont atteint un niveau tel qu'il devient difficile pour cet élu de travailler normalement. À l'époque, alors que j'étais déjà sous protection, les autorités françaises décidèrent d'ailleurs de leur côté de prendre des mesures supplémentaires pour garantir ma sécurité.

Par petites touches, mais aussi par quelques actions spectaculaires perpétrées ici et là, les islamistes ne cherchent qu'une chose : effrayer et intimider l'ensemble des sociétés.

À Paris, après une dizaine de séjours au Danemark, j'eus plusieurs discussions avec mes amis de *Charlie Hebdo*, notamment Caroline Fourest, Charb et Philippe Val, alors directeur de l'hebdomadaire. Ils voulaient que j'apporte mon témoignage au procès qui allait opposer le journal satirique aux associations musulmanes et islamistes. J'ai évidemment accepté et je leur ai en outre conseillé de demander à quelques Danois d'intervenir lors de cette confrontation. Je pensais à Flemming Rose, le rédacteur en chef du *Jyllands-Posten*, mais aussi à Mehdi Mozzafari, admirable docteur en sciences politiques enseignant à l'université d'Aarhus. Je proposai même d'aller les voir afin de les convaincre. Ce que je fis. Quelques jours plus tard, je repartis dans un nouveau périple entre Copenhague et Aarhus.

Cinq mois après la publication des caricatures, là-bas la lutte continuait et les islamistes ne s'étaient jamais sentis aussi forts. La société danoise faisait profil bas et ne savait plus quelle attitude adopter. Devait-elle renoncer à ses valeurs, ses traditions et ses habitudes pour plaire aux islamistes ? Ou essayer de leur résister, quitte à subir insultes, menaces et intimidations ? Des questions que l'Europe et l'ensemble du monde occidental devraient et doivent plus que jamais se poser. Il ne faut pas laisser ce type de sujets sans réponses et permettre aux tenants de l'extrême droite de s'en emparer.

Les islamistes paraissaient avoir réussi à faire trembler les sociétés européennes et semblaient décidés à maintenir la pression. Comme je refusais que la France subisse le même sort, il fallait absolument gagner ce procès et le transformer en grand moment de pédagogie.

Je n'aime pas le proverbe, dont on ignore je crois l'origine, qui prétend qu'un « mauvais arrangement vaut mieux qu'un bon procès ». Cela peut se révéler exact dans les conflits de voisinage, certainement pas lors de grandes batailles idéologiques. Quel « mauvais arrangement » trouver avec les islamistes ? Renoncer à la liberté d'expression pour avoir, en contrepartie, la vie sauve ? Avec eux, de toute façon, cela est impossible.

Le journaliste et poète algérien Tahar Djaout, assassiné par le GIA en 1993, avait parfaitement résumé la situation et le débat qui nous opposera à jamais aux islamistes. Une semaine avant que ces derniers lui tirent une balle dans la tête, il écrivait, en parlant de la liberté de la presse : « Tu parles, tu meurs ; tu ne parles pas, tu meurs ; alors parle et meurs ! » Lui avait décidé de parler car il se savait condamné. Cette phrase a structuré mon engagement.

En vue des audiences, *Charlie Hebdo* essayait de rassembler plusieurs intellectuels, artistes, universitaires, écrivains de culture ou de confession musulmane. Nous avons dressé une liste de personnes à solliciter. Je ne vais pas les citer ici, elles se reconnaîtront. Au départ, la plupart avaient accepté de témoigner en faveur du journal, mais plus la date du procès approchait, plus les défections s'enregistraient. Chacun avait une raison pour ne pas venir. Tous ceux qui se ravisaient, fort gênés, tentaient d'expliquer (pour les plus courageux) qu'ils avaient reçu des menaces, (pour les moins téméraires) qu'ils avaient un proche malade, un imprévu, une rage de dents... Bref, beaucoup se sont fait porter pâles par refus d'assumer un rôle historique. Alors qu'en privé je les entendais tous soutenir la publication des caricatures. La terreur, celle des islamistes, mais aussi celle des ambassades, avait fonctionné !

Personnellement, j'en sais quelque chose. À l'époque, en plus des traditionnelles menaces islamistes, l'ambassade d'Algérie m'envoya plusieurs intermédiaires chargés de m'expliquer que mon intervention serait une « mauvaise idée », car cela signifierait que je témoignerais « contre la religion de mes ancêtres ». Des « amis » dont je n'avais plus de nouvelles depuis au moins cinq ans appelaient d'Alger pour me sensibiliser au fait que ma famille, restée sur place, pourrait « avoir des problèmes ». Sachant les « écoutes téléphoniques » très efficaces dans ce pays, je leur répondais sèchement : « Qu'ils les tuent tous », avant de raccrocher. Une semaine plus tard, mes parents reçurent la visite d'une dizaine de policiers réclamant de mes nouvelles. Cela faisait plus de sept ans que je n'avais pas remis les pieds en Algérie, personne ne l'ignorait.

Quelle honte de s'en prendre à des personnes âgées ! Quelle bêtise aussi, car cette tentative d'intimidation inique renforça ma détermination. J'irais témoigner, quelles qu'en soient les conséquences.

Voilà les raisons pour lesquelles j'étais très tendu à l'ouverture du procès et très ému à l'issue de mon témoignage. J'avais supporté plusieurs mois d'injures, d'intimidations, des exactions qui avaient débordé pour atteindre mes proches. Comment pouvaient-ils croire, ces sbires de l'ombre, que ma détermination à ne pas renoncer face à la menace, même si elle devait me coûter l'inimaginable, jamais ne fléchirait ?

Seuls le courageux, brillant et regretté Abdelwaheb Meddeb – décédé en 2014 à la suite d'une maladie – et l'universitaire danois d'origine iranienne Mehdi Mozzafari résistèrent à la pression. Les autres, comme disent les jeunes, avaient piscine...

Les hommes politiques ne furent pas en reste. Nicolas Sarkozy, alors ministre de l'Intérieur, a rejoint le groupe des témoins évaporés en envoyant une lettre, lue au tribunal le jour du procès. Il avait senti le vent tourner. François Bayrou avait donné son accord, mais tenta de se défiler, à un moment donné, arguant d'un déplacement à l'étranger. Finalement, il se ravisa et finit par produire un remarquable témoignage. François Hollande, alors premier secrétaire du parti socialiste avait, lui aussi, dit OK avant de manquer, à son tour, de flancher. Selon certaines sources Ségolène Royal, qui s'apprêtait à entrer en campagne pour la présentielle de 2007, aurait tenté de l'en dissuader. Elle, la catholique de gauche, très croyante, n'était pas une fervente admiratrice de l'humour *Charlie Hebdo*, journal anticlérical qui a plus brocardé les catholiques que les musulmans. En fin de compte, François Hollande prit son courage à deux mains et fit, lui aussi, un excellent témoignage sur la question de la liberté d'expression.

Nous savions tous, même si le tribunal allait suivre les réquisitions du procureur et relaxer *Charlie Hebdo*, que cette affaire avait suscité une telle passion que les choses ne pourraient en rester là. Mais nous étions loin de nous douter que le crime se produirait au moment où nous nous y attendrions le moins, huit ans plus tard, en janvier 2015.

10

Des lois antiblasphème pour une meilleure régression

Le blasphème des grands esprits est plus agréable à Dieu que la prière intéressée de l'homme vulgaire.

Ernest Renan

Durant l'année 2006, au siège de l'ONU, en marge de la polémique autour des caricatures, les représentants de cinquante-sept pays musulmans ont déposé un projet de texte visant à interdire « l'intolérance contre les religions », autrement dit ni plus ni moins une proposition de résolution antiblasphème. À la même époque, certains États essayèrent de faire accepter à l'instance onusienne un code qui « définirait les limites de la liberté d'expression dans le domaine des symboles religieux ». Plusieurs gouvernements, soutenus par des dictatures populistes d'Amérique latine, souhaitaient redéfinir la notion de la liberté d'expression et exclure du champ de cette valeur tout écrit, dessin, création artistique, œuvre culturelle, jugés attentatoires à un culte. Une limitation qui conduirait à ne plus oser la moindre caricature contre Mahomet par exemple, mais qui, selon cette logique, pourrait empêcher, pour un journaliste ou un artiste, des attitudes aussi banales dans une société démocratique que la critique d'une crèche de Noël, la raillerie d'une kippa, la représentation humoristique d'un prêtre pédophile et j'en passe... Car une telle restriction, outre son caractère inacceptable, ouvrirait la voie à toutes les interprétations, y compris les plus subjectives. Poussons la réflexion jusqu'à l'absurde : ce texte aurait-il pu empêcher un jeune enfant de dessiner une vache, animal, rappelons-le, « sacré » pour les hindouistes ? Toute dérive serait devenue possible. Soit dit en passant, sous couvert de « respect » envers les grandes religions monothéistes, ces propositions de texte négligeaient – méprisaient ? – les autres philosophies, spiritualités, croyances, etc., en mettant en avant et sous protection seulement trois d'entre elles. Voilà pourquoi il me semble inconcevable d'ériger en dogme universel inattaquable ce que d'aucuns considèrent comme « sacré », tant la sacralité d'une entité, d'une chose, d'une personnalité ou d'une philosophie, n'est souvent vraie que pour celui ou celle qui y croit (je le redis). Prenons un exemple : Marx est aussi insignifiant dans le regard d'un catholique que Jésus dans celui d'un marxiste, mais les deux doivent accepter le postulat voulant que l'autre ait le droit d'avoir la croyance qu'il souhaite si celle-ci ne vient pas empiéter sur les libertés individuelles et collectives ! Ce projet de texte, intrinsèquement, bafouait rien de moins que les principes mêmes de la liberté de penser et de la presse.

S'agissant de notre sujet, cela reviendrait à dire qu'un musulman a totalement le droit de ne pas dessiner son prophète, de ne pas acheter ni lire le journal satirique qui le brocarde, il a même le droit de ne pas être content si tant est que ce mécontentement ne se transforme pas en une représentation hystérique ou violente.

Durant cette même année 2006, différentes requêtes furent présentées par le secrétaire général de l'Organisation de la conférence islamique (OCI) au haut représentant de la politique extérieure de l'Union européenne, Javier Solana. Qui donnaient, elles aussi, un avant-goût de ce qu'allait être la revendication majeure des islamistes.

Le représentant de l'Union européenne s'est vu demander le vote des lois contre l'« islamophobie », ce qui, si l'on suit l'interprétation de la Conférence islamique, reviendrait à imposer, d'une manière déguisée, certains pans de la charia, en l'occurrence les lois islamiques, à l'Europe. Un exemple simple : la critique du voile islamiste ou des *niqab*, ces tissus intégraux qui dissimulent totalement le visage d'une femme, voire la *burqa*, est perçue – volontairement – par les islamistes comme une attaque « islamophobe ». Dès lors, obtenir la ratification d'un texte de ce genre reviendrait à sacraliser (entre autres) le voile. À empêcher que l'on débatte de son utilité, de son sens, de son port, de sa nécessité ou pas dans des pays laïcs ou non musulmans ; à restreindre enfin la liberté des femmes. Plus largement, ce genre de loi créerait une sanctuarisation de l'islam en tant que religion et de l'islamisme en tant qu'idéologie politique. Le but précisément recherché. Il fallait oser !

Dans le même esprit, le premier responsable de l'OCI avait suggéré à Javier Solana, à l'époque « Haut Représentant européen pour la politique étrangère et de sécurité commune[1] », de faire adopter un « code de bonne conduite des médias européens afin de tenir compte des sensibilités des musulmans ». Une façon détournée, bien entendu, de soumettre les médias, comme certains pays administrés par des logiques interdisant toute forme d'impertinence à l'égard des religions le font. Voter un « code de bonne conduite » consisterait en fait à entériner une régression démocratique terrible et donnerait tous pouvoirs aux politiques, quels qu'ils soient, pour imposer un traitement particulier aux moindres articles, reportages, livres, œuvres, etc., consacrés à l'islam. Religion qui, selon ses intégristes, devrait bénéficier d'une sorte de traitement de faveur, ses adeptes étant estimés plus « sensibles » que d'autres. Naturellement, un tel raisonnement est inacceptable ; que ce soit pour le principe auquel il déroge (c'est aux religions de s'adapter à la liberté d'expression et non l'inverse, sachant que cette liberté, lorsqu'elle doit être régulée et encadrée, il n'appartient pas aux Églises de le faire, mais à la justice des

1. Javier Solana a occupé ce poste entre 1999 et 2009.

démocraties), mais aussi pour l'atteinte grave qu'il représente pour l'universalisme, pilier du monde moderne qui consacre l'égalité de traitement entre les religions. Toutes sont soumises à la critique, y compris excessive, mais en parallèle les adeptes de toutes les religions doivent bénéficier de la protection des démocraties, lesquelles professent que nul ne peut être inquiété en raison de sa croyance (ou de son athéisme).

Prenons un exemple un peu osé pour faire comprendre les choses. Autant on peut user d'excès et dire trivialement que le judaïsme, le christianisme, l'islam ou l'athéisme, voire la laïcité, sont de la crotte, autant on serait condamné – et à juste titre – en affirmant (de manière ahurissante comme le font certains aujourd'hui sur les réseaux sociaux) que les juifs, les chrétiens ou les musulmans seraient de la crotte. Là, on touche à une croyance, ici on vise des personnes. Or ce sont ces derniers que les démocraties protègent. Les croyances, nous pouvons, puisque les Lumières sont nées de cette approche, les discuter, en débattre, en faire un sujet de dispute voire de polémique, oser les remettre en question, penser contre elles, parfois les malmener, les maltraiter, les dessiner, les caricaturer et, qui sait, les injurier pour ce qu'elles diffusent comme facteurs de divisions entre les Hommes. La liberté tient dans ces possibilités-là.

Toujours durant cette année 2006, comme déjà mentionné, en France le député Jean-Marc Roubaud (LR, ex-UMP) a déposé, lui, une proposition de loi visant à qualifier « d'injure toute attaque contre les fondements d'une religion, et notamment par le biais de dessins ». Éric Raoult (LR, ex-UMP) lui a emboîté le pas en déposant un projet similaire. Dans les deux cas, l'objectif est clair : limiter la libre expression médiatique, la critique ou la satire sur les sujets religieux. Éric Raoult, considéré à l'époque comme un proche de Nicolas Sarkozy, qui s'était à la veille de la campagne électorale rendu maître ès stigmatisations des populations d'origine étrangère dans l'espoir de « siphonner les voix du Front national », disait-il, a été, vraisemblablement, influencé par les responsables de l'Union des associations musulmanes de Seine-Saint-Denis, département où il est alors élu. Cette démarche, à la veille de plusieurs échéances électorales (présidentielle et législatives), visait probablement à endormir les électeurs de confession musulmane et, à travers le traditionnel jeu du clientélisme politique, à tenter de capter leurs suffrages en tablant sur l'émotion suscitée par l'affaire des caricatures.

Si toutes ou certaines de ces propositions avaient été acceptées, l'ensemble des courants islamistes aurait remporté une victoire sans précédent. Et, au-delà, les intégristes de toutes les religions auraient gagné une bataille symbolique. Que la patrie des droits de l'homme, dont la laïcité est l'un des piliers, adopte une loi de ce type, et les fondements de la liberté d'expression et de penser vacillaient. De quoi, aussi, réduire à néant tout espoir de voir émerger dans le monde musulman une véritable force progressiste et démocratique. Car si les grandes démocraties cèdent sur ces questions, la planète entière, un jour, en arrivera à fléchir à son tour. Là est l'un des enjeux majeurs autour de notre résistance à l'hydre islamiste, de notre capacité à refuser les dérives que ses représentants, dorénavant organisés en associations, tentent d'imposer afin de peser sur la société civile européenne.

Par ailleurs, nombre de ceux qui instrumentalisent le racisme visant les musulmans (il existe bel et bien) pour limiter le champ de l'expression oublient volontairement que les textes capables de punir les manifestations racistes existent et suffisent largement. Faire adopter de nouvelles lois, elles-mêmes quasiment liberticides rédigées ainsi, ne servirait pas à combattre le racisme mais à interdire la critique des religions et reviendrait à imposer, dans la législation occidentale, le délit de blasphème uniquement pour la religion musulmane ; ce qui ne manquerait pas, à juste titre, de donner des idées aux représentants de tous les autres cultes. Ces derniers auraient raison d'exiger un traitement identique, tant privilégier une religion par rapport à une autre, outre l'atteinte grave au principe d'égalité, serait une réelle entorse – euphémisme – à la loi de 1905 portant sur la laïcité, qui ne reconnaît aucune des religions. Avec les textes proposés à l'Assemblée, purement opportunistes et liés au contexte des caricatures, il était, d'une certaine manière, conseillé à l'État d'accorder à l'islam un traitement de faveur. Au prétexte que certains de ses adeptes avaient été choqués par la liberté d'expression et cassaient ou risquaient de casser tout à la moindre contrariété. Un peu comme si des enfants gâtés se roulant à même le sol devant un dessin qui leur aurait déplu se voyaient félicités par leurs parents. Jamais les pères fondateurs du texte sur la laïcité n'auraient fait aboutir leur projet et jamais la IIIe République n'aurait réussi à domestiquer l'abbé Gayraud et les fervents catholiques qui s'opposaient à sa promulgation si l'état d'esprit, au début du XXe siècle, avait été le même.

Cela, nous fûmes nombreux à l'expliquer durant le procès. Un procès au cours duquel nous avons répété inlassablement que la critique du « sacré » était légitime, mais que la stigmatisation du croyant en raison de sa croyance était, elle, prohibée. Une nuance que beaucoup continuent, à ce jour, à ne pas voir. Soit par bêtise, soit par dogmatisme.

Écrivons les choses clairement : si de telles lois venaient à être votées un jour, autant donner les clés de la République aux représentants des différentes religions. C'est pour cette raison que nous avons été quelques-uns à nous investir totalement sur le sujet, sans jamais rien lâcher. Nous étions conscients que les uns (les islamistes politiques, leurs alliés intégristes des autres religions et les extrémistes dogmatiques), avec leur propagande et leur dénigrement, comme les autres (les islamistes terroristes) partageaient des rôles (avec ou sans concertation ? Ce n'est pas le sujet) afin de gagner du terrain et de faire reculer la République sur ses principes fondamentaux. Analysons ce qui a été visé durant ces vingt dernières années – la laïcité, la liberté d'expression, l'égalité hommes-femmes, les combats antiracistes... – et méditons. Mieux, tirons-en leçons, enseignements, prudence et vigilance.

L'« affaire des caricatures » a posé une série de questions et fixé des défis que beaucoup de personnes, parfois observatrices averties, n'ont pas su voir. Elle a interpellé les démocraties quant à l'avenir des relations entre le « monde occidental » et le « monde musulman ». En d'autres termes, faut-il continuer à considérer les valeurs essentielles comme ayant une réelle portée universelle ? Faut-il croire que l'islamisme a définitivement gangrené la sphère arabo-musulmane ? Faut-il imaginer que le salafisme a réellement gagné la bataille culturelle ? Personnellement, je refuse d'accepter ces fatalités. Car je crois que si une importante minorité agissante, celle qui prend en otage l'islam et les musulmans, parvient un jour à imposer ses vues, nous en viendrons – c'est probablement ce qui est en train de se produire – à compromettre la relation des démocraties avec leurs propres ressortissants de confession musulmane. Au fond, il n'y a pas eu de victoires islamistes, seulement – quelle tristesse – des reculades et renoncements des démocraties elles-mêmes.

Au-delà de la seule liberté d'expression, se pose aussi la question de la mise en danger de toutes les libertés. Les islamistes, qui refusent que leurs coreligionnaires puissent avoir d'autres conceptions de leur religion que la leur, les empêchent de sortir du dogme sacralisé par l'Arabie Saoudite ou les Frères musulmans (pour ne citer qu'eux). Ceux qui tentent d'imposer aux femmes le port des différents voiles par le biais de l'endoctrinement et le prosélytisme (et donc la persuasion), ou par la force et la pression sociale, vont-ils finir par mettre en péril la notion de citoyenneté, qui consacre la liberté individuelle et notamment celle de conscience ? Là encore, il serait inadmissible de fermer les yeux. Des femmes qui, au cœur de certains quartiers ghettos, ne peuvent plus consommer dans des cafés ou des bistrots ; des personnes, issues de l'immigration maghrébine notamment, qui ne peuvent plus manger publiquement en plein ramadan sans se faire injurier, voire agresser ; des femmes qui s'obligent à porter des tenues dites « décentes » dans quelques villes ; est-ce normal ? Pourquoi autant d'interdits se banalisent-ils en France, terre de laïcité et de liberté de conscience ?

Depuis l'affaire des caricatures qui a été, pour l'ensemble des autocrates et dictateurs arabes, un prétexte permettant aux uns (les gouvernements arabes) de récupérer la rue musulmane et aux autres (les islamistes européens) de continuer d'exercer une pression sur les démocraties, les libertés ont reçu de multiples coups. Cette affaire a révélé un climat pesant, celui où, au nom d'une certaine prudence, beaucoup acceptaient l'autocensure. Et y cèdent toujours. La création artistique se retrouve par exemple impactée, même s'il est difficile de prouver que certaines œuvres n'ont pas pu être réalisées, faute de financement, par crainte de susciter la colère des islamistes ou au nom du fameux « esprit de responsabilité » incitant à éviter de s'exposer au risque terroriste. Ce que je trouve inadmissible.

Souvent, des personnes me regardent en me disant, presque comme un reproche : « Ce n'est pas possible, tu veux mourir, toi, avec tout ce que tu oses dénoncer ! » Évidemment non, je ne veux pas mourir. Mais je refuse d'abdiquer, car j'estime que la partie n'est pas (encore) perdue. Et d'ailleurs soyons francs : ceux qui se sont tus face à l'infâme ont-ils eu la vie sauve pour autant, ou sont-ils certains d'avoir la vie sauve ?

Le monde musulman connaît une profonde crise depuis, au moins, une trentaine d'années. Crise économique, démocratique – régimes autocratiques ou théocratiques –, crise morale, mauvaises gouvernances, déficit culturel et éducatif, chômage, misère, frustrations, bref, autant d'ingrédients qui favorisent la percée de l'islamisme, lequel se présente en alternative crédible. L'islamisme (comme toutes les idéologies extrémistes) ressemble au prédateur qui guette sa proie et attend le moment où elle est la plus vulnérable pour fondre sur elle. Il existe en tant que tel et n'est pas, contrairement à ce qui est avancé parfois, la création de la pauvreté ou de la misère ; mais c'est sur ce terrain qu'il chasse le mieux. Les lieux qui provoquent la vulnérabilité constituent les bouillons de culture où ce rapace est certain de trouver ses victimes.

Les politiques menées en Occident, il faut le reconnaître, n'ont rien fait pour empêcher de telles situations. La ghettoïsation, par exemple, de certains quartiers, l'abandon de quelques territoires ont facilité le travail des islamistes. Nous savons que, dans certains quartiers, des numéros de *Charlie Hebdo* n'ont pas été affichés, voire pas distribués dans les kiosques, soit par adhésion à la logique du « délit de blasphème », soit par peur. Comment parler des pays musulmans et de leur nécessaire émancipation si, dans certains territoires de la République française elle-même, cette émancipation n'est plus garantie ?

D'un autre côté – les choses se complètent et s'additionnent –, il faut assurément entreprendre une refondation totale des relations entre l'Europe et le monde musulman. Ce qui se passe ailleurs a plus qu'avant une incidence directe sur ce qui se produit ici. La première des exigences – le bien commun qui est en jeu – passe par une démocratisation (réelle) de tous ces pays musulmans. Non par la force, mais par la pédagogie et l'exportation, oui, l'exportation, et la défense des valeurs universelles. La véritable bataille se situe à ce niveau : il s'agit bel et bien d'une guerre idéologique. Parce que la démocratie consacre la liberté – y compris d'expression – et parce que cette liberté favorise la sécularisation *via* la libération de la parole critique et la pensée rationnelle, seuls antidotes aux dogmatismes et aux superstitions rétrogrades.

Que dire de la politique étrangère menée par la France à l'égard des pays musulmans ? Que la diplomatie française fait preuve, depuis de longues années, d'une mollesse certaine. Agrémentée d'une absence de stratégie qui lui fait perdre en crédibilité et en capacité d'influence. Les critiques formulées envers l'Arabie Saoudite (responsable d'avoir propagé une idéologie nourricière de terrorisme) continuent d'être fort timides, nul ne voulant compromettre les bonnes relations économiques avec ce « gros » client potentiel. *Idem* à l'égard du Qatar ou du Koweït, deux pays d'une incroyable ambiguïté sur la question de l'islam politique, dont ils sont les promoteurs plus ou moins discrets. Accordons-nous sur le fait que la propagation volontaire et directe de l'islamisme ou la consolidation du déficit démocratique favorisent le développement d'une pensée extrémiste s'exprimant au nom de la religion. Presque de manière mécanique, aujourd'hui, là où la démocratie recule, c'est le fanatisme qui avance. Et quand ce n'est pas l'islamisme qui gagne du terrain, survient un autre totalitarisme, voire l'expression d'une sorte de populisme ou d'une autre. La fragilisation de la démocratie et de ses principes obéit à une logique qui veut substituer à celle-ci quelque chose d'acariâtre. Participez à tuer la démocratie et vous verrez la naissance d'un fascisme !

S'il est nécessaire de soutenir politiquement, économiquement et militairement les pays musulmans qui luttent efficacement et réellement contre le terrorisme et l'islamisme, il est aussi nécessaire que ce soutien soit la contrepartie d'une ouverture des champs politiques et médiatiques dans ces États. Ce n'est pas parce que le roi de Jordanie, par exemple, combat les terroristes que son régime aurait le droit d'emprisonner des journalistes. Et ce n'est pas parce que le pouvoir tunisien ou le roi du Maroc subissent la menace terroriste qu'il serait admissible qu'ils aient toute latitude pour bannir les expressions susceptibles de critiquer leur gouvernance. Évidemment, la démocratie ne se décrète pas, ne se parachute pas, le temps long doit faire son effet ; mais, avec ces pays « partenaires » et « amis », la France et les autres démocraties, à travers les instances internationales, doivent pouvoir peser – on ne citera que cet aspect – sur l'enseignement. Tout en prenant en compte, naturellement, les cultures locales, mais en prohibant aussi certaines logiques : on n'enseigne pas la violence à des enfants, on ne banalise pas le racisme, on ne diabolise pas les démocraties...

Nombre d'exemples ont montré que le musellement des sociétés musulmanes profitait aux islamistes, parce que ces derniers se présentent, fort souvent, comme la seule alternative à l'autoritarisme. Les politiques occidentales, en ayant souvent ignoré et méprisé les options démocratiques qui existaient dans les pays arabes, favorisèrent, de fait, l'alternative totalitaire, donc l'intégrisme musulman. Au nationaliste Nasser, Américains et Britanniques ont opposé les Frères musulmans égyptiens. À l'OLP de Yasser Arafat, les Israéliens ont opposé les extrémistes du Hamas. Au FLN algérien, la France a opposé les islamistes du MNA[1] ou le courant des oulémas musulmans. Depuis le début du XXe siècle, l'Occident n'a cessé de miser sur l'intégrisme musulman. Avec des conséquences désastreuses. L'intervention israélienne au Liban a fait basculer les populations chiites, réputées à l'époque modérées, dans le camp de la radicalité. Ce qui permit l'émergence du Hezbollah !

C'est en vertu de ces logiques irresponsables qu'on laissa la mouvance terroriste mettre sur pied, durant les années 1990, une brigade internationale islamiste en Bosnie ; qu'on minimisa l'importance de l'infiltration des éléments wahhabites en Tchétchénie ; que l'on a accueilli à Londres les tueurs intégristes du GIA algérien ou de la Gamaa islamiya[2] égyptienne.

Ce sont là les erreurs du passé, certes, mais comment les corriger ? Il est évident qu'Européens et Américains doivent accorder leurs violons et agir dans le même sens. La Maison Blanche, tout comme le gouvernement britannique, ne semble cependant pas encore avoir tiré toutes les conséquences de ses erreurs d'antan. En Irak, on a misé sur des chiites soutenus par l'Iran et le Hezbollah libanais afin de contrer les terroristes sunnites ; on connaît le résultat. Là où on affrontait un terrorisme « ordinaire », on a laissé se créer un État terroriste, sous l'appellation de Daech. Et, à Londres, on continue de discuter avec des islamistes « modérés » pour faire face, dit-on, aux plus radicaux.

Au fond, jusqu'à présent, seul le pragmatisme économique a dominé. On ferme les yeux sur les pratiques de la monarchie saoudienne en raison de sa puissance pétrolière. On prend le risque d'établir des relations économiques et diplomatiques privilégiées avec des pays exportateurs de pétrole et de terrorisme et, pendant ce temps, les courants démocratiques sont laminés, les droits de l'homme sont bafoués et les libertés fondamentales réduites à néant. De tels renoncements successifs, qui se sont greffés à des contradictions internes, ont donné naissance à Daech, favorisé la création du théâtre irako-syrien

1. Mouvement nationaliste algérien, dirigé par Messali Hadj.
2. Littéralement : Groupe islamique. Dénomination d'un groupe terroriste égyptien.

et l'émergence de son lot de massacres. Et ce sont les discours débordant de déni qui ont laissé s'étendre dans nos quartiers, banlieues, villes, des ghettos ethnoreligieux où le blasphème est interdit, où (j'insiste) parfois les femmes n'ont pas le droit de consommer dans les cafés, réservés exclusivement à la gent masculine.

Des courants démocratiques et laïcs sont pourtant enracinés dans les pays musulmans. Des mouvements qui peuvent émerger, pour peu qu'ils soient vraiment soutenus. Un soutien qui ne signifie pas – contrairement à ce que seraient susceptibles de croire les complotistes – une déstabilisation du pays, mais participe à une évolution qui serait bénéfique pour ces États – lesquels se vident de leurs ressources humaines qui préfèrent partir vers des territoires-eldorados fantasmés – et leur éviterait peut-être de sombrer un jour dans la violence et le chaos, comme c'est, hélas, le cas en Syrie. Ces forces, qui existent bel et bien, sont aujourd'hui incapables d'émerger en raison de leurs faibles moyens et de la répression qu'elles subissent de la part de leurs gouvernements, lesquels voient dans la démocratie un danger pour la pérennité de leur pouvoir et le maintien de leurs privilèges.

Certains s'en souviennent peut-être, mais, à la fin mai 2006, cent quarante-cinq journaux, dans cinquante-huit pays, avaient osé publier les caricatures de Mahomet. Au mois de juin, aucun grand journal américain n'avait reproduit les dessins, et seuls une quinzaine d'organes de presse régionaux ou de publications de quartier l'avaient fait. Combien, aujourd'hui, oseraient ? Alors qu'aucune loi antiblasphème n'existe dans les pays où la liberté d'expression est garantie ? Cette frilosité proche de la lâcheté peut-elle rassurer les démocrates musulmans et servir d'exemple à ceux qui défendent le droit de parler, d'écrire, de dessiner, dans tant de pays ?

La publication des caricatures, au Danemark, comme ailleurs et en France, prouva une chose : en 2006, des visions contraires de la liberté de penser et de croire s'affrontaient.

Certains usaient du droit, de la civilisation, d'autres de la menace, des manifestations, de la pression. La laïcité contre une vision expansive de la religion, la démocratie contre ceux voulant la restreindre, les enjeux ne manquaient pas. Derrière cette bataille, c'est autre chose qui se jouait : une guerre idéologique dont certains ne veulent pas dire le nom. Et, attention, je ne parle pas de « guerre de civilisation » car elle n'existe pas. Il y a autant de musulmans et de personnes nées au sein de la civilisation musulmane qui veulent défendre les Lumières que de citoyens issus de la civilisation gréco-romaine qui souhaiteraient d'autres obscurantismes ou s'accommoder de la folie islamiste. Croire qu'il y aurait deux blocs organisés en civilisation qui s'affrontent est un non-sens.

Cette guerre, nous devons la comprendre, en admettre la réalité et la mener collectivement. Pour nous-mêmes. Pour tous ceux qui, en Occident, considèrent que les valeurs démocratiques et laïques ne sont pas négociables. Mais également pour tous ces musulmans, ou plus précisément tous ces démocrates issus du monde musulman, qu'ils soient croyants ou non, dont il est fondamental de rappeler l'existence et de soutenir le combat. Parce que, de là où ils sont, leur péril est encore plus important que celui qui nous guette. Ces démocrates existent. Ils sont, eux aussi, soucieux de la liberté d'expression. Ils savent, contrairement aux clichés imposés par les islamistes et entretenus par les populistes xénophobes, apprécier l'humour d'une caricature sans y voir une remise en cause de leur foi.

Malheureusement, ils ne sont pas très visibles, et les médias n'évoquent quasiment pas leur existence. Pourquoi ? Sans doute parce que leurs actions et leurs discours n'ont rien de spectaculaire. Ceux-là, même quand ils se sentent offensés, ne brûlent pas les drapeaux, mais dialoguent. Ceux-là, quand ils dialoguent, ne menacent pas, mais sont menacés. Ceux-là osent blasphémer et, quand ils militent, ne tuent point. Au contraire, ils risquent de se faire tuer. Ils n'emprisonnent pas, ils sont emprisonnés. Et deviennent parfois invisibles.

Le plus grand des blasphèmes, c'est celui que nous faisons au quotidien quand nous n'entendons pas leurs appels.

11

Il n'y a pas d'idiots en politique... Il n'y a que des « idiots utiles » !

C'est la profonde ignorance
qui inspire le ton dogmatique.

Jean de La Bruyère

Une consœur, Ariane Bonzon, concluait de cette manière en 2014 un article intitulé « Qu'est-ce qu'un idiot utile[1] ? » : « Finalement, le terme d'idiot utile, *stricto sensu*, ne devrait s'appliquer qu'à ceux qui sont manipulés, consciemment ou inconsciemment, par des régimes souvent autoritaires utilisant l'arme de la propagande à grande échelle (Mao, Staline, Saddam Hussein, Kadhafi ou Ahmadinejad). » Ce point de vue, je le partage. Celui qui tend à expliquer combien l'expression, utilisée fréquemment à tort et à travers, doit s'appliquer à la fois à ce type de régime autoritaire, mais également à des logiques totalitaires qui utilisent différents canaux d'expression, et parfois à des agents d'influence, rémunérés ou convaincus, voire les deux, pour essayer de diffuser leurs idées et les faire accepter. L'islam politique ou plus précisément ses leaders utilisent depuis quelques années ce procédé en vue de normaliser leur discours et de faire accepter aux opinions occidentales sécularisées des codes vestimentaires ou des

1. Ariane Bonzon, « Qu'est-ce qu'un idiot utile ? », Slate.fr, 10 février 2014.

pratiques, contraires, bien souvent, aux grands principes qui constituent l'esprit d'une démocratie moderne.

À l'origine, rappelons-le, l'expression « idiot utile » qualifiait les intellectuels de gauche qui défendaient, de bonne foi, le régime soviétique et le communisme sans se soucier de leurs travers et défauts. Moscou utilisait la naïveté des gauchistes occidentaux pour promouvoir son image et l'idéologie des maîtres du Kremlin. Depuis, l'expression s'est élargie et qualifie également les personnes qui, consciemment ou non, se laissent instrumentaliser par différents courants de pensée. Raison pour laquelle il me paraît juste de parler, de nos jours, des « idiots utiles » de l'islamisme, les partisans de cette idéologie ayant trouvé en Occident des relais, à différents niveaux (politiques, universitaires, médiatiques, associatifs...), qui les défendent allègrement.

Ainsi, au fil des années récentes, on a vu certains cercles européens montrer une extraordinaire et étonnante complaisance à l'égard de l'intégrisme musulman. Une attitude d'autant plus incroyable que ces positions émanent souvent de milieux se considérant « progressistes », défenseurs d'idées humanistes ou gauchistes. Un rapprochement et un soutien limite ubuesque si l'on songe à quel point l'islamisme est réactionnaire, opposé aux idées humanistes, et aussi populiste que conservateur. Je n'ai de cesse de le répéter : l'islamisme est un projet de société instrumentalisant l'islam, un totalitarisme donc, une pensée idéologico-politique plus que religieuse. Un projet qui n'a rien à voir avec la gauche puisque libéral sur le plan économique et fort répressif – y compris dans ses versions les plus « apaisées » – à l'encontre des libertés individuelles et collectives. Autant d'aspects occultés ou minimisés par certains « chercheurs » et autres « universitaires » qui défendent de manière indirecte, ou directe, cette idéologie, soit en niant sa dangerosité, soit en la réduisant au statut d'épiphénomène, soit en refusant de voir que l'islam politique, dans sa variante actuelle – magma de wahhabisme saoudien et des conséquences de la réislamisation opérée, à grande échelle, par les Frères musulmans – représente bel et bien la matrice idéologique du djihadisme. Ces « idiots utiles », je crois qu'il est important de les connaître.

Raphaël Liogier est un universitaire qui, depuis quelques années, essaie de déconnecter le terrorisme de l'islam politique. Au lendemain des attentats de janvier 2015, il s'entêtait, dans une interview, à assener : « Les djihadistes ne passent même pas par un endoctrinement politique construit, ils sautent directement dans la case djihad, sans passer par la case islam, car ils ont préalablement ce désir de violence[1]. » Ce qui revient à dire que l'assaut contre *Charlie Hebdo*, l'Hyper Cacher, etc., relevait de faits de violence disons « classique », donc sans portée ou teneur idéologique. Des faits perpétrés par des délinquants, des personnes défavorisées, des êtres déstabilisés qui agressent de manière indiscriminée. Dès lors cette violence n'aurait pas de coupables ni de responsables. On pourrait en arriver, en poussant au bout cette logique, à estimer que, puisque presque aliénés, les terroristes ne devraient pas être poursuivis ! Mais si des délinquants exercent de la violence – non politique –, pourquoi auraient-ils besoin de se réclamer d'une idéologie politico-religieuse alors qu'ils ne se reconnaîtraient pas en elle ? Il y a quelque chose d'incohérent à poser le postulat de la sorte.

En lisant entre les lignes, n'aperçoit-on pas le doigt accusateur de l'universitaire dirigé plutôt contre les démocraties, l'Europe, l'Occident ou la France ? Notre clerc aime en effet expliquer : « Le djihadisme ne vient pas du communautarisme mais de la désocialisation. » Pour « étayer » son propos, l'homme, universitaire, donc appelé à un devoir de « rigueur factuelle » (*sic*), assène ses vérités : « Avant de devenir des professionnels du djihad, les frères Kouachi buvaient de l'alcool, Coulibaly faisait des casses, Mohamed Merah se rêvait militaire d'élite... : ce sont des rêves déchus d'adolescents, des jeunes qui n'ont pas réussi leur processus d'individuation, qui ne trouvent pas de place, sont complètement désocialisés. »

Une investigation un peu sérieuse lui aurait permis de découvrir que seul le plus jeune des frères Kouachi, Chérif, a,

1. Raphaël Liogier, « Le djihadisme ne vient pas du communautarisme mais de la désocialisation », *Les Inrocks*, 7 février 2015.

un temps, durant l'adolescence et jusqu'à l'âge de 20 ans, consommé de l'alcool et du cannabis. De rapides recherches lui auraient appris que, endoctrinés dès le début des années 2000 par l'un de leurs amis du 19e arrondissement, Farid Benyettou, les deux hommes avaient rejoint d'abord la pratique salafiste, avant d'intégrer les idées djihadistes[1]. Donc, s'agissant des frères Kouachi, ce qu'avance Raphaël Liogier est erroné. Je ne pense pas que son mensonge soit volontaire, mais que, à force de vouloir alimenter son dogmatisme, l'« universitaire », distrait, en est venu à se concocter n'importe quel argument. Celui selon lequel ces tueurs seraient issus d'une génération spontanée passée à l'acte à cause d'une société – française – ayant refusé de les intégrer ne tient pas. Ces assassins ont été séduits par l'islam politique propagé à l'époque par Benyettou et ont navigué douze ans durant dans les eaux troubles de l'islamisme, essayant de rejoindre l'Irak, allant pour l'un s'entraîner au Yémen, fréquentant en prison ou à l'extérieur les grands noms du salafisme djihadiste français... Le tout avant de passer à l'acte un matin de janvier 2015[2].

Idem pour Mohamed Merah. Celui-ci ne se rêvait pas du tout en militaire d'élite. Certes, il avait essayé d'intégrer l'armée, mais celle-ci avait refusé de l'enrôler en raison de son profil de délinquant. Et lorsqu'il fut encerclé chez lui par les forces de sécurité, Merah affirma : « Je voulais m'engager à la Légion étrangère pour aller en Afghanistan et retourner mon arme contre les légionnaires et rejoindre les talibans[3]. » Voilà qui contredit l'assertion de Raphaël Liogier. Un argument qui s'écroule un

1. L'auteur, rappelons-le, avait réalisé, dès 2004, une longue enquête sur la cellule du 19e arrondissement pour l'émission « Envoyé spécial » (France 2).

2. De fait, tous ceux qui ont travaillé sérieusement sur la cellule des Buttes-Chaumont pourraient expliquer à Raphaël Liogier que les frères Kouachi allaient intégrer la mouvance islamiste dès 2004-2005, soit dix ans avant qu'ils passent à l'acte, et étaient sur les tablettes de l'antiterrorisme français.

3. Archives personnelles de l'auteur, script négociations, publiées en partie par *Libération* du 17 juillet 2012 : « Exclusif – Transcription des conversations entre Mohamed Merah et les négociateurs ».

À préciser que l'auteur a réalisé une enquête et un reportage sur le parcours de Mohamed Merah, publié un livre co-écrit avec le frère aîné du terroriste de Toulouse : *Mon frère, ce terroriste*, avec Abdelghani Merah, *op. cit.*

peu plus lorsqu'on songe qu'il s'est écoulé cinq ans entre le moment où Merah a été réislamisé et l'année où il est passé à l'acte. Durant cinq ans, il a baigné dans l'islam politique et s'est embourbé dans une étude théologique de piètre niveau qui lui permettait d'affirmer être devenu un « spécialiste du *hadith* » sous prétexte de lire les citations du Prophète, alors que ses connaissances n'avaient rien de solide. En prison, il ne réclama jamais rien d'autre que des livres de théologie écrits par les salafistes.

Raphaël Liogier, qui n'a, à ma connaissance, jamais interviewé Abdelghani Merah – le frère du terroriste – pour comprendre le contexte de cette famille, assène donc sa « vérité » sans rigueur ni vérifications suffisantes.

Un « spécialiste », dit-on ? S'agissant d'Amedy Coulibaly, il ne se réfère qu'à la raison même de son incarcération avant les attentats, oubliant son attachement à l'islam politique et ses liens privilégiés avec différentes figures du salafisme djihadiste comme Djamel Beghal ou Smaïn Aït Ali Belkacem, qu'il rêvait de faire évader de prison. Or ce dernier était l'un des émirs du GIA algérien, condamné à perpétuité pour les attentats perpétrés sur le territoire français en 1995. Là encore, entre le moment où Coulibaly se laisse endoctriner et celui où il passe tragiquement à l'acte, s'écoule un temps considérable durant lequel le tueur de l'Hyper Cacher et de Montrouge a fourbi ses armes idéologiques, ne cessant de suivre les enseignements du salafisme – comme sa compagne Hayet Boumediène, partie rejoindre Daech quelques jours avant les attentats.

Qu'ils soient conscients ou naïfs, nourris par le dogmatisme, aveugles ou simplement atteints de médiocrité voire d'incompétence (ce qui est dans certains cas possible et même cumulable), il serait opportun d'examiner les ressorts de la démarche intellectuelle de nombre d'idiots utiles, démarche curieuse qui veut que ceux-là mêmes qui opposent (à juste titre à mes yeux) une intransigeance ostentatoire à l'égard du catholicisme se montrent généralement fort indulgents dès qu'il s'agit de l'islam. Des milieux plus à droite ont la même attitude, mais avec le judaïsme.

Parfois c'est au nom d'un « différentialisme », ou d'un « relativisme culturel », que certains milieux tentent de dédouaner les islamistes de leurs crimes ou de leurs visées obscurantistes. Il y a une douzaine d'années, l'essayiste Caroline Fourest, dans *La Tentation obscurantiste*[1], résumait cet illogisme en soulignant qu'une partie de la gauche pardonne « à l'intégrisme musulman ce qu'aucun militant progressiste ne pardonnerait à l'intégrisme chrétien ». Une attitude dangereuse et pernicieuse que ce soutien indirect – et parfois assumé – au discours de victimisation des intégristes ; soutien apporté au nom de l'« anti-impérialisme ».

À d'autres moments, ce sont les complexes nés des « taches noires » de l'histoire qui ressurgissent. Chez certains Français, le passé colonial a fait naître une sorte d'islamophilie semblable – toutes proportions gardées – au vieil antisémitisme culturel de l'Église qui se transmettait dans les familles, au point d'engendrer, au fil du temps, chez des esprits rebelles, un philosémitisme surjoué. De fait, j'observe régulièrement le zèle d'élus de droite qui multiplient les sorties, y compris les plus inattendues, pour affirmer leur « amour » d'Israël et du « peuple juif », quitte à prendre des positions qu'en Israël même des Israéliens de droite n'oseraient faire leurs. Comme s'il leur fallait donner des gages, montrer qu'ils ne sont plus ce qu'ils furent durant leur jeunesse ou ce que furent leurs ascendants.

C'est pour cela que je me méfie toujours lorsque l'« amour » s'exprime de façon ostentatoire et dégoulinante. « Le m'as-tu-vu comme je t'aime ! » cache souvent des failles psychologiques liées à des pères ou des aïeux ayant torturé (des Algériens) ou déporté (des juifs). En tout cas, il masque une pensée simple : « Je ne veux pas donner l'impression de reproduire ce que la France a pu faire durant ses heures les moins glorieuses. »

Ce qui me fait parfois me sentir en décalage, dans le débat public, avec certaines personnes. Contrairement à elles, dans mon

1. Grasset, 2005.

passé comme dans mon histoire familiale, il n'y a ni colonialisme, ni torture, ni collaboration avec le nazisme, ni complicité de déportation vers les camps de la mort. Il n'y a, non plus, ni acte raciste ni antisémitisme. Par conséquent, ma parole se fait parfois trop libre, surtout en comparaison d'individus dont le propos doit, à chaque instant, marquer une rupture avec des ancêtres peu reluisants.

Mais le plus ennuyeux avec les tenants de l'islamophilie surjouée comme avec les adeptes du philosémitisme zélé, c'est que, une fois décomplexés, ils deviennent littéralement racistes et xénophobes pour les uns, antisémites et hostiles à Israël pour les autres. Comme s'il fallait, en sortant du « politiquement correct », entrer dans le champ lexical du politiquement raciste. De ce point de vue, je pense qu'entre l'idiotie utile d'un Edwy Plenel et le racisme décomplexé d'un Éric Zemmour, il y a la place pour le débat démocratique, une République apte à nommer les choses, une laïcité qui s'assume, l'antiracisme qui s'exprime, le féminisme qui se confirme, le refus de l'antisémitisme – sous toutes ses formes – qui s'incarne et, enfin, le rejet de l'homophobie qui se matérialise. Entre les idiots utiles de l'islamisme et les agents d'influence de l'extrême droite, existe en vérité tout ce qui doit structurer une pensée républicaine, humaniste et universaliste.

Comment l'expliquer en termes clairs ? En donnant des exemples à mes yeux éloquents, exercice auquel je vais me risquer, aussi périlleux soit-il. Mettre en accusation l'islam politique, responsable de régression et de violence, n'est pas une expression raciste ; critiquer l'islam en tant que religion, le discuter, le caricaturer, le pourfendre ne l'est pas non plus – dans un précédent chapitre, j'ai eu l'occasion de rappeler ce débat tenu lors du procès des caricatures. En revanche, stigmatiser *tous* les musulmans, les rendre coupables de fait, *tous*, sans exception, ou individuellement sans raisons précises, entretenir sur eux, en tant que citoyens, un perpétuel soupçon, les accuser sans preuves, les acculer, les pointer du doigt, les injurier en raison de leur croyance ou de leur origine, voilà une attitude raciste. Et ce quoi que puissent en dire ceux qui, au nom d'un prétendu « parler vrai », s'amusent à véhiculer leur haine en déshumanisant l'ensemble des musulmans ou en les affublant de multiples sobriquets péjoratifs. « Muz, ratons, pédophiles, baiseurs de chèvres, barbares... » sont autant de « bons mots » utilisés par les tenants du populisme, notamment sur les réseaux sociaux. Qui véhiculent l'idée qu'il n'existe pas de « musulman innocent ». C'est dire combien le distinguo entre les premiers et les seconds doit nécessairement être affirmé, assené, fait afin de lever toutes les confusions et manipulations.

D'un autre côté, rappeler que l'antisémitisme et toutes les formes de racisme ne sont pas des opinions dignes de s'exprimer au milieu de tant d'autres, mais des délits, demeure essentiel. Pour autant, critiquer le pouvoir politique israélien n'est pas l'expression d'un antisémitisme. Moi-même, face à la politique désastreuse menée par la droite et l'extrême droite de ce pays, je ne me prive pas de fustiger plusieurs dirigeants de l'État hébreu. Ce qui m'a fait avoir des désaccords, des différends avec certains ou quelques associations juives, mais jamais de poursuites. Cela pour envoyer dans les cordes ceux qui défendent l'idée fausse selon laquelle il y aurait, en France, dans le débat public, une sorte de « deux poids, deux mesures ». On voit autant d'excès dans la critique hystérique et non étayée de l'islam que dans celle du judaïsme ou de l'État d'Israël. Il y a même, selon les statistiques, davantage d'actes antisémites que d'actes hostiles aux musulmans[1].

S'agissant de la parole publique, deux phénomènes existent. D'abord l'autocensure, déjà évoquée. Qui voit des journalistes ou des intellectuels refuser (parfois sous la pression communautariste de cercles qui s'excitent) de s'exprimer sur des sujets liés à l'islam ou à Israël. Mais aussi un problème plus complexe né d'une confusion, de l'incapacité à maîtriser la parole critique. De nouveau, un peu de pédagogie par l'exemple s'impose. Dire que Benjamin Netanyahou est un mauvais Premier ministre, le vilipender, le qualifier de moins-que-rien (comme on le ferait

1. *Le Figaro* du 28 décembre 2016 évoquait des chiffres provisoires pour l'année 2016 : 294 plaintes pour antisémitisme et 173 pour actes antimusulmans.

avec n'importe quel chef d'État, de Trump à Bouteflika en passant par le roi du Maroc et celui d'Espagne) ne doit susciter aucun problème, sinon dans un esprit de censeur. Mais utiliser la politique hasardeuse des populistes israéliens pour délégitimer l'existence même de cet État est inacceptable et ouvre la porte aux idées antisémites. Une attitude fréquemment adoptée par quelques idiots utiles de l'islamisme qui, comme s'ils voulaient donner des gages d'adhésion aux tenants d'un totalitarisme se revendiquant de l'islam, ne se contentent pas de défendre la pensée des Frères musulmans ou le salafisme en général, mais vont jusqu'à adopter le discours et la construction sémantique islamiste en cherchant perpétuellement, au nom d'un prétendu discours « antisioniste », à contester l'existence d'un État pour les Juifs. Autre optique, cacher ce type de discours derrière des appels au « boycott » (sur lesquels je reviendrai) et des accusations outrancières – « nazifier » le pouvoir israélien par exemple. Or agir ainsi relève bel et bien de l'antisémitisme, même si les promoteurs de telles attitudes s'en défendent.

Franchement, continuer à parler d'un « deux poids, deux mesures » entre une prétendue indulgence envers Israël et les Juifs et une critique systématique des pays musulmans confine à l'escroquerie intellectuelle. Qui se prive, aujourd'hui, de critiquer Israël, y compris avec les excès que je viens d'évoquer et de regretter ? Parfois en toute impunité ? Le nombre d'actions entreprises dans les universités françaises pour appeler au boycott de diverses conférences au nom de l'« antisionisme », le nombre de livres publiés dénonçant l'État hébreu ou de manifestations organisées contre lui valent preuves. À dire vrai, la plupart de ceux qui se disent « pro-Palestiniens » agissent davantage en « anti-Israéliens », voire en antisémites ! Et lorsqu'ils sont sincèrement du côté des Palestiniens, c'est plus souvent du côté islamiste qu'ils se situent.

Les idiots utiles qualifient par ailleurs, en général, les islamistes palestiniens de vaillants « résistants », pratiquant un amalgame erroné. Erroné, car ils ont faux sur toute la ligne. Et ce pour plusieurs raisons. *Primo,* le représentant légitime du peuple et de la cause palestinienne est l'Autorité dirigée depuis

2005 par le président Mahmoud Abbas. Or celle-ci a renoncé à la violence, préférant emprunter la voie de la négociation et de la diplomatie. *Secundo*, le Hamas, organisation islamiste liée à la pensée des Frères musulmans, est nourri par la même idéologie que celle qui alimente les organisations terroristes islamistes à travers le monde, et n'établit aucun distinguo entre le militaire et le civil, usant de toutes les méthodes utilisées par ailleurs par des groupes comme Al-Qaïda ou Daech, dont l'attentat suicide au milieu de civils. *Tertio*, le Hamas repose depuis sa naissance sur une charte qui appelle explicitement à la destruction de l'État d'Israël et, par conséquent, à l'élimination de sa population. On peut ajouter que les instances internationales, y compris l'Union européenne, classent ce groupe dans les organisations terroristes. Constatant tous ces éléments, il n'y a aucun débat : le Hamas est bel et bien un groupe criminel, groupe qui, en outre, n'hésite pas à pratiquer des exactions – contre les militants palestiniens du Fatah ou tout Palestinien n'observant pas à cent pour cent les règles islamistes. Pour s'en convaincre, chercheurs ou journalistes sceptiques devraient aller constater la réalité d'eux-mêmes, à Gaza.

Eh bien, malgré ces éléments édifiants et terrifiants, on trouve encore des idiots utiles n'hésitant pas à dépeindre l'organisation en usant de qualificatifs respectables. Tantôt par dogmatisme « anticolonialiste », tantôt par antisémitisme.

Il est nécessaire de revenir à l'histoire des trente dernières années pour comprendre le non-sens qui fait que des mouvements islamistes parviennent à trouver des alliés aussi bien dans des cercles universitaires qu'au sein d'associations antiracistes. En vérité des événements précis peuvent expliquer – et non justifier – cette dualité visible chez quelques « intellectuels », ceux-là mêmes (j'insiste sur ce point) qui avaient soutenu l'écrivain Salman Rushdie[1] à l'époque de la fatwa de

1. Salman Rushdie a écrit *Les Versets sataniques* en 1988, un roman jugé « blasphématoire » par les milieux islamistes.

l'ayatollah Khomeiny[1] et devinrent au fil du temps des supporters de l'islam politique ou, à tout le moins, des adeptes du compromis avec l'islamisme.

Depuis l'affaire Rushdie, les lâchetés du monde intellectuel, à l'échelle planétaire, se sont accentuées. Je les ai évoquées au sujet de la polémique sur les caricatures de Mahomet, à l'époque du procès intenté autour de la reproduction de ces mêmes dessins, et au lendemain même de l'action criminelle de janvier 2015 où on a entendu des personnes dire : « Ils l'avaient bien cherché. » Mais on a oublié que, quelques mois plus tard, en mai de cette année de sang, *Charlie Hebdo* a reçu le prix de la société littéraire américaine PEN, dont la vocation est de défendre les écrivains à travers le monde. Et que si, durant un dîner de gala organisé au musée d'Histoire naturelle, en bordure de Central Park, à New York, l'ambiance était bon enfant et que le prix fut remis à Gérard Biard, rédacteur en chef du journal satirique, ainsi qu'à Jean-Baptiste Thoret, critique au sein de la rédaction, devant un parterre d'invités prestigieux dont Salman Rushdie lui-même, quelques jours plus tôt une polémique inouïe avait bousculé la société littéraire américaine.

Quelques écrivains, notamment américains, avaient en effet critiqué violemment le choix du lauréat et décidé de boycotter la cérémonie parce que, selon eux, *Charlie Hebdo* serait un journal... raciste. Enfin, « islamophobe », pour reprendre l'expression à la mode. Près de deux cents des quatre mille membres que compte PEN avaient signé une pétition pour protester contre ce choix. Alors même que cette organisation vise à promouvoir la liberté d'expression et de création. Furieux, Salman Rushdie avait vilipendé ces reproches grotesques et, sur Twitter, traité de « lâches » les six écrivains opposés à l'attribution du prix James C. Goodale Freedom of Expression Courage Award (en d'autres termes « du courage et de la liberté d'expression ») à *Charlie Hebdo*.

1. L'ayatollah Khomeiny avait promulgué en 1989 une fatwa contre Salman Rushdie appelant au meurtre de celui-ci.

À cause de la confusion des valeurs et des idées qui pousse certains à adopter les postures les plus rétrogrades, à fraterniser avec un totalitarisme meurtrier parfois même (s'il vous plaît) au nom de l'antiracisme, on en vient à entendre et à voir tout et n'importe quoi. Dominique Sopo, le président de SOS Racisme présent à la remise du prix, lui aussi compagnon de route du journal satirique, ami de Charb et, par ailleurs, l'un des témoins du procès des caricatures, dut prendre la parole durant la cérémonie pour expliquer à une partie des contestataires hostiles au lauréat : « *Charlie Hebdo* a été de tous les combats contre le racisme, l'extrême droite, la violence envers les Noirs, les Arabes, les Juifs. » Et de conclure son discours en appelant ceux qui signèrent des pétitions contre la remise de ce prix « à ne pas tuer une deuxième fois la rédaction de *Charlie* ».

Sommes-nous entrés dans un monde où les valeurs sont si inversées qu'il revient aux militants antiracistes de se justifier ? Les esprits et les intelligences sont-ils à ce point tourneboulés qu'il faille voir les propagandistes et tueurs racistes défendus par les tenants d'une logique relativiste encourageant celui dépeint comme « faible » à commettre toutes les forfaitures et celui censé être « puissant » à les subir sans broncher ? Je le crains.

En vérité, le basculement de certains intellectuels s'est produit à la fin de la première guerre d'Afghanistan, guerre au cours de laquelle plusieurs observateurs ont été fascinés par les fameux moudjahidines osant affronter la puissance soviétique. À croire que ces combattants afghans représentèrent dans leur inconscient une sorte de vaillance romantique révolutionnaire censée amener les peuples à se transcender et à défier l'ex-URSS. Cette séduction a permis aux islamistes de prospérer, mais a aussi vu les pays arabes liés de près ou de loin à Moscou faire les frais d'une telle fascination. Le pouvoir algérien, honni à juste titre pour la nature du régime qu'il avait instauré, a ainsi très vite été amalgamé aux nomenklaturas prosoviétiques, si bien que la société civile algérienne fut niée alors qu'elle existait et les hordes du GIA perçues comme des disciples du commandant Massoud, soldat dont le charme a anesthésié les esprits les plus éclairés.

De fait, les chefs de guerre afghans, à commencer par Massoud, suscitèrent l'admiration autant par leur allure, leur bravoure réelle, que par leur discours et la foi inébranlable qu'ils montraient aux visiteurs étrangers. Et on a constaté, après cette guerre afghane, une montée de l'islamisme dans plusieurs pays. Je me souviens qu'en France quelques-uns regardaient avec amusement les « barbus » qui défilaient dans les rues d'Alger, le doigt en l'air, jurant l'instauration d'un État islamiste, comme si la « révolution » ayant eu raison de l'Armée rouge allait bannir les totalitarismes et installer les démocraties. Peu ont eu la lucidité d'observer de près la réalité du mouvement islamiste. Dans une certaine gauche, l'arrivée au pouvoir d'un régime théocratique en Algérie n'était pas considérée en elle-même comme un drame. « Après tout, disait-on, tout le monde en a assez des militaires corrompus et magouilleurs qui gouvernent l'Algérie depuis son indépendance. » Ce qui était vrai. Mais comment imaginer remplacer un régime autocratique par un autre théocratique, expansionniste et totalitaire ?

Pour expliquer le danger de visions aussi fausses des choses à certains « idiots utiles » de mes amis, il me fallait parfois recourir à des comparaisons et des images un peu puériles. En expliquant, par exemple : « Sous le régime algérien, je pouvais au moins me battre pour la démocratie, alors que, dans un régime islamiste, je n'aurais pas cette possibilité puisque voué à la mort comme mécréant démocrate et laïque. » Mais même en démontrant l'inanité de leurs attirances romantiques de cette manière simple, quelques interlocuteurs n'étaient pas convaincus. Un scepticisme qui perdure, alors même que la violence terroriste a frappé la France.

Impossible d'expliquer l'idiotie utile à travers le seul prisme des convictions ou postures idéologiques. Dans ces soutiens inattendus à des mouvements extrêmes, interviennent aussi comme raisons, parfois, l'arrivisme et le calcul individuel à court terme. La médiocrité de notre époque invite, hélas, à de telles postures, quand on voit certains politiques privilégier leur petite carrière, leur mesquin destin personnel au lieu de l'avenir de la nation. Une certaine gauche ayant longtemps eu de l'audience dans les quartiers populaires, obtenue de façon démocratique à travers les scrutins municipaux notamment, en est arrivée à servir (sans souvent s'en rendre compte) les intérêts d'islamistes en herbe, ceux qui tentent d'exciter les jeunes des quartiers difficiles, mais aussi à s'acoquiner avec des idéologues plus aguerris dont le véritable objectif vise pourtant à faire accepter l'islamisme en Europe. Par bonne conscience, on a laissé faire et proliférer des associations pas toujours clean, parce qu'elles prétendaient calmer les esprits ou résoudre la délinquance... Sans anticiper ou bien voir à qui on accordait confiance. Plus grave encore, car quasiment né de calculs médiocres, des petits potentats locaux ont versé carrément, eux, dans l'électoralisme. Pour construire ou asseoir leur pouvoir, ils ont regroupé (ou laisser se regrouper) des populations selon des logiques communautaristes ou ethnoreligieuses, se sont façonné une clientèle à coups de petits privilèges, souvent au mépris des règles républicaines et des principes laïcs. Et, au passage, idiots utiles par excellence, ont permis à des responsables d'associations islamistes d'acquérir une respectabilité, puisqu'ils devenaient les seuls relais entre les élus locaux et les administrés. Devant le vide abyssal né, au fil des années, de la destruction des corps intermédiaires classiques par les pouvoirs publics, nombre de ces associations islamistes, sous couvert de rassemblements culturels, de soutien scolaire ou de cours de « langues étrangères » (comprendre la langue arabe), se sont métamorphosées en interlocuteurs privilégiés des pouvoirs municipaux et régionaux. Donc en groupes de pression.

Cette dérive, au fil du temps, est devenue une logique de gestion. Une démarche qualifiée par d'aucuns d'islamo-gauchiste qui n'est plus l'apanage de la seule gauche mais de l'ensemble de la classe politique européenne. Même des responsables de droite, bombeurs de torse dans l'opposition promettant le pire aux groupuscules islamistes en cas d'accession aux responsabilités, reproduisent le même schéma une fois leur élection acquise. Or le problème est grave. Cet électoralisme n'est en rien lié à une orientation idéologique unique, il se teinte de plus en plus de « pragmatisme politique » parce que les ghettos et la sociologie de certains quartiers, conjugués à la fragilisation, voire à l'absence, des corps intermédiaires républicains, ne laissent plus d'autre choix à certains élus locaux que de composer avec les islamistes. Parfois jusqu'à la compromission dans le but de conserver une circonscription. Si, en plus, l'élu n'éprouve guère de scrupules, s'il est peu courageux et ne défend rien d'autre que sa carrière, à coup sûr le poids des islamistes ne cessera de peser au long du mandat local.

Un commandant a été pris dans cette nasse. Ancien syndicaliste, Bruno Beschizza, à une certaine époque, était régulièrement invité sur les plateaux d'émissions auxquelles j'étais convié, notamment « C dans l'air » sur France 5, afin de commenter les questions liées à l'islam politique. Et puis, un jour, il a rejoint l'UMP, devenue Les Républicains (LR). À l'époque, mimant le discours quelque peu « viril » de l'ancien président Nicolas Sarkozy dont il se voulait proche, il affirmait en substance : « Le jour où nous serons au pouvoir, vous allez voir ce que vous allez voir ! » Dans les milieux islamistes, assurément, on tremblait. En tout cas l'ex-commandant était convaincu de pouvoir montrer aux islamo-gauchistes de France et de Navarre, aux adeptes du *politiquement correct* et à tous les idiots utiles – de gauche – de quel bois – de droite – il se chauffait, lui, l'adepte de l'ordre et du *marcher droit* ! Pas de doute, avec lui, ça allait déménager !

Élu en mars 2014 maire d'Aulnay-sous-Bois, il ne tarda pourtant pas à agir comme certains de ses prédécesseurs de gauche, qu'il critiquait avant l'élection. À vrai dire, il fit même pire puisque, durant l'année qui suivit son arrivée à l'hôtel de ville, il se laissa influencer par une association islamiste et communautariste – par clientélisme électoral, pour acheter la paix sociale, pour récompenser ceux qui l'avaient aidé à remporter l'élection ? – et se mit à œuvrer avec elle.

L'Union des associations musulmanes de Seine-Saint-Denis, appelée communément l'UAM 93, représentée notamment par un certain M'hammed Henniche, secrétaire général de ladite association, paraît entretenir des liens étroits avec le nouveau maire. À l'approche du second tour des municipales, Hassen Farsadou, président d'honneur de l'Espérance musulmane de la jeunesse française (EMJF), avait affirmé : « Je le dis publiquement. À titre personnel, je soutiens Bruno Beschizza[1]. » Une annonce importante puisque, localement, ce monsieur n'est pas n'importe qui. Islamiste d'origine tunisienne, également fondateur et président de l'UAM 93, il forme en effet un duo avec M'hammed Henniche, à l'aspect plus lisse, donc rassurant. Or Hassen Farsadou est lié aux islamistes d'Ennahda, le parti qui propage, en Tunisie comme en Europe, la pensée des Frères musulmans, et a été longtemps recherché par le régime de Ben Ali, car condamné à la prison pour « activités subversives[2] ». Les idiots utiles considèrent-ils qu'un islamiste poursuivi par un autocrate devient forcément sympathique, fréquentable ? La dangerosité d'un militant islamiste baisse-t-elle d'intensité parce qu'il s'oppose ou s'est opposé à un dictateur ? Personnellement je ne le crois pas, mais cette pensée binaire continue de faire des ravages, biaise les réflexions, pourrit les mentalités et fausse toute analyse.

Si l'UAM 93 n'est pas une association islamiste homogène, mais plutôt un magma, un regroupement de différentes associations, certaines clairement islamistes, d'autres faisant la promotion d'un islam identitaire et communautariste, deux marqueurs forts, outre le profil de son président fondateur, attestent qu'elle diffuse des idées contraires à la laïcité et aux valeurs universelles : ses tentatives d'interdire le blasphème et sa défense du

1. *Le Parisien*, 27 mars 2014, édition Seine-Saint-Denis.

2. Évidemment, sous la présidence de l'autocrate Zine el-Abiddine Ben Ali, la justice tunisienne était instrumentalisée et, souvent, les militants islamistes poursuivis pour leur seule adhésion au parti Ennahda. L'activisme islamiste de Hassan Farsadou s'est poursuivi en France et, plus tard, en Tunisie après la chute du régime, au lendemain du Printemps arabe. C'est la raison pour laquelle il est décrit comme militant islamiste propageant la pensée des Frères musulmans à travers différentes associations.

voile islamiste. Par ailleurs, *last but not least*, Hassan Farsadou a également été un partisan du boycott des produits israéliens – ce qui est illégal[1] – et a co-organisé des marches et manifestations contre la publication des « caricatures du Prophète ». Autant d'éléments permettant de cerner le profil du principal « partenaire » de la mairie qui, sous couvert d'enseignement de la langue arabe et de soutien scolaire, continue de diffuser la pensée des Frères musulmans. Qui a dit qu'un idiot utile de droite était différent d'un idiot utile de gauche ?

Faut-il enfoncer plus encore le clou ? Je le crois, oui. Alors parlons de Nadia Hamour, secrétaire nationale des Républicains (LR) chargée des questions d'intégration. Même si une certaine discipline de parti l'empêche vraisemblablement de dénoncer haut et fort ce qu'elle a vécu et subi à Aulnay-sous-Bois, ses déboires valent d'être contés.

Recrutée en mars 2015 par Bruno Beschizza, le maire d'Aulnay, en tant que directrice de la politique de la ville, elle constate très vite le poids des islamistes au sein de la commune. Initialement fonctionnaire au ministère de l'Éducation nationale, cette féministe résolument opposée au voile islamique avait réussi à obtenir un détachement et était déterminée à s'investir dans sa nouvelle mission. Bonne connaisseuse des quartiers populaires – elle fut enseignante dans un lycée de quartier difficile –, elle voulait diffuser les valeurs républicaines qui ne sont plus défendues et même font défaut dans certains ghettos ethnoreligieux. Et ce deux mois à peine après les attentats de *Charlie Hebdo*, période où une confusion s'était instaurée autour du slogan « Je suis Charlie », certains le détournant en un « Je ne suis pas Charlie » traduisant une vraie perte des valeurs de la démocratie, dont le besoin de la liberté de la presse et

1. Deux fondements juridiques prohibent le boycott. D'abord la loi de 1881 sur la presse. Elle punit d'un an d'emprisonnement et de 45 000 euros d'amende la provocation publique à la discrimination. Ensuite le code pénal à travers l'article 225-2 qui précise qu'« entraver l'exercice normal d'une activité économique quelconque » est bien une discrimination. Par ailleurs, le délit d'entrave d'une activité économique a été ajouté au code pénal en 1977, après l'appel au boycott d'Israël par la Ligue arabe.

l'obligation d'exprimer un désaccord à travers la justice et non le meurtre.

Consciente des prises de position du nouveau maire, qui étale ses convictions et certitudes sur les plateaux de télévision, Nadia Hamour pensa qu'il la laisserait faire du bon travail. D'autant que c'est lui qui l'avait appelée à ses côtés. Son profil, de surcroît, convenait. Universitaire arabisante, historienne de formation, spécialiste des relations euro-arabes et de l'histoire du Moyen-Orient, au fait aussi bien les questions d'immigration que d'intégration, elle bénéficiait d'une totale légitimité. Attachée, par ailleurs, aux valeurs de la République, comprenant l'importance de la laïcité et de l'émancipation de la femme, maîtrisant complètement la parole publique pour avoir travaillé dans les cabinets ministériels – en d'autres termes, il ne s'agit pas d'une militante qui expose ses avis avec hargne et hystérie –, elle disposait de tous les atouts pour réussir. Quant à ses opinions, tout un chacun les connaissait puisqu'elle les exprimait librement dans les médias nationaux, notamment en tant que secrétaire nationale du parti.

Et puis, début 2016, la machine s'est grippée. Forte de ses convictions, elle déclara dans *Le Point* : « Le voile intégral est un signe de soumission et d'asservissement de la femme que la République ne saurait accepter. C'est la négation en acte des principes émancipateurs, car il condamne les femmes à vivre en marge de la société, à s'extraire, c'est le refus de la mixité, le refus de serrer la main de gens considérés comme impurs... Quand bien même cette servitude serait volontaire, cela ne la rend ni acceptable ni légitime[1]. » Auparavant, à l'occasion d'une participation à une émission de France 24, elle avait fait une déclaration, suivie d'un tweet tout aussi explicite : « Le voile me dérange parce qu'il est porteur d'un message politique[2]. »

Ce qui énerva quelques islamistes, notamment des réseaux sociaux. Trois jours après l'émission, aussi incroyable que cela

1. Nadia Hamour (LR) : « Le voile comme la *burqa* sont un symbole de l'oppression des femmes », *Le Point*, 12 janvier 2016.
2. Émission « Le Débat », France 24, 9 décembre 2015.

puisse paraître, M'hammed Henniche, le secrétaire général de l'UAM 93, annonça en effet que l'universitaire, directrice de la politique de la ville à Aulnay-sous-Bois, serait « convoquée » par la mairie. « Scandalisé par les propos de Nadia Hamour sur le voile, écrivit-il sur Twitter, l'UAM 93 a contacté Bruno Beschizza qui va convoquer Hamour. » *Illico* les sites islamistes jubilèrent. L'un écrivit : « Nadia Hamour tient des propos islamophobes, l'UAM 93 la fait convoquer par le maire. »

Beschizza lui parla de ses propos en effet, une première fois. Sans montrer de mécontentement particulier. Ayant écouté à plusieurs reprises le maire s'exprimer à ce sujet, je ne crois pas qu'il pouvait être en désaccord avec elle. C'était compter sans les islamistes qui, ne voyant rien venir, repartirent à la charge, au lendemain même de l'interview accordée au *Point*. Et Nadia Hamour se vit derechef convoquée par le maire. Qui lui annonça, oralement, qu'elle devait sans délai quitter son poste ! Littéralement évincée du jour au lendemain.

Le plus drôle, enfin pathétique, dans cette histoire, c'est que le courageux maire, pour se justifier, écrira quelques jours plus tard au préfet de la Seine-Saint-Denis en expliquant demander la réintégration de Nadia Hamour dans son corps d'origine car, prétendit-il : « Aujourd'hui, sa situation est devenue compliquée et je crains pour sa sécurité[1]. » Or aucune menace précise n'était signalée ni la moindre plainte déposée. L'édile d'Aulnay-sous-Bois écartait une collaboratrice en affirmant craindre pour sa sécurité, sans en donner les raisons. Il en avait soit trop dit, soit pas assez.

À ma connaissance, l'ancienne directrice de la politique de la ville n'a pas reçu de message dangereux, ni les services de police de signalement particulier à ce sujet. Seul le mécontentement des responsables des associations islamistes semble en revanche avéré. Alors de quatre choses l'une : soit le maire considère que ces représentants islamistes constituent une menace lorsqu'une déclaration publique les mécontente, soit il

1. Courrier consulté par l'auteur. Lettre envoyée le 3 février 2016 par Bruno Beschizza à Philippe Galli, préfet de la Seine-Saint-Denis.

cède à leur pression, soit il anticipe des problèmes et croit les résoudre ainsi, soit il amplifie l'affaire pour se doter d'arguments censés justifier l'éviction.

Autre ironie de l'affaire, quelques jours avant son limogeage, Nadia Hamour rédigeait le tweet suivant : « Il y a une responsabilité de la gauche qui pactise pour obtenir la paix sociale dans les quartiers. » Depuis, elle a dû constater, à ses dépens, que dans son parti aussi la compromission était parfois de mise[1].

Cette histoire est-elle un cas isolé dans la courte carrière municipale de l'élu d'Aulnay-sous-Bois ? Pas vraiment.

Le 31 décembre 2015, tandis que la plupart des Français fêtaient la Saint-Sylvestre, plus de cinq cents salafistes se réunissaient à l'intérieur du gymnase municipal local. Pour une conférence intitulée « Soirée spéciale » organisée par l'Espérance musulmane de la jeunesse française, dirigée par le fameux Hassan Farsadou. Une « soirée spéciale » avec de spécieux conférenciers : Nader Abou Anas, Éric Younous et l'imam Mehdi Bouzid. Si les deux premiers sont décrits par les services de renseignement comme des prosélytes diffusant des idées contraires aux principes démocratiques et républicains, le troisième, plus connu au sein des milieux islamistes sous l'appellation « cheikh Mehdi d'Aubervilliers », est depuis un certain temps dans le collimateur de la Direction générale de la sécurité intérieure (DGSI). Parce que vu, selon des médias ayant eu accès à des rapports d'enquête le concernant, comme « un prosélyte radical [qui] tient des discours prodjihadistes[2] ». Ami d'enfance des frères Kouachi, il dit cependant ne partager en rien leurs points de vue. On ne veut que le croire !

Alors que ces informations ou soupçons sont publics et que le maire, lui-même ancien officier de police, est sensible à ces

1. Sur cette question comme sur les autres de ce chapitre pour lesquelles le nom de Bruno Beschizza a été évoqué, l'auteur a tenté à plusieurs reprises de joindre ce dernier. Celui-ci n'a pas eu le temps de lui répondre. Lui-même, lorsque la presse a évoqué le cas de Nadia Hamour et l'influence de certaines associations ou individus salafistes sur la commune, a toujours contesté les versions avancées et a estimé ne pouvoir rien faire sur ces sujets.

2. *Le Parisien*, 4 décembre 2015.

questions, il est étonnant de voir ces salafistes organiser, dans un gymnase municipal, un mois et demi après les attentats du 13 novembre et un an après ceux de *Charlie Hebdo*, une réunion rassemblant plusieurs centaines de personnes. J'avoue que, par moments, j'ai du mal à comprendre !

La petitesse d'esprit et l'absence de prise de conscience ou de prise au sérieux du danger islamiste conduisent certains élus, sinon à assener des approximations à l'emporte-pièce, du moins à ne rien comprendre à cette problématique majeure. Qu'on en juge !

Alexis Bachelay, député socialiste, laissait entendre, le 4 mai 2015 sur Europe 1, qu'au regard du contexte syrien il fallait admettre que le Qatar, notre « allié contre Daech », puisse soutenir des organisations terroristes liées à Al-Qaïda. Un propos selon moi irresponsable, typique d'un élu qui n'a pas compris que si ces pays propagateurs de l'islam politique (le Qatar ou l'Arabie Saoudite) dans sa version rétrograde se retrouvent aux côtés des démocraties pour « lutter » contre l'État islamique, ce n'est pas en raison d'une adhésion subite aux valeurs universelles, mais parce que le monstre qu'ils ont participé à créer s'est retourné contre eux. Qui ignore encore, aujourd'hui, que l'idéologie appliquée par Daech est celle-là même enseignée – sur un plan théorique – dans les écoles du salafisme ? Donc en Arabie Saoudite et au Qatar ? Faut-il ajouter à l'idiotie politique une bêtise intellectuelle, une carence crasse de jugement pour expliquer l'inanité de ce genre de déclaration, l'incapacité de ce type d'hommes politiques à poser ne serait-ce qu'un diagnostic sérieux ? Les « idiots utiles » qui se ressemblent s'assemblent, pourrait-on ajouter. Le pire c'est que, quelques mois plus tard, Alexis Bachelay, élu des Hauts-de-Seine et ex-conseiller municipal de Colombes, député ayant déposé un amendement afin que le boycott ne soit plus un délit (d'où la possibilité d'en lancer un contre les produits venant d'Israël), deviendra le porte-parole de Benoît Hamon, candidat à la primaire socialiste qui a choisi de tenir un discours susceptible de plaire aux islamistes et aux adeptes du modèle communautariste.

Par honnêteté intellectuelle, je dois avouer que j'ai, depuis mars 2016, un problème personnel avec Benoît Hamon. Je tiens à avouer clairement ce sentiment par respect pour le lecteur, lecteur auquel tout au long de ces pages je raconte mon parcours et développe mes convictions en toute franchise, transparence et sans en éluder aucun aspect.

Proche des milieux de la gauche socialiste, actif au sein de la société civile, que ce soit auprès d'associations antiracistes ou de victimes du terrorisme, j'ai eu l'occasion de rencontrer et de connaître un peu Benoît Hamon. Je pensais, alors que la gauche se trouvait dans l'opposition, que nous étions d'accord, notamment sur ces questions qui me sont chères : l'islamisme, l'antiracisme ou la laïcité. Jusqu'au jour où l'ambitieux Hamon est intervenu sur ce dernier point. Répondant à une interview de *Libération*[1], il précisa le 3 mars de cette année-là : « La laïcité ne doit pas se définir selon les positions des [Alain] Finkielkraut, [Caroline] Fourest[2] et [Mohamed] Sifaoui, qui défendent une ligne douteuse », et ajouta : « La laïcité est un principe, pas une conviction. » Qu'un homme politique affirme que cette valeur majeure de la République ne peut être définie uniquement en regard de mes propres convictions relève du débat et est parfaitement légitime. Encore faut-il exposer ses propres arguments et expliquer, lorsque l'on se veut homme politique sérieux, en quoi la conception de Caroline Fourest ou la mienne poseraient problème et, surtout, en quoi cette conception serait différente de la vision originelle ?

En revanche, là où le bât blesse, c'est qu'un ancien ministre se « paie » des personnalités connues et peu appréciées d'une grande partie de sa clientèle électorale en jetant l'opprobre sur elles, laissant croire qu'elles seraient des adeptes d'« une ligne douteuse ». Mot qui, tout le monde l'aura compris, peut vouloir dire « raciste ». Or je refuse d'être qualifié, ne serait-ce qu'à

1. Benoît Hamon, « Fier d'être de la gauche archaïque », *Libération*, 3 mars 2016.
2. Pour se faire une idée précise de la position de Caroline Fourest, il suffit de lire son livre sur le sujet : *Génie de la laïcité*, Grasset, 2016.

demi-mot, de « raciste », tant la totalité de mon engagement est structurée d'abord par une pensée antiraciste. Jeune Algérien, j'avais compris que l'islamisme était un mal, après avoir écouté des discours intégristes qui voulaient me convaincre, à l'instar de mes coreligionnaires, que l'identité même de Benoît Hamon, catholique baptisé, devait être méprisée, car « différente » de ma croyance originelle. C'est par rejet de ce racisme-là, de cette « ligne douteuse » de l'islam, que je suis devenu profondément laïque, engagé dans l'antiracisme et attaché à l'humanisme. C'est, ensuite, en raison de la violence, de l'homophobie et de la misogynie que génère l'islam politique – et je parle bien d'islam politique, car je sais que des formes spirituelles de l'islam ne sont pas concernées – que j'ai choisi, une année après l'autre, de me faire le pourfendeur convaincu de cette vision dévoyée de la religion. Me positionner sur une « ligne douteuse » alors que, depuis plusieurs années, je donne temps et argent afin de défendre les Maghrébins – musulmans ou pas –, les Juifs, les Asiatiques, les Africains subsahariens, les femmes, les homosexuels, les réfugiés ! Et quelle « ligne douteuse » ? Celle qui critique l'islam de Tariq Ramadan ? Ou celle qui dénonce le fait que Trappes – le bastion électoral de Benoît Hamon – soit aussi l'un des fiefs, en région parisienne, de recrutement pour Daech et Al-Qaïda ?

Le blessant dans ce propos – raison pour laquelle j'en ai fait une affaire personnelle – fut de constater qu'un élu, de surcroît ancien ministre de la République, jette mon nom en pâture au moment où s'empilent sur mon bureau les menaces de mort et les plaintes (qui aboutissent rarement). Le « douteux », en vérité, me paraît plus être de voir un élu balancer mon nom, donc me diaboliser, alors qu'en bas de chez moi le ministère de l'Intérieur était contraint d'installer, pour préserver ma sécurité, en plus des gardes du corps qui m'accompagnent partout, une garde statique pour surveiller mon domicile. Avait-il seulement conscience, lui l'homme responsable aspirant aux plus hautes fonctions, que proférer ce genre de propos, désigner publiquement et nommément des personnes précises, même si le débat intellectuel a le droit d'être vif, pouvait être mal interprété par certains esprits faibles ? Je crains que non.

L'un des rares, sinon le seul, à s'indigner publiquement de cette sortie, à tout le moins inopportune, fut l'écrivain et historien Benoît Rayski. Nous ne sommes pas toujours d'accord, nos différends apparaissent dans le cadre du débat démocratique classique que je viens d'évoquer (et c'est sain), mais sa prise de position m'a rassuré dans un contexte où toutes les confusions sont permises. Sur le site Atlantico[1], il écrivit : « Caroline Fourest et Mohamed Sifaoui sont menacés de mort : des fatwas ont été lancées contre eux. Ces deux personnes vivent en permanence sous protection policière. Benoît Hamon, qui n'est pas fondamentalement méchant, et manifestement ne souhaite pas leur mort, trouve juste que leurs positions sont "douteuses". Le fait qu'on veuille les tuer ne figure pas dans la hiérarchie de ses indignations. Ils ont touché à l'islam, et donc l'ont bien cherché, n'est-ce pas ? »

On aimerait croire que les « idiots utiles » ont été mal formés aux réalités de l'islamisme, mal informés de la nature exacte de ce phénomène ou qu'ils ne perçoivent pas encore les dangers du terrorisme. Admettons qu'après les attentats perpétrés sur le sol européen en 2015 et 2016 et les centaines de milliers de musulmans déchiquetés par des bombes à travers le monde, ils n'aient toujours rien compris. Mais quand même ! Faudra-t-il attendre l'équivalent – toutes choses égales par ailleurs – de la révélation du goulag ou une réplique de l'invasion de la Tchécoslovaquie pour que, comme aux anciens communistes, les écailles leur tombent enfin des yeux ? Et encore, c'est oublier qu'il y a déjà eu, sans vouloir hiérarchiser génocides et crimes, plus d'un goulag et plus d'un génocide bosniaque. Les crimes commis contre des musulmans non affiliés à Daech existent, ceux contre les Kurdes, les Yézédis et les chrétiens d'Orient aussi. Que faut-il de plus pour qu'une certaine gauche ouvre les yeux ?

1. « Benoît Hamon en idole de l'islamo-racaille ! », Atlantico, 21 août 2016.

Pourquoi, au nom des belles valeurs de cette dernière, s'obstine-t-on parfois à ne rien voir ? Bêtise, aveuglement, confusion des esprits, électoralisme, ignominie pure… il y a de quoi s'interroger. Est-ce le principe « l'ennemi de mon ennemi est un allié » qui conduit certains penseurs, élus, hommes et femmes de gauche, de compréhension en excuse, d'excuse en approbation, à faire le jeu d'un islamisme qui, s'il avait les coudées franches, leur réserverait assurément un sort bien peu enviable ? Je le redoute.

En tout cas il serait urgent que, dépassant nos animosités réciproques, nous puissions (avec Benoît Hamon comme avec d'autres) discuter de ces sujets majeurs franchement. Car la gestion de l'islam politique, dans un pays démocratique où l'élite électorale et intellectuelle est responsable, ne doit faire l'objet d'aucun clivage partisan. Nous ne devons pas, entre démocrates laïques, nous opposer, encore moins nous déchirer sur la définition d'une idéologie qui nourrit des crimes barbares.

Plusieurs raisons poussent, à mon sens, les idiots utiles à agir de la sorte. Et à soutenir des points de vue intenables et, surtout, contradictoires avec toutes les idées qui, traditionnellement, sont plutôt défendues par la gauche française.

Il y a d'abord l'obsession de vouloir, à tout prix, professer le contraire de ce que dit la droite (et davantage l'extrême droite). Je n'encourage pas ici – bien au contraire – à un alignement sur ces mouvances auxquelles je suis résolument opposé, tant même lorsque le diagnostic est juste, le remède annoncé serait assurément désastreux, tant on ne combat pas une haine par une autre et on n'affaiblit pas un totalitarisme par une posture extrémiste. Mais je pense qu'il faut être capable de se définir non en opposition constante à l'extrême droite – ce n'est pas à elle de donner le *la* de la vie politique française (ce serait trop catastrophique), et libre à elle de s'aligner sur une vision républicaine de lutte contre l'islam politique –, mais en réfléchissant sereinement et hors des clivages partisans habituels. Faut-il rappeler, sans faire là non plus de parallèle, que la lutte contre le nazisme menée par le général de Gaulle et les réseaux de Résistance mariait vrais républicains, vrais démocrates mais aussi certaines figures de l'extrême droite française des années 1930 !

Le plus important, pour moi, est de voir la route tracée par de véritables républicains. Et si des courants plus douteux l'empruntent, cela fait partie de la chose politique et de ses contradictions. Mais, là, ce n'est pas la voie elle-même qui est en cause. Ne mélangeons pas tout, face à de tels enjeux.

Voici une vingtaine d'années, Alain Gresh, grand contemplateur de la galaxie islamiste, écrivait : « Faire entrer les talibans d'Afghanistan, les bouleversements de la société iranienne, la guerre civile en Algérie et les soubresauts en Turquie dans un moule unique relève au mieux de l'ignorance, au pis de la désinformation[1]. » Chacun son point de vue. Mais à mes yeux ce propos oublie que les exemples cités ont un point commun : l'idéologisation de l'islam à des fins politiques. Un sujet essentiel. Fondamental même. Et que tous les idiots utiles mettent de côté quand ils veulent jouer aux savants.

Ce journaliste islamo-gauchiste, déjà cité dans un précédent chapitre, à mes yeux idiot utile par excellence, va, dans son texte, jusqu'à convoquer Voltaire, pourtant premier pourfendeur des religions, pour lui faire dire – ignorance ou transformation du sens ? – ce qu'il ne voulait certainement pas rédiger. Gresh écrit : « Toutes ces lois qui, à la polygamie près, sont si austères et sa doctrine qui est si simple attirèrent à sa religion le respect et la confiance. Le dogme surtout de l'unité d'un Dieu, présenté sans mystère et proportionné à l'intelligence humaine, rangea sous sa loi une foule de nations [...]. Cette religion s'appelle l'islamisme[2]. » Et il ajoute : « En 1756, Voltaire, pourfendeur des Églises, jetait ainsi sur le monde musulman un regard ouvert, sans complaisance, mais sans œillères. Deux siècles et demi plus tard, il serait temps de suivre sa démarche... »

---

1. *Le Monde diplomatique*, juin 1997.
2. Précisons qu'à l'époque le mot « islamisme » était un synonyme d'« islam ». Il ne désignait pas, comme aujourd'hui, une idéologisation et une politisation de l'islam.

Ceux qui ont lu *Le Dictionnaire de la pensée de Voltaire par lui-même*, et notamment la partie consacrée à l'islam, n'ignorent pas que le philosophe ajoutait, quelques lignes plus loin : « Ils [les musulmans] donnèrent toujours le choix aux peuples subjugués d'être musulmans, ou de payer tribut. Ils voulaient piller, dominer, faire des esclaves, mais non pas obliger ces esclaves à croire. Quand ils furent ensuite dépossédés de l'Asie par les Turcs et par les Tartares, ils firent des prosélytes de leurs vainqueurs mêmes ; et des hordes de Tartares devinrent un grand peuple musulman. Par là on voit en effet qu'ils ont converti plus de monde qu'ils n'en ont subjugué. » Un rappel de vérités historiques indiscutables. *Primo* que l'islam s'est propagé par le prosélytisme ou les guerres. *Secundo*, que les conflits du Moyen Âge se confondaient avec une époque où l'opposition entre civilisations avait souvent une issue sanglante. Enfin, que l'islam est aussi une civilisation qui a apporté beaucoup à l'humanité.

Donc faire de Voltaire une sorte d'allié des islamistes, un idiot utile avant l'heure, me paraît relever du crime contre la philosophie et du détournement des idées de cet intellectuel hors pair qui, nous le savons, rehaussait souvent l'islam, dans ses écrits, non par attirance pour cette religion (qui lui était exotique), mais à cause de son aversion pour le judaïsme et le christianisme – les deux religions présentes dans son environnement naturel –, auxquels il cherchait à opposer l'islam afin de mieux les rabaisser. N'avait-il pas écrit : « Que répondre à un homme qui vous dit qu'il aime mieux obéir à Dieu qu'aux hommes et qui, en conséquence, est sûr de mériter le ciel en vous égorgeant ? »

Cette phrase, éludée par Alain Gresh, s'applique, hélas, aujourd'hui à ce que représente l'islamisme. Le journaliste symbolise (d'une certaine manière et même s'il ne représente plus grand-chose, sinon quelques lecteurs d'un blog) une pensée qui en vient, depuis plusieurs années, à faire croire aux Français que le « modéré » chez les musulmans (il en existe) est celui qui, tel un Tariq Ramadan, refuse de condamner, clairement et sans se faire prier, la lapidation des femmes adultères et autres crimes moyenâgeux. Il faut être fou amoureux du monde islamique pour penser que l'équivalent d'un Philippe de Villiers, par exemple (et c'est injurieux pour ce dernier), serait cet universitaire suisse censé représenter le mieux la pensée moderne et progressiste en islam, alors qu'il ne manque pas de positions ambiguës – c'est le moins que l'on puisse écrire. Si Tariq Ramadan était catholique et portait dans cette religion le même type de discours, les tenants du gauchisme moderne le verraient-ils du même œil ? J'en doute fort.

Ce que disait Voltaire au XVIIIe siècle demeure vrai de nos jours, avec la propagation de l'idéologie islamiste. Celle-ci cherche, à travers les courants salafistes notamment, à revenir aux premiers siècles de l'islam et à obtenir une domination de la planète, soit par le sabre, soit par le prosélytisme. Raison supplémentaire, s'il en est, de se battre contre la vision archaïque du monde que veulent imposer des fanatiques totalitaires. En phagocytant le monde musulman et en faisant passer leur doctrine pour le seul référentiel islamique possible, en se trouvant de surcroît des alliés en Occident, ils espèrent faire remonter le temps du monde et lui imposer un mode de vie révolu. Et si quiconque se permettait de dire ou de publier ce qu'écrivait Voltaire à son époque à l'égard de l'islam, il serait à coup sûr immédiatement taxé d'« islamophobe ». Qui plus est vraisemblablement par le même Alain Gresh, l'homme prompt à monter au créneau dès qu'une critique de l'islamisme surgit.

12

Le chantage à l'« islamophobie », une escroquerie !

L'assassinat est la forme la plus extrême de la censure.

George Bernard Shaw

Une autre idiotie passe de plus en plus inaperçue. A été en effet poussée à son paroxysme, dans un objectif non avoué de censure, l'accusation d'« islamophobie ». Qui tombe aisément sur tout un chacun osant émettre le moindre reproche à l'égard du dévoiement de la religion par des personnes extrémistes. Et qui tombe même sur des personnes de culture ou de confession musulmane se permettant de critiquer les intégristes gangrenant leur propre religion. Des esprits libres *illico* affublés de tous les noms d'oiseau (comme je l'ai raconté précédemment avec le cas du journaliste algérien Kamel Daoud), assauts perpétrés par des islamistes mais aussi – et surtout – par nombre des « idiots utiles » déjà évoqués n'ayant rien à voir avec l'islam.

Dans un pamphlet intitulé *La Nouvelle Islamophobie*[1], publié en 2003, le chercheur (militant) Vincent Geisser avait essayé *grosso modo* d'expliquer, sans pouvoir selon moi en donner la preuve scientifique, que l'« islamophobie » serait entretenue,

1. La Découverte.

ou peu s'en faut, par les intellectuels et les médias. Pour faire des ventes, agiter la peur des immigrés, etc.

C'est oublier qu'en 2003, deux années après les attentats du 11 Septembre, tandis que les menaces se multiplient, l'Algérie sort de dix années de terrorisme, Londres est devenu le centre névralgique du djihadisme européen, des filières sont constituées pour envoyer des aspirants terroristes vers l'Afghanistan ou la Tchétchénie alors que d'autres s'apprêtent à se rendre en Irak, bref qu'il existe un contexte national et international pouvant expliquer autrement que par une sorte de racisme religieux que des médias s'intéressent à l'islam politique. Mais tant pis, l'universitaire activiste enfonce peu après le clou sur un site Internet proche idéologiquement de l'UOIF et de Tariq Ramadan en déclarant que « la peur de l'islam se vend bien médiatiquement : elle permet aux hebdomadaires généralistes d'augmenter considérablement leurs ventes[1] ». Il affirme aussi que les progressistes qui critiquent l'islamisme (je me sens visé) – y compris ceux de culture musulmane[2] (en effet, je suis visé) – comme Rachid Kaci[3], Latifa Ben Mansour[4] ou Dalil Boubakeur[5], sont des « leaders qui se prétendent musulmans [et] contribuent, aujourd'hui, au développement de l'islamophobie[6] ».

Vincent Geisser nous appelle en fait les « cautions ethniques » de la dialectique islamophobe. Concrètement, cela signifie que je ne suis plus un journaliste ni un écrivain, puisqu'un « chercheur » français me résume – comme d'autres – à une sorte de « caution ethnique » du racisme, à un outil. Poussons la réflexion – et cette logique – plus loin : parce que je ne suis pas un bon musulman pratiquant une vision extrémiste de l'islam, je serais un Arabe de service ? Car il faut savoir décrypter les mots. Dans le langage universitaire, on ne dit pas « Arabe de service », terme réservé

1. Le site Oumma.com, interview du 18 septembre 2003.
2. L'auteur est également décrit dans ce livre comme un « islamophobe ».
3. Homme politique français militant à l'UMP. Il est d'origine algérienne.
4. Elle est chercheur au CNRS, et c'est une intellectuelle et une féministe engagée contre l'islamisme.
5. Recteur de la mosquée de Paris.
6. Le site Oumma.com, *op. cit.*

aux ignorants qui s'expriment sur Internet et les réseaux sociaux, non, un chercheur dira plutôt « caution ethnique ». Ethnique = Arabe ; caution = de service. Voilà les choses plus claires.

Vincent Geisser montre du doigt « les acteurs politiques, intellectuels, religieux ou médiatiques de culture musulmane tirant leur légitimité d'une expertise du vécu, se posant comme décrypteurs autorisés des questions musulmanes et tenant un discours catastrophiste, sur une "benladenisation" supposée des banlieues françaises ». Pour ceux qui n'auraient pas compris, décryptons ce propos sous le prisme de mon propre travail. À le lire, ma seule et unique expertise viendrait « du vécu » et non de mes diplômes, encore moins de ma formation, de mon expérience professionnelle sur le terrain, de mes reportages en Algérie, de mes nombreux voyages en Afghanistan et au Pakistan, de mes années passées en Tunisie, de mes enquêtes réalisées au Maroc ou en Égypte, de mes déplacements au Yémen ou au Bahreïn, de mon travail dans les milieux islamistes français et européens, de mon investigation au Québec. Ma seule légitimité serait donc vaguement empirique, et tirée d'un « vécu ». Voilà qui aurait pu être juste énervant si la chose n'était pas surtout risible. Et diablement délégitimante. Car j'ai – comme Vincent Geisser – une formation supérieure, mais, à sa différence, j'ai réalisé cent fois plus de travaux de terrain que lui sur l'islam politique et le terrorisme. Hélas, mes publications ont un grand tort : avoir été prémonitoires[1].

Voilà, moi, ce que j'appelle non de l'« islamophobie », mais du racisme culturel. Le brave chercheur militant doit se considérer, sans en avoir conscience certainement, en « vrai » Français plus

1. Alors que, c'est le moins que l'on puisse dire, le « chercheur » n'a pas trouvé grand-chose, voire commis quelques erreurs. En vérité, la benladenisation des esprits – qu'il n'avait pas notée – était réelle ; c'est même elle qui a préparé plusieurs dizaines de jeunes ayant plus tard rejoint Daech. Par ailleurs, les islamistes, j'en rencontre depuis trente ans. Du salafiste algérien Ali Belhadj qui, durant sa jeunesse, expliquait qu'il fallait islamiser la planète entière, jusqu'aux adeptes de Daech. L'islamisme n'a donc jamais été pour moi quelque chose d'abstrait, de théorique ; je l'ai approché, combattu, subi, étudié et analysé.

universitaire, donc plus sachant, plus expert, plus spécialiste que les « Arabes » – des musulmans, dit-il – qui ne peuvent avoir d'indépendance d'esprit, étant trop impliqués. Ou trop instinctifs. Ou trop marqués par leur histoire personnelle.

N'écrit-il pas : « Souvent proches du pouvoir algérien, ces personnalités diverses, du recteur de la mosquée de Paris Dalil Boubakeur au journaliste de *Marianne* Mohamed Sifaoui, ne perçoivent les enjeux de l'islam en France qu'à travers le prisme du syndrome algérien, c'est-à-dire réduits à une lutte entre les "musulmans éclairés" et les "musulmans obscurantistes". » Chacun jugera l'inanité de ces phrases à l'aune du livre qu'il est ici en train de lire, mais imaginons que Geisser ait pensé cela de bonne foi. Pourquoi pas ? Le moins que l'on puisse dire, c'est que le « chercheur » militant fut dès lors sacrément mal inspiré puisque, près de quinze ans plus tard, il serait intelligent de se nourrir du « syndrome algérien » et de comprendre qu'il existe bel et bien, dans le monde dit « musulman », une lutte entre les « musulmans éclairés » et les « musulmans obscurantistes[1] » !

Le lecteur appréciera aussi la légèreté du chercheur qui se permet de mettre en doute la foi et la croyance de certains des musulmans qu'il vise, aussi bien dans son livre que dans certaines interviews, à travers l'expression : « se prétendent musulmans ». Le verbe ne relève-t-il pas du jugement quasi excommunicateur ? Or l'excommunication, en tout cas son équivalent, est décrite par les pamphlets islamistes de « crime d'apostasie » et doit, selon eux, être « punie de la peine de mort » – mais cela il devait l'ignorer, lui le sociologue français ne maîtrisant pas le dogme islamiste.

Plutôt que de m'épuiser à apporter un avis complet (que chacun aura compris) sur le livre de Vincent Geisser, il me paraît plus simple de reproduire quelques phrases de la critique qui en

1. À vrai dire, le « syndrome algérien » était le préambule d'une histoire tragique qui ne cesse de s'écrire, chapitre meurtrier après chapitre meurtrier, dont on ne connaîtra la conclusion qu'à l'issue d'une génération : la nôtre. Celle de Vincent Geisser et moi-même.

a été faite par un autre chercheur, professeur d'histoire, lui, Mouloud Haddad. Ce dernier a écrit que *La Nouvelle Islamophobie* ne réunit pas les « outils de la démonstration scientifique, entretiens et références théoriques[1] ». Et d'ajouter que l'auteur de cet ouvrage a préféré « troquer le costume du sociologue pour celui de l'intellectuel engagé, en allant au-delà du simple diagnostic, en ne se contentant pas de comprendre et d'analyser le phénomène, mais en le dénonçant. *La Nouvelle Islamophobie* tient donc à la fois de l'engagement intellectuel et du coup de gueule pamphlétaire[2] », précisant : « C'est un essai visiblement écrit rapidement et sur le vif[3]. » Il conclut son compte rendu de lecture avec une interrogation qui résume le problème soulevé aujourd'hui par les travaux ou textes de certains « chercheurs » : « L'auteur de *La Nouvelle Islamophobie* pose par ses prises de position sans concession, peu nuancées, et en désignant nommément ses amis comme ses contradicteurs, la question de l'engagement public – engagement intellectuel bien sûr, mais également idéologique et partisan – de l'universitaire dans les débats qui agitent la société, notamment lorsque lesdits débats rejoignent son champ de recherche habituel[4]. »

Je suis moi-même un auteur engagé, n'hésitant pas à dénoncer tel ou tel quand il est besoin. Mais, à la grande différence des œuvres ou propos de certains, je le fais à visage découvert, sans me prétendre autre qu'un journaliste du fait et de l'enquête, pas masqué par l'auréole du chercheur censé être objectif et qui, de fait, met d'abord en avant ses convictions et fait entrer la réalité dans les moules déjà préfondus de ses engagements. Si bien que la malhonnêteté intellectuelle de ce genre de livres, où les auteurs endossent l'habit du « chercheur » pour jouer l'activiste, me perturbe et m'horripile. Être

1. Mouloud Haddad, « Vincent Geisser, *La Nouvelle Islamophobie* », *Archives de sciences sociales des religions*, 134, avril-juin 2006, document 134-37, mis en ligne le 5 septembre 2006.
2. *Ibid.*
3. *Ibid.*
4. *Ibid.*

militant est respectable, encore convient-il de l'assumer comme d'assumer ses engagements idéologiques. Chose que Geisser et certains de ses amis « idiots utiles » ne font pas. La quatrième de couverture de son pamphlet le présente juste comme un chercheur lucide, distancié : « Vincent Geisser est chercheur à l'Institut de recherche et d'études sur le monde arabe et musulman (CNRS) et enseigne à l'Institut d'études politiques d'Aix-en-Provence. » Du sobre semblant annoncer un scientifique qui ne va pas étaler son avis personnel ni exposer des engagements quasi partisans, alors que j'estime que ceux-ci témoignent, depuis plusieurs années, d'une empathie envers les islamistes certaine et d'une détestation des démocrates et progressistes issus du « monde musulman ». La maison d'édition omet de préciser son registre militant et partial, alors qu'il minimise selon moi la dangerosité de l'idéologie des « Frères musulmans » depuis longtemps.

De fait, les intégristes ne s'y sont pas trompés. Eux très communautaristes, eux fort réticents aux échanges avec des intellectuels – y compris musulmans – ne partageant pas leurs points de vue et qui rejettent régulièrement les débats contradictoires, vendent les livres de Vincent Geisser dans leurs librairies et mettent en ligne les enregistrements de ses conférences aux côtés de celles des frères Ramadan ou du prosélyte Hassan Iquioussen.

En 2009, le même Geisser fut au centre d'une polémique qui l'opposa à Joseph Illand, un ingénieur général « fonctionnaire de sécurité de défense[1] » du CNRS. Une partie du monde universitaire, visiblement trompée par la nature réelle de l'affaire, s'est empressée d'apporter son soutien au « chercheur ». À sa tête, Olivier Roy n'hésita pas à prendre fait et cause pour son collègue, lequel était supposé « persécuté » par une « barbouze » que Geisser présentait, dans un courriel rendu public, en « idéologue

1. Ce poste permet de « sauvegarder le patrimoine scientifique » et de veiller à la sécurité des chercheurs travaillant sur l'islam, notamment lorsqu'ils se déplacent dans des pays sensibles.

qui traque les musulmans et leurs "amis" comme, à une certaine époque, on traquait les Juifs et les Justes ». Le dénommé Illand était donc décrit implicitement comme un « islamophobe » (encore un !) « traquant » les musulmans et aussi leurs « amis ». Notons au passage le parallèle audacieux fait avec le nazisme, parallèle indécent entre le sort réservé aux Juifs sous l'Occupation et celui des musulmans – voire des islamistes – aujourd'hui en France.

Mais de quoi s'agissait-il réellement ?

Le conflit a pour origine une enquête initiée par le « chercheur » fondée sur un questionnaire ethnique (utilisé par Vincent Geisser au mépris des règles établies par la CNIL, la Commission nationale de l'informatique et des libertés) et le renvoi d'une doctorante musulmane. Le pourfendeur des « islamophobes » accusait en effet Joseph Illand d'être responsable du renvoi d'un laboratoire en génétique moléculaire de cette dernière pour « trouble à l'ordre public et atteinte à la liberté de penser de ses collègues ». Dans un courriel rendu public par lui-même visant à soutenir l'étudiante renvoyée, Geisser assurait que le fonctionnaire de sécurité traquait les « musulmans et leurs amis ». Ce dernier portant plainte pour diffamation, la direction du CNRS convoqua le « chercheur » dans le cadre d'une enquête interne avec menace de mesure disciplinaire. À l'époque, choqués, chauffés, différents chercheurs et universitaires lui apportèrent même leur « soutien » en signant des pétitions ou multipliant les interventions médiatiques en sa faveur. Pour certains de bonne foi, pensant que l'indépendance du sociologue était en péril, manipulés par ses supporteurs le présentant en victime d'un militaire « islamophobe ». Il convenait en vérité de nuancer sacrément les choses, comme l'a rappelé l'historienne Élisabeth Roudinesco dans une tribune parue dans *Libération*[1] : « Esther Benbassa [qui s'était impliquée] a [...] omis dans son appel de mentionner que Geisser n'est pas seulement un chercheur mais aussi un défenseur officiel en France de l'islamisme radical, largement contesté pour la dangerosité de ses propos notamment par les représentants

1. *Libération*, 25 juin 2009.

de l'islam des Lumières, Fethi Benslama et Abdelwahab Meddeb, qui lui reprochent de les présenter comme des "ennemis de l'islam vendus à l'Occident" et de favoriser ainsi la cause de l'extrémisme religieux. »

Il n'y avait évidemment aucune barbouzerie au sein de l'enceinte universitaire dans ce méli-mélo picrocholin. Mais des querelles individuelles, des passions exacerbées, un terreau idéologique explosif et des manipulations de l'opinion. Et si j'évoque l'histoire, c'est surtout afin de montrer la perversité du chantage à l'« islamophobie », l'ampleur qu'il peut prendre parfois, ainsi que pour noter la tricherie incitant certains à utiliser cette accusation pour diffuser des idées bien arrêtées sur l'islamisme. Dans l'affaire qui l'a opposé au général Joseph Illand, afin d'éviter un procès en diffamation – qu'il aurait vraisemblablement perdu –, Vincent Geisser a fini, un peu comme un enfant reconnaissant ses torts, par écrire une lettre d'excuses à l'officier du CNRS. « Je reconnais que les accusations que j'ai portées contre vous étaient fausses et outrancières, et que la référence historique déplacée à laquelle je me suis livré était de nature à vous heurter profondément », écrivit-il notamment dans un courrier[1] daté du 26 mars 2013. De quoi attester que le « chercheur » militant se laisse trop aller à des attaques non induites par ses recherches scientifiques mais par des positions dogmatiques. Défenseur du port du voile (sans préciser que des femmes musulmanes, en Europe ou dans des pays régis par

1. L'auteur a pu consulter ce courrier, reproduit ci-dessous intégralement afin que le lecteur se fasse son opinion. « À Monsieur Joseph Illand. À la suite de la publication, sans mon accord et malgré ma demande de retrait, sur Internet en avril 2009 d'un e-mail de ma part vous mettant gravement en cause, vous avez engagé contre moi une procédure en diffamation contre un fonctionnaire public. Je reconnais que les accusations que j'ai portées contre vous étaient fausses et outrancières, et que la référence historique déplacée à laquelle je me suis livré était de nature à vous heurter profondément. Mes affirmations de harcèlement à mon égard et de traque des musulmans et de leurs amis qui ont fondé votre action en justice contre moi ne recouvraient pas le fond de ma pensée et sont non fondées. Elles ont pu induire également auprès de personnalités qui m'ont soutenu dans le débat médiatique de juin 2009 qui s'est ensuivi des assertions publiques parfois violentes. J'ai conscience que ces mises en cause injustifiées ont pu vous blesser et porter atteinte à votre honneur. Je regrette sincèrement d'avoir émis ces propos et je vous prie de m'en excuser. Fait à Beyrouth, le 26 mars 2013. Signé Vincent Geisser. »

les règles islamiques, se battent pour ne pas avoir à subir cet accoutrement), qualifiant souvent les défenseurs de la laïcité d'« intégristes laïques[1] », il a choisi son camp. Qui n'est pas le mien, vous l'aurez compris.

Vincent Geisser n'est pas un cas isolé. Pascal Boniface, autre universitaire, spécialiste en géopolitique – et en football –, adopte, lui aussi, une démarche similaire.

En 2009, alors qu'aucune polémique ne nous avait jusqu'alors opposés, il s'en est pris à moi[2] en me présentant, dans une conférence organisée à Alger, comme un musulman qui se trahit[3]. Chacun appréciera la démarche. Voilà un « intellectuel français », invité à un salon du livre par le régime qui m'a injustement condamné et empêché de revenir sur place, venu évoquer un ouvrage où il critique Israël (il y a rarement de hasards !), qui se permet de jeter mon nom en pâture dans un pays où j'ai failli perdre la vie et où des islamistes continuent à me menacer en m'accusant d'être un « traître ». De quoi m'enfoncer plus encore et me mettre plus que jamais à la merci de ceux qui en veulent à ma vie, non ? Je n'attendais aucun soutien de la part de ce militant lui aussi idiot utile de l'islamisme, mais qu'il balance mon nom dans un pays dangereux où vit encore une partie de ma famille m'a paru relever de la pure saloperie.

Pascal Boniface a régulièrement des têtes de Turc, des cibles. Toujours issues du même camp. Ainsi, en 2006, il s'en était pris à la journaliste et essayiste Caroline Fourest – amie très proche, je le redis – après que cette dernière eut été récompensée[4] pour

1. Il avait qualifié les associations antiracistes SOS Racisme et Ni Putes Ni Soumises de « facilitateurs d'islamophobie ».

2. À la suite d'une conférence donnée par Pascal Boniface à Alger relayée par des quotidiens algériens, une polémique est née entre lui et l'auteur. Elle a fait l'objet d'un procès en diffamation intenté par le géopolitologue. Le tribunal a finalement débouté Pascal Boniface de toutes ses demandes et m'a donné raison.

3. La phrase exacte, rapportée par le journal algérien *Le Jour d'Algérie* du 5 novembre 2008, fut : « Ces gens [les pourfendeurs de l'islam] disent qu'ils ne sont pas contre les musulmans, mais ils s'en prennent à l'islam ! Ils entretiennent un discours contradictoire, et diffusent la confusion et l'amalgame. D'ailleurs, ils ouvrent les portes à tous les musulmans qui regagnent leur rang et se trahissent comme Mohamed Sifaoui. »

4. Caroline Fourest avait reçu le prix du Livre politique 2006.

son excellent ouvrage *La Tentation obscurantiste*[1]. Vilipendant le prix attribué à l'intellectuelle féministe engagée, il énonçait que cette dernière était « une recrue qui mérite récompense[2] ». Une recrue de qui ? Boniface évitait de livrer le fond de sa pensée, préférant, comme à son habitude, verser dans le sous-entendu. Toujours est-il que le calomniateur a beau cacher les raisons profondes de son animosité à l'égard de la journaliste – engagée, faut-il le préciser, non pas contre l'islamisme seulement mais contre *tous* les intégrismes[3] –, transparaît néanmoins ce qu'il condamne quand il écrivit un jour à son sujet : « Fourest dénonce le terrorisme et le radical islamiste, moi aussi, mais elle ne dit pas un mot des raisons de cette montée. Et, bien sûr, à aucun moment elle ne condamne, fût-ce à demi-mot, les occupations militaires israéliennes et américaines et leurs effets[4]. » Outre qu'il est aisé de déconstruire – à travers ce que nous avons déjà évoqué dans les chapitres précédents – le discours rendant les politiques israélienne ou américaine coupables de la montée de l'islamisme tant ce phénomène existait avant la création de l'État d'Israël et avant même que Christophe Colomb foule le sol de l'Amérique, il serait intéressant de voir comment Pascal Boniface critique lui-même le fanatisme musulman et l'islam politique. Car, sauf erreur de ma part, je ne me souviens pas d'avoir trouvé dans ses propos ou écrits de dénonciation argumentée, claire et sans ambages de l'islam politique qui produit le terrorisme. Sa dénonciation du terrorisme est même parfois atténuée par des explications indignes d'un « expert » autoproclamé en... géopolitique, politique, football, histoire et j'en passe.

On peut en revanche trouver nombre d'analyses qui tentent de relativiser le phénomène lui-même. Dans une interview[5], Pascal Boniface précisa par exemple : « Lorsqu'on estime qu'il

---

1. *Op. cit.*
2. Pascal Boniface et Élisabeth Schemla, *Halte aux feux*, Flammarion, 2006.
3. En 2003, Caroline Fourest et Fiammetta Venner publiaient *Tirs croisés. La laïcité à l'épreuve des intégrismes juif, chrétien et musulman*, *op. cit.*
4. *Halte aux feux*, *op. cit.*
5. Entretien entre Pascal Boniface et A. Ben Driss, « Perspectives du Maghreb », juin 2007. Publié sur le site de l'IRIS, ensuite repris sur un site pro-palestinien.

n'y a pas de voie politique, on recourt au terrorisme [...]. Regardez le terrorisme palestinien. Lorsqu'il n'y a pas d'horizon politique, il augmente. En deuxième lieu, et cela a été souvent analysé, le terrorisme est aussi l'expression d'un désir de vengeance. Impasse politique, frustration et désir de vengeance sont les véritables ressorts du terrorisme. » Voilà qui, par dogmatisme ou incompétence, déconnecte totalement la violence de l'idéologie islamiste : présenter la barbarie terroriste comme une conséquence, presque logique, voire légitime, d'impasses politiques, c'est omettre le caractère violent de l'idéologie et la consubstantialité qui existe entre le djihadisme et le salafisme.

On le voit, il existe chez certains « chercheurs » une propension à minimiser la dangerosité de l'islamisme en tant qu'idéologie et du terrorisme en tant que manifestation violente de cette même idéologie. Nous pourrions réfléchir des siècles afin d'essayer de comprendre cette posture, ce point de vue lié probablement, comme je l'ai déjà signalé, à l'histoire coloniale de la France et aux complexes qu'elle continue de générer.

Toujours est-il que Pascal Boniface est de ceux qui à aucun moment ne mettent en évidence la responsabilité propre de l'idéologie islamiste. Il ne pointe pas le rôle des idéologues, aussi bien ceux des Frères musulmans que ceux des wahhabites (sans remonter jusqu'au hanbalisme et à Ibn Taymiyya), qui ont toujours considéré la violence comme un mode d'action inscrit en bonne place dans leur programme. Il omet de mentionner, en évoquant le conflit israélo-palestinien par exemple, la charte du Hamas. Écrite en 1988, celle-ci cite pourtant, en préambule, une phrase de Hassan Al-Banna qui stipulait : « Israël existe et continuera d'exister jusqu'à ce que l'islam l'abroge comme il a abrogé ce qui l'a précédé. L'imam martyr Hassan Al-Banna, que Dieu lui fasse miséricorde ! » L'un des articles du texte fondateur de ce mouvement extrémiste est clair quant aux visées de l'organisation islamiste palestinienne affiliée aux « Frères musulmans » : c'est le rejet, dès sa création, de toute « voie politique » au règlement du conflit. Les rédacteurs de la charte avaient dès le départ précisé qu'« il n'y aura de solution à la cause palestinienne que par le djihad. Quant aux initiatives, propositions et autres conférences internationales, ce ne sont que perte de temps et activités futiles[1] ». Une phrase qui, à elle seule, contredit le postulat de cet « expert » qui promet à ses lecteurs naïfs ou dogmatiques que le terrorisme n'est en rien une cause mais une conséquence.

Le chantage à l'« islamophobie », Pascal Boniface l'a par ailleurs utilisé parfois pour fustiger *Charlie Hebdo*. Il a même usé d'une rhétorique plus vile, celle du mépris, en affirmant que *Charlie Hebdo* caricaturait l'islam par « intérêt commercial ». Une assertion fausse que cet universitaire aurait pu et dû s'épargner s'il s'était penché sur le travail réalisé par deux sociologues : Céline Goffette et Jean-François Mignot. Leur étude fort argumentée, portant sur les unes de *Charlie* publiées entre janvier 2005 et janvier 2015, soit cinq cent vingt-trois numéros, montrait en effet que l'hebdomadaire avait brocardé davantage les chrétiens que les musulmans[2]. L'étude précisait : « Au total, de 2005 à 2015, seulement 1,3 % des unes se sont moquées principalement des musulmans. De fait, *Charlie Hebdo* n'était pas "obsédé" par l'islam. »

S'il avait travaillé plus sérieusement cette question, l'habitué des déclarations péremptoires n'aurait donc pas annoncé en 2012 : « Ce journal [*Charlie Hebdo*] sait que quand on tape sur l'islam, on vend du papier. L'intérêt est donc bien plus commercial qu'une recherche de liberté[3]. » Une année plus tôt, usant de formules inquisitrices dont il a le secret, il avait précisé : « J'admets bien volontiers que les dirigeants de *Charlie* ne sont pas islamophobes. Mais ce ne sont pas non plus de preux chevaliers de la liberté. Ce sont tout simplement des faux-culs opportunistes, qui ont voulu faire un coup et doper leurs ventes en jouant sur la peur (vas-y, coco, la menace islamiste, c'est vendeur), au moment où le journal était en difficulté, sans tenir compte du coût social de leur coup médiatique. » Boniface

1. Article 13 de la charte du Hamas.
2. « Non, *Charlie Hebdo* n'est pas obsédé par l'islam », *Le Monde*, 24 février 2015.
3. Pascal Boniface « *Charlie Hebdo* caricature Mahomet : pas du courage, mais du pur opportunisme », *L'Obs-Le Plus*, 21 septembre 2012.

imaginait-il réellement Charb ou Riss dire à leur rédaction : « Vas-y, coco, la menace islamiste, c'est vendeur » ? Une assertion intellectuellement malhonnête, de ces propos et allusions qui, des mois et années durant, ont entretenu une ambiance puante autour du journal, à coups d'insinuations, de calomnies, de médisances. Sept couvertures sur... cinq cent vingt-trois numéros visaient ou se moquaient principalement de l'islam. Sept. Le chiffre qui veut tout dire et condamne.

L'obsession de ne pas vouloir donner l'impression d'être « raciste » (comme s'il fallait douter de ses propres convictions antiracistes) a incité certains intellectuels à se métamorphoser non en islamophiles (ce qui aurait été, à la limite, respectable), mais en islamistophiles.

Utilisons, en la circonstance, ce barbarisme pour qualifier ceux qui, désormais, éprouvent une réelle fascination, non pour les musulmans inscrits dans une logique spirituelle, mais pour les islamistes entrés dans une démarche idéologique. Et demandons-nous d'où vient cette tendance.

Plusieurs causes l'expliquent. L'antiaméricanisme, prolongement d'un anticapitalisme d'une partie de l'élite de gauche (mais parfois aussi de droite), a poussé celle-ci à devenir une alliée objective des extrémistes musulmans qui, très souvent, sont animés de la même détestation des États-Unis (mais attention, pas du capitalisme puisque l'islam politique est, économiquement parlant, ultralibéral). Ensuite, les islamistes séduisent certaines figures médiatiques parce qu'ils partagent avec elles le rejet du « sionisme », perçu par certains exclusivement comme un projet colonialiste. Ce qui incite des membres de l'intelligentsia à rejeter l'idée que les Juifs aient le droit de disposer, tout comme les Palestiniens, d'un État.

De cette alliance *a priori* contre nature, est née une nouvelle pensée, qu'on pourrait résumer en recourant à un autre barbarisme : l'« antisémisionisme ». Soit l'antisémitisme dissimulé sous les habits du discours « antisioniste ». Portée au cours des dernières années par l'« humoriste » Dieudonné M'Bala M'Bala – qui va jusqu'à accuser les Juifs d'être responsables de la traite négrière –, engagée dans un courant, fort douteux, où l'on retrouve pêle-mêle des « repentis » du Front national, comme Alain Soral, des défenseurs des mollahs iraniens comme Yahia Gouasmi, chef de file du centre Zahra[1], et des négationnistes comme Robert Faurisson, cette forme inédite de haine du Juif se niche dans un prétendu « rejet légitime du sionisme ». Or ne pas reconnaître aux Juifs, en même temps qu'on le reconnaît aux Palestiniens, un droit de disposer d'un État, n'est-ce pas déjà une preuve d'antisémitisme dissimulé ? Pour moi, l'antisémisionisme est une expression raciste, pure et simple, fréquente chez certains promoteurs de la fameuse « islamophobie ». C'est substituer une minorité à une autre et placer, par un jeu de duperie et de rhétoriques malhonnêtes, les « musulmans » – entendre les islamistes – dans la position des juifs durant les années 1930 ou 1940. De fait, des parallèles sont régulièrement établis entre ces deux époques par ceux qui veulent faire croire que les musulmans subiraient aujourd'hui ce qu'enduraient les juifs dans la France antisémite. Des parallèles éhontés et faux puisqu'un pays est raciste (ou antisémite) non quand quelques haineux s'expriment, mais lorsque ses lois et sa Constitution le sont ! Or, quel observateur sérieux peut, aujourd'hui, affirmer que les lois françaises seraient racistes ? Notre cadre juridique est sûrement celui qui protège le mieux, au monde, les minorités religieuses, ethniques et sexuelles !

Je suis conscient que, parfois, la défense des « musulmans » est le fruit, chez certains intellectuels, d'une attitude antiraciste louable. Et que la frilosité d'autres acteurs à l'égard de l'islam n'est pas toujours très honnête moralement. Si l'enfer est depuis longtemps pavé de bonnes intentions, il faut reconnaître que nombre de confusions n'ont pas facilité les choses. Confusions conceptuelles, mais aussi sémantiques. Un mélange où tout et n'importe quoi se vaut dans une espèce de méli-mélo verbeux accentué par les réseaux sociaux où tout se dit et son contraire, brouhaha qu'eux-mêmes génèrent au même titre que des

1. Le centre Zahra est une officine qui défend une idéologie islamiste chiite. Elle est proche du régime iranien.

médias pas toujours au fait (et à jour) des grands enjeux idéologiques. Des médias où beaucoup de journalistes ne travaillent pas assez leurs sujets, ne lisent pas, ne s'informent pas, ne vont pas sur le terrain, ne confrontent pas les certitudes de la doxa à la vérité des faits, se contentent de Google et autres moteurs de recherche qui offrent ce qu'ils ont envie de trouver. L'ensemble, avec la volonté d'« informer » vite, de combler le vide, parfois sans fond, produit un gloubi-boulga informe où chacun se perd et dit n'importe quoi. Je suis frappé par le peu de journalistes présents dans les débats et conférences publiques sur ces sujets, pourtant de première importance. Frappé par les médias d'information en continu qui cherchent, le plus souvent, des troncs à produire de la parole sur leurs chaînes plutôt qu'à inviter des personnes connaissant vraiment leur sujet. C'est à cause de cette légèreté, de cette course au remplissage que les télés en viennent à considérer un militant islamiste du CCIF comme un acteur antiraciste au même titre qu'un membre de SOS Racisme ou de la LICRA. C'est à cause de cette vacuité qu'ils estiment qu'un islamiste peut parler en tant qu'expert de l'islamisme (comme si on pouvait faire parler un schizophrène de schizophrénie). Je le répète souvent : ma légitimité à parler de l'islam politique ne tient ni à mes origines ni à mon prénom, mais d'abord à ma formation universitaire, ensuite à ma carrière (trente ans consacrés à travailler sur l'islam politique), enfin à mes publications. Subsidiairement, mes engagements me permettent de m'exprimer en tant qu'acteur de la société civile sur la laïcité, l'antiracisme, les victimes du terrorisme ou encore l'extrême droite et les populismes.

Nous savons – qui l'ignore ? – qu'il existe en France un racisme antimaghrébin (et aussi antiafricain) réel. Issu, historiquement, de courants qui ont d'abord surfé sur le racialisme, expliquant la nécessaire « hiérarchie des races », qui ont ensuite multiplié les clichés présentant l'étranger, l'immigré, tantôt comme un fainéant et un profiteur, tantôt comme un fourbe et un voleur, et, qui ont, enfin, depuis quelques années (et surtout au lendemain du 11 Septembre), dénoncé l'islam politique et utilisé ce biais comme prétexte pour faire passer des messages nauséabonds au nom d'une pseudo-lutte contre l'intégrisme. Le racisme, qui permet d'exprimer une détestation du musulman, non pas de l'extrémiste, non pas de l'islamiste, non pas du fanatique ni de l'intégriste, mais du musulman parce que musulman, existe, et il serait malhonnête de le nier. Mais il faut l'appeler comme il doit l'être : il s'agit d'un racisme discriminatoire pour appartenance à une religion, en l'espèce l'islam. Ce que la loi punit en disant : « Ce sont les actes fondés sur les distinctions opérées entre les personnes physiques à raison de leur origine, de leur sexe, de leur situation de famille, de leur apparence physique, de leur patronyme, de leur état de santé, de leur handicap, de leurs caractéristiques génétiques, de leurs mœurs, de leur orientation sexuelle, de leur âge, de leurs opinions politiques, de leurs activités syndicales, de leur appartenance ou de leur non-appartenance à une ethnie, une nation, une race ou une religion déterminée. » Tout autre concept, en dehors de ce cadre, n'a donc rien à voir avec le racisme.

L'« islamophobie », à mes yeux, n'a rien à voir avec le racisme. C'est une escroquerie intellectuelle entretenue par les islamistes afin d'atrophier le débat et d'empêcher la critique des attributs de l'islam politique présentés comme des référentiels islamiques : le voile, les châtiments corporels, la violence, la censure, etc.

Posons-nous une question : qui sort vainqueur du chantage à l'« islamophobie » ? Les tenants de l'islam politique voulant sacraliser leur dogme et interdire, si possible en s'appuyant sur des lois qu'ils auraient imposées, toute critique, non de la seule religion, mais de ses éventuelles expressions extrémistes. Autrement dit, en suivant ce raisonnement, l'islamisme deviendrait la seule idéologie politique au monde qui échapperait à la critique. Un marché de dupes donc ! Que certains encouragent implicitement.

L'« islamophobie », voici l'arme ultime dégainée pour amputer le débat public de ce qui, légitimement, préoccupe aujourd'hui les opinions : l'islam est-il compatible avec une société démocratique ? Si oui, lequel ? Quelle position adopter face aux tenants du salafisme ? Aux promoteurs de la pensée des Frères musulmans ? Doit-on cesser de caricaturer les symboles islamiques dans une démocratie laïque où règnent la liberté d'expression et l'irrévérence à l'égard de toutes les religions ? Un ensemble de questions, parmi beaucoup d'autres, qu'il est légitime de poser et de discuter. Personne n'aurait le droit de réguler le débat public au motif d'une quelconque « atteinte au sacré ». Une fois de plus, seule la justice délimite le champ d'expression.

Les premiers à avoir usé (et abusé) de ce vocable sont les intégristes eux-mêmes. Mais qui l'a créé ? Des sociologues ? Des islamistes ? Querelle picrocholine pour noyer le poisson. Toujours est-il que « phobie » veut dire : « peur excessive et immodérée ». Notons qu'une « peur », sentiment ô combien légitime, n'est en rien un fait délictueux, donc qu'à la limite « avoir peur de l'islam », *a fortiori* dans le contexte actuel, n'est en rien raciste. Ce qui le serait en revanche, c'est d'éprouver une haine à l'égard d'un musulman en raison de sa religion. Car cela, comme je l'ai expliqué, a un nom bien connu : le racisme.

Les islamistes londoniens, en traduisant, à la fin des années 1980, des propos tenus par l'ayatollah Khomeiny qui dénonçaient *Les Versets sataniques* de Salman Rushdie et son auteur, utilisèrent le mot anglais *islamophobia*, lui-même plus tard traduit en français par « islamophobie ». D'emblée le terme est donc instrumentalisé puisque mis en avant au moment où des fanatiques tentaient d'interdire à un romancier des écrits jugés « blasphématoires ». Un vocable lancé par le pape des intégristes, l'initiateur de la « révolution islamique iranienne », pour empêcher toute critique des dogmes, des religions et des idéologies, s'est donc vu repris, par la suite jusqu'à aujourd'hui, avec une certaine décontraction, par des personnes se réclamant des valeurs universelles ! Car, oui, le terme est entré dans les mœurs. On s'en doute, pour ma part je refuse catégoriquement de l'utiliser. Quand je m'y résous, à l'écrit, il est toujours inséré entre des guillemets, car il n'a, à mes yeux, aucune existence réelle. En tout cas, pas dans le sens que tant veulent lui donner. Il s'agit d'un barbarisme, d'un mot-valise destiné à brouiller les cartes, pervertir le débat en mettant dans le même sac et sur un pied d'égalité le militant d'extrême droite raciste, la féministe qui critique le voile islamiste, la victime d'attentats qui dénonce le salafisme, l'intellectuel qui donne son avis sur les Frères musulmans, le caricaturiste qui dessine Mahomet, le journaliste qui fait une enquête sur le communautarisme, le chercheur qui travaille sur le wahhabisme saoudien, l'homme politique qui refuse la *burqa* ou le *niqab* dans l'espace public, le policier ou le gendarme qui contrôle un militant islamiste. Sous le terme « islamophobe », tout se vaut, tous ceux qui refusent l'islamisme ou qui discutent le dogme le sont. Facile ! Mais ingénieux.

Depuis quelques années, le mot a fait un tel bout de chemin que l'on se dirige progressivement vers des absurdités hallucinantes. Critiquer Ben Laden ? Ce serait de l'« islamophobie ». Dénoncer le sort réservé aux femmes afghanes ? Ce serait de l'« islamophobie ». Dessiner, écrire, faire un discours avec des termes qui déplairaient aux fanatiques ? Ce serait, là encore, de l'« islamophobie ». Certains courants islamistes n'hésitent plus à considérer que même la dénonciation d'un acte terroriste est une expression d'« islamophobie ». Du coup, les idiots utiles, de gauche comme de droite, les créateurs de cette pensée désastreuse et les bien-pensants de France et de Navarre, se sont approprié un concept d'extrémistes religieux pour empêcher, au nom d'un relativisme culturel imbécile, la critique et la discussion de dogmes fanatiques.

De nos jours, pour certains, formuler des reproches contre l'islamisme ou le dogme musulman correspondrait à de l'« islamophobie ». Il faut comprendre que si la critique du catholicisme est, pour certaines chapelles, une marque de progrès, les mêmes objections ou observations adressées à l'islam sont considérées comme un « acte raciste ». Rappelons ce qu'avait subi Robert Redeker[1], ce professeur de philosophie ayant publié une tribune se risquant à émettre des remarques sur l'islam dans les colonnes

1. Robert Redeker enseignait alors la philosophie dans un lycée toulousain.

du *Figaro* ! Dans *Libération*, Olivier Roy avait osé affirmer à son propos : « Certains jouent à chatouiller la fatwa[1]. » Surprenante réaction de la part de cet universitaire ; dans ce journal, il refusait de se solidariser avec l'intellectuel menacé de mort et en arrivait à victimiser les islamistes, généralisant son propos à l'ensemble des musulmans. Il écrivit : « On voit au contraire se multiplier des attaques polémiques contre l'islam souvent ignorantes et qui frisent parfois l'imbécillité[2]. » Certes, des excès, le texte de Robert Redeker en contenait, et lui-même manquait parfois de rigueur et de justesse, mais ce dont il était question, ce n'était pas (plus) la qualité d'un travail, mais la mise en danger de l'intégrité physique de son auteur. Que voulait dire Olivier Roy ? Que seules des personnes aussi « intelligentes » que lui auraient le droit de s'exprimer sur ces sujets ? Que dans une société démocratique, lorsque des « ignorants » s'expriment, ils mériteraient la mort ? Je n'ose le croire. Reste qu'un universitaire ne doit pas toujours se croire au-dessus du lot et doit surtout se dire qu'il y a un temps pour tout. Un temps pour la critique et un autre pour le principe. Se solidariser avec Redeker, l'« ignorant » qui connaît l'islam certes comme moi je connais la physique nucléaire, relevait du devoir humain et civique dès lors que ce professeur avait été menacé. Le temps n'était pas donc au jugement scientifique.

Cela dit, des critiques contre les terroristes, contre des discours extrémistes ou contre certains musulmans instrumentalisant leur religion à des fins idéologico-politiques sont perçues, presque systématiquement, par ce « spécialiste de l'islam » comme des « polémiques contre l'islam souvent ignorantes et qui frisent parfois l'imbécillité ». Mais s'il existe maintes polémiques inutiles, cela ne veut assurément pas dire que leurs auteurs doivent être voués aux gémonies.

Un Robert Redeker menacé de mort, obligé de se terrer, devait donc, en plus, supporter ce genre de sorties, pour l'époque assurément indécentes. Si aujourd'hui j'avoue différentes

1. *Libération*, 30 septembre 2006.
2. *Ibid.*

réserves sur ses capacités à émettre un avis digne et élaboré sur la thématique islamique, si j'admets qu'en tant que citoyen il puisse penser ce qu'il veut, mais aussi que ses digressions comme professeur ne valent pas grand-chose, certains n'auraient jamais dû le vilipender violemment à cette période. Imaginons par ailleurs que le même auteur, sans préjuger de l'exigence intellectuelle de sa tribune, ait rédigé un article du même tonneau non pas contre l'islam mais contre l'Église catholique. Imaginons qu'à la suite de cet écrit, un intégriste lui ait expédié un message menaçant. Que serait-il arrivé ? D'aucuns auraient condamné l'Église, craché sur cet intégriste, appelé à la mobilisation, mais personne, j'en suis convaincu, n'aurait franchi le pas de proférer une « imbécillité » similaire à celle d'Olivier Roy. Tous se seraient rappelé que nous sommes au pays de Voltaire et que, en France, nous avons encore le droit d'être injustes, irrespectueux et irrévérencieux à l'égard des religions. Les écrits peuvent déplaire, ne pas être valides scientifiquement, approximatifs voire farfelus, mais jamais rien ne saurait justifier une menace de mort.

Au cours de l'émission « On n'est pas couché » animée par Laurent Ruquier sur France 2, l'un des invités avait lancé, à l'époque, à Robert Redeker : « On ne peut pas heurter des croyants. » Ah, bon !? Au sein de quelle civilisation ? Chez quels philosophes ? Dans quels grands livres a-t-on lu une telle ineptie ? Pourquoi oublier, soit dit en passant, que beaucoup de religieux ne se privent pas de « heurter » les non-croyants ? Quand les islamistes répètent, à longueur de prêches, que les « mécréants sont voués à l'enfer », n'est-ce pas, en quelque sorte, « heurter » les athées ou les agnostiques ? Lorsque ces derniers sont considérés, dans le meilleur des cas, comme des « brebis égarées », plus souvent comme des « ignorants » ou des « inconscients », ne sont-ils pas « heurtés », également, dans leurs convictions intimes et profondes ?

Enfin, depuis quand n'aurions-nous plus le droit de débattre, de décortiquer les dogmes, voire de nous montrer injustes à leur sujet ? Les religions et les civilisations n'ont-elles pas évolué pour avoir été régulièrement remises en question (parfois violemment) et même attaquées ? Doit-on considérer, ce que sous-entendent beaucoup, que ce qui a été possible pour le judaïsme ou le christianisme ne serait pas réalisable avec l'islam ? Que les musulmans doivent demeurer dans leur obscurantisme et leur ignorance ? En somme, si un islamiste considérait, selon une compréhension littérale des textes, que Dieu aurait « expliqué dans le Coran que les juifs sont des porcs et des singes », il ne faudrait pas discuter, pas essayer de lui expliquer les choses, lui rappeler qu'il s'agit d'images ou d'écrits anciens ? Il ne faudrait surtout pas polémiquer par crainte de passer pour un provocateur voire un raciste, enfin un « islamophobe » ?

Si nous est ôté le droit, en raison d'un climat délétère, de critiquer, nous disputer, interpeller X ou Y, ou des experts et des religieux sur tel ou tel verset, telle ou telle interprétation coranique, où est tombé l'échange démocratique ? Bien bas. Si nous ne pouvons plus écrire ce qui serait susceptible de déplaire à des croyants ou à des fanatiques, qu'écrirons-nous ? Le chantage à l'apostasie appliqué par les islamistes comme celui d'« islamophobie » porté par certains « intellectuels » devient tout simplement insupportable. D'autant plus exaspérant et même intolérable qu'il empêche – ou tente de le faire – les musulmans d'être confrontés au débat et à la contradiction.

« Il faut faire preuve de responsabilité à l'égard des musulmans », entend-on souvent. Que signifie une phrase de ce genre, sinon, implicitement, que ces derniers seraient primitifs, ignorants, incapables d'appréhender les valeurs universelles, les droits de l'homme, la liberté d'expression, donc qu'il conviendrait de les infantiliser et ne pas les considérer comme des êtres adultes et responsables ? En définitive, ceux qui expliquent aujourd'hui que, lorsqu'on est caricaturiste danois on peut dessiner Jésus car les chrétiens sont intelligents, on peut se moquer de Moïse car les juifs pratiquent eux-mêmes l'autodérision, mais on doit faire preuve de « responsabilité » et ne pas caricaturer Mahomet car les « mahométans », crispés, ne comprendront ni l'humour ni la subtilité d'un dessin de presse, alimentent une dangereuse dérive. Une dérive que d'aucuns auraient le droit d'interpréter comme une incroyable condescendance à l'égard… des musulmans ! Cette inversion de l'échelle des valeurs et des principes, je l'avoue, m'est insupportable.

13

Pascal Boniface : « faussaire » et « pyromane »

Il y a une chose plus terrible que la calomnie, c'est la vérité.
Talleyrand

Ma conception du débat ne m'a jamais conduit à confronter mes avis uniquement à des personnes avec lesquelles je me contenterais de désaccords superficiels. J'ai toujours pensé que l'échange et la discussion pouvaient réunir, sous certaines conditions, des acteurs dont les points de vue divergent, y compris sur des points fondamentaux. Pour autant, j'ai systématiquement refusé, histoire de ne pas les légitimer, de débattre avec les individus qui véhiculent, de manière directe ou indirecte, des idées extrémistes, en l'occurrence les racistes, xénophobes, antisémites et autres promoteurs des totalitarismes, dont l'islam politique – la liste peut s'allonger. Je ne pense pas, en effet, qu'il soit opportun de dialoguer, débattre avec les tenants des logiques antidémocratiques. Ces derniers, il convient avant tout de les combattre et de les marginaliser, voire d'assumer le fait de les diaboliser, faute de quoi les accueillir à une table et palabrer avec eux comme si de rien n'était reviendrait à les banaliser, normaliser, transformer en contradicteurs respectables. Ce qu'ils ne sont pas.

On peut considérer ma position comme radicale. Je l'admets, l'assume même. La vérité est que j'ai constaté combien un débat ne fait jamais reculer un extrémiste, mais au contraire le renforce. Accepter d'échanger au sujet d'une haine ou d'un racisme, c'est déjà considérer ces maux inadmissibles comme des opinions, alors qu'il s'agit de fléaux et de délits à fustiger et contre lesquels se battre.

C'est le respect des principes démocratiques qui doit conditionner le cadre de tout échange intellectuel. Car, dès lors, les plus grandes divergences peuvent s'y neutraliser, non sur le fond, mais, à tout le moins, sur la forme, et ouvrent ensuite un échange passionnant, certes, mais où seuls les arguments font loi et permettent à l'opinion de tirer ses conclusions. La bienséance, l'éthique et le savoir-vivre incitent chaque contradicteur à rejeter, comme mode opératoire, la calomnie et la diffamation... même si l'âpreté de certains débats peut amener, parfois, à dévoiler le vrai visage d'un adversaire, en détaillant des faits objectifs et avérés, des contradictions effectives, voire une malhonnêteté intellectuelle de démarche ou une incohérence de pensée. J'en suis donc conscient : la démocratie n'est en rien le monde des Bisounours. Elle peut tolérer une certaine violence verbale et même accepter des sémantiques excessives quand il s'agit de faire avancer des idées et de s'opposer à d'autres. Néanmoins, rien ne doit justifier que l'échange en vienne à virer au remake de *Mad Max*, monde où tous les coups, des plus violents au plus vils, sont permis. Une certaine éthique doit, en toutes circonstances, encadrer les discussions, y compris les polémiques les plus passionnées !

Hélas, il s'agit là d'un vœu pieux bien irréalisable depuis que les réseaux sociaux et Internet sont devenus le cœur des affrontements idéologiques et l'arène où s'affrontent tous les contraires. Les acteurs politiques et les personnalités publiques sont les premiers à en faire les frais. Et j'en sais quelque chose, puisque la plupart des calomnies qui me visent ont d'abord éclos sur Internet avant d'être lessivées et recyclées par des acteurs connus en quête d'« arguments » visant à me disqualifier et – espéraient-ils – me faire éjecter du débat.

On pourrait croire, vu de loin, que les milieux extrémistes, car extrémistes, sont les seuls à user de méthodes de débat et calomnie contestables. Erreur. Grave erreur, même.

Quand les islamistes et communautaristes identitaires musulmans me désignent comme un « suppôt des Juifs et des sionistes » pendant que les extrémistes communautaristes juifs sont convaincus, chaque fois que j'exprime une position qui leur déplaît, que je suis un « antisémite », voire – ils n'ont visiblement pas peur du ridicule – un allié dissimulé des islamistes, que dire ? Que ces outrances refusant de comprendre la complexité du monde et mes positions pourtant intangibles ne m'étonnent guère. Ils s'embourbent dans leur logique caricaturale et extrémiste, que je dénonce. Qu'au même moment des groupuscules douteux comme les « Indigènes de la République » me voient, eux, en poisson-pilote de l'extrême droite, tandis que la plupart des identitaires liés au Front national ne me considèrent pas autrement qu'en musulman, indigne dès lors d'appartenir à la communauté nationale, qu'en penser ? Qu'aussi sommaires que les premiers, leur dogmatisme les aveugle. Et qu'au final, dans ce bal des extrêmes où se rassemblent adversaires hystériques de tous bords, j'ai presque de quoi m'enorgueillir de me voir diffamé par autant de courants dont les membres sont en marge de la République et des principes démocratiques.

Mais de ce magma d'adversaires de tout poil émerge un brouhaha plus que pénible. Ceux qui se nourrissent uniquement du flux – abondant et non vérifié – du Net et ne connaissent ni mes convictions ni mon parcours en viennent à se perdre, à croire les racontars colportés par une confusion savamment entretenue me concernant : bruits, médisances, mensonges, raccourcis véhiculés, partagés dans le seul but de jeter le trouble dans les esprits et de fragiliser ma position idéologique. De quelle manière s'y prend-on ? Je vais vous le conter à travers des exemples.

M'étant trouvé au centre de nombreuses polémiques, je crois préférable de prendre en effet des cas précis pour décrire les procédés qui jettent du discrédit sur l'échange démocratique. Non par égotisme, mais par connaissance de cause.

D'emblée, il me faut préciser que les pages qui suivent ne sont en rien revanchardes, même si elles pourront en prendre l'allure, mais le fruit d'une volonté de clarification. Et l'envie que chacun retrouve le sens de la mesure. Ainsi, bien que lucide sur l'exposition médiatique (au sens large) qu'engendre un travail traitant de sujets sensibles comme l'islamisme, la laïcité, l'antiracisme, le terrorisme, je ne pense pas qu'un tel engagement puisse autoriser, justifier même des ripostes proches de la vindicte, voire du lynchage. Ainsi, bien que conscient que ma personnalité – assez combative – ne fasse pas de moi un enfant de chœur, si je peux comprendre, et accepter, que certains adversaires ne me fassent pas de cadeaux – que je n'attends d'ailleurs point –, je regrette l'absence de sens de l'honneur de ceux qui, contre moi, font commerce de calomnie. Comment, face à ce genre d'attitudes outrancières, rester neutre ? Personnellement j'ai appris à rendre coup pour coup. Mais je me suis fixé pour charte de respecter tout ce que mes adversaires bafouent, et notamment les règles éthiques ; ainsi je me surveille afin de ne pas sombrer dans la facilité de la diffamation, et ce même lorsque je suis moi-même dénigré. Car, diffamé, je ne cesse de l'être !

Dans ce méli-mélo d'accusations plus farfelues les unes que les autres, un contradicteur s'est distingué voici quelques années et m'a désigné – avec d'autres – comme une sorte de bouc émissaire : Pascal Boniface, dont j'ai déjà évoqué les exagérations. Dans sa démarche, à mon sens acariâtre, ce ne sont pas tant les attaques – d'ailleurs je ne me suis pas privé de riposter –, mais les méthodes, les arguments et l'acharnement qui m'ont étonné et dévoilent, au-delà de la dispute idéologique, ce que je perçois comme une quasi-haine aux ressorts inexpliqués. Une démarche où je crois déceler plusieurs motivations, les unes claires, les autres plus obscures, certaines relevant vraisemblablement d'une psychologie complexe et d'autres d'une logique revancharde plutôt que de la polémique idéologique.

Reprenons les choses depuis le début.

Au milieu de l'année 2001, après avoir adressé une note – aux sous-entendus plus que discutables – aux dirigeants du parti socialiste (PS) dont il était membre depuis 1980, Pascal

Boniface se voit diabolisé par son parti et se sent obligé d'en démissionner. Même s'il aime se faire passer pour la victime laissant croire qu'il serait devenu le mouton noir d'un quelconque clan sioniste du PS, il oublie souvent de mentionner que sa fameuse note s'interrogeait notamment sur « l'efficacité électorale » des positions prises, selon lui, par le parti jugé trop favorable à Israël alors que l'électorat d'origine arabe, toujours selon son « expertise », pèserait de plus en plus lourd. Ainsi, insidieusement, il voulait pousser le parti socialiste à être favorable aux musulmans au détriment de l'État d'Israël. Cette approche communautariste, il la préconise alors qu'il dénonce ce qu'il qualifie de « communautarisme » chez le parti socialiste. Communautarisme quand on penche selon lui vers les Juifs, mais pas de communautarisme quand on conseille de pencher vers les Arabes. Drôle d'expertise ! Recommandation bizarre en effet qui refuse de voir la position le plus souvent équilibrée de la diplomatie française, aussi bien sous la droite que sous la gauche, qui a tendance plutôt à privilégier une solution négociée autour de deux peuples et de deux États. Dans cette première affaire, il y a trois choses à distinguer : le contenu de la note, la bronca qu'elle a suscitée et l'empressement de l'auteur à se poser en victime.

Primo, un point s'impose : cette note d'avril 2001 était bel et bien discutable, elle qui tranchait avec l'esprit républicain en parlant de « vote juif » ou de « lobby musulman » – pour résumer, disons qu'il conseillait aux socialistes de recentrer leurs positions et leurs propositions sur la banlieue et ses électeurs nouveaux, plus communautaristes. Elle posait un problème éthique parce que l'auteur s'était drapé – il ne cessera de le faire ensuite – de la toge du statut d'« expert » pour faire passer des idées subjectives anti-israéliennes orientées en faveur des Palestiniens. S'il avait tout à fait le droit d'être engagé en faveur d'une des deux parties, apparut alors à certains douteux, et même malhonnête intellectuellement, d'entendre un « universitaire », forcément considéré comme « neutre », laisser pointer ses convictions derrière de prétendues analyses distanciées[1]. Mais la note avait surtout posé problème parce que le «délégué national pour les questions stratégiques» laissait implicitement entendre que le parti socialiste était aligné sur la politique israélienne. Un propos assené sans nuances, car si le PS était attaché au droit à l'existence d'Israël et condamnait le terrorisme produit par les franges extrémistes palestiniennes ayant rejeté les accords d'Oslo, cela ne signifiait en rien l'alignement sur la politique du gouvernement lui-même; la diplomatie française, bon gré, mal gré, qu'elle soit incarnée par la droite ou par la gauche, ayant souvent œuvré pour une approche pacifique, favorisait le principe de deux peuples, deux États, tout en se montrant assez ferme sur la question du terrorisme et sur l'existence d'Israël. C'est la raison pour laquelle la note de Pascal Boniface, une fois divulguée, apparut pour le moins curieuse.

Secundo, même s'il est faux et dangereux de parler d'un «lobby juif» – approche essentialiste qui renvoie une partie de la société à son identité singulière pour en faire un groupe homogène et monolithique –, il est vrai qu'il existe un groupe de pression lié de manière passionnelle non à Israël (ce serait un droit), mais aux milieux les plus extrémistes de l'échiquier politique israélien, ainsi qu'un communautarisme juif qui favorise le repli sur soi et qui, une année après l'autre, accentue ce phénomène au gré des événements et interprète chaque critique dirigée contre un gouvernement du pays comme un signe d'antisémitisme. De ce point de vue, force est d'admettre que, en plus d'interpellations légitimes et pondérées sur sa note, Pascal Boniface a été la cible de réactions passionnées. Lesquelles ont probablement conforté une vision paranoïde qui l'amène à croire qu'un «lobby juif» – ses soutiens préfèrent généralement évoquer un «lobby sioniste» – serait susceptible de comploter contre lui. Certes, Pascal Boniface se débrouille souvent pour créer des situations ou tenir des propos lui valant des accusations exagérées le confortant dans son autovictimisation, les plus hystériques parmi ses détracteurs communautaristes

1. À vrai dire, il n'était pas le seul.

le désignant trop rapidement comme « antisémite ». Mais le qualifier ainsi serait erroné. Car il ne donne pas, à travers discours ou écrits, d'éléments tangibles qui permettraient d'affirmer qu'il serait en effet antisémite. Pour autant, depuis plusieurs années, ses idées alimentent, galvanisent, séduisent les milieux les plus antisémites. Aussi bien ceux défendant l'idéologie islamiste que ceux se réclamant de la « cause palestinienne ». Disons les choses clairement : Pascal Boniface est aux antisémites ce que Zemmour est à l'extrême droite et Vincent Geisser aux islamistes : un « idiot utile » qui fait avancer des idées douteuses.

Cela étant écrit, bien que plusieurs de ses détracteurs se réclamant de la « cause israélienne » usent de méthodes condamnables à son endroit, il est évident que lui-même utilise des procédés dignes de ceux pratiqués par les milieux extrémistes juifs dont il est victime. Pascal Boniface est le genre de personne qui, lorsqu'elle a un contentieux idéologique avec quelqu'un, écrit à son patron pour demander sa tête, demande à des présentateurs d'émission de ne plus l'inviter ou, lorsque l'adversaire est membre d'une association, adresse au président de ladite organisation une lettre de quatre pages (vous l'avez compris, c'est du vécu !), disant tout le mal qu'il pense de ce membre. Tout cela alors que lui-même se pose en victime si une de ses cibles a le malheur de lui répondre, de riposter. Quant à l'ignorer ou lui opposer le mépris qu'il mérite, il s'efforcera de vous provoquer et de vous faire réagir comme si la polémique constituait sa principale essence.

Avec lui les querelles durent plusieurs années. Un côté obsessionnel qui met mal à l'aise, renseigne sur le personnage et crée une lassitude tant cela donne une piètre image du débat intellectuel. Ses saillies, certes, peuvent plaire à des esprits faibles, complotistes et mal renseignés, voire aux milieux douteux et détestables que j'ai déjà évoqués, mais les autres, elles les horripilent. Car le chercheur se métamorphose fréquemment en commissaire politique, en gardien de la « bonne pensée », cherchant à vous interdire par exemple la critique du Qatar, prohibant la dénonciation de l'idéologie islamiste pour n'accorder crédit qu'à sa propre « vérité », allant même jusqu'à s'approprier le statut d'« expert » en « personnages publics » à travers deux livres – *Les Intellectuels faussaires* et *Les Pompiers pyromanes* – dans lesquels, tel un maître d'école, il livrait ses appréciations, subjectives, sur des personnalités comme Alexandre Adler, Frédéric Encel, Frédéric Haziza, Philippe Val, pour ne citer qu'eux. Il ne s'agissait pas pour lui de discuter de leurs idées mais de décider unilatéralement de qui était légitime à s'exprimer dans les médias et de qui ne l'était pas.

Des sentences assenées alors que le personnage lui-même n'est pas exempt de reproches, diverses « casseroles » ne faisant pas de lui le donneur de leçons le plus crédible de l'espace médiatique. Des déboires qui ne se limitent pas à la seule maladresse ou à ses positions douteuses, mais vont de la « condamnation pour contrefaçon[1] » jusqu'à des soupçons de recopiage[2].

Nos différends, le lecteur l'aura saisi, ne manquent pas. Pour preuve, Pascal Boniface ayant perdu la procédure qu'il m'avait intentée à la suite d'une polémique qu'il avait lancée contre moi, j'eus droit, dans ses pamphlets, à une place conséquente. Il citera tous mes détracteurs comme autant de « références », faisant sienne une grande partie des accusations et rumeurs véhiculées contre moi. Mauvais perdant, il voulut, à l'évidence, m'intenter le seul procès qui allait peut-être lui permettre de sortir vainqueur : celui où il serait juge et partie, l'écrit. Et pour cause, à aucun moment il ne m'a donné la possibilité de répondre à ses accusations, ayant préféré citer comme principale référence de ses assertions à mon encontre Alain Gresh, le pape des « idiots utiles » déjà cité, aux procédés, selon moi, similaires aux siens, ou ayant choisi de puiser dans les poubelles du Net contrevérités et approximations me concernant. De quoi

1. Jugement de la cour d'appel de Paris, 25 février 2004.

2. Le 4 juillet 2001, Alain Thorens et Mathias Reymond, à travers le site Acrimed, par ailleurs très critiques à l'endroit de plusieurs des cibles de Pascal Boniface, dénoncent la récupération de leurs travaux par ce dernier sans citation de sources : « La critique voire la dénonciation des impostures intellectuelles et médiatiques est une œuvre de salubrité publique. Mais sous prétexte qu'un intellectuel – en l'occurrence Pascal Boniface – pointe sa plume vers quelques-uns de nos adversaires les plus connus, devrait-on rester silencieux sur la méthode utilisée, quand celle-ci revient à reprendre nos travaux, en les déformant et sans les citer ? »

« convaincre » un public déjà globalement hostile, pour des raisons idéologiques, aux personnes visées par ses pamphlets.

À vrai dire, la seule erreur que j'ai commise à la sortie des ouvrages fut de ne pas avoir poursuivi leurs auteurs pour diffamation. Contrairement à Pascal Boniface, n'étant pas un maître de la procédure à l'époque, notamment lorsqu'il s'agissait de disputes au sein de la société civile, j'avais pensé qu'il valait mieux lui répondre par le mépris. Or, depuis, tout silence opposé à la calomnie est perçu comme une gêne ou une approbation de celle-ci. Cet ouvrage permettra, je l'espère, à ceux qui, de bonne foi, ont été trompés par ses balivernes de forger leur propre opinion sur mon parcours, mes combats et mes convictions.

C'est un article du *Monde* signé du journaliste Alain Beuve-Méry, intitulé « Les bêtes noires de Pascal Boniface[1] », qui a le mieux compris la démarche intellectuelle du faussaire-pyromane, adepte de l'accusation douteuse.

D'entrée, l'auteur de l'article affiche l'intention du polémiste : « Disons-le tout de go, au risque de redoubler une certaine blessure paranoïaque chez Pascal Boniface, on préfère quand il parle de football ! [...] Dans son nouvel ouvrage, Pascal Boniface ressasse et règle manifestement ses comptes, même s'il s'en défend[2]. » Le journaliste est lui-même loin de se montrer complaisant avec les cibles privilégiées de Boniface, tant s'en faut, puisqu'il conclut son article en écrivant : « Certes, les intellectuels faussaires qu'ils désignent ne sont pas tous, loin de là, exempts de reproches [...]. De même, Pascal Boniface marque des points dans sa dénonciation de la volonté enfantine de "BHL" d'avoir la maîtrise du débat intellectuel, en en contrôlant l'accès, comme le montre la polémique avec l'animateur Frédéric Taddéi. » Mais il ajoute aussi : « À trop vouloir détruire ses cibles, Boniface le polémiste finit par les manquer. Tant pis[3]. »

1. « Les intellectuels faussaires : les bêtes noires de Pascal Boniface », 8 juillet 2011.
2. *Ibid.*
3. *Ibid.*

En réalité, Pascal Boniface a fait quatre erreurs graves lorsque l'on se déclare « intellectuel » ou « universitaire ». Premièrement, il a confondu le règlement de comptes et la dispute intellectuelle. Pour des raisons objectives ou subjectives, le polémiste ne supporte pas d'entendre des voix non conformes à la sienne. Au lieu d'avancer des arguments pour contrecarrer voire détruire les idées de ses adversaires, il préfère, souvent, recourir à l'approximation, s'abreuver de la rumeur pour tenter d'affaiblir, professionnellement parlant, celui qu'il perçoit non comme un adversaire idéologique mais comme un ennemi. À voir l'acharnement et l'énergie qu'il déploie en la matière, il est à se demander s'il n'est pas, en vérité, tombé dans ce qu'il croit dénoncer : une malhonnêteté intellectuelle portée par des arguments fallacieux. Car se laisser encenser, voire soutenir, par de douteux chevaliers adeptes de rumeurs et de propagande – qui ont (très naturellement) applaudi ses proses, tantôt au nom d'un « antisionisme » faux nez de l'antisémitisme, tantôt au nom d'une « islamophobie », logique d'associations islamistes visant à amalgamer le légitime combat antiraciste avec une volonté, non dissimulée, de faire interdire, par la pression judiciaire ou la terreur intellectuelle, la critique des dogmes liés à la religion musulmane, mais surtout à l'idéologie islamiste – ne renforce en rien la noblesse du débat ni la portée du propos. Comme ne grandit pas sa voix ni sa puissance d'analyse de se laisser conduire par une quête de reconnaissance transformée en logique vengeresse, lui qui voue désormais aux gémonies tous ceux qui ont osé contester sa note aux relents communautaristes d'avril 2001. Une dérive qui l'a isolé de la plupart des associations républicaines et l'a poussé dans les bras de mouvements à mes yeux peu recommandables, comme les islamistes du Collectif contre l'islamophobie en France (CCIF).

Le plus incongru est que Pascal Boniface a agi aussi comme un pyromane ! Il faudrait presque écrire un livre pour déconstruire ses contrevérités – l'artiste n'en vaut pas tant –, afin de dénoncer sa propension à user et abuser de fausses informations – me concernant, je suis catégorique – pour tenter d'écraser ses adversaires. Car l'homme ne s'en prend pas qu'aux idées ou positions des autres, il s'acharne aussi sur leur personne. Hormis mon modeste cas, il s'est par exemple attaqué à Frédéric Encel et à Frédéric Haziza. Ce dernier, il a essayé de le faire exclure de la Chaîne parlementaire (LCP). N'étant pas arrivé à ses fins, il aurait lancé des accusations contre Marie-Ève Malouines, la directrice de la chaîne, qui, exaspérée par ses mensonges répétés publiquement, a décidé, en février 2017, de le poursuivre en justice[1] !

Être touche-à-tout contraint parfois à piocher l'info – en l'occurrence fausse – où l'on peut. Et lui s'est pris les pieds à maintes reprises dans le tapis de la Toile. Est-ce une pioche trop rapide sur le Net qui lui a dicté que Lévinas était « physicien » ? Est-ce une connaissance pointue de la thématique islamiste qui lui a permis d'écrire, dans l'un de ses derniers livres, que le Hezbollah était une organisation… « athée » ? Est-ce un talent de prévisionniste inférieur à celui de Paul le Poulpe qui l'incita, quelques mois avant le 11 septembre 2001, à assener avec la force de conviction qu'on lui connaît désormais : « Je ne pense donc pas, contrairement à certains, que nous verrons des actes terroristes entraînant des milliers de victimes » ?

Toujours est-il qu'il y aurait de quoi rire (si le sujet n'était aussi grave) lorsqu'on entend Pascal Boniface critiquer la présence récurrente de certains de ses adversaires (dont votre serviteur) dans les médias, alors que lui-même les truste tout autant.

Reste que le « musulman qui s'est trahi », pour reprendre son expression, que je serais – concept, j'y reviens, sacrément douteux et dangereux à manipuler pour quelqu'un qui se dit démocrate et prononce cette condamnation dans le pays m'ayant exclu – ne digère pas qu'il ait osé proférer une telle assertion chez moi. Les autres polémiques, à la limite, je pourrais les effacer avec le temps, celle-ci, je crains qu'elle ne demeure à jamais une plaie ouverte

1. L'action est en cours.

Lui, au moins, a la chance de pouvoir dire et écrire ce qu'il veut – et je me battrai si besoin pour que cette liberté reste une valeur fondamentale de la démocratie française. Car pour avoir longtemps vécu sous le joug d'un parti unique, d'une pensée unique et d'une chaîne de télé unique, je suis ravi de voir que la démocratie offre une visibilité médiatique aux différentes expressions – même à la sienne ! Je vais aller plus loin : je serais heureux de vivre dans une démocratie où il n'y aurait que des « spécialistes » comme Pascal Boniface. Bien sûr, lui qui prétend connaître les régimes qataris ou algériens n'ignore pas – tout du moins, je l'espère – que les portes de Doha et celles du salon du livre d'Alger lui seront ouvertes tant qu'il continuera de caresser ces régimes dans le sens de la barbe ou de la moustache. Qu'il revienne un jour à la raison, et je crains sa désillusion lorsqu'il s'apercevra que la pire des trahisons, en démocratie, n'est autre que celle des clercs !

14

« Laïcard », disent-ils !

L'esprit critique va de pair avec la liberté de conscience.
C'est une valeur essentielle de la laïcité.

Henri Peña-Ruiz

S'il n'y a qu'une façon d'appliquer la laïcité, il existe plusieurs manières de la comprendre. À vrai dire, si apparaissent de profondes divergences sur ce sujet majeur, c'est parce que la laïcité n'est pas seulement, contrairement à ce que d'aucuns avancent, un dispositif juridique. Connue à travers la fameuse loi du 9 décembre 1905 dite de « séparation des Églises et de l'État », elle ne saurait se résumer à cet aspect. La réduire à un texte législatif, si historique soit-il, reviendrait à commettre une erreur fondamentale et une légèreté grave à l'égard d'une valeur qui constitue, depuis plus d'un siècle, l'âme de la république moderne.

Paradoxalement, c'est l'excès de juridisme qui participe à la vider de sa substance et à provoquer nombre d'incompréhensions. Car, au-delà de la seule lettre, c'est bien son esprit, son message intrinsèque qui doivent être compris. Si on veut que chaque citoyen maîtrise le sens de cette valeur et se transforme en son fervent défenseur, il faut enseigner son histoire, la philosophie qui l'a portée et les combats qui l'ont imposée.

Je me suis fait dans le débat public un défenseur acharné de la laïcité parce que je pense – fort modestement – avoir cerné ce qu'elle renferme et les principes qu'elle incarne. Une prétention dont mon parcours est la clé. Naître et grandir dans un pays où l'islam est « religion d'État » permet de mesurer l'asphyxie que l'on peut subir dans une contrée vouée au culte. Qui plus est lorsqu'on décide de s'émanciper des superstitions et des dogmes religieux dans un contexte, une époque, une société qui ne le permettent pas. En fait, qui l'interdisent.

C'est la découverte de la laïcité française qui m'a conduit à m'intéresser au sujet. D'abord intellectuellement, pour essayer de comprendre, ensuite sur le terrain, convaincu que la diffusion de la pensée laïque est, en soi, un acte citoyen qui participe à garantir la stabilité et la sécurité de n'importe quel territoire. À mes yeux, en schématisant à l'extrême, j'oserais écrire qu'« un excès de religion, c'est la guerre, alors qu'*a contrario* la laïcité, c'est la paix ». Évidemment, celle-ci n'arriverait pas, seule, à pacifier la planète, mais combien de conflits et guerres seraient évités si cette valeur trouvait écho et sens dans beaucoup plus de pays à travers le monde !

Comprenez-moi bien : je ne présente pas une approche binaire de ce thème. Hors de question, dans mon propos, d'opposer les religions à la laïcité, l'intime au public. Mais pas question non plus, comme la dérive s'en constate aujourd'hui, de laisser les premiers dévoyer et supplanter la seconde, comme certains en rêvent ou l'annoncent. La laïcité est un cadre supposé garantir un exercice pacifié de chaque religion. Un cadre qui ne hiérarchise pas celles-ci, ne les autorise pas à entreprendre une surenchère entre elles, bride leur éventuel désir de s'imposer comme vérité suprême, de faire du prosélytisme dans des lieux inappropriés, de devenir un instrument politique, source du droit, entrave à la pensée scientifique ou au débat démocratique... Bref, la laïcité est la valeur, le socle qui remet la religion à la place qui doit être la sienne : dans le cœur des croyants d'abord, dans le cadre intime ensuite, et dans les lieux de culte, enfin.

Conscient d'être incapable de faire un cours magistral sur cette thématique, j'exprime juste, à travers ces lignes, une conception personnelle de cette notion, nourrie par plusieurs années d'investissement, de documentation et d'intérêt. Une vision personnelle que j'ai confrontée à la réalité juridique et aux usages.

À mes yeux, la laïcité est d'abord un corpus idéologique. Devenue une valeur fondamentale, elle a fait corps avec l'esprit de la république, s'entremêlant avec le corpus démocratique dans le but d'affranchir le citoyen et de le libérer.

Germant et grandissant au siècle des Lumières en opposition à la catholicité ambiante, elle s'est, dès le départ, imposée comme émancipatrice et inclusive. On peut, plus ou moins, dater l'avènement du vocable – après études des dictionnaires intégrant l'adjectif « laïque » – entre la fin du XVIIe siècle et le début du XVIIIe, période qui chevauche donc le siècle des Lumières (1715-1789). Les travaux du linguiste Pierre Fiala précisent que la définition initiale a été remplacée, en 1762, par une autre recourant aux antonymes, à savoir : « qui n'est ni Ecclésiastique ni Religieux[1] ». Une notion qui s'impose à cette période ne peut être que l'un des piliers de la nouvelle idéologie émancipatrice érigée par les différents philosophes du temps en train de naître. Comme le précise Émile Poulat (1920-2014), théologien historien de l'Église contemporaine qui fut l'un des meilleurs spécialistes de l'histoire de la laïcité française, il convient de noter : « Le mot laïcité est d'invention tardive ! » La loi de 1905 ignore par exemple le terme, considéré encore comme un néologisme, bien qu'apparu « dans les années 1870[2] ».

La catholicité déniant en ces temps des droits aux autres croyances, non-croyances, spiritualités, etc., la laïcité s'est érigée, dès l'origine, par contre-pied, en principe égalitaire. C'est la raison pour laquelle j'estime que les débats qui appellent,

1. Pierre Fiala, « Les termes de la laïcité. Différenciation morphologique et conflits sémantiques », in *Mots*, n° 27, juin 1991, « Laïc, Laïque, Laïcité », sous la direction d'Étienne Balibar, Simone Bonnafous et Pierre Fiala, p. 41-57.

2. Émile Poulat, *Notre laïcité ou les religions dans l'espace public*, entretiens avec Olivier Bobineau et Bernadette Sauvaget, Desclée de Brouwer, 2014.

aujourd'hui, à la faire devenir « inclusive » reposent sur une ignorance ou une mauvaise compréhension de ses origines, puisqu'elle a toujours été imaginée, voulue, ouverte, incluant sans distinction tous les courants de pensée.

Les processus de laïcisation et de sécularisation de la société (deux concepts à distinguer[1]) furent véritablement entamés à l'issue de la Révolution de 1789 et aboutirent à la loi de 1905 avant de revenir au cœur du débat à partir de la fin des années 1980, au moment où l'islam devenait la deuxième religion de France, et alors que l'islamisme commençait à représenter un défi à la fois politique, idéologique, sociétal et sécuritaire.

Si la laïcité a été régulièrement mise à rude épreuve, qui plus est par différentes « chapelles », il est évident que le « problème religieux » posé par l'islam – résultant à la fois d'un problème historique (la France en tant qu'ancienne puissance coloniale présente dans des pays majoritairement musulmans) et migratoire (le besoin de main-d'œuvre durant les Trente Glorieuses) – n'a pas été anticipé. L'autre problème est posé par la nature même de l'islam sunnite[2], qui ne dispose pas de clergé. Une absence de représentation instituée qui a rendu la situation beaucoup plus complexe et l'application de la laïcité encore plus ardue, l'État ne pouvant s'appuyer sur un corps intermédiaire suffisamment audible par l'ensemble des courants musulmans présents sur le territoire français. Cela, alors que les mouvements islamistes considèrent la laïcité comme une valeur à combattre, car, selon eux, contraire à leur doctrine, laquelle refuse la « séparation » entre le temporel et le spirituel.

L'article 10 de la Déclaration des droits de l'homme et du citoyen édicte : « Nul ne doit être inquiété pour ses opinions,

1. Émile Poulat distingue « laïcité » et « sécularisation ». Il précise que « la tradition française parle plus de laïcisation des institutions et du droit. Le vocable de sécularisation désigne habituellement la société ».

2. L'islam sunnite représente 85 % du monde musulman. Les 15 % restants se reconnaissent dans l'islam chiite. L'écrasante majorité des musulmans de France est sunnite. Contrairement au chiisme, le sunnisme ne dispose pas de clergé.

même religieuses. » En d'autres termes, s'il n'était pas question de supprimer l'Église catholique, celle-ci devait délaisser son statut hégémonique pour permettre aux autres religions et croyances, voire non-croyances, de se faire une place dans l'espace public. La liberté de conscience fut donc le socle sur lequel s'édifia à la fois la laïcité, mais aussi la nation française moderne puisque, avant la Révolution, il fallait être catholique pour être français. On l'oublie, mais c'est au lendemain de 1789 qu'il a été possible de dissocier l'appartenance confessionnelle de la citoyenneté, autre preuve, s'il en fallait, du caractère inclusif de cette laïcité hexagonale. Toujours est-il que cette dernière intègre et protège tous ses citoyens, y compris ceux qui ne sont pas laïques, ne la reconnaissent pas, voire la combattent. C'est dire que, contrairement à ce qu'affirme la propagande dont elle est victime depuis quelques années, elle est une valeur protectrice n'excluant personne. Et n'est pas, non plus, la négation de la religion, encore moins, comme tentent de la décrire ses détracteurs notamment islamistes et alliés, voire intégristes, l'expression d'une religion.

En réalité, avec elle, les religions sont placées à équidistance les unes des autres. Elles sont libres, tout comme leurs adeptes, à condition que les lois de Dieu ne puissent (ni ne cherchent à) supplanter celles de la République. En d'autres termes, chacun peut, si telle est sa conception, dans l'espace privé, se soumettre aux lois et principes de sa propre croyance ; en revanche, dans l'espace public, cette liberté est encadrée. Un exemple : certaines familles, au nom de leur foi, refusent que leurs enfants reçoivent un enseignement laïque. Si elles ne peuvent imposer « leurs » programmes scolaires, dans la mesure où elles doivent se soumettre au principe de l'instruction obligatoire – jusqu'à l'âge de 16 ans –, il leur reste à inscrire leurs enfants dans des écoles confessionnelles ou à leur faire suivre un enseignement à distance contrôlé par l'État.

Certaines voix dénigrant la laïcité ont tendance à occulter – à moins qu'elles ne l'ignorent – combien celle-ci a consacré – et continue à le faire – une vision humaniste de la société, alors que les religions préconisent plutôt des approches unanimistes, visant à uniformiser les « communautés » ou les pays auxquels elles s'adressent. En d'autres termes, si la laïcité permet à chaque citoyen de croire ou de ne pas croire, elle autorise l'État à avoir un droit de regard sur la manière dont cette croyance est pratiquée. Lorsqu'un imam intégriste décide, à Lyon, voici quelques années, au nom de sa croyance, de confiner son épouse et ses filles dans un appartement dont les fenêtres ont été obstruées, il ne pouvait se cacher derrière la laïcité pour prétendre appliquer une « pratique religieuse ». Ce sont ces nuances fortes, que ne veulent pas voir nombre d'intégristes et réfractaires à cette valeur essentielle, ceux-là mêmes qui engagent des rapports de force espérant fragiliser cette valeur fondamentale dans l'espoir d'imposer leurs vues à l'ensemble de la société.

Pour y parvenir, d'aucuns tentent d'élaborer de nouvelles définitions de la laïcité, de lui adjoindre d'inutiles adjectifs ou d'aménager les textes qui l'encadrent. Or sa première définition est à la fois politique et structurelle. C'est le modèle de société qui fait consensus ! Même si je ne dispose d'aucune mesure ou donnée scientifique pour l'affirmer, il ne fait aucun doute pour moi que les Français, à une très large majorité, sont viscéralement attachés à la laïcité. D'abord parce que, dans l'imaginaire collectif, les guerres de Religion continuent de constituer une phobie ; ensuite parce que même ceux qui ne sont pas avertis ou intéressés par toutes les subtilités de la mise en pratique de cette valeur savent, de manière empirique, qu'elle est un principe d'émancipation et d'épanouissement et non une entrave ; enfin parce qu'il est évident qu'aux yeux d'une majorité une fragilisation du cadre laïque profiterait aux extrémistes des religions, et singulièrement aux tenants de l'islamisme, ces derniers étant, à l'échelle planétaire, en pleine effervescence.

La deuxième définition, juridique, donc la plus connue, matérialisée par la loi de 1905, consacre, comme déjà précisé, la séparation à la fois juridique et financière entre l'État et les Églises et, par conséquent, l'instauration d'une école laïque publique et gratuite. Le dispositif juridique du 9 décembre 1905, loi de compromis fondatrice de la laïcité républicaine, a officialisé le principe de citoyenneté et réitéré la liberté de conscience. Cependant, l'article 1er précise bien que cette loi garantit un libre exercice des cultes en veillant à ce que celui-ci s'exerce dans l'intérêt de l'ordre public. En l'occurrence, la liberté des cultes n'est pas absolue, mais soumise au contrôle de l'État lorsque l'ordre public risque d'être contrarié.

Ce texte fondamental est venu en somme parachever un processus historique – qui constitue la troisième définition – ayant pour vocation une pacification des esprits par les lois, donc le droit. Une pacification assurée à l'issue de plusieurs décennies de guerres de Religion.

Enfin, la quatrième définition est philosophique. On peut affirmer que la laïcité est, aussi, l'émancipation des esprits par la raison et notamment par l'introduction de l'esprit critique. En définitive, elle rappelle que le citoyen libre, affranchi des dogmes et des superstitions, est celui qui prend en charge les affaires de la cité en choisissant, à travers les logiques démocratiques, ses représentants.

Depuis quelques années, Dieu, ses avatars, ses dogmes et ses religions tentent de revenir sur le devant de la scène. Et en France, comme ailleurs, la laïcité, mais aussi les règles et les lois qui la codifient sont mises en danger. Les tenants d'un « nécessaire retour » à *plus* de religion dans l'espace public expliquent – ici et là – avec des mots qui – parfois – diffèrent dans la forme mais restent ô combien proches dans le fond, quelque chose du genre : face à ce monde qui change, face à ce monde sauvagement libéralisé, un retour à un sens moral guidé par la religion serait utile. À en croire nombre des nouveaux pourfendeurs de la laïcité – où s'agglomèrent ceux qui s'en réclament tout en la piétinant, ceux qui se disent laïques en convoquant Dieu entre deux discours publics et ceux, qui, à l'instar de plusieurs hommes politiques français, donnent des coups de canif à un principe intimement lié à la république –, la présence, au sein de l'espace public, de Dieu et de la religion n'enferme pas le citoyen dans des dogmes, croyances et superstitions d'un autre âge mais, au contraire, le libérerait.

Il ne s'agit pas pour moi d'exprimer ici une pensée antireligieuse, de manifester une sorte d'extrémisme anticlérical ou un quelconque rejet des croyants, mais de parler de l'avenir, de la survie – qui sait – de notre modèle sociétal et démocratique. S'interroger sur l'espace que doivent occuper aujourd'hui les religions dans le débat public (toutes les religions), sans opposer les croyants aux non-croyants, en insistant sur le fait que chacun est libre, comme le précisent la Constitution française, la Déclaration universelle des droits de l'homme et la morale laïque, de croire ou de ne pas croire, me paraît on ne peut plus salutaire et même urgent.

Il est faux de croire qu'une religion peut, aujourd'hui, apporter raisonnablement des réponses aux problèmes que rencontre la société. Si appréhendée de manière apaisée une croyance peut procurer un équilibre à l'individu, elle ne saurait, à mon sens, envisager de jouer le même rôle pour tout un pays. L'histoire lointaine comme des événements plus récents ne cessent de le démontrer : dès que sa place est trop importante, la religion consacre l'enfermement. Celui de l'individu, mais aussi celui de la femme, du citoyen, des intellectuels, des penseurs et des philosophes.

Après avoir mûri la question, j'arrive à la conclusion que la laïcité est consubstantielle au triptyque républicain : Liberté-Égalité-Fraternité. La laïcité, à travers sa vertu émancipatrice, permet l'épanouissement personnel et, donc, rend libre. De ce point de vue, elle se confond avec la première valeur du triptyque. Sa vocation égalitaire est également contenue dans cette volonté de ne pas permettre de différence entre croyants et non-croyants, entre adeptes de telle religion et fidèles de telle autre. Et, évidemment, l'humanisme qu'elle porte en elle et l'universalisme qu'elle consacre sont fidèles au principe de fraternité. Voilà pourquoi, en quelques mots seulement, on peut comprendre ou s'apercevoir que la laïcité est *intimement* liée à la république. Mieux encore, indissociable de celle-ci.

Chacun, donc, est libre de croire ou de ne pas croire. Cette maxime – nouée aux principes universels ainsi qu'à la lettre et à l'esprit de la laïcité et de la loi 1905 – est, à elle seule, à même de libérer le citoyen, l'individu, les femmes et les hommes de ce pays comme, au-delà, ceux du monde entier !

De l'enfermement individuel à l'enfermement collectif, les religions entravent et paralysent l'esprit de curiosité et l'apprentissage de l'autonomie. Si Jeanne d'Arc fut envoyée au bûcher, c'est au nom de la religion ; si le chevalier de La Barre fut écartelé pour avoir refusé de saluer un cortège funéraire, c'est au nom de Dieu ; si, au XIIe siècle, des philosophes musulmans et mutazilites et autres acharites furent excommuniés par l'imam Ibn Taymiyya, c'était pour « plaire » à Dieu. Raison identique qui poussa les rabbins d'Amsterdam à excommunier Spinoza en 1656, dont l'un des torts était de vouloir réfléchir à la question de la « mort de l'âme », sujet délicat s'il en est puisqu'il vaut excommunication dans toutes les religions.

Loin d'assurer la paix sociale, les religions hégémoniques et entrées en politique distendent les liens censés unir les enfants de cette planète, y compris ceux unissant les enfants d'un même peuple. Les religions ne fédèrent pas, elles divisent, créent les communautarismes, suscitent les pires rivalités et, donc, les guerres et les conflits. Des identités rivales qui se déchirent dans le Moyen-Orient en feu aux guerres civiles qui ont favorisé la dislocation de l'ex-Yougoslavie, en passant par la décennie noire algérienne, les religions – ou leur dévoiement – ont, de tout temps, été convoquées, instrumentalisées, mises au service de « grandes causes » afin de mieux assassiner l'homme et son humanité.

Conscient des dangers qui guettent un cadre non protégé par la laïcité, je ne prends jamais à la légère les tentatives visant à fragiliser cette valeur. Or tous ceux qui partagent ce point de vue passent actuellement pour d'infréquentables « intolérants ». Il n'y a qu'à voir la campagne de diabolisation menée à un moment contre Manuel Valls, dont je connais l'attachement à la laïcité. Comment expliquer que les défenseurs de la laïcité soient aujourd'hui à ce point stigmatisés, affublés de tous les sobriquets péjoratifs, qualifiés de « laïcards », voire d'« extrémistes de la laïcité » ? Savent-ils, la plupart de ceux qui, se disant de gauche, usent et abusent du terme « laïcard », que le mot est maurrassien et n'exprime rien d'autre que la détestation et le mépris qu'ont toujours éprouvés les milieux catholiques intégristes à l'égard de cette valeur ? Parenthèse intriguée : pourquoi les pires pourfendeurs de la laïcité, à gauche, à l'extrême gauche comme chez les communautaristes musulmans ou juifs, s'approprient-ils une sémantique historiquement issue de l'extrême droite pour fustiger ses défenseurs ? Pourquoi ce rejet d'une valeur censée protéger l'ensemble des croyants et des non-croyants ?

Plusieurs facteurs se sont conjugués pour fédérer autour d'une notion si noble autant de contestation. Il y eut d'abord l'instrumentalisation, par l'extrême droite ainsi que des milieux xénophobes, de la laïcité pour la transformer en arme exclusivement dirigée contre l'islam. Cette dernière a été accompagnée d'une propagande menée par les milieux islamistes, lesquels ont mis dans le même sac les manœuvres douteuses de l'extrême droite et les revendications légitimes des militants et associations attachés aux principes laïques. Enfin est survenue la démission de la gauche, et plus spécifiquement de la plupart de ses intellectuels qui, au lieu de rester fidèles aux valeurs progressistes et de défendre la laïcité, ont préféré se transformer en « idiots utiles » de l'islamisme. Résultat, en une vingtaine d'années, l'image de la laïcité a été transformée, triturée, tordue, dévoyée au point d'être détestée, mal vue en tout cas, désormais, par certains pans de notre société.

Explorer le présent, revisiter l'histoire, revoir ces transformations de sens, c'est comprendre pourquoi seule la laïcité – qu'envient à la France tant de démocrates arabes trahis – est et doit être la principale source de la coexistence et de l'altérité.

Remettre en cause une valeur qui fut, en son temps, l'expression d'une révolution culturelle, la fragiliser même, serait la preuve que la France subit une réelle régression, entame un véritable déclin idéologique ! Le danger existe, l'opération a débuté : prenons-y garde.

15

Diaboliser l'islamisme...

Le but de l'éducation totalitaire
n'a jamais été d'inculquer des convictions,
mais de détruire la faculté d'en former aucune.

Hannah Arendt

Depuis plusieurs années, je plaide, malgré les cris d'orfraie qui m'assaillent, en faveur de la diabolisation des idéologies nourricières de l'islamisme. Au risque de me répéter, rappelons que par « islamisme » je ne vise pas la religion musulmane, mais les instrumentalisations politiques et idéologiques de celle-ci. Je ne désigne donc pas la croyance ou la spiritualité, mais la propension de certains courants se réclamant de cette religion à la transformer en projet de société qui régirait l'existence des musulmans et amènerait les non-croyants ou adeptes d'autres cultes à accepter, dans le cadre de l'espace public, des pratiques contraires aux principes universels comme à ceux des sociétés modernes.

Mais souvent, lorsqu'on défend une ligne ferme et radicale, on passe pour excessif, donc non sérieux ni crédible. Circulez, il n'y a rien à voir ! Et pourtant...

Lorsque l'ancien Premier ministre Manuel Valls déclarait, en avril 2016, alors qu'il clôturait les travaux du forum

« Le Sursaut » organisé à Paris par plusieurs associations, que nous étions en train de perdre la bataille idéologique contre le salafisme, salafisme représenté seulement par une minorité agissante au sein du monde musulman, il n'avait pas tort. Néanmoins, des personnes s'étaient élevées contre son propos, jugé exagéré. Les levées de boucliers m'amenèrent une interrogation : d'où vient que chaque voix osant remettre en cause l'islam politique, qu'elle soit portée par un élu, un intellectuel ou un universitaire, se retrouve elle-même stigmatisée, comme si l'islamisme bénéficiait, en raison de la terreur, effective ou insidieuse, qu'il suscite au sein de la société, d'une mansuétude, d'une connivence, voire parfois d'un blanc-seing ? À quoi tient qu'aux yeux de certains commentateurs l'islamisme soit « innocent » et même « victime », quels que soient les crimes perpétrés ? Pourquoi constate-t-on, après chaque attentat notamment, dans la plupart des discours, une volonté de déconnecter l'acte terroriste de l'idéologie qui l'a pourtant nourri ?

Aussi laborieuse que soit cette entreprise, la volonté de réduire indirectement (naturellement, les choses ne sont pas dites ainsi !) l'acte terroriste à un « fait divers », à un accident de la vie ou à l'expression d'une « simple » criminalité, trahit un malaise évident. Il n'y a qu'à voir le nombre conséquent d'acteurs politiques et médiatiques qui refusent de qualifier ce terrorisme, n'arrivent pas à lui adjoindre l'adjectif « islamiste », pour le constater. Au nom du « pas d'amalgame », légitime en soi, on en vient à créer un malaise, à fragiliser la démocratie. Pourquoi ? Parce que refuser de nommer les choses, c'est nier la réalité et ouvrir la voie à l'extrême droite et aux chapelles populistes qui, en assumant, elles, un discours décomplexé à ce propos, passent pour « parler vrai et juste » !

L'attitude munichoise de plusieurs cercles se réclamant de la gauche, des progressistes, de l'antiracisme, tient-elle à une idée reçue selon laquelle moins on attaquerait le salafisme, moins on risquerait de susciter son courroux ? Au principe que moins on « stigmatiserait » l'islamisme, plus on fragiliserait l'extrême droite ? Je crains la tactique désastreuse en tout cas, puisque c'est exactement l'inverse qui ne cesse de se produire.

Au lendemain des attentats du 13 novembre 2015, des organisations sympathiques, comme la CFDT ou la Ligue de l'enseignement ainsi que quelques personnalités respectables ont joint leur signature à des associations islamistes, dont le détestable CCIF, pour diffuser un texte, *a priori* rassembleur, intitulé « Nous sommes unis ». En réalité, à bien lire le message de la pétition, il s'agissait selon moi surtout de s'unir sous la bannière du déni et de la compromission intellectuelle. Car derrière la « condamnation » formelle du terrorisme, je n'y ai pas vu un mot désignant l'idéologie l'ayant légitimé. On parle d'une « violence inouïe et innommable », de « barbarie », d'une « idéologie mortifère et inhumaine » et même d'une « violence aveugle du terrorisme », mais à aucun moment le djihadisme, l'islam politique, l'islamisme, le salafisme ne sont mentionnés comme logiques ayant permis l'endoctrinement et l'embrigadement des auteurs de ces actes et la légitimation de l'abject. Même l'organisation terroriste Daech, qui, pourtant, n'a pas tardé à revendiquer l'attentat à travers la voix de l'islamiste toulousain Fabien Clain, n'est pas citée.

Ce texte surréaliste, d'un aveuglement – lâcheté ? – indescriptible, demande même à ne pas désigner de coupable. On y lit en effet : « Un piège nous est tendu ! Nous devons refuser d'y succomber ! La division, la délation, la stigmatisation sont au cœur de ce piège sournois. Chaque fois que nous tentons hâtivement de désigner des responsables de ce crime dont seuls les auteurs sont coupables, nous tombons dans le piège d'une division programmée et orchestrée. »

La précision « dont seuls les auteurs sont coupables » m'apparaît d'une incroyable malhonnêteté intellectuelle, puisqu'elle sous-entend que cet acte terroriste est uniquement le fait d'Abdelhamid Abaaoud et de ses compères, donc que ni le salafisme djihadiste, ni la doctrine des Frères musulmans, ni les idéologues wahhabites – dont se revendiquent pourtant les commanditaires et auteurs de ces attentats – ne doivent être montrés du doigt. Quelle situation hallucinante, ubuesque, quelle manipulation aussi : face à des terroristes se revendiquant de l'islam politique, des citoyens du pays victime expliquent que les tueurs ayant visé leur pays ne sont ni islamistes, ni appartenant à un quelconque courant idéologique, ni ayant agi au nom d'une lecture dévoyée de leur religion, ni même ne sont musulmans.

Les signataires de ce texte – je doute que tous aient saisi sa portée perverse, en ces heures d'immense émotion – ont, d'une certaine manière, d'autorité, procédé à une sorte d'excommunication des leurs afin de ne pas « stigmatiser », pour reprendre cette expression devenue absurde à force d'être employée à tort et à travers. Quand on sait qu'un Jean-Louis Bianco, président de l'Observatoire de la laïcité, ou qu'un autre proche du pouvoir exécutif, l'avocat Jean-Pierre Mignard, sont parmi les signataires du texte, lorsqu'on constate le malaise qu'éprouva alors à maintes reprises François Hollande à nommer l'idéologie agressante alors qu'on ne peut le soupçonner d'avoir été laxiste à l'égard du terrorisme, on se demande ce qui tétanise à ce point certains milieux de gauche. Est-ce la peur d'alimenter le racisme, de perdre un électorat, de déroger à une vision qui refuse de considérer un seul musulman comme potentiellement dangereux ?

Afin que la démonstration que je compte faire soit la plus limpide possible, quelques points sont à préciser.

D'abord, rappelons une évidence : le salafisme, sous ses différentes variantes, s'est imposé comme – je l'ai souligné en amont – le référentiel islamique. En d'autres termes, cette idéologie politique, avec ses attributs et codes, sémantiques, vestimentaires, doctrinaux, passe pour être la religion musulmane, perçue comme telle aussi bien par les musulmans que par les autres. Ce qui explique, entre autres, pourquoi il est plus facile aux courants fanatiques de faire croire que le voile *islamiste* serait un voile *islamique*, alors que le débat théologique à ce propos n'est en rien tranché dans le monde musulman. Mais, à cause de cette hégémonie, le voile s'est aujourd'hui imposé comme un marqueur de l'islam, et les femmes qui ne le portent pas sont parfois perçues, y compris par des non-musulmans, comme de « mauvaises pratiquantes ». Une dérive semblable se constate sur l'ensemble des questions portées, de manière obsessionnelle, par les associations islamistes : le halal, la non-mixité, le prosélytisme, le voile intégral, etc.

Cette prise en otage des dogmes de la religion musulmane provoque des amalgames entre ce qui relève du fait religieux et ce qui est lié à l'activisme idéologique. Amalgame renforcé, rendu possible par la méconnaissance profonde des questions liées à l'islamisme de l'opinion comme des médias, laquelle participe à provoquer et à amplifier le malaise apparent et s'ajoute à la lâcheté ou aux calculs politico-idéologiques de certains.

Or il faudrait que tous, nous soyons conscients du caractère totalitaire de cet islamisme-là. Le mot va choquer, mais il ne s'agit ni d'un excès de langage ni d'une exagération, tant un examen simple, froid, permet de constater combien l'islamisme ne permet ni contradiction ni opposition, et entend régir, dans le moindre détail, la vie de chaque individu, niant les moindres libertés individuelles et collectives.

Plusieurs chercheurs ayant eu à travailler sur les totalitarismes ont déterminé une nomenclature des actes, avis, données permettant d'identifier ce qu'est une idéologie totalitaire. Hannah Arendt, dans son *Système totalitaire*[1] rappelait – avant même que l'islamisme soit un sujet de préoccupation – que parmi les spécificités d'un système totalitaire existent des marqueurs qui trahissent la volonté de ces logiques extrémistes : à savoir, par exemple, la transformation de la société, généralement dirigée par un État-parti, en masse homogène et monolithique, dépourvue d'initiative, mais aussi la destruction de tous les espaces politiques, l'extermination des minorités ou des groupes humains censés – réellement ou prétendument – entraver, par leur seule présence ou d'éventuelles contestations, la réalisation des objectifs du système érigé.

1. *L'Origine du totalitarisme*, Points Poche, 2005, t. 3.

Raymond Aron, dans *Démocratie et Totalitarisme*[1], a produit de son côté une liste détaillée :

En quoi consiste le phénomène totalitaire ? s'était-il interrogé, avant de répondre : « Ce phénomène, comme tous les phénomènes sociaux, prête à de multiples définitions [...]. Il me semble que les cinq éléments principaux sont les suivants :

» 1. Le phénomène totalitaire intervient dans un régime qui accorde à un parti le monopole de l'activité politique.

» 2. Le parti monopolistique est animé ou armé d'une idéologie à laquelle il confère une autorité absolue et qui, par suite, devient la vérité officielle de l'État.

» 3. Pour répandre cette vérité officielle, l'État se réserve à son tour un double monopole, le monopole des moyens de force et celui des moyens de persuasion. L'ensemble des moyens de communication, radio, télévision, presse, est dirigé, commandé, par l'État et ceux qui le représentent.

» 4. La plupart des activités économiques et professionnelles sont soumises à l'État et deviennent, d'une certaine façon, partie de l'État lui-même. Comme l'État est inséparable de son idéologie, la plupart des activités économiques et professionnelles sont colorées par la vérité officielle.

» 5. Tout étant désormais activité d'État et toute activité étant soumise à l'idéologie, une faute commise dans une activité économique ou professionnelle est simultanément une faute idéologique. D'où, au point d'arrivée, une politisation, une transfiguration idéologique de toutes les fautes possibles des individus et, en conclusion, une terreur à la fois policière et idéologique. »

Appliquées à notre sujet, les descriptions de ces éminentes figures intellectuelles correspondent à ce que préconise l'islamisme et, *a fortiori*, un État régi par l'idéologie et les lois islamistes : une société soumise à une pensée (religieuse) unique, un système politique sanctionnant toute critique, un embrigadement imposé dès le plus jeune âge, un État hyper-interventionniste dans tous les domaines... Et même lorsque

1. Gallimard, 1965.

cette logique s'exprime dans une moindre mesure – en l'occurrence, au niveau d'une microsociété comme une communauté religieuse où elle prendrait le pouvoir –, elle agirait selon des réflexes totalitaires. Voilà de quoi éclairer, ouvrir les yeux des aveugles ou naïfs. Dans l'islamisme, qu'il soit porté par les idéologues du wahhabisme saoudien ou par les héritiers des Frères musulmans égyptiens, la consubstantialité entre la violence – c'est-à-dire le djihad et le principe de la « guerre sainte » – et l'idéologie traduit une volonté totalitaire – la première étant intimement liée à chaque lecture de la seconde.

Pour résumer, si nous arrivons à admettre, et à faire admettre, que l'islamisme (en d'autres termes l'idéologie) s'est imposé au détriment de l'islam (comprendre la religion, la culture et la spiritualité), et si nous comprenons le caractère à la fois totalitaire et violent du premier, nous serons devant une réalité qui nous imposera d'agir. Hélas, le déni ambiant sert à anesthésier l'action. Prétendre, comme certains, que tout constat réaliste mettant en cause l'islamisme est sinon faux, du moins exagéré, excessif, revient à entretenir le statu quo, donc à laisser au totalitarisme la possibilité d'avancer masqué. Prétendre, comme les mêmes, que l'islamisme n'est pas dangereux, en tout cas pas aussi dangereux que le clameraient les alarmistes, invite à l'immobilisme. S'il n'y a pas danger, pourquoi agir ? C'est baisser les bras d'avance sous prétexte que le péril n'existerait pas alors qu'il est déjà dans la maison. À moins que cette indifférence laxiste ne dissimule autre chose ? Le sentiment de n'avoir aucun moyen d'action. Et pourquoi agir quand on ne sait pas quoi faire ?

Après une trentaine d'années de travail sur ces sujets, trois décennies d'examen des textes salafistes et de la pensée des Frères musulmans, j'arrive donc – pour revenir au début de ce chapitre – à une terrible conclusion : il est nécessaire de créer les conditions permettant la diabolisation et même la criminalisation des associations et groupes islamistes.

Je suis conscient que cette proposition ne sera admise ni même audible par aucun mouvement politique républicain, mais à ne pas vouloir affronter la réalité avec des mesures fortes, on risque d'ouvrir largement les vannes aux courants les plus populistes. Étant lucide sur le sujet, j'évoquerai plus loin les dangers que représenterait un antagonisme entre l'extrême droite et l'islamisme, mais, avant, il me paraît important de se pencher sur la démission en la matière des partis et mouvements attachés à la démocratie, au creuset républicain et aux valeurs universelles. Car, ne nous leurrons pas : la récupération de cette thématique par les tenants de la xénophobie et du populisme provient de la lâcheté des progressistes, eux qui ont abandonné les luttes féministes, la défense de la laïcité, le combat antiraciste, etc., par peur de « stigmatiser » ces « pauvres musulmans » que l'on ne cesse d'homogénéiser et d'infantiliser.

Si on ne comprend pas que laisser des organisations islamistes continuer leur activisme met la société dans une situation très complexe, c'est qu'on est incapable de regarder le monde en face. En leur laissant les mains libres, on verra les musulmans continuer à être travaillés, endoctrinés, terrorisés, manipulés par un courant de pensée qui voue une haine viscérale à la république et à ses valeurs, comme tous ceux non soumis à sa logique. Il convient donc d'empêcher l'activisme des différents courants salafistes. Et d'entraver l'action des associations qui, sous couvert de manifestations culturelles ou cultuelles, agissent comme des micropartis politiques.

Le rapport de force étant déjà engagé, les salafistes ont pris en otage l'ensemble des musulmans – souvent très ignorants de leur propre religion – et présentent chaque mesure ou critique contre l'islamisme comme une attaque contre l'islam et les musulmans, ce qui, évidemment, est faux. Et ce qui fait aussi, paradoxalement, le jeu de l'extrême droite, la seule à labourer ce terrain électoral-là en jouant sur les peurs que d'autres refusent de nommer. Mais si on laisse seulement l'islamisme et l'extrême droite aborder un sujet, on rend service, par cette même démission, aux deux ! L'islamisme étant perçu par le « bon sens populaire » comme un danger réel, une majorité de la société – et donc des électeurs –, comme ce fut le cas en Grande-Bretagne ou aux États-Unis, se dirigera vers les populistes, les racistes et les xénophobes, les pensant seuls capables de « résister » au danger islamiste. Les progressistes auront perdu sur tous les tableaux, et la démocratie aussi.

Au sein de la mouvance islamiste, deux chapelles jouent ce jeu malsain et tentent de récupérer les dividendes de ce débat : les Frères musulmans et les salafistes liés au wahhabisme.

La mise à l'index des deux doit passer par une criminalisation de la littérature que les uns et les autres diffusent, et qui comporte tout ce que le droit refuse : l'apologie de la violence, la haine ou le mépris des non-musulmans, l'antisémitisme, l'homophobie, et subsidiairement le rejet des valeurs universelles et des principes de la République. Il suffirait d'examiner – grâce à un collège d'experts crédibles – l'ensemble des textes en circulation, y compris au sein de librairies dites « musulmanes », pour voir qu'ils dérogent déjà à nombre de nos règles. Comme, soit dit en passant, il me semble aberrant de voir des opérateurs de télévision proposer des bouquets de chaînes – en toute naïveté – qui contiennent des programmes diffusant clairement du salafisme, parfois même en langue française.

Il est nécessaire en outre de dissoudre plusieurs associations qui diffusent, à travers des actions sociales – dont le soutien scolaire – l'idéologie islamiste, tout comme il est important d'interdire du territoire national certains théoriciens de ce même totalitarisme. Parallèlement, il me paraît indispensable de mener des actions pédagogiques et de sensibilisation – à titre de prévention –, et ce à tous les niveaux.

À vrai dire, si la France veut éviter le péril total, il importe de décomplexer le débat. Tout démocrate attaché à la laïcité aspirant à vivre au sein d'une société apaisée, où la haine de l'autre, la violence et le terrorisme seraient bannis, devrait s'élever contre toutes ces dérives et soutenir des mesures fermes de cette nature. Car elles permettront, en évacuant les mouvements radicaux ou sournois (les deux sont compatibles), de préserver l'ordre républicain et de garantir une compatibilité entre l'islam et la république. Protéger l'islam et les musulmans, soumis en Europe à un extraordinaire prosélytisme et à une offensive visant à diaboliser l'Occident en général et les valeurs qu'il incarne (ainsi que la France, en raison de son histoire, de sa laïcité, de ses droits de l'homme et de son idéologie émancipatrice), passera par cette remise en cause et ces actes fermes.

Écrivons les choses clairement : si, à certains égards, l'islam pose aujourd'hui problème, c'est parce qu'il n'est pas représenté par une spiritualité, un culte ou une culture, mais largement phagocyté par les salafistes wahhabites et les Frères musulmans. En d'autres termes, si la majorité des musulmans est apaisée et n'aspire qu'à vivre dans la quiétude, les courants, associations et organisations visibles et actifs sont, eux, dominés par ces deux idéologies nihilistes. C'est donc là qu'il faut agir. Notamment en coupant l'influence des pays étrangers qui, souvent, à travers l'entretien d'un lien ambigu avec leur « communauté », espèrent garder le contrôle sur un éventuel « levier de pression » à utiliser, si besoin, un jour, contre la France. S'il est normal que ces pays gardent le contact avec leur diaspora, il ne leur appartient pas pour autant de gérer, d'une manière ou d'une autre, l'islam hexagonal. Cette religion doit se voir mise à l'abri de toutes les formes d'instrumentalisation. Qu'elles soient politiques ou idéologiques, extérieures ou intérieures.

Au fond, la communauté internationale et singulièrement les grandes démocraties font preuve d'incohérence et manquent cruellement de courage sur ces sujets. Or la criminalisation du salafisme et l'interdiction des organisations liées aux Frères musulmans peuvent reposer sur trois raisons objectives.

Et répondre à des questions politiques d'abord. Ces deux idéologies, nous le voyons chaque jour, représentent un danger pour la cohésion d'une société. Elles la clivent et la segmentent, y compris en usant de violence. Si la démarche des salafistes peut être constatée au quotidien dans maints pays, les visées non avouées des Frères musulmans doivent, elles, être décryptées. Quoi qu'il en soit, les uns et les autres cherchent à provoquer la rupture du lien social. Pour se convaincre de leur nocivité, il suffit d'observer leurs agissements dans les pays dits « musulmans ». Ils sont souvent à l'origine du désordre et du chaos, même lorsqu'ils font face à des régimes détestables.

Les questions idéologiques ensuite. Ces deux courants sunnites (on pourrait dire la même chose des intégristes chiites) représentent, comme j'ai essayé de l'expliquer, des pensées totalitaires – à certains égards fascisantes – incompatibles avec la lettre et l'esprit du corpus démocratique qu'elles cherchent à réduire en cendres. Que le groupe islamiste ait pour nom Hamas (Frères musulmans) à Gaza ou Daech (salafistes) à Raqqa, que ses ennemis soient Israël, l'Amérique ou la France, la barbarie exercée à l'endroit de leurs propres coreligionnaires suffit à illustrer leur caractère fasciste et nihiliste.

Les questions juridiques enfin. Ces deux idéologies, osons le terme, sont criminogènes. Au mieux, elles impliquent, là où elles sont fortement représentées, un risque de trouble à l'ordre public. Violences terroristes, mais aussi à l'égard des minorités religieuses, spirituelles, sexuelles, philosophiques ; violence par le verbe, par l'épée et par le texte, mais aussi par l'humiliation, le regard, le comportement ; violence, enfin, par la diabolisation, l'excommunication ou le rejet de la « différence » – réelle ou supposée. Les deux pensées sont, de manière assumée ou dissimulée, antisémites, homophobes, misogynes, apologétiques de la haine dans les textes et discours de la plupart de leurs représentants.

Écrire ce qui précède pourra susciter le scepticisme. De belles âmes trouveront qu'en arriver là serait une démarche excessive, un propos extrême et une attitude intolérante. Je suis prêt à entendre de tels reproches, mais à condition que l'on m'explique comment on devrait gérer les dogmes néfastes qui structurent les deux pensées en question.

Sait-on, au moins, ce que celles-ci pensent du projet de société que nous défendons ?

Quelques rappels.

La démocratie ? Les Frères musulmans l'ont toujours rejetée, que ce soit à travers la voix de leur fondateur Hassan el-Banna ou *via* des figures du mouvement comme Sayyed Qutb ou, au

Pakistan, Al-Mawdoudi. Les uns comme les autres estiment en effet que la souveraineté est détenue par Dieu et non par le peuple. Les islamistes pensent que toutes les lois nécessaires à la gestion de la cité existent dans le corpus islamique à travers le Coran et la Sunna (la Tradition du Prophète). Quelques « évolutions » ont été consenties par la confrérie, puisqu'elle a accepté l'idée d'une sorte de démocratie, mais contrôlée et assujettie à la loi religieuse, la charia. Reste qu'à ses yeux la prépondérance de la législation islamique sur l'ensemble des lois « inventées par l'homme » est non négociable. Il suffit de lire ou de relire son mot d'ordre : « Dieu est notre objectif. Le prophète Mahomet est notre chef. Le Coran est notre loi. Le djihad est notre voie », pour s'en convaincre.

Les salafistes, de leur côté, se font plus explicites. Reconnaissons-leur d'être moins hypocrites et dissimulateurs que les Frères musulmans. Pour eux, le rejet de la démocratie est clair et sans ambages. L'un de leurs leaders spirituels contemporains, le Jordanien Abou Mohamed al-Maqdissi, écrivait, au cours des années 2000, dans *La démocratie est une religion*, que celle-ci est une « religion autre que la religion d'Allah », une religion « mécréante innovée dont les partisans sont soit des seigneurs législateurs, soit des suiveurs qui les adorent ». Un autre idéologue, le cheikh Mouqbil, Yéménite formé en Arabie Saoudite, affirmait dans l'un de ses prêches : « La démocratie est une mécréance. Nous n'avons pas besoin de la démocratie. Qu'implique-t-elle ? Le fait de donner au peuple l'occasion de se gouverner par lui-même. C'est-à-dire sans Livre [Coran] et sans Sunna [Tradition du Prophète]. La démocratie vote en faveur de la pornographie, ils ont voté dans certains pays mécréants qu'il est autorisé à un homme d'en épouser un autre. La démocratie n'est qu'ignominie. Elle met sur un pied d'égalité le pieux et le pervers. »

On ne peut être plus clair.

S'agissant de la laïcité, pour connaître l'avis des Frères musulmans, il suffit de lire Hassan el-Banna ou d'écouter attentivement Tariq Ramadan, son petit-fils et représentant médiatique de sa pensée. Le fondateur de la confrérie extrémiste affirmait : « L'islam est foi et culte, patrie et citoyenneté, religion et État, spiritualité et action, Livre et sabre... » Un mot d'ordre repris de nos jours par Tariq Ramadan, qui le résume d'une phrase : « L'islam est un englobant. » Donc point de séparation entre le temporel et le spirituel pour les tenants de cette pensée intégriste, promoteurs sachant se draper derrière les habits et le langage de la modernité.

Même vision chez les salafistes. Un exemple suffit à illustrer la position de ces derniers à l'égard de la laïcité : dans un texte, l'idéologue algérien Mohamed Ferkous écrit : « La laïcité est une idéologie mondaine qui vise à isoler l'influence de la religion sur la vie. » Avant de conclure : « La religion et le pouvoir sont inséparables, et ce depuis le jour où s'est composée pour la première fois la société musulmane... L'islam ne tolère pas l'athéisme et ne reconnaît pas de liberté de combattre la religion d'Allah et ses préceptes. Il refuse que le principe de liberté permette l'éviction de l'éducation religieuse et des valeurs éthiques. »

Si le salafisme et la pensée des Frères musulmans ne reconnaissent pas deux des principales valeurs universelles, qu'en est-il des autres principes ?

Les droits de la femme, par exemple ?

À ce sujet, l'une des plus grandes références du salafisme, le cheikh Otheimine, figure majeure du wahhabisme saoudien, estime dans ses recommandations que « les femmes musulmanes ne doivent quitter leur domicile qu'avec l'autorisation du mari ou du tuteur ». Il précise par ailleurs très sérieusement : « La femme est libre chez elle, elle se rend dans toutes les pièces de la maison et travaille en accomplissant les tâches ménagères. » Et de prévenir : « Que ces femmes craignent Allah et délaissent les propagandes occidentales corruptrices ! »

Croire que les adeptes des Frères musulmans seraient éloignés de cette vision est faux. En 2013, la confrérie annonçait en Égypte qu'accorder trop de droits aux femmes et en faire les égales des hommes conduirait à « la destruction totale de la société ». Pour s'en convaincre davantage, il suffit de relire les « conseils » de Youssouf Al-Qaradhaoui, le chef spirituel de l'UOIF, l'organisation prosélyte qui défend en France la pensée frériste, et de toutes les associations se reconnaissant dans cette idéologie. Dans son *Le Licite et l'Illicite en islam*, Al-Qaradhaoui écrit que le mari, s'il fait face à une épouse « rebelle », peut « la corriger avec la main tout en évitant de la frapper durement et en épargnant son visage. Ce remède est efficace avec certaines femmes, dans des circonstances particulières et dans une mesure déterminée »...

Je mets au défi quiconque de m'indiquer un article de la Déclaration universelle des droits de l'homme qui serait respecté par le salafisme ou par la pensée des Frères musulmans. En vérité, aucun. Il n'y a pas un principe fondamental compatible avec les idées islamistes. Voilà la triste réalité. Et ce que pourraient avancer certains de leurs représentants – notamment des Frères musulmans –, arguant éventuellement que de tels écrits ne s'adressent pas à tous, etc., ne serait que balivernes. Les salafistes, au moins, assument publiquement leur rejet de la modernité et des valeurs universelles, comme ils assument la rupture qu'ils veulent opérer avec une société non régie par les principes salafistes. En commentant le dogme de « l'alliance et du désaveu », le cheikh Fawzen, l'un de leurs ténors, affirme qu'il est « interdit de tenter de ressembler aux mécréants », et ce « qu'il s'agisse de coutumes, d'adorations, d'allures ou de comportements ». Pis, il recommande de ne pas « secourir » les mécréants ni de « faire leur éloge ou les défendre », de « ne pas exalter leur culture ou leur civilisation ». Traduction : il leur est interdit de dire ou d'écrire que la démocratie est une formidable valeur, tant de tels propos annuleraient l'islam que rêve cet idéologue.

Des observateurs, ayant remarqué qu'il m'arrivait – notamment sur les réseaux sociaux – de recourir à des termes peu amènes, voire carrément déplaisants pour évoquer certains symboles de l'islamisme, s'en sont offusqués. Beaucoup ont pensé qu'il s'agissait de ma part de « dérapages », de bourdes sémantiques. En vérité, nuls « dérapages » dans mon point de vue, mais un objectif précis, écrit de manière réfléchie, je dirais même mesurée... au millimètre près.

Quand il m'arrive de moquer le voile islamiste, le traitant ici de « chiffon », là de « serpillière », provoquant dès lors le courroux de fanatiques (mais pas seulement), ces sorties – qui peuvent être considérées indignes d'un journaliste – servent à éveiller les consciences, bousculer les amorphes comme les sourds ou les laxistes, s'inscrivent dans ma logique de diabolisation et de désacralisation d'un bout de tissu que les islamistes – toutes tendances confondues – ont voulu imposer comme référentiel obligatoire, incontournable, ainsi que comme preuve de « pureté », tissu devenu à mes yeux le symbole de leur avancée dans les sociétés, de leur emprise sur les consciences. Car derrière le voile islamiste, il n'y a ni pureté ni pudeur, comme d'aucuns le prétendent. Il a même été tellement imposé aux femmes que – comble du paradoxe – les prostituées des pays du Maghreb ou de divers pays du Proche comme du Moyen-Orient se dissimulent dessous ! Certes, certaines femmes l'exhibent de bonne foi, instrumentalisées par une doxa islamiste omniprésente qui exige son port, mais beaucoup n'ont pas d'autre choix. Quant aux saintes-nitouches fanatisées qui font, ici comme ailleurs, de cet accoutrement – par ailleurs vulgaire et archaïque – l'illustration de la visibilité agissante de l'islam politique dans l'espace public, elles devraient comprendre être instrumentalisées et faire le lit de leur propre esclavagisme futur.

Les multiples exemples et extraits de textes ou propos officiels, loin d'être exhaustifs, devraient – doivent – nous amener à sortir collectivement de la léthargie qui s'installe dès qu'il est question d'islamisme. Face à ce phénomène, il faut répondre fermement en puisant dans les principes républicains et démocratiques. Ce qui se révèle du champ du possible. Il faut défendre la fermeté républicaine d'autant plus vivement que c'est en tablant sur cette léthargie, ce laxisme, cette peur, ces complexes, cette quête d'une paix sociale payée au prix de toutes les compromissions (parfois à partir de positions nobles et louables) que des organisations douteuses comme l'UOIF ont réussi à asseoir leur prosélytisme en faveur du voile, que des groupuscules criminels ont pu endoctriner des Merah ou des Kouachi.

Aujourd'hui, se contenter de palabres organisés sous les crépitements des appareils photo ou l'œilleton des caméras ne suffit plus. Aujourd'hui, il n'est plus pensable de tolérer la mollesse des « représentants » de l'islam de France – qui ne servent à rien –, militant pour leurs médailles en chocolat plus que contre le fléau qui nous guette. L'État doit hisser son niveau d'exigence, ne plus admettre qu'une association comme l'UOIF puisse, par exemple, se jouer de la naïveté républicaine.

Un préalable pourrait être instauré avant d'entamer un dialogue sérieux avec les organisations dites religieuses : la signature d'une charte qui les conduirait à dénoncer sans conditions toutes les violences qui s'expriment, en France comme à l'étranger, au nom de l'islam ; qui les obligerait à rejeter toutes les lectures extrémistes qui valident, directement ou indirectement, le terrorisme et/ou la haine de l'Autre ; qui les contraindrait au strict respect de l'ensemble des principes contenus dans la Déclaration universelle des droits de l'homme, particulièrement ceux relatifs aux libertés de conscience, de croire ou de ne pas croire, de changer de religion ou de ne pas en avoir ; qui leur ferait reconnaître, dans le cadre des lois de la République, la liberté d'opinion, d'expression et de création ; qui leur demanderait une adhésion pleine et totale aux valeurs républicaines, singulièrement au corpus démocratique et laïque ainsi qu'aux droits des femmes...

Un non-respect de ce minimum républicain pourrait, y compris d'un point de vue juridique, justifier une criminalisation de l'idéologie salafiste et une interdiction des organisations et associations se réclamant de la pensée des Frères musulmans.

En toute franchise, est venu le temps de traiter les musulmans en adultes.

16

Cette France soumise à la haine !

L'étranger n'est pas celui que sépare de nous le hasard d'une rivière ou d'une montagne. Mais celui dont les principes, les vœux et les sentiments sont en guerre avec vos principes, vos vœux et vos sentiments.

Stendhal

Personne ne peut le nier dorénavant : l'islamisme n'est plus seulement un problème, mais un défi. Un défi lancé à toutes les sociétés modernes attachées à la démocratie. L'islamisme – je n'ai eu de cesse de le rappeler –, ce totalitarisme, ce fléau pour notre époque, ce danger permanent, représente un piège tendu à la France et à ceux réellement nourris des valeurs universelles. Oui, l'islamisme est tout cela, et bien d'autres choses encore : une idéologie fasciste, l'expression d'une haine, une « maladie de l'islam », une négation de l'altérité, une manifestation de l'antisémitisme et de la misogynie... Pour autant, je l'écris *ex abrupto*, les crises d'angoisse qu'il suscite ne sont en rien, tant s'en faut, un remède contre lui !

Je lis et j'entends tant de bêtises, je découvre des analyses où l'aberration semble tellement en concurrence avec l'absurdité à son sujet que j'en suis effaré. Et que je constate combien il paralyse les pensées, brouille les neurones et les cartes. Le piège, décidément, broie tout et tous. Dans une indécente surenchère, beaucoup, à côté des idiots utiles qui s'en font les sentinelles et les accompagnateurs dévoués, jouent de leur côté à qui exprimera avec le plus de verdeur le « danger islamiste ». Pour les uns, les Français ne seraient plus chez eux ; pour les autres, il y aurait désormais une « France soumise » aux musulmans. Même les milieux *a priori* les moins douteux en viennent à user et à abuser des codes sémantiques de l'extrême droite. Dans ce méli-mélo, plus mélodramatique que mélioratif, certains n'hésitent plus à convoquer et enrôler le prêt-à-penser xénophobe pour opérer des glissements de vocabulaire qui visent et amalgament aussi bien l'islamiste et le musulman que l'étranger et le Français basané. Du coup, au lieu de fragiliser l'islamisme, ils le confortent en le victimisant, et renforcent l'extrême droite en faisant avancer ses idées et en banalisant son discours. Les élites françaises seraient-elles incapables de trouver le ton idoine, le message approprié, la riposte proportionnée ? Quelques-uns de ses membres volontairement, en prenant prétexte du danger islamiste, d'autres inconsciemment, par mimétisme et ignorance, participent à répandre un climat acariâtre qui fait davantage la promotion d'idées haineuses qu'il ne fragilise l'idéologie islamiste. Comme si la lutte contre l'islamisme devenait une raison suffisante pour se laisser aller à toutes les outrances.

Mais soyons plus précis.

Au lendemain des attentats perpétrés par Mohamed Merah, en 2012, après ceux des frères Kouachi et d'Amedy Coulibaly et ceux d'Abdelhamid Abaaoud et son commando de tueurs-kamikazes, respectivement en janvier et novembre 2015, après la décapitation d'Hervé Cornara en Isère, l'assassinat du père Jacques Hamel à Saint-Étienne-du-Rouvray et le meurtre d'un couple de fonctionnaires de police à Magnanville, puis de dizaines de personnes à Nice ; après tous ces effroyables crimes commis au nom de l'islam politique, de Daech ou d'Al-Qaïda, il n'y eut – et heureusement – ni ratonnades, ni pogroms, ni manifestations de haine en France contre des musulmans ou des personnes d'origine maghrébine ou africaine.

Certes, indignement, le plus souvent de manière anonyme, des individus se sont « lâchés » sur les réseaux sociaux en déversant leur racisme. Certes, on a vu des décérébrés taguer des injures sur les murs de quelques lieux de prière, d'autres proférer des réflexions déplaisantes, d'insupportables insinuations... Mais, au final, rien de grave comparativement à d'autres époques et pays. Cela écrit sans volonté de minimiser ce qui précède, tant une parole raciste est déjà une parole de trop. Mais quoi qu'on puisse en penser, devant l'épreuve du terrorisme qui vise à fracturer la société et à générer, par répercussion, des actes racistes afin de la fragiliser plus, on doit reconnaître que la République a résisté au choc. Les institutions n'ont pas vacillé ; le discours des politiques est, très largement, demeuré digne ; le débat public fut souvent à la hauteur de l'enjeu et les médias ont su faire preuve de responsabilité. Quoi que pérorent les tenants des discours victimaires – ces « escrocs de l'islamophobie », comme les appelait Charb –, au lendemain des attentats, tous les musulmans de France, citoyens ou résidants étrangers, séjournant légalement ou pas – et heureusement –, ont vaqué à leurs occupations comme d'habitude ; ils ont pu emmener leurs enfants à l'école, regagner leurs postes de travail, circuler dans les rues en toute quiétude. Une vérité à souligner, et même à clamer pour faire taire les propagandistes et menteurs qui ont laissé croire que la vie des musulmans aurait été rendue impossible – notamment à cause des mesures d'exception dont l'état d'urgence – après les attentats. Quant à la magnifique marche du 11 janvier 2015, venue rappeler l'attachement de la majorité des Français au modèle républicain, à la liberté d'expression, au droit au blasphème et à l'antiracisme, elle ne déborda pas, ne vira pas en cortège anti-islam... En d'autres lieux, à d'autres périodes – preuve de la maturité des Français et de leur refus de tout mélanger aujourd'hui, preuve aussi de la solidité de notre démocratie –, cela aurait été impossible.

Ces deux constats sont-ils contradictoires ? Non ! Ils cohabitent. Il existe bel et bien, en France, une xénophobie latente, insidieuse, sournoise, qui génère du racisme. Mais aussi, une partie du pays qui la rejette, la refuse, se bat contre elle. D'où cette impression de marasme, de confusion – entretenue par des responsables politiques et des élus pas tous capables de faire face à l'enjeu – qui brouille les cartes et les experts.

Le profil du xénophobe et du raciste a évolué. Un Français donnant sa voix au Front national ne l'est plus de manière brute et affirmée comme avant, généralement même il est civilisé. Elle est loin l'époque où ce mouvement n'accueillait que (il y en a encore) des skinheads cherchant à casser du « bougnoule » dans la rue, que des nostalgiques de Vichy antisémites, que des exégètes de la collaboration, etc. Aujourd'hui, le citoyen raciste préfère faire du fascisme par procuration, à travers les urnes, dans l'intimité de l'isoloir. Le racisme et la xénophobie passent aussi par la banalisation de certains propos et idées ; des porte-voix comme Éric Zemmour ou Robert Ménard, en prétextant parler ou agir vrai, répètent, directement ou non, les slogans les plus éculés : en *disant tout haut* ce que le « beauf » a toujours *dit tout haut :* « On est chez nous ! », ils banalisent la parole excluante. Et entraînent dans leur sillage autant de xénophobes convaincus que de naïfs manipulés, constituant ainsi le réservoir de voix de l'extrême droite. Une dérive alimentée par l'activisme islamiste et par chaque attentat ou projet d'attentat découvert. On le sait, l'extrême droite a toujours excellé dans la récupération des peurs, y compris les plus légitimes !

Pour autant, on le voit, ces racismes ne sont pas ouvertement assumés. X, Y ou Z, dans leurs articles ou sur leurs estrades, refusent qu'on les qualifie de racistes car ils savent que l'opinion (et les juges) ne l'accepte pas. Le rejet de l'autre se manifeste donc par la banalisation de poncifs et par la généralisation de discriminations, conséquences de la méfiance envers les personnes d'origine étrangère au sens large. Donc bien au-delà des musulmans et de leur minorité agissante qui promeut le fanatisme. À vrai dire, le racisme le plus courant est le rejet de « l'étranger-au-village », qui touche aussi bien les Français d'origine maghrébine et/ou africaine que les Turcs, les Roms ou les gens du voyage... Cela n'est en rien rassurant, il va sans dire, mais au moins voilà qui montre un décalage entre les discours et tribunes ou petites phrases quasi exclusivement consacrées à l'islam des élites intellectuelles et politiques, et le terrain au comportement quelque peu différent.

Depuis plusieurs années, deux poncifs visant des musulmans s'ancrent dans l'imaginaire collectif : celui du « grand remplacement », idée propagée notamment par l'écrivain Renaud Camus, proche des identitaires d'extrême droite, et celui d'une « soumission » de la France et de l'Europe au monde arabo-musulman et aux différents courants islamistes. Cette seconde théorie est diffusée essentiellement par des juifs français extrémistes et Bat Ye'or[1], une essayiste d'origine britannique proche de l'extrême droite israélienne. Cette dernière avait, il y a quelques années, publié un ouvrage conspirationniste intitulé *Eurabia*[2], qui développait cette idée totalement farfelue en train de faire son chemin au gré des éruptions islamistes. Voilà en tout cas deux logiques qui jouent sur les mêmes angoisses liées à l'identité et aux lendemains apocalyptiques. À les en croire, une invasion latente serait en marche qui viserait à créer une France totalement islamisée, avec muezzin, charia, femmes en *burqa* et tout le barnum qui va avec.

Dans ce lot de personnages dépressifs, nostalgiques, frustrés, paranoïaques ou farfelus, un auteur de grande envergure est venu apporter sa pierre – certes à travers la fiction et la liberté qu'accorde ce genre de littérature –, surfant sur cette vague porteuse et s'inscrivant dans le débat au point de le rendre grand public en faisant la une des journaux lors de la sortie de son roman *Soumission* en janvier 2015. Et pour cause, dans ce texte, la France devient démocratiquement musulmane. L'art de la provocation du prix Goncourt, son talent d'écriture aussi, son habileté à trouver des sujets qu'aucun de ses confrères n'envisage ou n'ose aborder, le côté polémique de l'idée et la conjonction dramatique de la promotion de son roman avec les

1. Bat Ye'or est un pseudonyme. Il veut dire en hébreu « la fille du Nil ».
2. *Eurabia : l'axe euro-arabe*, Bat Ye'or, Jean-Cyrille Godefroy Éditions, 2006.

attentats contre *Charlie Hebdo* et l'Hyper Cacher firent de son ouvrage un énorme best-seller : plus de 600 000 exemplaires vendus. Ses ventes reprirent même après novembre 2015 et les autres attentats à Paris. Comme quoi il y a bien un intérêt, une angoisse, des questions sur le sujet de l'islamisme et de l'islamisation française. Mais si le premier existe, la seconde est un fantasme. Reste que ces peurs prolifèrent. Comment les analyser ?

Pour l'homme engagé contre l'islamisme que je suis, ce type de débat aurait un intérêt si tout ce qui est avancé reposait sur un brin de réalité, un soupçon de vérité. Certes, je suis radicalement hostile à l'islam politique, mais je suis aussi viscéralement attaché à la vérité et, donc, opposé à l'utilisation de la propagande. D'autant que ces théories, fumeuses et mensongères, ne servent pas, contrairement à ce que certains pensent, un discours anti-islamiste, mais au contraire entrent (sans le savoir, je le crains) dans la logique même des islamistes, qui saluent généralement les thèses qui essentialisent, parlent de « communauté musulmane » homogène, unique et monolithique, inventent des blocs et des groupes antagonistes. Ces thèses, qui en effet leur conviennent puisqu'elles peuvent pousser les musulmans à se sentir exclus de France, donc à les rapprocher des islamistes, en viendraient, si elles devenaient vraies, à disloquer la société et la démocratie.

En vérité, les délires de Renaud Camus, Alain Soral et consorts, les dérives de ceux qui voient poindre un complot de grand remplacement n'auraient suscité en moi aucun intérêt (peut-être juste un peu d'amusement et aussi un brin d'agacement), si elles ne servaient les intérêts des islamistes et – subsidiairement – n'alimentaient les racistes et xénophobes.

Alors il me reste une chose à faire pour lutter contre ces fadaises que le Net ou la fachosphère répandent comme une traînée de poudre : déconstruire ce qu'ils avancent.

Commençons par ce terme : *Eurabia.* Voilà un néologisme qui recouvre la théorie selon laquelle l'Europe serait, depuis quelques années, soumise au monde arabo-musulman, assujettie à sa volonté de domination et trahie par des élites intellectuelles et politiques qui auraient choisi de faire allégeance aux émirs du Golfe et à leurs richesses. Pour étayer cette « thèse », Bat Ye'or – de son vrai nom Gisèle Littman – utilise, comme tous les théoriciens d'extrême droite, l'« argument » démographique, ce fantasme qui fait croire que les musulmans vont finir par dominer l'Europe – et la France – grâce au ventre de leurs femmes, celles-ci étant plus fécondes. L'essayiste va jusqu'à évoquer un futur statut de « dhimmis » ou de « dhimmitude[1] » pour qualifier les Européens qui, dans leur propre pays, se « soumettent » aux principes et aux « lois islamiques ». Une approche irrationnelle, fausse et dangereusement alarmiste, destinée à présenter les musulmans comme les envahisseurs du Vieux Continent.

L'ensemble des thèses « eurabiennes » affirme, sans apporter la moindre preuve tangible, qu'il existerait même une coopération, voire une connivence totale, entre les dirigeants européens et les pays arabo-musulmans. Ce « complot » – car c'est de cela qu'il s'agit dans l'esprit des adeptes de Bat Ye'or – envisagerait la destruction d'Israël, sinon l'entretien d'une hostilité à son égard. Ce courant de pensée, lié à l'extrême droite israélienne, redoute une cohabitation pacifique entre musulmans et non-musulmans en Europe, et l'intégration de ceux qu'il appelle les « Arabes » dans les démocraties européennes.

Aux délires complotistes des islamistes qui voient des « sionistes » derrière chaque événement, répondent donc d'autres divagations tout aussi conspirationnistes, défendues cette fois par des extrémistes juifs qui voient un plan caché visant à anéantir l'État hébreu. Ce complot, selon Bat Ye'or, aurait pour origine le « dialogue euro-arabe » instauré dans les instances européennes à la fin des années 1990. D'où, soit dit en passant, leurs assauts récurrents contre la Fondation Anna-Lindh, dirigée par André Azoulay, humaniste convaincu, juif de tradition, ami d'Israël, marocain de nationalité, européen de cœur et conseiller du roi du Maroc qui tente, depuis plusieurs

1. La « dhimmitude » est un barbarisme qui francise le mot arabe *el dhimma*, en d'autres termes un ancien statut octroyé dans des pays régis par les lois islamiques aux non-musulmans qui devaient payer une dîme à l'autorité musulmane et qui, en contrepartie, leur assurait, selon certaines conditions, la sécurité.

années, de rapprocher les représentants de toutes les religions selon les principes des valeurs universelles. Ce n'est donc pas un hasard si les adeptes et sympathisants de Bat Ye'or sont, peu ou prou, de grands eurosceptiques et de fervents « souverainistes » – ce qui ne signifie pas que tous les souverainistes soient sensibles à ces thèses, même s'il faut constater qu'un nombre important d'intellectuels « eurabiens » cultivent une profonde détestation de l'Europe politique et économique.

Ce qui me paraît inacceptable, c'est de voir portée par certains courants juifs une vision conspirationniste du monde, d'entendre colportée cette propagande éhontée, ce schéma de pensée inique dont la communauté juive a été elle-même victime en d'autres temps. Car, écrivons-le clairement, dans le fond cette thèse fantaisiste n'a rien à envier aux *Protocoles des sages de Sion*, ce faux conçu par la police tsariste pour diaboliser les Juifs. N'imite-t-il pas, d'une certaine manière, *La France juive*, cet ouvrage du journaliste antisémite du XIXe siècle Édouard Drumont, qui laissait entendre que son pays était dominé par les Juifs ? Les chasses aux sorcières sont toujours inadmissibles. Que Bat Ye'or marche sur les traces d'écrivains racistes dont l'objectif visait à mettre au pilori un groupe ethnique ou religieux en s'appuyant sur un fait objectif – le danger islamiste – pour le détourner et trafiquer m'accable au plus haut point. N'oublions jamais ce que l'histoire nous enseigne : lorsque des élites politiques et intellectuelles s'aventurent sur le terrain du « complotisme » et du bouc émissaire, cela peut aller très loin.

L'« œuvre » de Bat Ye'or doit donc selon moi être condamnée. D'abord parce qu'elle contient des analyses et informations totalement erronées ; ensuite parce qu'elle tend à diaboliser une catégorie de personnes en raison de leur origine ou de leur religion, qui plus est en les uniformisant : enfin parce qu'elle flatte tous les milieux xénophobes et racistes qui cherchent des « arguments scientifiques » afin de légitimer, voire banaliser, leur discours et leur politique.

Non ! Le monde et l'Europe ne sont pas dominés par l'islam, même si l'émergence de courants islamistes doit être prise au sérieux et combattue – avec les règles et les valeurs démocratiques. Non ! L'Europe ne compte pas détruire Israël, tant s'en faut. Elle reste au contraire son alliée indéfectible, une alliée qui doit garder un regard critique sur la politique du pays. Non ! Les musulmans ne sont pas tous – loin s'en faut – des fanatiques et des égorgeurs prêts à asservir l'Europe pour instaurer leur charia, et ce même si des islamistes déterminés, fanatisés et illuminés tentent de s'exprimer indûment en leur nom. Ni Bat Ye'or, ni Renaud Camus, ni leurs émules n'ont donc raison lorsqu'ils jouent avec ces concepts fumeux et dangereux.

Ces insupportables sorties xénophobes et haineuses, ces théories complotistes extravagantes auraient pu finir dans la poubelle de l'histoire si le contexte était différent. User et abuser de ces analyses approximatives dénuées de la moindre validité scientifique, dans une zone de turbulence socio-économique, est, à tout le moins, irresponsable.

De fait les mouvements d'extrême droite ont bien compris la portée de telles thèses pour s'attirer les faveurs de certains électorats. Ainsi, en Belgique, depuis quelques années, le parti Vlaams Belang (Intérêt flamand) rêve de sceller un rapprochement avec la communauté juive d'Anvers et de la Flandre, inspiré par le livre *La Nouvelle Question juive*[1], du journaliste d'extrême droite Guillaume Faye, très favorable à un rapprochement stratégique avec les « sionistes européens » contre les musulmans. Dans cet ouvrage, le militant xénophobe pose clairement la question : faut-il s'allier avec les Juifs contre l'islam ? Une interrogation qui fait rage, depuis, au sein de certains partis et courants d'extrême droite en Europe.

Interrogeons-nous maintenant sur le fameux « grand remplacement » de Renaud Camus. Cet auteur entend qu'un « remplacement » ethnique serait en marche pour substituer, à la « population historique » de la France, une nouvelle population extra-européenne issue des pays du Maghreb et d'Afrique

1. Les Éditions du Lore, 2007.

sub-saharienne notamment. Une nouvelle fois, la question démographique – véritable obsession pour l'extrême droite – entre en jeu dans ce discours tendancieux. Une pensée creuse contredite par les faits et par les travaux de personnes dont, par exemple, le politologue Alain de Benoist, qui n'est pas considéré, tant s'en faut, comme un « affreux gauchiste » ou un adepte du « politiquement correct », encore moins un « islamo-bobo » ou un « idiot utile ». Ce dernier avait en effet rappelé, dans l'un de ses textes, qu'en 2003, sur les « 761 400 naissances enregistrées sur le territoire métropolitain, 87 675 (soit 11,5 %) étaient de mère étrangère, dont 31 564 de mère maghrébine, 20 013 de mère africaine et 5 338 de mère turque ». Et de citer le démographe Jacques Dupâquier, qui prédisait que « la part des naissances d'origine maghrébine, africaine ou turque devrait atteindre 13,4 % vers 2013 et 18 % en 2023 ». Une tendance qui, depuis, n'a eu de cesse de se confirmer, année après année, et ne cadre en rien avec les élucubrations de Renaud Camus.

Nous sommes donc loin des « invasions barbares » promises par lui, comme par Éric Zemmour et Bruno Gollnisch[1] (pour ne parler que de ces deux parangons de la pensée haineuse). D'autant – voilà qui va contrecarrer une autre assertion avancée par les tenants de cette théorie – que les femmes d'origine européenne affichent un taux de fécondité qui avoisine les 1,7 enfant par femme en âge de procréer, l'indice français atteignant, depuis le début des années 2000, environ 1,9 selon l'INSEE. C'est dire que la France ne risque pas de s'éteindre ou d'être submergée.

L'autre aberration de cette vision apocalyptique et complotiste est de considérer les « musulmans » comme un bloc homogène, monolithique, chacun étant essentialisé – c'est-à-dire renvoyé à

1. Sur son site, Bruno Gollnisch qui ne cesse, à l'instar de son parti, de parler également d'invasion islamique, estimait à propos des réactions suscitées par un dérapage de Zemmour que « la cabale était donc lancée, et l'ensemble des ligues de vertu "antiracistes" ont orchestré une vaste campagne anti-Zemmour, relayée complaisamment, dans une véritable ambiance de chasse aux sorcières, par de nombreux chroniqueurs et autres faiseurs d'opinion ».

ses origines ethniques et à son identité singulière –, tous vus comme des envahisseurs œuvrant pour une invasion sournoise. Or, qui ne le sait ou ne le comprend, qui ne l'a vu, les musulmans sont loin de défendre de telles idées, il y a des laïcs, des démocrates, etc., parmi eux... Dont moi, alors que, si l'on écoutait les élucubrations des tenants du « grand remplacement », je ferais forcément partie de cette cabale, mis dans le même sac que les islamistes que je combats et qui me menacent, donc considéré comme un « remplaçant » potentiel. Qui plus est, alors qu'un Breton ou un Normand converti, militant de l'islam politique, serait, lui, de fait, du côté des remplacés ! Croire à une France ethniquement homogène (alors qu'elle ne l'a jamais été) est tout aussi insensé, absurde et grotesque qu'une sournoise opération incluant *tous* les musulmans.

Cette thèse saugrenue, car se fondant seulement sur l'ethnicité et non sur les valeurs et l'attachement à un projet de société, n'évoque en outre à aucun moment l'existence des féministes, des progressistes, des laïcs de culture ou de confession musulmane. Aux yeux de Renaud Camus, ils n'existent pas.

S'il y a un problème d'identité en France, pourquoi faudrait-il, en outre, forcément chercher ses causes chez d'éventuels « envahisseurs », migrants venus des quatre coins du monde et déferlant sur les villes et villages de l'Hexagone tels des Barbares ? D'ailleurs, des Barbares, parlons-en. Même Rome les considérait comme citoyens à l'issue de leur intégration et ne les regardait plus comme d'éternels étrangers/envahisseurs. Effort que beaucoup de Français ne savent toujours pas accomplir. La France ne devrait-elle pas panser ses propres plaies ? Cette France qui doute d'elle-même, qui ne rêve plus mais qui continue de se voir, toujours avec autant de suffisance, comme l'un des pays leaders dans ce monde globalisé, guidé par une économie sauvagement libéralisée, ne devrait-elle pas s'interroger sur ses faiblesses voire ses responsabilités, trouver des idées neuves et motivantes, au lieu de se terrer et de chercher un coupable extérieur, forcément extérieur ? Est-il nécessaire de crier au « loup musulman », alors qu'il serait préférable de dénoncer la ghettoïsation favorisant le communautarisme, mal qui ronge la république « une et indivisible » ? Doit-on annoncer une fausse fin de la nation française et prétendre les « vrais » Français désormais minoritaires chez eux ? Ou inventer un modèle de société adapté à porter des valeurs universelles incarnées par la France, et qui remettrait celle-ci en marche ? Faut-il clamer en trépignant que nous serions à la veille des luttes tribales et d'une guerre civile sans proposer autre chose qu'un chaos encore plus grave ? Ou évoquer objectivement et avec lucidité les problèmes de délinquance sans les ethniciser puisqu'ils sont dus, en grande partie, à la ghettoïsation et aux problèmes socio-économiques et culturels que l'on connaît dans les quartiers dits « sensibles » ?

La France est endettée, bousculée par une crise financière mondiale, avec un État impuissant à trouver une voie sereine permettant des réformes efficaces. Elle n'est pas non plus libérée de ses vieux démons, comme l'ont démontré les résultats du premier tour de l'élection présidentielle d'avril 2002. Et comme mai 2017 l'a confirmé avec la présence du Front national au second tour. Dans cette toile de fond complexe, les inconscients, les paranoïaques, les délirants ont-ils le droit de s'amuser en tripotant, détournant, mentant sur des sujets aussi sérieux ? Est-ce vraiment le moment, dans un contexte aussi délétère, de jouer aux apprentis sorciers en prenant en otage cette même France, actuellement souffrante ?

Mais je m'égare : ces interrogations forgées au coin du bon sens ne peuvent assurément pas, je le crains, toucher ou ébranler les cerveaux de penseurs (ou prétendus tels) complotistes qu'aucune parole pesée jamais n'atteint. La vérité, même étayée, même argumentée de chiffres ou d'exemples, ils la verront toujours comme un mensonge... issu du complot qu'eux-mêmes ont inventé. Face aux paranoïaques, on ne peut espérer qu'une chose : que les âmes sensées n'en viennent jamais à les croire ni à les suivre.

Dans un tel contexte, que penser du roman *Soumission* de Michel Houellebecq ?

Au risque de fissurer un dieu littéraire, je dirais que Houellebecq, aussi talentueux soit-il, n'a pas, à mes yeux, inventé grand-chose. Sa fiction à succès me paraît une resucée d'*Eurabia* mâtinée du *grand remplacement*. En tant que défenseur de la création littéraire et de la liberté d'expression, j'estime qu'il est de son droit d'imaginer n'importe quelle situation, d'inventer un professeur d'université misanthrope sans envergure se fondant dans les règles nouvelles édictées par un président de la République française musulman élu au suffrage universel contre un leader d'extrême droite, type falot y trouvant un confort que sa misogynie et ses ambitions modestes poussent à savourer. Le problème, c'est qu'il est romancier reconnu, célébré, lu, dévoré même, écouté, perçu par beaucoup comme osant aborder des sujets sensibles de manière iconoclaste voire prémonitoire, et non un spécialiste de la géopolitique, de la sociologie, de la théologie islamique ni des sciences politiques. Dès lors, d'aucuns le transforment en Cassandre ou en Pythie énonçant l'avenir, et je pense le costume trop large pour lui – j'ose l'écrire. Mais acceptons que la thèse du romancier soit ce qu'elle est : une fiction. Et son ouvrage une œuvre de loisir au même titre que *La Planète des singes* ou *L'Odyssée de l'espace*, et analysons ce qu'il sous-entend de notre époque comme de son auteur à cette aune.

À dire vrai, Michel Houellebecq n'est pas ma tasse de thé. Sa personnalité quelque peu anxiogène et son style relâché ne me plaisent guère. L'homme m'apparaît peu engageant, et ses ouvrages, jusqu'alors, malgré leurs écho et succès, m'avaient laissé indifférent. C'est donc avec une curiosité de professionnel de l'islamisme que j'ai été amené – ne mourons pas trop bête – à le lire, désireux de me forger ma propre opinion. L'intérêt a donc été « strictement intellectuel », précision utile car je n'ignore pas qu'une vision houellebecquienne du monde, adepte de l'essentialisation et du déterminisme, n'hésiterait pas à me renvoyer vers la case communautaro-religieuse dans laquelle je suis supposé demeurer *ad vitam aeternam* vu mes origines, à l'instar de millions d'autres personnes que certains renvoient, dès qu'elles s'expriment, à leur pays natal ou à leur religion – réelle ou supposée.

Sur la qualité littéraire, je ne me prononcerai pas, ce n'est pas ma partie. L'opinion le considère comme un bon écrivain. Cela écrit, on sait depuis Céline que même les meilleurs auteurs ne sont pas forcément les plus attachés aux valeurs universelles et aux luttes antiracistes. Toujours est-il que Michel Houellebecq a un certain talent. Il doit même être le romancier préféré des angoissés cultivés adeptes de l'idée d'un musulman membre d'une cinquième colonne 2.0 annonçant le « grand remplacement ». Car, en fait, *Soumission* « écrit tout haut » ce que maints racistes antimusulmans « disent tout haut » aussi. Est-ce vraiment original ? D'un côté, il est applaudi par les frustrés qui aiment provoquer gratuitement (Michel Houellebecq estime, lui, dans une interview, que son roman n'est pas de la provocation mais un scénario vraisemblable) et plaît à une partie de la population ; de l'autre, il indigne aussi (clivage bon pour les auteurs en quête de reconnaissance, aimant bousculer les opinions). Reste qu'à mes yeux l'ensemble de son livre repose sur des fondements idéologiques douteux enrobés de poujadisme maladroitement dissimulé. Car *Soumission* porte l'idée d'une France qui se donne « démocratiquement » à des musulmans arriérés, prêts à la bafouer. Quelle époque que celle qui accorde crédit à ce type de vision, où xénophobie et populisme se marient ! Il est bien dépressif et déprimant, le « génie français » de ce début du XXIe siècle.

La thèse houellebecquienne, qui avance qu'un jeu d'alliances des partis suffirait à pousser une majorité de Français à voter en faveur d'un candidat représentant un parti musulman, je la trouve évidemment à côté de la plaque.

Certes, elle a surpris ceux qui pensaient que *Soumission* montrerait l'arrivée au pouvoir du FN, mais l'auteur, bien que dans sa bulle et faisant œuvre de fiction littéraire, donc non obligé de s'appuyer sur le vraisemblable, peut-il ignorer autant, dans son scénario, l'extrême droitisation de la société française et le rejet, de plus en plus croissant, de l'islam et des musulmans ?

Le phénomène qui devrait nous inquiéter est plus la montée de l'extrême droite qu'une improbable arrivée au pouvoir d'un parti islamique, qui d'ailleurs n'existe même pas.

La France conservatrice, inquiète, celle qui voit de l'étrangéité y compris là où il n'y en a pas, celle qui fait de la nomination d'un journaliste de couleur à la présentation d'un JT un événement national, celle qui se reconnaît dans les écrits de Michel Houellebecq et va jusqu'à s'interroger sur la judéité de tel ou tel homme politique, cette France qui aime tant Zemmour et qui va brandir des bananes devant une ministre de la Justice issu des DOM-TOM, n'est en rien prête à accepter de considérer un « arabo-musulman » comme un égal.

Dès lors, ceux qui ont pris *Soumission* comme un avant-goût du futur ont été pris au piège – malin – de l'auteur qui, avec son sens inné de la pirouette provocatrice, les a conduits ailleurs qu'où ils s'attendaient arriver. Pour autant, ce roman (qui n'a rien, on vient de le voir, de la politique-fiction plausible) a eu le mérite d'être efficace au sens où il a posé un pansement sur les angoisses. Mais un pansement rêche ne soigne pas. À se demander si la soumission, ce n'est pas celle d'un écrivain qui, par misanthropie et vision terrifiée (et terrifiante) du monde, n'a pas mis son talent au service de la xénophobie ambiante et de la haine ordinaire.

Or la France est et restera la France, quoi que puissent en craindre les inquiets. Dans les élucubrations des alarmistes, on oublie qu'une société civile existe, que des syndicats agissent, que les corps intermédiaires ont toujours su se mobiliser et s'organiser, qui plus est en puisant dans les valeurs universelles, pour sauver la nation. On oublie la force des institutions républicaines, l'arsenal législatif. Et – j'insiste – on oublie que les « musulmans » ne constituent en rien un groupe homogène et monolithique en quête d'une charia. On oublie, par ignorance ou malhonnêteté intellectuelle, voire les deux, que les musulmans « pratiquants », ceux susceptibles de « rêver » d'une configuration antirépublicaine, communautariste et chariaïque de la société, ne représentent (au pis) guère plus de 15 % de la fameuse « communauté musulmane » amalgamée sans nuances ni distinction avec les pires fanatiques et les plus vils terroristes. On refuse de comprendre – la réalité ferait-elle moins de bruit, créerait-elle moins de polémique ? – que l'approche intégriste est préconisée seulement par des milliers d'abrutis, lettrés ou pas, ayant décidé de centrer leur vie autour d'une vision fanatique de la religion. On oublie surtout, à coup sûr pour les mêmes raisons, que ces mêmes intégristes, en France et ailleurs, ne sont combattus ni par le Front national ni par les tenants du « grand remplacement », mais à l'intérieur même de la sphère musulmane par… d'autres musulmans.

17

Ce que je sais de l'antisémitisme...

Il faut bien l'admettre :
Auschwitz n'a pas guéri la société de l'antisémitisme.
Elie Wiesel

« Idéologie laïque du XIXe siècle, qui n'apparaît sous ce nom qu'après les années 1870, bien que l'on connût ses arguments auparavant, l'antisémitisme n'est à l'évidence pas la même chose que la haine des Juifs d'origine religieuse, inspirée quant à elle par l'hostilité réciproque entre deux croyances antagonistes. On peut même se demander jusqu'à quel point l'antisémitisme tire son argumentation et son pouvoir de séduction de cette haine des Juifs d'origine religieuse. » Cette définition d'Hannah Arendt entamait, en juillet 1967, son livre remarquable intitulé *Sur l'antisémitisme*[1].

Un premier constat, à mes yeux essentiel, car, quel que soit le racisme, il est important de distinguer ce qui relève de l'idéologie politique visant la destruction d'un peuple, du mépris ou de la détestation que se vouent des cultures ou des croyances parfois antagonistes, voire concurrentes. Il ne s'agit pas de hiérarchiser afin de minimiser tel ou tel aspect de la haine d'un groupe ethnoreligieux, mais de distinguer ce qui est de nature

1. Calmann-Lévy (trad. 1973).

à nourrir un programme politique, une vision du monde, avec les conséquences que l'on peut imaginer, du simple préjugé qui, certes, conduit parfois au crime et à la violence, mais n'est pas, pour autant, consubstantiel à un « projet de société ».

Il y a un racisme qui appelle à tuer et un autre qui, culturellement, méprise et discrimine au quotidien. Mon propos ne vise en rien – j'insiste une fois encore – à prétendre que l'un est plus ou moins grave que l'autre – même s'il est question, lorsqu'on établit un diagnostic, d'appréhender un phénomène avec le plus de justesse possible –, mais de distinguer ce qui est à vocation génocidaire de ce qui relève du rejet ou du mépris culturel d'une « différence », réelle ou supposée.

De ce point de vue, l'antisémitisme politico-idéologique, celui qui, dans un premier temps, créait les pogroms, ensuite menait aux camps de la mort, cet antisémitisme-là est singulier. Et il doit être traité de manière singulière. Sa distinction doit demeurer à la mesure de ce qu'il a généré : non pas un crime contre les Juifs seulement, mais un crime contre l'humanité.

J'établis ce préambule pour souligner combien tout type de racisme devenant consubstantiel d'une vision de la société doit être traité, non comme un phénomène sociétal seulement, mais surtout comme un problème idéologique, généralement lié à un totalitarisme. Cela pour rappeler que le traitement de l'antisémitisme idéologique ne peut être appréhendé comme un simple fait de discrimination, donc exclusivement par voie et traitement judiciaires. Et les logiques à vocation génocidaire, plus ou moins assumée, il est important de les considérer et de les affronter ainsi. Car comprendre qu'une mauvaise distinction sert les intérêts des antisémites est essentiel. Je suis conscient qu'une certaine fainéantise intellectuelle, des agendas politiques, des dogmatismes ou des visions étriquées ont tendance, depuis quelques années, à inciter certains leaders communautaires juifs et des commentateurs à utiliser le mot « antisémitisme » comme un terme-valise, visant à désigner les vrais antisémites, les révisionnistes et négationnistes, mais également ceux nourris de clichés culturels antijuifs, les détracteurs de la politique israélienne, les pro-Palestiniens, en leur ajoutant – ce qui me paraît grave et pernicieux, voire dangereux – même ceux qui, sur un sujet ou sur un point, sont en désaccord avec un « représentant » légitime (ou pas) de la « communauté juive ». Sans être antisémites eux-mêmes, on les catalogue ainsi, parfois, parce que l'accusation porte, est terrible, honteuse ; mais si elle étouffe le débat, elle le dévoie aussi et se révèle fausse. On peut ne pas être d'accord avec X ou Y qui est juif, sans être pour autant écrasé par ce mot marteau-piqueur infamant. La folie des débats est telle, aujourd'hui, que l'invective excluante passe par l'emploi de termes comme celui-ci, immondes, destinés à essayer d'étouffer ce qui n'est parfois qu'un désaccord secondaire.

Vous l'aurez compris, cette dérive, je la constate et l'ai vécue. Alors que je n'ai cessé, tout au long de ma carrière, de dénoncer l'antisémitisme, j'ai été moi-même traité d'antisémite ! Une première fois pour avoir critiqué Benyamin Netanyahou, une deuxième lorsque j'ai dénoncé les propos et commentaires d'un certain Pierre Lurçat, *alias* Paul Landau, proche du groupuscule extrémiste de la Ligue de défense juive (LDJ), enfin lorsque j'ai décidé de témoigner contre Georges Bensoussan, à la demande de la LICRA, dans un procès tenu début 2017, ce dernier, responsable éditorial au Mémorial de la Shoah, étant poursuivi par le parquet pour des propos susceptibles de représenter une incitation à la haine raciale – il a été relaxé en première instance.

Un peu comme il y a des escrocs de l'« islamophobie » qui tentent d'utiliser le chantage au racisme pour atrophier le débat ou anesthésier les objecteurs, il existe des apprentis sorciers de l'antisémitisme qui, parce qu'ils manquent d'arguments, en viennent à lancer des accusations indignes et infondées à leurs adversaires, espérant les disqualifier plutôt que de débattre sainement et sereinement. Or j'ai toujours tenu à combattre cette sorte de terrorisme intellectuel, la propension de certaines minorités à vouloir, à travers ce genre de procédé, faire taire la critique légitime. Le tout est d'arriver à mener le combat pour la liberté d'expression, tout en veillant à ce que celle-ci ne soit pas, par ailleurs, instrumentalisée afin de diffuser des propos réellement racistes ou antisémites. J'y reviendrai...

Combattre les haines de l'Autre, qui constituent le cœur d'un programme politique, sans minimiser les autres expressions de ces fléaux, constitue l'un des enjeux majeurs. S'il faut déconstruire – par la pédagogie, la justice, la culture, la mobilisation de la société civile, celle du tissu associatif antiraciste et l'école... – les préjugés antisémites qui amènent à faire croire, par exemple, que « tous les Juifs seraient riches et puissants », il convient aussi de se mobiliser et de mobiliser des moyens, politiques notamment, pour affronter, dénoncer, lutter contre toute idéologie qui propage, propagerait et propagera la monstrueuse idée selon laquelle « le monde serait meilleur sans les Juifs ». Les deux idées sont antisémites, la première peut, dans certains cas, nourrir la seconde, mais il est évident que les conséquences du premier poncif sont moins gravissimes, à court terme, que celles du second, qui, lui, est une incitation directe à l'extermination.

Malheureusement, les sociétés, même les plus développées, n'ont pas trouvé le vaccin définitif, le remède efficace contre le racisme et l'antisémitisme. Si, heureusement, jusqu'à présent tous les préjugés racistes n'ont pas systématiquement conduit à des crimes contre l'humanité, on a vu dans l'histoire récente, outre la Shoah, le génocide des Arméniens, celui des Tutsis, des Bosniaques, des Khmers ou la tentative d'extermination des Kurdes irakiens par Saddam Hussein... autant d'horreurs qui attestent que la barbarie n'a pas de frontières, d'âge, et survient même aux époques qui se croient civilisées. Les Khmers rouges voulaient réaliser une uniformisation idéologique et ethnoreligieuse du Cambodge, les pogroms organisés contre les Arméniens par les autorités turques étaient dopés par une ferveur ultra-nationaliste, tous deux survinrent dans des pays censés être évolués à leur époque par rapport à d'autres. Et dans ces deux cas la diabolisation d'un « bouc émissaire » fut à la manœuvre, manipulation de la vérité orchestrée par des discours politiques, une idéologie voulant rationnaliser la haine et lui donner un pseudo-« caractère légitime ».

L'antisémitisme dépasse le cadre classique du préjugé raciste. En visitant l'histoire avec cela en tête, on s'aperçoit que le fléau a été, très tôt, structuré par des logiques, a été colporté par des discours, a été au cœur de programmes politiques. Au temps de l'antisémitisme tsariste, Nicolas Ier avait promulgué des « décrets cantonistes[1] » antijuifs qui visaient à convertir au christianisme orthodoxe les enfants et adolescents juifs. Un embrigadement qui, lorsqu'il n'aboutissait pas, pouvait conduire à la mort. Au début du XXe siècle, la police secrète tsariste a produit un faux document qui devint rapidement la « référence » antisémite par excellence, *Les Protocoles des sages de Sion* dont j'ai déjà parlé. Le texte, supposé reproduire le procès-verbal d'une réunion secrète tenue, une fois par siècle, par les dirigeants juifs du monde dans le but de prendre le pouvoir sur l'univers au cours du siècle suivant, a alimenté la machine à fantasmes de tous les antisémites... et l'alimente encore. Fruit du « nouvel antisémitisme » – qui se distinguait de la haine du Juif « culturelle », présente dans le monde catholique notamment, méprisant et harcelant (parfois jusqu'à la mort) ceux présentés comme appartenant au « peuple déicide » – parce qu'il créait la « preuve » que le monde était ou allait être dominé par des Juifs, présentés comme responsables de tous les problèmes[2], ce texte fit passer la haine du Juif d'une échelle à l'autre, d'un racisme « ordinaire » (pardon de l'expression) à une dénonciation (fausse, redisons-le) d'un complot international. Auquel d'aucuns croient encore, il est important de le rappeler.

1. Le vocable « cantoniste » désigne à l'origine les fils des militaires de carrière russes, formés au service militaire. Mais, à partir de 1827, un statut particulier contraint les enfants juifs mâles à effectuer leur service militaire à partir de l'âge de 12 ans. Et ce jusqu'à 18 ans. Ils étaient alors obligés de servir vingt-cinq ans durant. Dès lors, le terme « cantoniste » ne désignera plus qu'eux. À travers ce service « militaire », il était question de déjudéiser ces adolescents et de les amener à pratiquer les préceptes de l'Église chrétienne orthodoxe.

2. *Les Protocoles des sages de Sion*, même si leur caractère totalement farfelu est largement prouvé, continuent de circuler dans plusieurs pays, notamment arabo-musulmans, mais aussi aux États-Unis et sur Internet.

Cet ouvrage apocryphe a consolidé la haine des Juifs dans la Russie tsariste. Et alimenté, renforcé, attisé le brasier entraînant les pogroms. Des pogroms dont il est quasiment impossible – y compris pour les historiens les plus compétents – de connaître précisément le nombre des victimes. Parfois, de simples fêtes religieuses orthodoxes soulevaient une hystérie collective, frénésie meurtrière souvent encouragée par des prêtres qui dérivait en massacres de Juifs. À travers ces exemples, on voit qu'une société, ancienne ou moderne (la Russie d'alors était les deux), lorsqu'elle est travaillée par des préjugés d'inspiration religieuse et des idéologies antisémites reposant sur des contrevérités historiques ou sociologiques incitant à l'essentialisation, peut en arriver à trouver un caractère logique voire légitime à une vision génocidaire. Ce que je qualifie plus haut de rationalisation de la haine : un processus psychique, prétendument rationnel, qui permet de faire tomber les digues morales et éthiques afin que la conscience en parvienne à accepter l'inacceptable.

Détester ou mépriser une personne, ou un groupe de personnes, en se nourrissant de préjugés tient aussi à la personnalité, à l'environnement culturel et à l'éducation de tout un chacun ; mais nier l'existence de l'Autre constitue une étape supplémentaire qui exige du psychisme la capacité de considérer admissibles des « arguments » faux mais supposés « rationnels », afin que l'acte abject devienne acceptable. Le bon sens populaire qualifie cela d'une expression claire : « Se donner bonne conscience ». On peut donc se demander pourquoi les tsars et leur police secrète ont agi de la sorte. Sur deux périodes différentes, les sciences politiques nous ont appris que les régimes autoritaires, totalitaires, dictatoriaux, théocratiques ont toujours besoin de fabriquer des « boucs émissaires » pour tenir leur population. Généralement, deux ennemis se superposent et sont voués aux gémonies et aux piloris : l'extérieur et l'intérieur. Les Juifs ont, souvent, été accusés de cumuler les deux, qualifiés de « cinquième colonne », vus comme un peuple au sein du peuple par des adversaires dont l'égoïsme, la haine viscérale ou le mercantilisme (parfois les trois) constituaient les moteurs. Des adversaires devenus antisémites par bêtise, arrivisme, méconnaissance, manipulés par nombre de thèses et de textes conspirationnistes, dont *Les Protocoles des sages de Sion* fut le plus célèbre, et des superstitions d'inspiration religieuse et/ou culturelle ancestrales. Autant d'ingrédients qui, de manière générale, préparent les génocides.

Cet « ennemi intérieur », la Russie en avait besoin pour dissimuler le caractère féodal, inégalitaire et corrompu du régime. Pour détourner l'attention, le pouvoir a fait reposer la responsabilité des problèmes de l'empire sur les Juifs, dès lors réceptacles des rancœurs et frustrations. Sous Alexandre III, tsar entre 1881 et 1894, l'antisémitisme a connu un nouvel essor. Une série de mesures antijuives, promulguées en mai 1882, appelées « lois de mai » et prétendument « temporaires », furent appliquées durant trois décennies. Des textes inspirés par le comte Nicolas Ignatiev, ministre de l'Intérieur, soutenu par le chef de l'Église russe orthodoxe Konstantin Pobiedonostsev, au nom d'une « logique » dite des trois tiers, terrifiante. Un tiers des Juifs doivent mourir, un tiers se convertir et le dernier tiers émigrer ! En plus des pogroms qui se poursuivaient dans les villages, les Juifs furent contraints de quitter toutes les villes de moins de 10 000 habitants. Interdiction leur était faite de commercer les jours des fêtes chrétiennes et les dimanches, de s'installer librement à la campagne, ainsi que dans certaines cités comme Kiev.

Après la mort d'Alexandre III et l'avènement du dernier des Romanov, Nicolas II, les choses ne s'arrangèrent pas. Sous son règne, les exactions se poursuivirent. On parle de trois cents pogroms en quatre ans ayant fait plus de 50 000 victimes !

L'antisémitisme russe du XIXe siècle coïncida avec la montée d'un ressentiment identique en France – ainsi que dans d'autres pays d'Europe, telle la Pologne –, colporté par les prêches de religieux ou des théoriciens et « intellectuels », ratés le plus souvent, qui tentèrent de « rationaliser la haine » que devait porter la société à l'encontre des Juifs. Le plus connu de ces antisémites doctrinaires assumés fut, sans doute, Édouard Drumont qui, dans *La France juive*, en 1886, résuma sa pensée en écrivant en introduction de ce livre : « Le seul auquel la Révolution ait profité est le Juif. Tout vient du Juif, tout revient au Juif. »

Journaliste dénué de talent, aigri, frustré, Drumont s'est construit intellectuellement dans la haine antisémite. Une « vocation » qu'il vivait comme un devoir, encouragé en cela, durant un temps, par son mentor et confesseur, le jésuite Stanislas du Lac de Fugères. Il semblerait néanmoins que celui-ci, même s'il partageait l'antisémitisme de Drumont, n'était pas toujours en phase avec la forme clairement haineuse qu'exprimait ce dernier dans ses écrits.

Au-delà du préjugé « Tout profite aux Juifs », qui deviendra hélas un classique de la rhétorique antisémite, Édouard Drumont fut l'un des premiers à populariser en France le poncif des Juifs « contrôlant tout », et notamment les médias. « Presque tous les journaux et tous les organes de publicité en France étant entre les mains des Juifs ou dépendant d'eux indirectement, il n'est pas étonnant que l'on nous cache soigneusement la signification et la portée de l'immense mouvement antisémitique qui s'organise partout », écrivait-il dans son brûlot insane – ce qui était faux évidemment. Le même mettait l'accent sur sa « vision du Juif », confirmant le distinguo souligné plus tard par Hannah Arendt : « L'antisémitisme n'est à l'évidence pas la même chose que la haine des Juifs d'origine religieuse. »

Édouard Drumont est probablement l'un de ceux qui clarifièrent la nature exacte de l'antisémitisme et dissocièrent celui-ci de la haine « traditionnelle » du Juif inspirée par l'Église. Il écrivit : « Tout Juif qu'on voit, tout Juif avéré est relativement peu dangereux, il est parfois même estimable, il adore le Dieu d'Abraham, c'est un droit que nul ne songe à lui contester, et comme on sait à quoi s'en tenir sur son compte, il est possible de le surveiller. Le Juif dangereux, c'est le Juif vague, socialiste en paroles, agent provocateur, espion de l'étranger, il trompe à la fois les ouvriers qui se fient à lui, la police qui le paie et le gouvernement qui l'emploie, il pousse les naïfs dans la Commune, les dénonce ensuite aux Versaillais, s'éclipse quand on veut tirer l'affaire au clair et reparaît quand le calme s'est fait pour déclarer qu'il a souffert pour la bonne cause, c'est l'animal nuisible par excellence et en même temps l'animal insaisissable, il est fourré, en effet, dans tant de choses, qu'on ne sait par quel bout le prendre. Si vous l'arrêtez dans une émeute, il se réclame de sa patrie, la victorieuse Allemagne, qui sait faire respecter ses enfants, si vous essayez de l'expulser, il vous prouve qu'il a été naturalisé à un moment donné. » Ce passage, aussi terrifiant qu'éloquent, ne vous rappelle-t-il pas certaines logiques antisémites contemporaines perçues ici et là, où des textes et discours, avec construction similaire, tentent d'expliquer que le Juif religieux « est estimable », mais que le problème serait « le sioniste » ? Quand on sait que l'écrasante majorité des Juifs – y compris les religieux – est légitimement attachée au sionisme, a-t-on encore besoin de se demander quel sens donner à une telle parade ?

Longtemps, en France, l'antisémitisme fut une posture à la mode. Jusqu'au lendemain de la Seconde Guerre mondiale, les dictionnaires le définissaient comme la « doctrine de ceux qui sont opposés à l'influence des Juifs » – les mots, lourds, ont ici aussi une odeur nauséabonde.

L'affaire Dreyfus fut, personne ne l'ignore, emblématique de la détestation des Juifs dans le pays. C'est probablement cette histoire d'espionnage transformée en affaire d'État où se mêlaient trahison, mensonges, faux documents, hystérie, qui illustra le mieux (*sic*) l'antisémitisme idéologique, celui qui allait nourrir, au moment de l'occupation nazie, les milices et hordes collaborationnistes, lesquelles firent preuve d'un incroyable zèle pour plaire aux nouveaux maîtres en uniformes vert-de-gris et laisser s'épanouir leur haine cultivée depuis plus d'un demi-siècle. Oui ! La France fut un pays longtemps rongé par l'antisémitisme.

L'historien Léon Poliakov, l'un des meilleurs spécialistes de la question, écrit : « Si on voulait mesurer la force de l'antisémitisme dans un pays à la quantité d'encre répandue à propos des Juifs, c'est sans doute à la France que reviendrait la palme, à la fin du XIXe siècle. L'affaire Dreyfus demeure en effet le procès le plus retentissant de tous les temps ; mais entre autres conséquences, il donna à l'antisémitisme français une résonance qu'on peut croire artificielle », avant d'ajouter, à juste titre : « Qu'on tienne cette affaire pour une honte nationale, ou pour une gloire nationale – sans doute fut-elle les deux à la fois –, elle ranima en la décuplant, à partir de 1894, une agitation qui commençait à se diluer[1]... »

Le jeune officier injustement accusé d'avoir livré des renseignements à l'ambassade d'Allemagne cristallisait contre lui à la fois la haine « traditionnelle » du Juif, celle nourrie par des arguments religieux ou racistes, et la nouvelle idéologie antisémite qui se répandait à travers l'Europe, se nourrissait de raisons « sociales » et reposait sur une base nationaliste. À dire vrai, au fil des années, l'antisémitisme idéologique aggloméra tous les ressorts et installa la « haine du Juif » comme un mode de pensée. Theodor Herzl, journaliste assistant au procès du militaire, eut cette réflexion qui résume tout : « Ils ne hurlaient pas : À bas Dreyfus ! mais : À bas les Juifs ! »

« Ils », c'est-à-dire les Français, étaient de surcroît galvanisés par une presse aux ordres de l'armée, état-major qui lui faisait dire, le plus souvent, ce qu'il voulait. Cette affaire révéla, par ailleurs, l'existence de « deux France », celle des dreyfusards et celle des antidreyfusards, camps *grosso modo* par la suite retrouvables entre collaborateurs et résistants, sans qu'il y ait systématiquement de continuité idéologique. Je précise cette absence de continuum idéologique, car certains dreyfusards – certes des seconds couteaux – finiront dans la collaboration tandis que quelques antisémites, hostiles à Dreyfus, prendront les armes contre l'occupant allemand et reviendront dans la République.

On ne mesure pas toujours l'antisémitisme ambiant de cette époque. Même les grandes figures de la gauche ne furent pas exemptes de reproche. Et, aujourd'hui, certains commentateurs oublient ou ignorent que la gauche d'alors s'est engagée dans le combat pour la révision du procès d'Alfred Dreyfus

1. Léon Poliakov, *Histoire de l'antisémitisme*, Calmann-Lévy, 1955, t. 2.

non par antimilitarisme ou philosémitisme, mais par opportunisme.

Prenons l'un des socialistes emblématiques de ce temps-là : Jean Jaurès. Au lendemain de la condamnation d'Alfred Dreyfus, la presse, de la droite à la gauche, exprime sa satisfaction. « C'est [souligne le commentateur Maurice Paléologue], l'approbation, le soulagement, le réconfort, la joie, une foi triomphante, vindicative et féroce. » Le traître, l'Allemand, a été condamné à l'unanimité. Sur l'échiquier politique, personne ne vient défendre Alfred Dreyfus. « Ce jugement a été pour tous un véritable soulagement, écrit *Le Matin*, au lendemain du verdict. [...] Et le député Jean Jaurès intervient, soulevant avec vigueur que Dreyfus aurait pu, aurait dû être condamné à mort[1]. [...] » Un Jaurès convaincu de la nécessité d'intervenir bien plus tard, lorsqu'il a eu le sentiment de commettre une terrible erreur judiciaire. « Le socialiste Jean Jaurès, d'abord hostile à ce Juif riche et protégé par l'argent, commençait à se poser des questions, autant sous l'influence de Lucien Herr que par "générosité chevaleresque", par une sorte de "donquichottisme", écrit Jean-Denis Bredin. Haïssant toute injustice, enclin par surcroît à chercher, dans chaque injustice, une "explication symbolique des iniquités collectives", il était troublé par l'Affaire[2]. » Au départ, c'est bel et bien la qualité de Juif, qui plus est riche, qui dicta au tribun ses premières paroles agressives. Avant de revenir sur sa position au nom de l'erreur judiciaire !

Comme j'ai eu l'occasion de le faire observer, si l'antisémitisme possède un socle idéologique, il n'en demeure pas moins qu'il se nourrit ensuite historiquement de quatre origines : religieuse, raciste, sociale et enfin nationaliste.

Le linguiste Jean-Paul Honoré, spécialiste de l'analyse du discours social et politique autour des questions touchant à la stigmatisation, auteur par ailleurs d'une thèse consacrée à l'étude

1. Jean-Denis Bredin, *L'Affaire*, Julliard, 1983.
2. *Ibid.*

du vocabulaire partisan pendant l'affaire Dreyfus, a bien fait ressortir dans ses travaux ces quatre origines (ou bases) de l'antisémitisme.

Il dresse le constat que le propos antisémite le plus virulent n'a pas – toujours – eu une base religieuse. Même un Drumont, pourtant proche de certains cercles intégristes, affirmait que le député antijuif qu'il était devenu ne saurait être confondu avec un élu catholique désigné « sur un programme de protestation catholique ». Il a toujours pris soin de définir l'antisémitisme comme une doctrine n'ayant « jamais été une question religieuse », mais « une question économique et sociale[1] ». Toujours est-il, comme je ne cesse de le rappeler, qu'il ne faut pas nier ou minimiser le poids de la haine antijuive ayant un socle religieux et qui, des siècles durant, a travaillé la société et l'a, d'une certaine façon, rendue perméable à l'antisémitisme idéologique.

À cette première « couche » d'inspiration religieuse est venue, progressivement, s'ajouter une base raciste. Qui repose parfois sur une logique eugénique faisant du mot « juif » presque une conception biologique. La presse antisémite parlait parfois, comme le rappelle Jean-Paul Honoré, de « tares pathologiques ». La notion de « race juive » ne fut pas l'apanage de la droite seulement. Plusieurs chercheurs, même s'il n'existe pas de preuves tangibles, s'autorisent aujourd'hui à supposer qu'au-delà de la sémantique raciste, omniprésente à la fois dans le discours politique, la littérature et les médias, se dessinaient, dans certaines subtilités sémantiques, des perspectives génocidaires. En tout cas, on sait désormais que les mots ne font pas que blesser, inférioriser, diaboliser ou déshumaniser, ils tuent aussi.

Un troisième niveau s'est superposé aux autres. Au début du XXe siècle est venu se greffer l'argument social. Cette souche, qui avait commencé à s'ancrer dans l'imaginaire notamment à travers les écrits de Karl Marx ou de Pierre-Joseph Proudhon,

---

1. « Le vocabulaire de l'antisémitisme en France pendant l'affaire Dreyfus », Jean-Paul Honoré, in *Mots*, n° 2, mars 1981. « Qu'est-ce que le vocabulaire spécifique d'un texte politique ? », p. 73-92.

ayant fixé dans le discours socialiste une terminologie définissant le Juif comme un « exploiteur », a fait florès. Proudhon est allé jusqu'à écrire dans ses carnets : « Faire un article contre cette race, qui envenime tout, en se fourrant partout, sans jamais se fondre avec aucun peuple. Demander son expulsion de France, à l'exception des individus mariés avec des Françaises; abolir les synagogues, ne les admettre à aucun emploi, poursuivre enfin l'abolition de ce culte. Ce n'est pas pour rien que les chrétiens les ont appelés déicides. Le Juif est l'ennemi du genre humain. Il faut renvoyer cette race en Asie ou l'exterminer... Par le fer, par le feu ou par l'expulsion il faut que le Juif disparaisse[1]. »

Le journaliste antisémite Jules Guérin, en insistant sur cet « argument » social, écrira de son côté : « Plus on est loin des Juifs, plus on est près du peuple[2]. » Selon la mythologie antisémite, développée au XIXe siècle, véhiculée par la gauche puis théorisée par le régime nazi et la plupart de ses alliés fascistes, le Juif tripote, razzie ou trahit. Ce que Drumont répandait lorsqu'il s'était, entre autres, assigné pour mission à travers son journal *La Libre Parole*, lancé en 1892, « d'abattre la Juiverie tripoteuse[3] ».

Tant et si bien que le mot « youtre », d'origine allemande, désignant initialement le Juif de manière péjorative, devint synonyme de « patron » ou de « propriétaire ». Le terme « Juif » lui-même, a constaté Jean-Paul Honoré, va finir par désigner traditionnellement « celui qui prête à usure ou qui vend exorbitamment cher » ou encore « quiconque cherche à gagner de l'argent avec âpreté ». C'est dans ce contexte que se constituera, explique le même chercheur, tout un lexique de la puissance juive, puissance financière qui génère les lexies argent, juif ou or. Le boulangisme, lorsqu'il s'est attaqué à la République, entre 1889 et 1891, dénonça cette prétendue mainmise financière, en permettant de s'attaquer à « la puissance de la juiverie, sous

1. *Carnets de Pierre-Joseph Proudhon*, 26 décembre 1847.
2. Jean-Paul Honoré, « Le vocabulaire de l'antisémitisme en France pendant l'affaire Dreyfus », art. cité.
3. *Ibid.*

notre ploutocratie républicaine », vilipendant le « mariage religieux de Marianne et du juif errant ».

Ce type de « dénonciations », progressivement, fait jonction avec la quatrième « couche » de l'antisémitisme, en l'occurrence la nationaliste. La montée des sentiments nationalistes européens – et donc français – s'accompagne en effet d'une condamnation du cosmopolitisme, des étrangers et, par conséquent, des Juifs. *L'Autorité* qualifie Émile Zola, au moment de son célèbre « J'Accuse », d'« insulteur aux gages des étrangers, c'est-à-dire des Juifs...[1] », les termes « juif » et « cosmopolite » étant eux-mêmes synonymes chez Drumont[2].

Pendant ce temps, l'Action française, mouvement d'extrême droite, reproche au général dreyfusard Marie-Georges Picquart d'avoir « fait dix ans de campagne avec les ennemis de l'armée et de la patrie, avec les représentants et les complices de l'Étranger en France, avec ceux qu'il faut bien appeler de leur nom : les étrangers de l'intérieur[3] ».

Régulièrement, la presse ou les auteurs antisémites utilisent les termes « internationale » et « internationaliste » pour signifier (et rappeler) – ce qui restera un marqueur trahissant tout discours antisémite – le statut de « corps étranger » attribué aux Juifs. Drumont fut l'un des premiers à évoquer les « nomades » auxquels, selon lui, il est ridicule de demander d'être « patriotes ». L'accueil des réfugiés juifs de Russie fut largement dénoncé par les milieux antisémites. Le journal du même Drumont fustigeait le « Juif cosmopolite qui n'a d'attache avec aucune nation, d'affection pour aucune, qui est le Bédouin transportant sa tente avec une indifférence complète[4] ».

Dans cette rhétorique haineuse et xénophobe, le Juif est aussi dépeint comme un « néo-Français » à opposer au « vieux Français », au « vrai Français », au « bon Français », voire au « Français de France[5] ». À ce sujet, il est intéressant de constater

1. *L'Autorité*, 15 janvier 1898.
2. *Ibid.*
3. *Le Général Mercier justicier de Dreyfus*, Éditions de l'Action française, 1906.
4. *La Libre Parole*, 7 novembre 1894.
5. Voir là aussi les travaux de Jean-Paul Honoré.

qu'en un siècle la rhétorique désignant les « mauvais Français » – que l'extrême droite est parvenue à imposer au-delà de ses propres frontières sémantiques – invite l'imaginaire collectif à établir le distinguo entre le « Français de souche » et le « Français naturalisé », le « Français d'origine étrangère » ; comme si, de manière perpétuelle, ce qui est posé sur la langue doit séparer les citoyens d'un pays. Une différenciation pitoyable toujours vraie pour les Juifs aujourd'hui, utilisée abondamment – et c'est à pleurer aussi – pour désigner les Français dont les parents ou grands-parents furent les produits de l'immigration maghrébine, turque, asiatique ou africaine.

Pourquoi remonter si loin dans ce *digest* de l'antisémitisme ? Pourquoi retourner au temps des tsars par exemple ? D'abord pour rappeler qu'il existe de tout temps et dans d'autres pays (j'aurais pu évoquer aussi le Moyen Âge). Ensuite pour en arriver à une question majeure : qu'en est-il de l'antisémitisme islamiste ? Où prend-il sa source ? D'où naît-il ? De quelles couches s'enrobe-t-il ? Est-il même islamique ou islamiste ? En d'autres termes, est-il consubstantiel à l'islam et, auquel cas, l'antisémitisme musulman aurait-il existé avant celui des tsars, avant celui de Drumont, avant celui de Hitler ? *A contrario*, cet antisémitisme-là est-il né avec les mouvements islamistes ayant idéologisé et politisé l'islam pour en faire, comme j'ai eu l'occasion de le démontrer tout au long de ce livre, une logique totalitaire ?

Naturellement, des esprits emplis de certitudes pensent avoir déjà la réponse et ne voudront s'encombrer ni de vérité scientifique ni de démonstrations historiques, encore moins d'explications intellectuelles, tant la volonté est grande, à l'extrême droite comme chez les populistes, de faire croire et admettre à l'opinion que islam et islamisme ne représentent qu'une et même idéologie, et qu'en chaque musulman sommeille un islamiste. D'autres, plus enclins à comprendre la nature des mouvements et des phénomènes qui nous entourent, seront cependant (j'espère) intéressés par l'explication que je vais essayer d'apporter afin que chacun puisse établir sa propre opinion.

Malgré l'existence, dans l'histoire musulmane, de périodes conflictuelles, tumultueuses voire sanglantes, l'antisémitisme, dans la version détaillée plus haut, reste, quoi qu'on en pense, une notion inconnue. Et ce même si certaines approches littérales du texte peuvent laisser penser le contraire. Il convient de comprendre avant toute chose qu'il ne s'agit pas pour moi, à travers ce qui précède, de dédouaner ou d'accuser, mais – si tant est que cela soit possible et aussi laborieuse que soit la tâche – de constater la réalité en mettant de côté la passion.

Pour dissiper la confusion qui entoure ce sujet, il faut répondre à quelques questions. L'islam, en tant que religion, est-il antisémite ? Des interprétations de celui-ci le seraient-elles ? Les musulmans sont-ils tous hostiles aux Juifs, comme on le colporte ? Ceux qui le seraient, sur quels socles théologiques ou idéologiques se fonderaient-ils ? Les Arabes, représentant une minorité dans le monde musulman, seraient-ils plus antisémites que leurs autres coreligionnaires ? Bref, pour cerner ce sujet, il convient de s'atteler à ce genre d'interrogations... et probablement à d'autres aussi.

Premièrement, il faut savoir que la société arabe antéislamique considérait les Juifs comme une part intégrante du système tribal alors prédominant. Ils étaient présents à la fois dans l'environnement urbain et rural. « On pouvait trouver des Juifs dans toutes les sphères de la société arabe, explique le chercheur américain Gordon D. Newby, qui a travaillé sur des études comparatives des textes juifs, chrétiens et musulmans. Ils étaient marchands, bédouins, fermiers, poètes, artisans et guerriers. Ils vivaient dans des forteresses, en ville ou sous la tente dans le désert. Ils parlaient l'arabe classique, le judéo-arabe et l'araméen, et faisaient usage de locutions hébraïques[1]. » Rien ne montre donc – bien au contraire – qu'aurait existé, dans les temps anciens, une sorte d'antisémitisme arabe originel. Convenons, dès lors, que l'« antisémitisme arabe » dont

1. Contribution de Gordon D. Newby dans *Histoire des relations entre juifs et musulmans des origines à nos jours*, sous la direction d'Abdelwahab Meddeb et de Benjamin Stora, Albin Michel, 2013.

d'aucuns parlent est un lieu commun, un abus de langage qu'un certain imaginaire a intégré en raison non de travaux incontestés, mais à cause de dogmatismes nourrissant des agendas politiques et idéologiques.

Deuxièmement, après l'avènement de l'islam, rien n'indique d'un point de vue théologique, sinon des lectures et interprétations littéralistes, que cette religion appelle à la haine des juifs et des chrétiens. Et les versets coraniques les plus violents à leur égard se doivent d'être lus de manière rationnelle et surtout contextualisée : ils ont été divulgués dans une période de conflits et visaient des tribus juives spécifiques.

En outre, un examen attentif des relations entre musulmans et Juifs à Médine atteste l'existence de deux périodes distinctes. L'une durant laquelle Mahomet intègre les Juifs, estimés éléments indissociables de la société médinoise contrôlée par lui – et ce à partir de juillet 622, au lendemain de l'hégire[1]. Pour étayer ce propos, il suffit de reproduire des extraits du pacte signé entre Mahomet et les tribus juives de Médine, dont l'article 25 du traité précisant que « les Juifs des Banû Awf formeront une communauté avec les croyants. Aux Juifs leur religion, et aux Musulmans leur religion ! ». De noter que l'article 37 stipule de son côté : « Aux Juifs leurs dépenses et aux Musulmans leurs dépenses. Qu'il y ait entre eux entraide contre quiconque combattra ceux que vise cet écrit ; qu'il y ait entre eux bienveillance et bonnes dispositions. Observance et non violation ! » De souligner que l'article 44 précisait pour sa part : « Entre eux [Juifs et Musulmans], il y aura entraide contre quiconque attaquera Yathrib[2]. » Et la jurisprudence

1. Le mot « hégire » veut littéralement dire « immigration », « exil » ou « séparation ». Il désigne le moment où Mahomet et ses premiers compagnons quittent La Mecque, la ville d'origine où ils sont persécutés par des tribus polythéistes, pour s'installer à Médine et y former la première congrégation, ensuite successivement la première communauté et société musulmane. Le jour où Mahomet arrive à Médine va correspondre à la naissance du calendrier lunaire musulman, dit calendrier hégirien.

2. « Yathrib » est le nom de Médine avant l'avènement de l'islam. Médine, qui veut littéralement dire « la ville », a été baptisée ainsi après qu'elle fut devenue la première ville musulmane.

islamique stipule qu'il est « illicite pour les Musulmans de nuire aux intérêts et aux biens des gens du Livre[1] ».

La rupture entre Mahomet, ses fidèles et certaines tribus juives médinoises est survenue plus tard, pour des raisons strictement politiques : « Les [tribus juives] Banû Qaynuqâ et les Banû al-Nadhir furent chassé[e]s de leurs places fortes et désarmé[e]s, et les Banû Qaynuqâ se virent en outre expulsés après qu'un certain nombre de leurs combattants furent tués par les armées [de Mahomet] », relate le chercheur Gordon D. Newby. Et il ajoute : « Nombre de lecteurs modernes aussi bien musulmans que juifs, relisant l'histoire à travers le prisme des époques ultérieures, estiment les actions de Mahomet motivées par un certain antijudaïsme, et il existe assurément dans le Coran et dans les sources islamiques anciennes des passages qui étayent une telle perception. Cependant beaucoup de Juifs demeurèrent à Médine jusqu'à la mort de Mahomet et au-delà[2]... »

Une fois encore, on perçoit que, même aux premières décennies de l'islam, l'antijudaïsme qui a pu s'exprimer, de manière cyclique, n'a rien à voir avec l'idéologie antisémite subie par les Juifs plusieurs siècles plus tard en Russie, en Pologne, en Roumanie, en Allemagne et en France. Les divergences relèvent davantage d'une sorte de concurrence religieuse que de fondements idéologiques à vocation exterminatrice.

De fait, religieusement et culturellement parlant, en terre d'islam d'alors, il ne peut y avoir de négation des Juifs car ceux-ci sont reconnus en tant que « gens du Livre ». En effet, Moïse, prophète des juifs, appelé Moussa par l'historiographie islamique, est une figure importante. Car la jurisprudence islamique précise avec insistance qu'on ne peut être musulman sans croire aux différents prophètes ayant précédé Mahomet, dont Moïse-Moussa lui-même. Signe révélateur, les musulmans ne nomment pas seulement Moïse Moussa, mais *Sayidouna Moussa*,

1. En Islam, chrétiens et juifs sont appelés les « gens du Livre ».
2. Contribution de Gordon D. Newby dans *Histoire des relations entre juifs et musulmans des origines à nos jours*, *op. cit.*

qui signifie « Notre maître Moïse », marquant une vraie déférence à l'endroit du prophète des juifs. *Idem* pour Jésus – en arabe Aïssa – appelé également *Sayidouna Aïssa*, soit « Notre maître Jésus ».

Qui peut croire qu'une religion considérant le prophète des juifs comme « envoyé de Dieu » et « maître », puisse être antisémite au sens occidental du terme ?

Pour autant, sachons mesure garder. Il est important de relever une erreur – volontaire ou pas ? – faite par ceux qui laissent croire à l'existence d'un antisémitisme musulman atavique et viscéral. Pour donner du crédit à leurs affirmations, la plupart observent le Moyen Âge avec une grille de lecture contemporaine, sans comparer ce qui doit être comparable. Or il faut contextualiser les choses et voir que rien ne fut ni idyllique ni totalement obscur. Les relations d'alors entre juifs et musulmans furent entre les deux : ni âge d'or ni époque noire. L'universitaire Mark R. Cohen, professeur à l'université de Princeton, éminent spécialiste, s'exprimant sur un « âge d'or » dans les relations entre juifs et musulmans, note : « Cette utopie interconfessionnelle était, dans une certaine mesure, un mythe ; elle négligeait, ou passait sous silence, l'infériorité juridique des Juifs et les explosions périodiques de violence. » Mais il précise aussitôt : « Cependant, comparée à l'histoire plus sombre des Juifs dans le monde ashkénaze médiéval de l'Europe du Nord et en Espagne, à la fin du Moyen Âge, et aux persécutions bien plus fréquentes et bien plus graves dans ces régions, elle comportait une grande part de vérité[1]. »

Dès son avènement, la religion musulmane, fondée sur le principe de l'Unicité de dire, en d'autres termes le monothéisme, était en rupture avec la société polythéiste et se considérait comme le continuum des deux précédentes religions : le judaïsme et le christianisme. L'islam permettait aux autres communautés monothéistes de conserver leur culte, à

1. Contribution de Mark R. Cohen dans *Histoire des relations entre juifs et musulmans des origines à nos jours*, *op. cit.*

une période où, pourtant, toute domination était accompagnée de mesures visant à contraindre les minorités à renoncer à leur religion.

En conséquence, ce qu'on trouvera par la suite dans la littérature islamiste – que ce soit celle diffusée par les salafistes saoudiens ou la pensée des Frères musulmans – et l'attitude des islamistes, de manière générale, notamment à l'égard des Juifs, est aux antipodes de la philosophie contenue dans la religion musulmane elle-même.

L'antisémitisme est une idéologie occidentale. Évoquer l'antisémitisme islamiste est donc, de mon point de vue, un abus de langage, même s'il recouvre une réalité politique et idéologique. Quant à l'islamisme contemporain, il s'est approprié, accaparé les codes et idées antisémites traditionnels. Un antisémitisme alimenté par une idéologie islamiste qui manipule et utilise les interprétations littérales de l'islam, les logiques des courants fascistes européens, l'idéologie nationaliste panarabique et ce qu'on appelle abusivement l'« antisionisme[1] ». Une instrumentalisation des mots, textes et idéologies qu'il est indispensable de dénoncer et à propos desquels il me paraîtrait plus opportun d'employer le barbarisme « antisémitionisme » dès qu'il convient de qualifier l'approche des islamistes et de certaines chapelles politiques non musulmanes. D'autant que les islamistes jouent avec la notion d'« antisionisme » parce qu'ils n'ignorent pas que l'antisémitisme est réprouvé par la loi.

Toujours est-il que les différents courants islamistes se sont peu à peu approprié les périodes médinoises tendues évoquées plus haut pour légitimer leur position, antijuive – en réalité antisémite –, instrumentalisant par ailleurs le conflit israélo-palestinien pour arriver aux mêmes fins et au nom du même racisme. En usant de cet argument, les « recruteurs », idéologues et autres terroristes islamistes n'ont aucun mal à séduire des aspirants kamikazes, des femmes et des hommes

1. Je considère l'antisionisme comme une forme déguisée d'antisémitisme puisque c'est une idéologie qui dénie le droit aux Juifs de disposer d'un État dans lequel ils seraient majoritaires. L'« antisionisme » est, en réalité, la face cachée de l'« antisémitisme » islamiste.

en quête d'identité, des personnes rêvant d'une idéologie « révolutionnaire » : expliquer que « le monde musulman est attaqué par les Juifs et les croisés » ou que « l'hégémonie américaine est injuste et inhumaine » convainc les esprits faibles. Brandissant ces arguments, ils manipulent une actualité compliquée qui, chaque jour, livre des séquences déplorables et des images insoutenables. À force de montrer des civils tués par des armées de pays démocratiques – souvent au cours d'actions militaires légitimes mais qui répondent de manière inefficace, inintelligente et disproportionnée aux agressions terroristes –, une colère irrationnelle monte qui favorise le bourrage de crâne, le lavage de cerveau par les islamistes.

Comme ces derniers ont le don de transformer des conflits politiques en « guerres de religion », de présenter des séquences historiques en « preuves » de l'existence d'un « conflit entre les civilisations », ils font des razzias dans les jeunes générations. Plusieurs prédicateurs sont devenus les spécialistes de ces opérations mensongères, habiles menteurs, se reconnaissant dans les discours de Ben Laden ou la pensée de Hassan Al-Banna, régulièrement accueillis par des acteurs politiques ou médiatiques occidentaux qui valident ainsi leur perception erronée et falsifiée du monde.

Ce nouveau révisionnisme s'accompagne d'un autre : l'émergence d'une réécriture de l'Histoire parvenant – consciemment ou non – à laisser penser, voire à croire, que l'antisémitisme est musulman. Et même, en définitive, n'est *que* musulman. Est-ce pour mieux se décharger du poids du passé, du complexe généré en France comme partout ailleurs en Europe par ce crime contre l'humanité monstrueux que fut la Shoah ? En tout cas, j'entends ici et là des voix, me semble-t-il plus nombreuses, faire comme si l'antisémitisme n'était pas une invention européenne ; s'efforcer de laisser penser (ou le penser elles-mêmes) qu'à l'origine ce ne furent pas les tsars, ni Staline, ni la très catholique Pologne, ni l'Allemagne nazie, ni autrefois l'Espagne inquisitoriale qui traquèrent les Juifs et inventèrent ce mal absolu. Or il serait gravissime de tenter, en raison de problèmes socio-économiques et idéologiques purement contemporains, à cause du péril islamiste (et de ce qu'il charrie), de faire peser sur une génération de musulmans, en France comme ailleurs, le poids de la Shoah. Cette inversion de la vérité relèverait à la fois du mensonge, du dévoiement de l'Histoire et d'une déclaration de guerre sémantique et idéologique à tous les musulmans, quels qu'ils soient. Quand on entame une guerre de ce type, les conséquences en sont toujours désastreuses, irréparables et durables. Je le dis tout net aux apprentis sorciers comme aux naïfs tentés par ce virage : attention, extrême danger.

18

Les musulmans tètent-ils l'antisémitisme avec le lait de la mère ?

L'antisémitisme n'est pas d'origine allemande :
il est russe, polonais, français.

Eugène Ionesco

Entre les sorties spécieuses d'un Éric Zemmour (plusieurs fois poursuivi par les associations antiracistes et condamné par les tribunaux) continuant de bénéficier complaisamment de tribunes lui permettant de distiller sa pensée nauséeuse, les aventures littéraires d'un Renaud Camus promettant un « grand remplacement » et annonçant la « grande déculturation », les œuvres complotistes d'une Bat Ye'or décrivant une Europe soumise au « monde arabe » et aux « Arabes », les saillies provocatrices d'un Robert Ménard, maire de Béziers, convaincu que la nation est mise en péril par des hordes de barbares se ruant sur l'Hexagone, les unes anxiogènes – et souvent clairement xénophobes – d'un hebdomadaire comme *Valeurs actuelles* qui ne me paraît plus défendre les valeurs de la République ni celles de la droite républicaine, les incessantes instrumentalisations de l'actualité par le Front national qui transforme le moindre fait divers en événement dramatique, le succès inattendu aux États-Unis d'un Donald Trump, qui fait de la vulgarité un mode de pensée mais peut compter sur quelques supporters dans l'Hexagone... Pas de doute, la France ne manque pas de porte-drapeaux et de porte-voix de l'extrémisme de droite. Ce magma, ce gloubi-boulga idéologique – où le propos véhément, l'analyse outrancière appuient des logiques populistes, racistes, nationalistes, haineuses qui tentent de justifier leurs excès par une pseudo-défense de la laïcité ou l'existence d'un danger islamiste global –, semble devenu une façon d'être quotidienne, un art de penser assumé. Pour un pays qui s'est, jusqu'à un passé récent, distingué à travers le monde par son élégance, ses valeurs... quelle déception, quelle désillusion, quelle décadence et même quel avilissement ! Une nation est grande quand elle résiste aux facilités, aux exclusions et à l'hystérie. Non quand elle y succombe, les pratique, s'y prête.

Or la pudeur et la retenue, jusque-là intimement liées à la société française, à son éducation et à sa culture, ont cédé leurs places à l'impudeur et à la vulgarité, et ce, largement, au nom d'un certain « dire tout haut ce que les autres pensent tout bas ».

Dans sa biographie de référence sur Albert Camus, Herbert R. Lottman[1] évoquait la retenue, la « pudeur française », en expliquant qu'elle « exaspère les étrangers quand elle ne commande pas le respect ». Cette singularité positive de la France, terre de nuances et de recherche de l'exactitude dans la pensée et l'expression, ce « classicisme » hexagonal en somme, est hélas en train de s'étioler, de s'évaporer. Pour quelle raison ? À cause d'un besoin de répondre immédiatement à un fait d'actu, une phrase sortie de son contexte, une déclaration à l'emporte-pièce qui en entraîne d'autres du même acabit. On ne pense plus, on réagit, on surréagit, on pousse des cris d'orfraie, on invective, on alimente la machine devenue hystérique qui rend hystérique. À cause des « sorties » dont sont devenus accros tous les tenants du populisme et de l'outrance, la réflexion disparaît, et un océan de médiocrité alimenté de petites phrases recouvrant tout se déverse, où tentent vaille que vaille de surnager quelques esprits éclairés que le système ne cesse de mépriser. Le débat posé d'antan se transforme en foire d'empoigne où

1. *Albert Camus*, Seuil, 1978.

invectives, excommunications, art de la provocation, vulgarité de l'injure s'additionnent, comme si le « coup de gueule populaire » devait prévaloir sur tout alors qu'il se résume à une litanie de beaufitudes. Ainsi va la France 2.0 de 2017 : le meilleur (ou le moins pire) est écrasé au profit du pire. Une dérive, un signe qui annoncent souvent le retour des infâmes.

Mais comment distinguer les réactionnaires qui ont fait des « musulmans », des « Noirs » et des « Arabes » (donc pas des islamistes seulement) leurs cibles de ceux – les lanceurs d'alerte – qui pointent du doigt l'islam politique et visent les différents courants islamistes ?

Les premiers, contrairement aux seconds, ne dénoncent aucun autre extrémisme et jamais, sinon très peu, le racisme qui vise les personnes d'origine maghrébine, africaine, voire celles de confession musulmane. Et si on les y pousse, ils se contentent du « minimum syndical » lorsque, par exemple, une mosquée est attaquée à Québec, mais ruent dans les brancards dès qu'un fait divers met en cause une personne au prénom à consonance musulmane. En somme, on les reconnaît aisément, ces tenants du n'importe quoi à indignation sélective : lorsqu'ils se targuent de parler au nom de la République, de la gauche, du féminisme ou de la laïcité, on constate chez eux un antiracisme à géométrie variable.

La gauche laxiste et bien-pensante – que je distingue d'une gauche sociale, réformatrice et démocrate incarnée notamment, qu'on le veuille ou non, à un moment par un Manuel Valls – a largement contribué à l'entropie générale et à la dérive du débat public. Premièrement, par son incapacité à s'organiser et à s'emparer de certaines thématiques, pourtant essentielles (immigration, islam, islamisme, insécurité, terrorisme...), ensuite, par abandon de ses référents culturels, indigence intellectuelle, incapacité à comprendre son époque et les enjeux nationaux et internationaux. Cette gauche, qui ne lit plus guère et ne réfléchit qu'aux places à reprendre, qui ne rêve que d'élections (qu'elle perd) et de circonscriptions (qui s'évaporent), a précipité son autoexclusion des champs médiatiques et politiques et n'apparaît plus qu'en second plan, sorte de carabinier arrivant trop tard et toujours en réaction aux insupportables dérapages et approximations entendus, endurés. Une gauche qui, en plus, a choisi de cultiver le relativisme culturel. Aveuglée par une approche différentialiste, elle en est arrivée à voir les Français d'origine étrangère uniquement comme des membres de la « diversité » qui « font chic » sur des photos type Benetton érigées, à la veille des échéances électorales, en idéal à atteindre (oublié ensuite), sans vouloir reconnaître l'envers du décor et les problèmes existants. Utopique, idéaliste, cynique peut-être, avec des œillères, avançant dans un monde de Bisounours quand ceux-ci tiennent parfois des kalachnikovs, elle me paraît à côté de la plaque. Ce qui ne l'empêche pas d'invectiver à tout-va dès qu'un débat s'ouvre.

Résumons : entre d'un côté des réactionnaires qui le sont de plus en plus, des racistes et des populistes totalement décomplexés qui salissent et vérolent le débat, de l'autre une certaine gauche qui voit la vie en rose ou qui a honte des valeurs qu'elle est censée incarner, ont fini par être isolés, dans le débat public et l'espace politique, les républicains fidèles aux valeurs universelles. Tandis que les champions de la véhémence gratuite prolifèrent et accaparent les ondes, les réalistes (ce terme ne les empêche en rien d'avoir des idéaux, de les défendre), conscients que rien n'est tout rose ni tout brun, sont pilonnés de partout.

J'observe ainsi, depuis quelque temps, que le discours dénonçant les islamistes ne suffit plus. Comme si celui-ci n'arrivait plus à satisfaire certaines attentes. Désormais beaucoup préfèrent, sans nuances, s'attaquer qui aux « Arabes », qui aux « musulmans », qui aux « étrangers », qui aux « réfugiés », que s'embarrasser de nuances ; mettre tout le monde dans le même sac plutôt que développer une pensée équilibrée ancrée dans la réalité. Si bien que fustiger les islamistes et épargner les musulmans qui vivent leur foi de manière apaisée est désormais présenté comme une ligne peu crédible.

Ce qui signifie que même des intellectuels ou des acteurs du débat public jusque-là retenus en viennent à être piégés par le populisme, quand ils ne l'encouragent pas eux-mêmes. Populisme de droite contre populisme de gauche, les deux parfois opposés à un populisme non identifié se présentant « ni de droite ni de gauche », éructation des sachants contre les ignorants – qui n'en pensent pas moins –, alimentent tous les fantasmes, donnent naissance à des querelles qui enflamment les esprits, usent et abusent de contrevérités ; le tout finit par essentialiser les musulmans, à les voir et à les présenter comme une globalité. Comme s'il fallait faire payer à chacun d'eux les crimes terroristes d'inspiration islamiste d'une poignée d'individus endoctrinés et décérébrés.

Une polémique de 2017, dans laquelle je me suis retrouvé mêlé, illustre cette dérive.

En janvier 2017, à la demande de la LICRA, j'ai été appelé à témoigner, dans ce contexte si particulier, contre Georges Bensoussan[1]. Responsable éditorial du Mémorial de la Shoah, il était poursuivi par le parquet pour « provocation à la haine raciale » par diverses associations (dont le CCIF que je honnis) suite à des positions proférées le 10 octobre 2015 sur France Culture dans l'émission « Répliques ». Voulant dénoncer un « antisémitisme atavique qui est tu comme un secret » dans les milieux musulmans, il avait, rappelle *Le Figaro*, « prétendu citer un "sociologue algérien", Smaïn Laacher, en ces termes : "Dans les familles arabes, en France, tout le monde le sait mais personne ne veut le dire, l'antisémitisme, on le tète avec le lait de la mère." Or, M. Laacher est français et la citation n'est pas exacte puisqu'il a en réalité déclaré : "Cet antisémitisme est déposé dans l'espace domestique [...] il est quasiment naturellement déposé sur la langue, déposé dans la langue. Une des insultes des parents à leurs enfants quand ils veulent les réprimander, il suffit de les traiter de juif, toutes les familles arabes le savent[2]" ».

1. Je tiens à préciser tout de suite que Georges Bensoussan a été relaxé.
2. *Le Figaro*, 7 mars 2017.

Cette affaire m'a attiré de nouvelles foudres, cette fois non de la part des islamistes, mes ennemis préférés, mais d'extrémistes juifs et de quelques communautaristes hystériques, dont certains furent jadis des compagnons de route, voire, le pensais-je, des amis. Ceux-ci n'ont pas accepté, en fait, de me voir prendre position contre l'auteur d'un propos qu'en mon âme et conscience je continue de considérer comme raciste et inacceptable, outre le fait qu'il charrie des contrevérités historiques et sociologiques.

Cette « affaire Bensoussan » a agité le bocal intellectuel à la périphérie, mais n'a heureusement pas pris une ampleur nationale. Il n'en demeure pas moins qu'elle a représenté un psychodrame dans une partie de la « communauté juive » et au sein du microcosme parisien. Il m'a donc paru important de lui consacrer ici quelques lignes, d'en expliquer le contexte et de détailler comment l'hystérie communautariste conduit à transformer l'information en propagande avec son lot d'injures et d'anathèmes. Mais j'anticipe : relatons d'abord les faits et faisons ce qu'Alain Jakubowicz, le président de la LICRA, dans un texte adressé aux soutiens acharnés du mis en cause, préconisait : « Le moment est venu de remettre l'église au milieu du village, écrivait-il, et de s'attacher à regarder cette affaire pour ce qu'elle est véritablement et non pour ce que certains voudraient qu'elle soit. »

Une première manipulation, dans cette histoire, apparut rapidement : elle visait à faire passer Georges Bensoussan pour la victime d'un harcèlement judiciaire des islamistes. Or c'est loin de la vérité. Le procès, l'historien le doit au procureur de la République de Paris, qui l'a cité à comparaître devant la 17e chambre correctionnelle du tribunal de grande instance (TGI) de Paris, parce que durant l'émission animée par Alain Finkielkraut il avait affirmé, devant le sociologue Patrick Weil assez médusé qui débattait avec lui : « Aujourd'hui nous sommes en présence d'un autre peuple qui se constitue au sein de la nation française, qui fait régresser un certain nombre de valeurs démocratiques qui nous ont portés », ajoutant sa fameuse phrase sur « le lait de la mère », évoquée plus haut et attribuée sans raison au « sociologue algérien » Smaïn Laacher.

D'emblée, soulignons les marqueurs douteux du propos. Comment le responsable éditorial du Mémorial de la Shoah peut-il parler de « peuple au sein » d'un autre, notion dont on sait à quel point elle a été instrumentalisée par les courants antisémites européens au cours des XIXe et XXe siècles afin de justifier les persécutions dont ont souffert les Juifs ? Quand Georges Bensoussan parle « d'un autre peuple qui se constitue au sein de la nation française », il ne peut ignorer les conséquences de cette assertion sur l'imaginaire collectif. À moins de se le figurer en incompétent ne maîtrisant pas la portée de sa phrase, ce que je m'empêcherais de suggérer, quelle mouche raciste a pu le piquer pour qu'il ose considérer les Français d'origine « arabe », de confession ou de culture « musulmane », d'origine « maghrébine », non comme des citoyens, mais comme les éléments d'un « autre peuple » au sein de la nation française ?

Ensuite, attardons-nous sur sa référence au sociologue Smaïn Laacher : pour quelle raison pense-t-il utile de prétendre qu'il appartient à une nationalité étrangère ? « Il se trouve qu'un sociologue algérien, Smaïn Laacher... », dit-il. Or le sociologue en question ne l'est en rien. Quand ses parents, originaires d'Algérie, ont immigré en France, en 1952, lui-même avait à peine trois mois. Entre cette arrivée et aujourd'hui, le bébé est devenu un citoyen français, un sociologue réputé et respecté, un professeur titulaire de sociologie à l'université de Strasbourg. Mais Bensoussan, inconsciemment sans doute et vraisemblablement afin d'appuyer sa propre démonstration, le réduit à sa nationalité d'origine. Laacher serait-il inapte à être français comme lui ? Faut-il revenir à l'époque coloniale, où il fallait faire la différence entre les Français et les « Français musulmans », ceux du second collège ? Sans vouloir vexer le maladroit Georges Bensoussan, si on devait mesurer l'algérianité de Smaïn Laacher au temps qu'il a passé en Algérie par rapport à sa présence en France, on serait réduit à dire que le ponte du Mémorial, lui, juif marocain né aussi en 1952 à Ahfir (anciennement Martinprey), à proximité de la frontière avec l'Algérie, et arrivé dans l'Hexagone en 1958 à l'âge de 6 ans, serait beaucoup plus maghrébin, voire moins français, que Smaïn Laacher n'est algérien ! Naturellement, la francité ne se mesure pas à ces calculs ridicules et, heureusement, le creuset républicain, dont se réclame Georges Bensoussan, a permis des siècles durant à des personnes venues des quatre coins du monde de devenir citoyennes et françaises à part entière. Reste à attendre des intellectuels qu'ils acceptent de voir les Maghrébins, qu'ils soient universitaires, journalistes, médecins, boulangers ou plombiers, totalement intégrés philosophiquement et économiquement au pays comme tous les autres compatriotes !

On l'a compris, en s'empêtrant dans cette question de nationalité, Georges Bensoussan voulait mettre en avant la conclusion d'un « sociologue algérien », manière de sous-entendre à l'auditeur : « Si certains d'entre eux le disent, c'est que c'est vrai. » La méthode, peut-être inconsciente – est-ce moins grave ? –, me choque en tout cas : un propos stigmatisant des personnes en raison de leur appartenance ethnique ou religieuse ne devient pas juste et crédible parce qu'il s'appuie sur la citation d'une personne appartenant à la même sphère ! Je vais oser un rapprochement iconoclaste : nombre d'auteurs de phrases racistes prétendent avoir un ami « noir », « juif », « arabe » (barrer les mentions inutiles) qui pensent comme eux afin d'asseoir (pensent-ils) leurs paroles. Je me refuse à voir des personnes intelligentes tomber dans ce travers.

En prenant cette habile précaution, Georges Bensoussan lança donc la phrase qui valut à l'émission « Répliques » et à France Culture un rappel à l'ordre du CSA et la plainte du parquet. Relisons-la : « Tout le monde le sait mais personne ne veut le dire, l'antisémitisme, on le tète avec le lait de la mère. »

Premier problème déjà évoqué : Smaïn Laacher, qui a dénoncé l'antisémitisme et travaillé sur le discours antijuif dans les familles maghrébines, avait tenu des propos sensiblement différents de ceux rapportés : « Cet antisémitisme, il est déjà déposé dans l'espace domestique. [...] Il est dans l'espace domestique et il est quasi naturellement déposé sur la langue, déposé dans la langue, une des insultes des parents à leurs enfants, quand ils veulent les réprimander, il suffit de les traiter de juif. » Et d'ajouter : « Bon. Mais ça, toutes les familles arabes le savent. C'est une hypocrisie monumentale que de ne pas voir que cet antisémitisme, il est d'abord domestique et bien évidemment il est sans aucun doute renforcé, durci, légitimé, quasi naturalisé au travers d'un certain nombre de distinctions à l'extérieur. Il le trouvera chez lui et puis il n'y aura pas de discontinuité radicale entre chez lui et l'environnement extérieur, parce que l'environnement extérieur, en réalité, le plus souvent, dans ce que l'on appelle les ghettos, il est là, il est comme dans l'air que l'on respire, il n'est pas du tout étranger. Il est même difficile d'y échapper. En particulier quand on se retrouve entre soi. Ce sont souvent les mêmes mots qui circulent[1]. »

Certains – de bonne ou de mauvaise foi – ont cru à une exacte similitude entre la phrase de Georges Bensoussan et celle de Smaïn Laacher. Or il n'en est rien. Et une explication de texte s'impose.

D'abord, le « tout le monde le sait, mais personne ne veut le dire... » du responsable éditorial du Mémorial laisse entendre qu'il y aurait une connivence, une sorte de complot dans lequel les « Arabes » se complairaient, où l'antisémitisme serait leur mode de pensée globale. Une remarque fausse que l'auteur de ce propos de comptoir battra lui-même en brèche en me citant au procès[2], et en citant dans l'émission Smaïn Laacher, tous deux dénonçant cet antisémitisme. Autre contradiction ! Si différents auteurs, intellectuels, universitaires et journalistes d'origine maghrébine et de culture ou de confession musulmane dénoncent et combattent l'antisémitisme – réalité dans la société arabo-musulmane, comme je ne cesse de le préciser –, Georges Bensoussan ne peut prétendre que : « Tout le monde le sait mais personne ne veut le dire » ! Si lui-même comme ses

1. Extrait de l'analyse de Smaïn Laacher dans le documentaire intitulé « Profs dans les territoires perdus de la République », diffusé, le 22 octobre 2015, par France 3.

2. Ne sachant pas que j'allais témoigner en sa défaveur, Georges Bensoussan a produit un texte de moi, dénonçant l'antisémitisme dans le monde dit arabo-musulman.

soutiens citent mes textes et ceux d'auteurs tels que Boualem Sansal ou Kamel Daoud, si je peux leur ajouter les regrettés Abdelwahab Meddeb, Mohamed Arkoun, mais encore Abdennour Bidar et beaucoup d'autres, c'est bien que l'antisémitisme évoqué n'est pas tu !

Étudions sa phrase : « L'antisémitisme, on le tète avec le lait de la mère. » Certes, elle se veut une métaphore. L'ennui, c'est qu'elle n'a pas été prononcée par Smaïn Laacher, comme je l'ai signalé plus haut. À aucun moment ! L'autre grave problème est qu'elle généralise. Elle donne l'impression d'inclure toute personne de confession ou de culture musulmane. À l'image de ce que Yitzhak Shamir, ancien Premier ministre israélien – certains s'en souviennent peut-être – avait déclaré en 1989, en pleine crise à Auschwitz avec les religieuses appartenant à l'ordre du Carmel : « Les Polonais tètent l'antisémitisme avec le lait de leur mère. » Bien que l'antisémitisme continue à gangrener ce pays, cette phrase reste à jamais maladroite car elle essentialisait. L'expression, énoncée par Shamir et reprise dans un autre contexte par Georges Bensoussan, décrit d'une part une transmission éducative et culturelle, à travers le fluide transmis par la mère, mais davantage prétend à une systématisation. En l'occurrence si chaque bébé reçoit le lait maternel pour vivre, cela signifie qu'il est question d'une systématisation de la transmission de l'antisémitisme, décrit d'ailleurs comme « atavique ». Or l'atavisme désigne généralement les traits de caractère transmis par les ascendants, en l'occurrence ce que l'on reçoit de manière héréditaire. Cela signifierait, si l'on poursuit le raisonnement, que dans toutes les « familles arabes », comme les appelle Bensoussan pour désigner les maghrébines ou les africaines, de culture ou de confession musulmane, la norme consisterait à transmettre l'antisémitisme de façon systématique. Des personnes comme Smaïn Laacher, tous ceux qui vont servir d'« Arabes de service » à sa défense (il a cité un texte de moi, je me permets de le redire, pour étayer celle-ci), à travers lesquelles il tente de se conforter dans son délire, ne seraient en définitive que des « exceptions ».

Or ce qu'explique Laacher dans le documentaire est sensiblement différent, tous ceux l'ayant cité ayant en outre omis ou négligé de resituer le contexte de son propos. Le sociologue ne parlait pas des « familles arabes » en général, mais de l'état d'esprit des familles vivant dans les ghettos ethnoreligieux. Il déclara : « Le plus souvent, dans ce que l'on appelle les ghettos, il [l'antisémitisme] est là, il est comme dans l'air que l'on respire, il n'est pas du tout étranger. Il est même difficile d'y échapper. En particulier quand on se retrouve entre soi. Ce sont souvent les mêmes mots qui circulent. » Cela désigne clairement l'antisémitisme idéologique véhiculé, dans les quartiers, par l'islamisme et des courants communautaristes, lesquels travaillent une jeunesse déjà soumise aux clichés antisémites par l'espace domestique. Constater et expliquer cette réalité ne signifie absolument pas énoncer l'existence d'un antisémitisme atavique, c'est-à-dire héréditaire, systématiquement transmis dans les familles arabes.

Quand Smaïn Laacher évoque l'antisémitisme « déjà déposé dans l'espace domestique », que vise-t-il ? Un antijudaïsme, souvent différent de celui des islamistes[1], nourri soit par des préjugés, soit par l'existence d'une « concurrence » avec une religion antagoniste, effectivement fréquent, ambiant, présent au sein de familles qui entretiennent la haine des Juifs, mais qui honnissent aussi les Français en général, le chrétien, le mécréant, l'athée, voire la femme émancipée, l'homosexuel, le musulman démocrate. Dans ces ghettos, contaminés à la fois par l'ignorance, l'inculture, l'endoctrinement, les préjugés, les frustrations, l'activisme d'acteurs nuisibles, oui, dans ces ghettos ethnoreligieux, la haine de l'autre, celle de la différence réelle ou supposée constituent un fléau qui pousse les habitants de tels quartiers vers le repli, le divorce d'avec la communauté nationale et le rejet de tout ce qui n'est pas issu de l'immigration, parfois de tout ce qui n'est pas musulman. Or décrire cette réalité sociologique, convenir de cette réalité du terrain,

1. Je le rappelle, il ne s'agit pas de minimiser ce mal, mais de le distinguer de l'antisémitisme idéologique, celui des islamistes, à vocation génocidaire.

montrer les ravages opérant dans ces territoires abandonnés par la République et la plupart des services publics, ne signifie en rien édicter l'existence systématique d'un allaitement d'antisémitisme au sein de toutes les familles dites « arabes » !

Même l'utilisation, par Georges Bensoussan, du terme « arabe », ce mot-valise, me trouble. Car on ne sait pas s'il tend à désigner le musulman, l'Africain, le Turc, le Français d'origine étrangère, le Berbère ou le Maghrébin. Derrière « l'Arabe », il y a le Maghrébin certes, mais aussi le Berbère du Rif, celui des Aurès, le Kabyle, le descendant d'Ottomans, le musulman, le converti... bref, une grande variété de personnalités, tempéraments, attitudes, pensées, convictions résumés, amalgamés en une masse désignée homogène et monolithique. Si, par « Arabe », Bensoussan pensait à un Youssouf Fofana, le tueur et tortionnaire d'Ilan Halimi, à un Amedy Coulibaly, le tueur de l'Hyper Cacher, il se trompe. Car ces tueurs sont des cas isolés et non les représentants, les incarnations, les symboles de tous. Et puis, comment un historien de sa renommée peut-il en venir à utiliser un mot qui, aujourd'hui, au-delà de l'extrême droite, sert à désigner tous les « basanés » ayant une origine étrangère ?

Le 25 janvier 2017, lors du procès se déroulant à Paris, j'étais loin d'imaginer que j'allais devoir affronter tant d'hostilité.

Celle d'un Alain Finkielkraut, devenu, hélas, coutumier de la parole excessive – chez qui il m'est par ailleurs arrivé de dîner avec plaisir –, et qui, parce qu'il témoignait en faveur de Georges Bensoussan et moi contre, me fit savoir que nous étions désormais fâchés et qu'il fallait éviter de nous adresser la parole – oui, oui ; même les grands intellectuels, même les académiciens, réagissent parfois comme dans les cours de récréation lorsqu'ils n'ont pas d'arguments à faire valoir. L'auteur de *La Défaite de la pensée* qui, citant Lévi-Strauss dans son essai, rappelait à juste titre que « l'humanité n'est ni identique à elle-même, ni compartimentée en groupes dotés de traits héréditaires communs » venait donc témoigner pour un farfelu qui vous expliquait que certains tétaient l'antisémitisme de génération en génération. Triste évolution !

Celle d'une Martine Gozlan, journaliste à *Marianne*, connaissance de près d'une vingtaine d'années, inconditionnelle de Georges Bensoussan, qui m'assena à l'issue du procès que nous n'étions « plus amis » et qui, le lendemain, écrivit une présentation tronquée de l'audience et, surtout, fit planer sur moi le doute (heureusement, le ridicule ne tue pas !) que je serais en train de retourner ma veste et de devenir, peut-être, sinon un antisémite, du moins un islamiste, qui plus est allié du CCIF. Tout cela parce que l'association islamiste s'était constituée partie civile, au même titre que la LICRA (pour laquelle j'intervenais), SOS Racisme, la Ligue des droits de l'homme, le Mrap, l'association des Sans-Papiers. À croire que, pour certains donneurs de leçons, il ne faudrait pas prendre part à un procès dès lors que des islamistes font partie des plaignants au même titre que d'autres ? Faudrait-il, dès lors, démissionner de nos convictions et leur laisser la défense des musulmans et des « Arabes », au risque de les voir attirer plus encore dans leurs filets des personnes perdues ? Ces derniers ne mériteraient-ils plus d'être soutenus par des associations antiracistes lorsqu'ils subissent des attaques racistes de cet acabit ? Je ne le crois pas.

Qu'écrit Martine Gozlan à mon sujet dans *Marianne ?* Ceci : « Le CCIF, représenté par Lila Charef, étroitement voilée, était appuyé par une pléiade d'associations antiracistes, LICRA, Mrap, SOS Racisme, la Ligue des droits de l'homme. La LICRA avait trouvé un témoin à charge surprenant en la personne de Mohamed Sifaoui. Ce dernier, qui a si souvent écrit dans nos colonnes, se retrouvait ainsi sur le même banc que le CCIF dont on pensait que le journaliste, menacé de mort par les islamistes, ne partageait pas vraiment les options. Sifaoui écrivait en effet du CCIF, le 6 juillet 2015, que cette “prétendue association antiraciste avait beaucoup de mal à condamner l'antisémitisme”. De son côté, en juin 2015, le CCIF traitait Sifaoui de “chantre de la haine”. Comment ces adversaires irréductibles se sont-ils ligués contre Georges Bensoussan ? Sans doute un de ces retournements de l'Histoire qui n'augurent rien de bon pour le respect des faits. "Le déni de réalité est une chance", écrit Élisabeth Badinter dans sa préface à l'ouvrage collectif, *La France soumise* coordonné par l'historien (Albin Michel). » Martine Gozlan a trouvé que j'étais un « étrange témoin », qui n'avait pas sa place dans ce procès. C'est son avis, je ne le partage pas. Moi, ce qui me gêne dans son papier, c'est le communautarisme qu'il traduit. Or, contrairement à ce qu'elle pense, je n'ai pas témoigné contre un « Juif », mais contre un intellectuel français poursuivi par le parquet pour des propos estimés racistes. Deviendrais-je « étrange » dès lors que je m'élève contre une parole antirépublicaine ? Cela signifie-t-il que je ne serais pas étrange lorsque je dénonce l'antisémitisme et l'islamisme, mais douteux lorsque je condamne un propos raciste ? Curieuse conception !

Une vision du monde, de la liberté d'expression comme de la lutte contre les dérives dangereuses, que je ne saisis pas. Comme je n'ai pas compris l'attitude de l'hebdomadaire *Marianne*, qui a publié son article. *Marianne* est un journal que je connais pour y avoir publié, comme je l'ai déjà évoqué, plusieurs dizaines d'articles depuis le début des années 2000. L'éthique, à tout le moins un minimum de correction, aurait dû amener la rédactrice, même si elle ne m'avait pas connu, à proposer que je m'explique, à défaut de m'épargner ses insinuations infondées et indignes. Car de deux choses l'une : ou, durant notre relation amicale et confraternelle d'une vingtaine d'années, Martine Gozlan – et donc *Marianne* – s'est trompée sur mon compte et les réelles convictions qui m'animent; ou, emportée par une verve subjective, elle est allée droit dans le mur dans un article où elle prend, sans recul, fait et cause pour Georges Bensoussan. Car précisons-le, Martine Gozlan est la même journaliste qui m'a consacré un papier laudateur dans les colonnes du magazine, écrit saluant mes engagements contre... l'islamisme. « Courageux » donc lorsque je dénonce les affres de l'islam politique, mais « étrange » quand je condamne des propos à mon sens racistes, en tout cas sans nuances ni distinction, dirigés contre tous les musulmans ? Quelle cohérence...

Je crois que cette journaliste s'est laissé emporter par sa passion[1], ses convictions personnelles, au point d'ailleurs d'oublier toute nuance et équilibre. Personnalité engagée qui exprime ouvertement ses opinions, de manière exacerbée parfois, elle donne ici le sentiment de s'être retrouvée face au dilemme qui piège ceux se mettant en position de devoir choisir entre leur identité et l'honnêteté intellectuelle. Sa vision partiale l'a conduite à des approximations qui ne l'honorent guère. Outre l'attaque à peine dissimulée laissant entendre que je me serais « ligué » avec le CCIF, association islamiste détestable, contre un intellectuel afin de l'empêcher de s'exprimer – ce qui n'est en rien ma démarche –, elle sort des phrases de leur contexte et, par là même, en vient à dénaturer l'une d'elles. « En s'attardant sur la fameuse métaphore de "l'antisémitisme tété au sein", il [c'est de moi qu'il s'agit] évoque même "un biberon empli d'un lait fabriqué en Israël !" », écrit-elle dans la suite de son papier, sans prendre la peine de contextualiser. Qu'ai-je dit à la présidente du tribunal ? Ironisant sur la phrase de Georges Bensoussan, mais aussi sur sa propension – partagée par d'autres – à citer des auteurs « arabes » pour donner crédit à son (leur) propos, je me suis interrogé : si tous les « Arabes » avaient tété l'antisémitisme avec le lait de leur mère, pourquoi n'étais-je pas antisémite ? Aurais-je été biberonné avec un lait fabriqué en Israël ? Voilà mon crime : l'humour, la dérision comme arme pour montrer l'inanité du propos tenu sur France Culture. Sous la plume de Martine Gozlan, pourquoi l'ironie, utilisée par un contradicteur de Georges Bensoussan, est-elle considérée, entendue, vécue comme la trace d'un antisémite en puissance ou en devenir ? Parce qu'elle vire à la journaliste communautariste ? Je le crains.

Évidemment, son papier dans *Marianne* m'a scandalisé, blessé et meurtri. D'autant qu'il s'ouvre sur une maxime de Jean-Paul Sartre : « L'antisémitisme n'est pas une pensée, c'est une passion. » Oser, par cette citation, laisser planer sur moi

1. Je l'admets, cela m'arrive parfois aussi, mais pas en clouant au pilori des personnes dont j'ai salué par ailleurs les engagements.

le début d'un soupçon d'antisémitisme est, en soi, scandaleux. Outre qu'une telle accusation mensongère est une agression, elle prend un goût plus amer encore lorsque la personne qui la lance vous connaît depuis des années et sait les menaces de mort que je reçois, liées pour beaucoup à mon combat contre l'antisémitisme. Mon parcours et mes écrits le démontrent : ma seule « passion » a toujours été la défense des valeurs universelles et la lutte contre toute forme de racisme. Un cheval de bataille enfourché très tôt. Comment, dès lors, oser parler d'antisémitisme à mon sujet ? Et comment accoler ce mot à d'honorables associations antiracistes comme la LICRA et SOS Racisme, quasi amalgamées parce que parties civiles comme le CCIF ? Quand on néglige la raison et se laisse envahir par la passion, il faut revenir aux faits qui, eux, sont froids, têtus et disent la vérité. Car Martine Gozlan, emportée par l'élan dont elle fait souvent preuve lorsqu'elle se passionne pour un sujet, a non seulement trituré les faits, mais osé, plus grave, leur donner une orientation particulière qui transforme presque son article en acte de propagande.

Premier constat, avant d'écrire son papier, elle n'a pas pensé à se rapprocher de la LICRA ou de SOS Racisme, parties civiles du procès, afin de connaître leurs motivations. Elle n'a pas jugé utile non plus – je l'ai dit plus haut – de me contacter pour apprendre les raisons m'ayant conduit à témoigner pour la LICRA – et non afin d'appuyer des islamistes. Elle n'a pas estimé nécessaire de solliciter Smaïn Laacher, le sociologue auquel Georges Bensoussan attribue de manière erronée l'une des deux citations objets des poursuites. Ces carences, je les regrette et les déplore.

Il y a quelques années encore, Martine Gozlan expliquait qu'elle croyait en l'existence de musulmans éclairés. Désormais, je décèle dans son propos, comme dans ceux d'un Georges Bensoussan ou d'un Alain Finkielkraut, une insinuation laissant à penser que l'Arabe ou le musulman ne serait éclairé que s'il dit ce que ce beau monde aime entendre. Dès lors qu'il ose une nuance, se montre libre, indépendant d'esprit, l'« Arabe » en question devient soupçonnable d'avoir basculé du mauvais côté. Quelle vision du monde ! Est-on entré dans une époque, une société où le soupçon doit peser sur chaque allogène pas encore adoubé par un cénacle d'intellectuels dont certains se laissent gagner par une sorte de terrorisme de la pensée quasi communautariste n'ayant rien à envier à celui du CCIF ? L'ennui, avec ce genre d'attitude excluante, c'est lorsque cette sorte de chantage vise des personnes insoumises par nature et désireuses de laisser s'exprimer les nuances, des personnes éloignées aussi bien du déni qu'un CCIF entretient que des accusations outrancières de penseurs de l'autre bord dorénavant sourds à la précision. Être accusé à la fois par les uns et par les autres va-t-il devenir le gage (ou la contrepartie) de mon indépendance ?

À ce stade de la lecture, le lecteur peut s'interroger sur un point crucial : pourquoi avoir témoigné contre Georges Bensoussan ? L'interrogation est légitime. J'y réponds.

Primo, parce que j'ai été blessé. Blessé d'un tel propos dans la bouche d'un homme respectable. Blessé intellectuellement d'entendre des intelligences avérées proférer de telles insanités. Blessé aussi à titre personnel. M'en vouloir de dénoncer cette blessure et le droit de l'expliquer à la barre, c'est aussi effacer mes engagements antiracistes de longue date, mes dénonciations de l'antisémitisme et de l'homophobie.

Secundo, parce que j'ai refusé de tomber dans le piège d'une situation foireuse créée par les propos tenus sur France Culture et, en n'intervenant pas, de donner l'impression que la défense de ceux appelés les « Arabes » devait forcément revenir seulement à une association islamiste, en l'occurrence un obscur collectif qui tente d'instrumentaliser les combats antiracistes pour exister et diffuser ses idées, le CCIF.

Tertio, parce que, avec la LICRA, nous avons utilisé plusieurs canaux pour tenter de convaincre Georges Bensoussan de nuancer son propos, d'éviter la généralisation et de s'excuser auprès des démocrates de culture ou de confession musulmane, des « Arabes » réels ou supposés opposés à l'antisémitisme (oui, ils existent !) qu'il avait offensés à travers ses phrases essentialisantes. Cette médiation, véritable sortie par le haut, lui offrait la possibilité de rectifier le tir si sa langue avait fourché et dépassé sa pensée, ce qui peut arriver. Mais il a refusé, repoussant les mains tendues.

Au fond, toute cette histoire est détestable. Par ce qui a été dit, par ce qu'elle sous-entend, par ses répercussions aussi.

En écrivant son compte rendu insinuant et orienté du procès, Martine Gozlan a délibérément jeté le doute sur ma personne. Aujourd'hui, son texte fait les choux gras de plusieurs milieux extrémistes juifs, qui le diffusent comme une preuve de mon « ambiguïté ». Car, ne l'oublions pas, salissant le combat d'une vie, elle s'est interrogée dans son papier, avec une naïveté nuisible n'ayant guère le courage d'assumer : « Comment ces adversaires irréductibles [le CCIF et moi-même] se sont-ils ligués contre Georges Bensoussan ? Sans doute un de ces retournements de l'histoire qui n'augurent rien de bon pour le respect des faits. »

Quelle honte ! Mais puisque ce genre de phrase douloureuse à lire amène à se justifier sous peine de laisser croire que l'assertion est vraisemblable, soit, je m'y résous. Puisque l'on cherche à faire peser sur moi une présomption de culpabilité, je vais écrire ce que je n'aurais jamais imaginé devoir un jour rédiger, mais qui sera enfin gravé dans le marbre : jamais, je dis bien jamais, mon père n'a tété l'antisémitisme avec le lait de sa mère ; jamais je n'ai été abreuvé d'antisémitisme ; jamais mes descendants ne le seront non plus. J'ai toujours combattu ce fléau. Qu'il soit porté par l'extrême droite ou l'extrême gauche, je l'ai dénoncé ; qu'il s'exprime à travers des mollahs chiites ou des émirs sunnites, je l'ai condamné ; qu'il ait pour auteur Dieudonné ou Soral, je l'ai combattu ; qu'il soit le fait de musulmans ou d'islamistes, je l'ai honni ; qu'il soit dissimulé derrière l'antisionisme ou la haine d'Israël, je l'ai pourchassé. En vérité, contrairement à Mme Gozlan et consorts, je ne suis pas de ceux qui pensent que la lutte contre l'antisémitisme serait l'affaire des Juifs, pas plus que le racisme dirigé contre les « Arabes » serait du ressort de ceux-ci. Moi, contrairement à ce que laisse penser l'attitude de mes nouveaux détracteurs, je ne crois pas que l'antiracisme puisse être crédible quand il se révèle à géométrie variable.

On peut se demander pourquoi je me suis impliqué, avec toutes les luttes antiracistes, dans cette lutte contre l'antisémitisme. Surtout, aussi incroyable que celui puisse paraître à certains, alors que, dans l'Algérie des années 1960 et 1970, je n'ai pas souvenir d'avoir croisé d'antisémitisme. Celui-ci est apparu en même temps que la diffusion du discours islamiste, c'est-à-dire à partir des années 1980. Aussi loin que ma mémoire remonte, je ne me rappelle pas avoir jamais entendu dans mon enfance : « Mort aux Juifs ! » Ni dans ma famille, ni dans la rue, ni à l'école. Les premiers propos hostiles naquirent avec l'intensification du conflit israélo-palestinien. J'ai moi-même d'ailleurs mis du temps avant d'établir le lien, au début de l'adolescence, entre Israël et les Juifs.

Je savais – ce qui atteste l'absence d'antisémitisme dans mon entourage – même que certains Algériens proches se rendaient dans des restaurants juifs lorsqu'ils allaient, en touristes, à Paris, les plus pratiquants expliquant qu'il fallait manger dans des établissements cachers en cette époque où il n'y avait pas de halal en France. On me raconta aussi combien les liens entre juifs et musulmans étaient normaux à Alger à l'époque de la colonisation, et même lors de la guerre d'Algérie. Le récit familial évoquait des relations de bon voisinage. Plus tard j'observerai d'ailleurs que l'antisémitisme est moins présent au sein de familles citadines, alors que, dans le monde rural, des préjugés et la propagande du parti d'État qu'est le FLN, connu pour ses positions hostiles à Israël, laissaient parfois filer un certain antisémitisme.

En racontant ce que j'ai observé, je ne cherche pas à entretenir un mythe, puisque j'ai découvert quand même, un jour, l'existence d'un antisémitisme sournois, diffus, mais pas exprimé. Et ce à travers l'enseignement de la Seconde Guerre mondiale. L'école algérienne, en ces années 1970 et 1980, ne mentionnait pas vraiment, en effet, le génocide perpétré par les nazis.

L'existence des « camps de la mort » était survolée, les élèves apprenant trop rapidement que Hitler avait tué des gitans, des tziganes, des handicapés et des Juifs. Autrement dit, aucune distinction n'était opérée. Le chiffre de 6 millions de victimes exterminées ne me fut à aucun moment précisé. Auschwitz, Belzec, Sobibor ou Treblinka sont des noms que j'ai découverts une fois adulte, c'est-à-dire dans les années 1990.

Comme l'ensemble des Algériens – mais beaucoup de Français, reconnaissons-le, l'enseignement de la Shoah étant récent aussi en France –, j'ai été soumis à un négationnisme par omission volontaire. En d'autres termes, personne n'a jamais raconté que la Shoah n'avait jamais eu lieu, mais on ne nous a rien dit non plus, comme si nous n'étions pas concernés par un tel sujet. Ce n'est qu'une fois étudiant, en cherchant à approfondir ma culture historique, politique et géopolitique, puis jeune journaliste, en me penchant sur les détails de la Seconde Guerre mondiale, que j'ai découvert, durant un voyage à Paris, à la fin des années 1980, l'ampleur du drame. À travers notamment *Si c'est un homme* de Primo Levi et, dans la foulée, les ouvrages d'Elie Wiesel et ensuite le destin d'Anne Frank. Je ne pris donc véritablement conscience des ravages de l'antisémitisme et des atrocités nazies que durant les années 1990 ! Et j'ai approfondi la question par la suite en partant à la découverte des grands travaux d'historiens comme ceux du Britannique Ian Kershaw, spécialiste incontesté du nazisme, d'Annette Wieviorka, sans oublier la jeune génération, comme Tal Bruttmann, historien français devenu entre-temps un ami, qui, en une journée de visite à Auschwitz, m'a permis d'apprendre et d'appréhender ce qu'on ne sent et réalise qu'en lisant une dizaine de livres.

Me consacrant au même moment, soit depuis le début des années 1990, à la question de l'islam politique, j'ai alors vite été effrayé de percevoir maints signaux inquiétants du discours islamiste, signaux qui entraient en résonance avec ce que j'avais appris de la Shoah. Il s'agissait de marqueurs, comme on dit communément, très proches. Des petits mots, des phrases, des constructions intellectuelles, une sémantique détestable qui laissaient penser que les choses horribles lues dans les ouvrages des survivants de la Shoah ainsi que dans ceux des grands théoriciens du fascisme recoupaient certains prêches proférés par des salafistes, tantôt adeptes du wahhabisme saoudien, tantôt liés à la pensée des Frères musulmans. J'en ai conclu que la lutte contre l'antisémitisme, outre qu'elle constitue une bataille antiraciste indispensable, rejoignait totalement, et de façon cohérente, le combat contre l'islam politique.

Que mes contempteurs le comprennent bien, ce n'est pas par philosémitisme que je lutte, aussi, contre l'antisémitisme ; mais par humanisme et attachement aux principes universels. De fait, pourquoi devrais-je être arabophile, musulmanophile ou philosémite ? Ceux qui agissent en se référant à ce genre de motivation ou en la lisant à travers une grille de lecture orientée ont, selon moi, une conscience en vérité peu sereine. Pour affirmer les choses sans ambages, voire brutalement : contrairement à d'aucuns, je n'ai rien à me faire pardonner ni à demander aux Juifs. Mes ancêtres n'ont pas persécuté certains d'entre eux, ni participé à des rafles ou des pogroms, ni conduit des enfants vers des trains de la mort, ni participé à la moindre démarche génocidaire. Ni mon grand-père ni mon père ne furent des supplétifs du régime de Vichy, et aucun de mes aïeuls ne fut kapo ou membre d'une milice ou d'un Waffen SS. Par conséquent, face à ce sujet, contrairement à beaucoup de Français, aucun sentiment de culpabilité ne m'anime, je suis totalement à l'aise. Seule mon humanité est bouleversée lorsque, aujourd'hui encore, je lis des récits ou vois des images dévoilant, décrivant, montrant, rappelant l'horreur des camps et des déportations.

Aujourd'hui, mon entourage se compose de personnes d'horizons divers. Des Juifs font partie de mes amis, d'autres peuvent être des adversaires, voire des ennemis. Je n'ethnicise ni l'amitié ni l'adversité. D'où qu'ils viennent, les extrémistes et les racistes ne font pas et ne feront jamais partie de mon environnement.

La lutte contre l'antisémitisme, je la mène d'abord pour être en conformité avec mes valeurs. Tout comme la ligne que je défends s'agissant du droit – non négociable – de l'existence de l'État d'Israël qui, je l'espère, devra cohabiter, un jour, pacifiquement avec un État palestinien indépendant et viable.

C'est pour ces raisons que j'entre dans une colère noire quand on ose jeter, par communautarisme ou ethnocentrisme, un doute sur mes convictions, ou lorsqu'on sous-entend que j'aurais, à l'instar de millions d'autres personnes issues de la même sphère culturelle que moi, tété l'antisémitisme au sein de ma mère, autrement dit reçu celui-ci en héritage. Mon courroux est redoublé parce que, en plus d'être fausse, cette assertion détruit ou ébranle les ponts que je n'ai eu de cesse de construire avec les Juifs de France (et d'ailleurs), des passerelles que par leurs maladresses ou convictions ethnocentristes Georges Bensoussan et ses supporters risquent de faire vaciller. Or, partout, même s'il y a des antisémites, on voit aussi émerger et agir des personnes, des « Arabes », qui luttent contre ce fléau. Malheureusement, les premiers sont beaucoup plus visibles, présents et montrés dans les médias que les seconds.

Alors que je finalisais l'écriture de ce livre, discutant avec mon ami Benjamin Stora, spécialiste du Maghreb, de l'Algérie et notamment de la position de Messali Hadj, père du nationalisme algérien, sur ces questions, l'historien me rappela la courageuse position qu'avait prise ce dernier à l'époque : ne pas frayer avec l'Allemagne comme d'aucuns l'y encourageaient. Stora me conseilla alors de relire l'un des textes qu'il lui avait consacrés dans l'*Histoire des relations entre juifs et musulmans*, ouvrage codirigé avec Abdelwahab Meddeb.

Sous le titre « Messali Hadj, ou le refus de la collaboration », Stora rappelait un épisode qui dénote l'état d'esprit du père du mouvement national algérien face à l'antisémitisme : « Messali refuse les propositions de collaboration du régime de Vichy. Proche de personnalités comme Bernard Lecache, fondateur de la Ligue internationale contre l'antisémitisme (LICA) [l'actuelle LICRA], Messali a toujours fermement condamné les discours antisémites. Ainsi, lorsqu'il reçoit dans sa prison le colonel Schoen, spécialiste des questions nord-africaines au ministère de l'Intérieur, qui lui promet sa libération en échange d'une déclaration en faveur du maréchal Pétain, Messali lui oppose un refus catégorique. Il est alors condamné, en mars 1941, à seize ans de travaux forcés et à vingt ans d'interdiction de séjour. Il est interné dans différents camps du sud de l'Algérie, en particulier au bagne de Lambèse. Crâne et sourcils rasés, boulets aux pieds, il est soumis à un régime d'isolement... »

Donc, pour ceux qui ne l'auraient toujours pas compris, fort modestement je tiens à écrire ceci : oui, je suis un « Arabe », fier de mes origines algériennes, mais je suis davantage l'héritier, quoi que puissent en penser certains, d'une tradition idéologique humaniste, illustrée notamment par Messali Hadj, et non le dépositaire d'une quelconque pensée antisémite. Que des Juifs autrefois amis puissent amalgamer tous les « Arabes » en les prétendant antisémites quasiment de naissance me choque, me révulse, m'effraie aussi. La pensée française est-elle tombée si bas ?

19

Quand Macron ringardise la droite identitaire et la gauche archaïque

Assez et trop longtemps l'arrogance de Rome
a cru qu'être Romain c'était être plus qu'homme :
Abattons sa superbe avec sa liberté;
Dans le sang de Pompée éteignons sa fierté.

Pierre Corneille

Depuis le séisme électoral qui a vu Jean-Marie Le Pen atteindre le second tour d'une élection présidentielle et la cuisante défaite du candidat de la gauche socialiste – Lionel Jospin – éliminé d'emblée, les deux « grandes » formations qui constituaient le paysage politique et se succédaient au pouvoir dans le cadre de l'alternance ne sont jamais parvenues à se hisser durablement au niveau des attentes de leurs électeurs, ni n'ont été capables de répondre aux défis d'une époque nouvelle. Celle qui s'est ouverte depuis la chute du Mur, qui a vu le 11 Septembre, la déstabilisation du Moyen-Orient, la consécration de la mondialisation et l'abolition de la plupart des frontières européennes, pas plus la droite que la gauche ne l'ont comprise, appréhendée ni n'ont adapté leurs idées et mesures à ses bouleversements.

Après le séisme de 2002, très vite, Nicolas Sarkozy, flanqué de quelques chantres du conservatisme comme Patrick Buisson, a endossé le rôle du champion de la droite identitaire tandis que, de l'autre côté de l'échiquier politique, le parti socialiste, incapable de se défaire de ses archaïsmes, s'est transformé en carabinier arrivant toujours trop tard bien après la bataille. Au sein de ce mouvement, les quelques voix réformatrices comme celle de Manuel Valls étaient rappelées à l'ordre, traitées tantôt avec dédain tantôt avec la morgue dont usent volontiers certains gauchistes – est-ce une seconde nature chez eux ? – lorsque l'argumentation étayée vient à leur manquer. D'autres voix, comme celle de Malek Boutih, cherchèrent à mettre au cœur du débat les questions liées à l'islam, l'islamisme, à sonner l'alarme sur ce qui arrivait dans les quartiers populaires, à alerter quant à la poussée du communautarisme, mais elles aussi furent méprisées. Déjà, beaucoup de socialistes préféraient infantiliser les populations issues de l'immigration et, plus largement, celles ghettoïsées dans des territoires littéralement abandonnés par les pouvoirs publics. Avec le recul, il est incroyable, aberrant même, qu'un parti se réclamant pourtant, à longueur de discours, du progrès, se présentant sans cesse comme celui des classes populaires, ait pu être aussi aveugle et se complaire dans autant d'archaïsmes.

Les années ayant suivi le traumatisme de 2002 n'ont rien arrangé. Alors qu'à droite le chef en devenir pensait, à tort, pouvoir, à coups de discours outranciers, affaiblir le Front national, au parti socialiste en revanche un groupe hétérogène constitué – déjà ! – de « deux gauches irréconciliables » se montrait incapable d'établir une ligne claire, notamment sur ces points cruciaux que sont la défense des principes essentiels de la République : la laïcité, le féminisme, la lutte contre l'antisémitisme et tous les combats antiracistes...

De part et d'autre, des certitudes, des responsables politiques convaincus d'avoir tout compris – mais peu enclins à étudier en profondeur les sujets, préférant les simples calculs électoraux –, de la démagogie et du populisme répondirent aux questions et problèmes que posait cette époque très particulière.

Résultat, en quinze ans, les deux principaux acteurs de la scène politique se sont trompés sur toute la ligne. Zéro pointé !

Et cette majorité de cancres, surtout soucieuse de verser dans la tactique politicienne médiocre, sans s'en rendre compte a ouvert la voie à un jeune ambitieux : Emmanuel Macron. Dont le mérite, outre la finesse politique, est d'avoir compris les aspirations de la plupart des électeurs et d'être parvenu à construire une offre inédite qui n'allait pas tarder à trouver... largement preneur.

Car écrivons-le clairement, sans remettre en cause une seconde la légitimité démocratique – indéniable – du nouveau Président élu en mai 2017, ni contester le coup de maître qui fut le sien – tout aussi indéniable –, le résultat de la dernière élection présidentielle traduit davantage la défaite des deux principales formations historiques du pays que la victoire d'un génie descendu de l'Olympe, fût-il (ou se présente-t-il en) Jupiter. En d'autres circonstances, la « Révolution Macron » aurait attendu une dizaine d'années avant de se concrétiser dans les urnes, et ce sans que personne s'en émeuve. Mais voilà, le ras-le-bol était patent. Et le premier qui proposa du nouveau (même en puisant largement dans de l'ancien) fut en position de remporter la mise.

À dire vrai, si Emmanuel Macron est doué et fut bien inspiré, il a bénéficié aussi, n'oublions pas de le préciser, d'un incroyable alignement des planètes. La défaite inattendue d'Alain Juppé, traîné dans la boue par la droite la plus ringarde, cette même droite incarnée par François Fillon empêtré dans les affaires – le fameux « Penelopegate », les scandales financiers... –, l'accession de Marine Le Pen, et donc de l'extrême droite, au second tour, le bilan jugé « calamiteux » du chef de l'État sortant – François Hollande – et de son équipe, le long travail de sape des « frondeurs » de la gauche (notamment contre un Manuel Valls[1] lesté par ce quinquennat aussi raté en

1. Lors des élections législatives de juin 2017, peu de socialistes, peu de progressistes se sont insurgés quand Manuel Valls a dû affronter seul, non pas des contradicteurs ou des adversaires politiques, ce qui est normal, mais l'antisémite multirécidiviste Dieudonné dont les supporters avaient initié une campagne insultante et calomnieuse. Candidat dans la même circonscription que Manuel Valls, maintes fois condamné pour ses sorties, il voulait à coup sûr régler ses comptes avec celui qui, ministre de l'Intérieur, avait fait interdire ses spectacles.

communication), auxquels se sont ajoutés un vent du dégagisme, la quête d'un renouveau exprimée jusqu'aux tréfonds de la société... les ingrédients pour chambouler l'ordre établi ne manquaient pas. Et comme de l'autre côté un candidat nouveau, jeune, surfant sur sa fraîcheur, affichait en promesse fondatrice de faire de la politique autrement, promesse qui répond à une attente, voire à une aspiration exprimée de différentes manières depuis plusieurs années, il y avait beaucoup d'éléments pour renverser la table.

L'élection d'Emmanuel Macron est, finalement, la rencontre entre cette promesse – qu'il faudra désormais tenir – et la demande, peut-être l'exigence, d'un peuple qui estime mériter mieux que ce que ses représentants lui avaient proposé jusqu'alors. Porter à l'Élysée un quasi-novice, sans parti structuré un an auparavant, le bouleversement est, au sens propre, extra-ordinaire. 2017 a bel et bien été une élection 100 % différente de toutes celles qui se sont succédé depuis l'édification de la Ve République par le général de Gaulle. Comme si les électeurs avaient subitement pris conscience que le monde avait changé et qu'il fallait porter au pouvoir un Président totalement neuf. Jeune car né en 1977, né après la Seconde Guerre mondiale, né après la guerre d'Algérie, né après Mai 68, né après la crise pétrolière. Un Président né à la fin des Trente Glorieuses, un Président de la même génération que celle qui connaît le chômage et la précarité, même si, issu de la classe moyenne, il a bénéficié d'un parcours plutôt favorisé, un Président qui, en fin de compte, ne doit sa réussite qu'à son travail et son sérieux.

La victoire de Macron traduit donc une double défaite.

Celle d'une droite identitaire qui n'a pas encore compris que l'appropriation, même *a minima*, des thèmes de l'extrême droite n'allait pas lui donner la victoire mais au contraire renforcer et légitimer le Front national et ses affidés. Faire du mariage pour tous, des réfugiés, des immigrés, de l'islam, non pas des sujets que l'on peut – et que l'on doit – légitimement discuter, mais des problèmes à hystériser, c'est participer à installer, dans la société, un climat nauséeux et clivant qui sert et favorise d'abord les extrêmes.

Quant à la débâcle de la gauche socialiste, elle tient à son incapacité à se doter d'un logiciel réellement progressiste capable de convaincre qu'être de gauche, républicain, démocrate, socialiste et antiraciste ne consiste pas à éluder les sujets liés à l'islam, à idéaliser l'immigration, thèmes traités avec hypocrisie et non-dits, postures qui font, depuis plusieurs années, là encore, le lit de l'extrême droite et des populistes. En vérité, il est curieux – et lassant – de constater que au sortir de quasiment chaque mandat socialiste, l'extrême droite termine au firmament électoral, voire que ses propositions, pourtant antirépublicaines, se retrouvent au centre du débat !

Certes, en portant leur choix sur le fondateur du mouvement En Marche, les électeurs français ont majoritairement rejeté la droite identitaire et la gauche archaïque, mais les sujets liés à l'islam, à l'identité, à l'Europe, à la sécurité, aux réfugiés, etc., considérés comme importants, demeurent. Quand chaque sondage le démontre, quand les livres, documentaires ou émissions traitant de ces questions reçoivent une large audience, c'est bel et bien que ces thèmes interrogent et inquiètent. Cela traduit-il une contradiction ? En réalité, les Français montrent que, s'ils s'intéressent – avec raison – à ces questions, la plupart d'entre eux sont très attachés à l'esprit de la République et ne souhaitent en aucune manière voir des thèmes aussi fondamentaux traités dans un climat de passion généralisée, ni manipulés avec les outils sémantiques de l'extrême droite. En d'autres termes – et je le constate lorsque j'ai la chance d'aller au contact du public à travers des conférences –, les Français restent très attachés au débat démocratique, mais en majorité rejettent aussi bien ceux qui l'hystérisent que ceux qui pratiquent, par bien-pensance et démagogie, la politique de l'autruche !

Plusieurs observateurs pensent que le triomphe récent d'Emmanuel Macron tient à son positionnement au centre et au fait qu'historiquement, en France, les batailles électorales sont gagnées là. Je crois que cette théorie a fait long feu. Le nouveau Président a gagné grâce à un discours et une ligne hybrides. C'est le « Ni droite Ni gauche » ou « Et droite Et gauche » qui l'a emporté. C'est l'idée qui consiste à estimer intéressant de prendre le meilleur de chacun qui a gagné. C'est le côté OVNI politique qui a séduit les électeurs. D'ailleurs, à bien y regarder, son positionnement dépend du sujet. Au gré des thématiques, tantôt il puise dans les qualités de la droite, tantôt dans celles de la gauche, parfois dans les défauts des deux. Et inversement. Ce n'est pas du centrisme traditionnel du tout.

Si cette vision de la gouvernance a suscité l'adhésion de la majorité des électeurs, je ne la partage pas. Je ne fais pas mienne, en effet, cette manière d'aborder la politique, tant je crois profondément important de définir une ligne idéologique claire. On ne peut, selon moi, être un peu de droite et un peu de gauche. Même le centre est composé d'un centre droit et d'un centre gauche. Les questions idéologiques doivent nécessairement répondre à cette interpellation essentielle : doit-on mettre le capital au centre de toute politique pour assurer le bien-être du citoyen ? Ou placer, au contraire, le citoyen au cœur de toute politique afin de créer les conditions de la production et donc de la création de la richesse qui doit être répartie, avec justice et équité, entre chacun ? Après avoir écouté la plupart des discours du nouveau Président, je ne sais où le situer. Pense-t-il que le capital est la clé de toutes les réussites, même au détriment du citoyen ? Ou inversement ? Je crains qu'on ne soit dans l'incapacité de répondre objectivement à cette question... avant la fin du quinquennat.

Sur un autre registre, je ne crois pas que la stratégie d'Emmanuel Macron ait fonctionné grâce aux seules qualités intrinsèques de celui qui l'a portée. Outre l'alignement des planètes déjà évoqué, l'image qu'il dégage a joué pour lui. Mais l'image n'est pas toujours la vérité d'un être. Celle du nouveau Président n'est pas centriste seulement, elle donne surtout l'impression d'être apaisante. Ce qu'une droite identitaire incarnée aujourd'hui par un Laurent Wauquiez par exemple ou les références bolivariennes d'un Jean-Luc Mélenchon ne peuvent incarner. La sagesse française s'est sans doute illustrée lors de la dernière présidentielle : les électeurs ont fait dans le dégagisme certes, mais sans choisir pour autant un Trump ou plébisciter Podemos. Emmanuel Macron ou le renouvellement soft.

Avec une forte abstention à la clé.

Que Jean-Luc Mélenchon et Marine Le Pen le veuillent ou pas, le niveau historique de non-participation au second tour des élections législatives n'est une bonne nouvelle ni pour le premier – il a été élu certes, mais l'abstention dans sa circonscription s'élève à 64 % – ni pour la seconde – 53 % de non-votants dans son cas. Ce n'est une bonne nouvelle pour personne, assurément encore moins pour la démocratie. Car aucun système politique ne peut s'accommoder d'une telle dévitalisation, d'un tel refus de participation aux échéances électorales. On ne peut réduire les derniers scrutins, comme l'ont fait certains commentateurs, au seul argument d'une lassitude des électeurs au terme d'un long processus ayant engendré – des primaires aux législatives – huit consultations électorales. L'abstention traduit aussi le désaveu de la classe politique dans son ensemble. La relation de confiance entre les citoyens et leurs représentants comme leurs dirigeants est réellement altérée. Et si le corps électoral a choisi Emmanuel Macron et ses marcheurs, allant quasiment jusqu'à leur donner tous les pouvoirs, les études montrent que ces scores ne s'accompagnent pas d'un enthousiasme débordant. Inconsciemment, l'opinion a dit au jeune Président qu'il lui servait d'outil pour réaliser le dégagisme à la française, mais qu'en cas d'échec, et à l'issue de l'état de grâce, il pourrait bien lui-même, à terme, faire les frais du même dégagisme. Le voilà prévenu !

Observons l'état du champ de ruines de plus près encore.

La droite – en l'occurrence Les Républicains – est affaiblie, mais arrive à limiter les dégâts par comparaison avec la déculottée subie par la rue de Solferino. Pour autant, la crise du leadership qu'elle a connue l'a paralysée et minée. La principale erreur fut celle commise par Nicolas Sarkozy : au lieu de jouer le rassembleur (son statut l'aurait permis), l'ancien Président est sorti de sa retraite pour réveiller les tensions, attiser les jalousies, ranimer les inimitiés personnelles – souvent puériles –, courant le risque de se faire humilier (électoralement parlant). Ce qui arriva. Et qui conduisit, par une dynamique de vents contraires, à faire éclore un François Fillon en rival inattendu d'Alain Juppé. Alors que ce dernier se préparait depuis des mois à une victoire annoncée, il a vu, au fil des semaines, la défaite se dessiner sous ses yeux. La droite, déjà plombée, l'a ensuite été – comme précisé plus haut – par les affaires et par un Fillon arrogant refusant d'envisager son retrait. Pour autant, aux législatives, elle est parvenue à sauver quelques meubles et même un peu d'argenterie.

Le parti du Président sortant n'a pas réussi à faire de même. Et pour cause : la base électorale d'Emmanuel Macron provient de ce qui constituait le socle du PS, lequel s'est retrouvé mécaniquement vidé de ses troupes. En définitive, malgré la contradiction, qu'on le veuille ou pas, la victoire du nouveau chef de l'État est aussi celle du programme politique et des orientations idéologiques mis en pratique par François Hollande et Manuel Valls. Et, par ricochet, une cuisante défaite pour les « frondeurs », ces râleurs et contestataires de l'intérieur qui ont participé activement, et avec malice, à brouiller plus qu'il n'en était déjà besoin l'image du quinquennat. En élisant l'ancien ministre de l'Économie du gouvernement Valls, l'ex-conseiller de François Hollande, les Français n'ont-ils pas, finalement, validé la ligne sociale libérale que le Président sortant n'a jamais su, ou voulu, assumer dès le début de son mandat en 2012 ?

Pour autant, malgré ces causes exogènes, il ne serait ni juste ni sérieux de résumer la victoire d'Emmanuel Macron à un coup heureux du hasard, ni de la qualifier de « hold-up » à l'instar de certains, comme s'il leur fallait trouver des raisons rationnelles permettant de délégitimer cette accession au pouvoir inattendue mais méritée, quoi qu'on en dise. Le contexte de déliquescence général, il est vrai, a bénéficié au candidat Macron, mais des raisons plus structurelles ont aussi joué. À lui de les observer avec attention s'il ne veut pas, dans cinq ans, voir réduits en miettes les espoirs suscités par son intronisation et accentué le fossé creusé entre les élites et le peuple. Depuis la fin des Trente Glorieuses et du plein-emploi, une crise politique intense, d'abord sourde puis de plus en plus ouverte, fracture le pays, dont l'incroyable climat de défiance opposé aux responsables politiques et à tous ceux qui peu ou prou représentent l'élite est la preuve. Cette défiance a permis à des partis et mouvements extrémistes de droite comme de gauche de faire le plein électoral. Elle a aussi renforcé l'abstention et les votes blancs. L'incapacité des élus à répondre aux attentes, à endiguer le chômage endémique, à éviter la précarité, le déclassement (réel, craint ou ressenti) a fini par désespérer plusieurs millions d'électeurs et les éloigner soit de la politique, soit de la modération[1]. Les primaires (quelle « mauvaise bonne idée » que ces présélections n'ayant rien à voir avec l'esprit de la Ve République), inadaptées au modèle politique français, qui exige non du centrisme mais de la pondération, ont accéléré la décomposition du cadre modéré habituel et exacerbé plus encore des passions déjà bien attisées.

Je crois profondément que l'imaginaire français – traumatisé par les guerres de Religion, l'Inquisition, le système monarchique et ses excès, les élans napoléoniens, les conflits mondiaux, la collaboration, l'histoire coloniale, le jeu des partis... – souhaite majoritairement des gouvernants ayant l'esprit consensuel. Emmanuel Macron a su donner cette image. Malgré sa jeunesse, il est parvenu à endosser l'habit du père de la nation. Ce qui peut plaire, dans un pays qui ne veut plus d'un roi mais rêve d'un père rassurant et rassembleur. Mais, ayant désormais toutes les

1. En votant FN ou Jean-Luc Mélenchon. Concernant ce dernier, on a vu le PS, incapable de se doter d'un logiciel idéologique clair, perdre l'autre partie de sa troupe, à savoir celle qui n'adhère pas au macronisme et est révoltée par la « loi travail » et les erreurs sur la déchéance de la nationalité. Pour aller où ? Vers Mélenchon et sa « France insoumise ».

clés pour gouverner, il lui faudra néanmoins faire attention à ne pas finir comme un Napoléon III. En érudit, il ne doit jamais oublier la versatilité du peuple de France, ses exigences comme ses contradictions. Or les orages comme les pièges dans lesquels il pourrait tomber – notamment sur mes sujets de prédilection – ne manquent pas.

En juillet 2017, la bourde – c'est un euphémisme – commise à l'égard de l'ancien chef d'état-major de l'Armée, Pierre de Villiers, montre que les premiers adversaires d'Emmanuel Macron risquent d'être, outre son inexpérience sur les questions régaliennes, une certaine suffisance, voire arrogance, qu'il dégage parfois.

Pour être un chef, il faut d'abord certes la légitimité, ensuite le charisme et enfin l'humilité...

20

Macron et l'islam

Si vis pacem, para bellum[1].

Ne nous aveuglons pas : sur bien des points, nombre d'électeurs risquent de déchanter. Et notamment ceux attentifs à la fois au respect de la laïcité et à la progression de cet islam politique et revendicatif dont les promoteurs avancent volontiers masqués. Car la défense de la laïcité et la lutte contre l'islam politique ne semblent pas faire partie des fibres qui constituent la trame idéologique d'Emmanuel Macron. Sans vouloir caricaturer le chef de l'État, on peut constater, en l'écoutant s'exprimer sur ces sujets comme en étudiant son programme, qu'il est de ces optimistes quelque peu béats convaincus qu'une embellie économique suffirait à endiguer l'islamisme, persuadés que le voile islamiste relève du référentiel islamique, donc que son port ne représenterait rien d'autre, au pire, qu'un intégrisme, voire une banale pratique religieuse. En somme, pour reprendre une tournure qui pourrait être sienne : le voile n'est pas vraiment féministe, mais *en même temps* ce n'est pas très grave si des femmes le portent car la laïcité l'autoriserait.

À ce sujet, le Président commet deux erreurs majeures. *Primo*, penser que tout peut se résumer à la liberté de conscience :

1. « Si tu veux la paix, prépare la guerre. »

croire ou ne pas croire, pratiquer ou non une religion. *Secundo*, que tout est réductible à la laïcité. Ces deux approches, à mon sens puériles et naïves, ignorent la réalité de l'islam politique et la complexité du défi, ne prennent pas en compte, par exemple, l'islam phagocyté, pris en otage, par des pensées extrémistes. Voir l'extrémisme exclusivement à travers le prisme de la violence et du terrorisme, c'est méconnaître que l'islamisme ne se réduit pas seulement au terrorisme. Celui-ci, il faut le réécrire, est un corpus antidémocratique, une logique totalitaire résolument opposée à la laïcité et aux droits de l'homme, qui englobe tout. L'islamisme est contre la France, un ennemi parfois déclaré, d'autres fois masqué, des démocraties. Les idéologues islamistes proches d'organisations ayant pignon sur rue, considérées même comme des « partenaires » de l'État dans le dialogue avec les représentants de l'islam, comme certains théoriciens liés à des États étrangers « alliés » ou « amis » de la France, par leurs ambiguïtés créent des nuances que le nouveau chef de l'État et son entourage ne semblent pas savoir décrypter, mais qui sont redoutablement perverses et pernicieuses.

Sur ce point, Emmanuel Macron court le risque de reproduire les erreurs de ses prédécesseurs. Parfois en pire, faut-il le craindre. Car ne pas (bien) traiter le sujet majeur qu'est l'islamisme sert les intérêts de l'extrême droite. Quand on annihile les clivages droite/gauche traditionnels, quand on fait littéralement exploser les partis, on crée forcément un antagonisme avec le Front national, risquant de faire devenir ce dernier, sur ces sujets, l'adversaire majeur, donc le gagnant si on se trompe. Le parti de Marine Le Pen, même s'il sort affaibli de cette calamiteuse campagne présidentielle, demeure un parti ayant recueilli 11 millions de voix au second tour de la présidentielle. Pas de doute qu'il saura tirer profit des erreurs et des échecs du quinquennat Macron. Comme l'islam au sens large est l'un des fonds de commerce préférés de l'extrême droite, que le nouveau chef de l'État s'aveugle puis trébuche sur ce sujet et le FN raflera la mise.

Si j'affirme ce qui précède, ce n'est pas, tant s'en faut, pour faire un procès d'intention au Président, mais parce que je m'appuie sur ses déclarations. Dont certaines m'inquiètent.

Le discours qu'il a prononcé à l'issue d'un repas de rupture du jeûne partagé avec les membres du Conseil français du culte musulman, à la fin du ramadan en juin 2017, montrait bien qu'Emmanuel Macron n'allait pas innover sur ces sujets, préférant multiplier les lieux communs. Du genre : « Personne ne peut faire croire que l'islam n'est pas compatible avec la république. » Si la religion musulmane a toute sa place dans l'espace républicain, si l'islam spirituel, apaisé, comme ses aspects strictement cultuels et/ou culturels sont évidemment compatibles avec nos grands principes lorsqu'il est représenté par des personnes responsables, elles-mêmes ancrées dans la république, cette compatibilité me paraît bien moins évidente quand l'islam a pour porte-voix des adeptes de la pensée des Frères musulmans ou des émules des théories salafistes.

Lorsque l'islam reste, y compris dans ses formes les plus sereines, empêtré dans ses archaïsmes, lorsqu'il est, de surcroît, incarné par des personnes réfractaires à toutes les formes de progrès, la compatibilité se révèle impossible. Il n'appartient pas à la France – État laïque – de réformer l'islam, mais il lui incombe de ne pas tomber dans le piège des « accommodements raisonnables » vers lequel plusieurs clercs musulmans, autoproclamés ou légitimes, cherchent à la conduire. Ces derniers veulent depuis des années négocier avec les autorités en instrumentalisant la laïcité pour obtenir un mauvais deal qui amènerait l'État, au nom de la neutralité, à ne pas s'occuper des affaires des musulmans. C'était par exemple l'objectif non avoué de l'UOIF durant le quinquennat de Nicolas Sarkozy, et même lorsque celui-ci était, auparavant, ministre de l'Intérieur. Mais sans doute cette idylle tenait-elle au fait que l'ancien Président partageait une vision de la société assez proche, la bigoterie faisant partie des choses que les deux parties avaient en commun.

Pour déjouer ce genre de menace, il faut comprendre les subtilités du dogme. Par exemple, un musulman, au regard du droit religieux, ne peut ni se déclarer athée ni se convertir à une autre croyance. La plupart des écoles juridiques ayant érigé la jurisprudence islamique en table de la loi refusent donc cette éventualité. Or l'accepter signifierait qu'un musulman ne saurait jouir totalement de sa liberté de conscience. Par ailleurs, plusieurs musulmans – même non extrémistes, mais influencés par plusieurs années d'archaïsme et de propagande islamiste – pensent sincèrement que les questions liées à l'organisation sociale comme à la politique doivent être d'inspiration divine : le mariage comme le divorce ; l'héritage comme les successions ; la finance comme le commerce... Bref, beaucoup de tenants d'un islam, disons, conservateur continuent de prodiguer des enseignements qui, à certains égards, peuvent se révéler incompatibles avec la lettre et l'esprit de la république. Céder sur ces sujets reviendrait à ouvrir la boîte de Pandore. Et ne pas en avoir conscience, c'est déjà l'entrebâiller.

Pour s'extraire de ce bourbier complexe et éviter de se voir acculés dans la nasse savamment ouverte, les représentants de l'État doivent permettre au citoyen français (ou au résident étranger) de culture ou de confession musulmane de s'affranchir de ces questions dogmatiques, donc de s'émanciper, afin d'être, avant toute chose, un citoyen intégré à la cité, ayant toute sa place dans la société. Or ce n'est jamais en concédant un pouce du terrain aux islamistes et aux partisans d'un islam archaïque qu'il sera possible d'atteindre cet objectif.

Plus encore, le CFCM intègre, par périodes, des représentants des Frères musulmans ou des affidés du régime turc – actuellement mené d'une main de fer par l'islamiste Erdogan –, lesquels ne respectent pas toujours la devise de notre République : « Liberté, Égalité, Fraternité. » Et pour cause, l'islamisme ne reconnaît, comme j'ai eu l'occasion de l'expliquer tout au long de cet ouvrage, ni les libertés individuelles et collectives, ni l'égalité entre croyants et non-croyants, ni la fraternité en dehors d'une logique strictement communautariste. Si la liberté est universelle, l'islam prôné par les tenants de l'intégrisme, les partisans de l'archaïsme et autres adeptes de l'islamisme, n'accepte que des libertés relatives, somme toute restreintes. Où serait la compatibilité ?

Par ailleurs, pour que l'islam soit considéré compatible avec la république, il faudrait que ses représentants « légitimes »

– ou autoproclamés – acceptent le principe de lois de la république supérieures à celles d'inspiration divine.

Si, devant les membres du CFCM, Emmanuel Macron a insisté sur le rôle des organisations musulmanes dans la lutte contre le terrorisme et les prédicateurs salafistes, il doit toujours garder à l'esprit que certains de ses interlocuteurs adhèrent au propos, mais que d'autres jouent un double jeu. En créant cet organisme, Nicolas Sarkozy avait été emporté par une démarche globalisante, peu subtile, vraisemblablement parce qu'il voyait *les musulmans* comme un groupe monolithique, un bloc de Bédouins ayant tous les mêmes aspirations. Dans l'espoir d'entendre les musulmans parler d'une même voix, il avait réuni dans une chapelle unique les courants apaisés comme les extrémistes, les partisans des Frères musulmans comme ceux liés à des États étrangers. Conséquence : tiraillée, paralysée, soumise à des tendances et vents contraires, cette instance censée représenter les musulmans auprès des pouvoirs publics semble parfois surtout devenue le porte-parole des pouvoirs publics auprès des musulmans[1] !

Posons une question qui fâche : Emmanuel Macron serait-il (sera-t-il) plus compétent, plus malin, plus intelligent, plus volontaire, plus homme d'État, en somme, que ses récents prédécesseurs ?

Jusque-là, face à l'islamisme et au terrorisme, les vieux partis avaient surtout privilégié les attitudes déclamatoires et les postures déclaratives. « Vous allez voir ce que vous allez voir », répétaient-ils. Et, une fois élus, ils témoignaient surtout de leur incapacité à régler les problèmes. Le successeur de François Hollande détient la plupart des pouvoirs. Il a pour lui la jeunesse, l'espoir suscité, le sérieux dont il semble faire preuve et

1. À ce sujet, il serait temps que les autorités françaises fassent le deuil d'un vœu pieux qui relève du fantasme : l'islam sunnite ne disposant pas d'une autorité cléricale, il n'y aura jamais en France d'interlocuteur suffisamment légitime pour faire office de « pape ». Il faudra donc apprendre à voir les musulmans comme des citoyens, comme des individus, comme des femmes et des hommes, et non comme une communauté uniforme et homogène.

un taux de popularité qui flirtait avec les 65 % quelques semaines après son arrivée à l'Élysée. Pour autant, sa réussite va dépendre non seulement des résultats obtenus à court et moyen terme (chômage, reprise économique, etc.), mais surtout de son aptitude à défendre un projet de société conforme à l'esprit de la République, de sa détermination à lutter contre les menaces qui pèsent sur nous, et singulièrement la menace terroriste islamiste, de sa capacité à consolider les valeurs essentielles qui garantissent la cohésion de la société et l'unité de la nation. Sa façon de penser le monde, sa vision géopolitique, son talent à concevoir et entretenir les alliances stratégiques, sa fermeté devant tous ceux qui mènent des actions ou des politiques visant à fragiliser la France et sa place dans le monde seront aussi auscultés, disséqués, jugés. Et pour cela, les paroles ne suffiront pas, il faudra des actes tangibles.

Notamment dans la lutte antiterroriste. À ce propos, penser qu'une (nouvelle) loi suffirait à endiguer la menace constituerait une erreur. Si, à l'évidence, il ne manque pas de réglages juridiques à apporter au dispositif existant, notamment pour permettre de lever l'état d'urgence en intégrant dans la loi ordinaire certaines dispositions (à condition d'avoir la validation du Conseil constitutionnel), il serait faux de croire que des lois répressives seront le seul antidote au terrorisme islamiste.

Une politique de la ville active – non évoquée encore par le Président ou le Premier ministre Édouard Philippe – serait à même de casser les ghettos ethnoreligieux où prospère le communautarisme, terrain privilégié des « recruteurs » islamistes et des apprentis sorciers diffuseurs de salafisme. C'est sur ces territoires où la puissance publique est presque invisible, où les habitants sont littéralement abandonnés à leur sort, où se concentrent les maux sociaux et les échecs – déscolarisation importante, taux de chômage deux à trois fois supérieur à la moyenne –, c'est dans ces quartiers populaires devenus les bacs à sable des délinquants et les zones de recrutements en aspirants djihadistes qu'il convient d'agir. Une vérité que beaucoup d'élus locaux ne veulent pas reconnaître de peur de perdre, souvent, une clientèle électorale et le soutien d'associations islamistes et/ou communautaristes ayant pris le relais des vrais acteurs de la société civile et des corps intermédiaires. Savoir que, dans ces quartiers, le mot « laïcité » est perçu comme un vilain mot, considéré utilisé par les racistes, prouve que la préservation de la laïcité représente un réel défi. Or ce sujet ne semble pas vraiment préoccuper le couple exécutif.

Dans un entretien accordé à *L'Express*, Édouard Philippe explicitait sa vision de la laïcité – qui est celle du président de la République – en reprenant quasi *in extenso* sa définition purement théorique : « La laïcité, c'est deux choses, affirme-t-il. D'abord, pour chaque dépositaire de l'autorité publique, du plus prestigieux au plus modeste, une neutralité absolue vis-à-vis du fait religieux. Ensuite, pour le citoyen, une liberté de croire ou de ne pas croire. Neutralité de l'État, liberté du citoyen. Voilà les deux piliers de la laïcité[1]. »

Je n'aurais absolument rien trouvé à redire au propos si nous étions dans une situation normale et si nous n'avions pas à faire face au défi islamiste. La réponse du Premier ministre aurait été suffisante s'il ne fallait prendre en considération le fait que les promoteurs d'un islam politisé et idéologisé jouent sur la confusion qui tend à présenter leur dogme (islamiste et donc politique) comme un référentiel (islamique et donc religieux). En d'autres termes, laisser croire que l'individu fanatisé par une doctrine salafiste serait dans l'expression de sa liberté de conscience et que, par ce fait, il devrait être traité en simple musulman, constitue un danger majeur. Car cette croyance n'a rien de banal, elle est purement idéologico-politique, opposée aux valeurs essentielles de la république, qui plus est inscrite dans une démarche militante visant à accomplir, à travers le prosélytisme et la propagande, un travail de sape des fondements de cette même république.

Pour écrire les choses plus simplement, les dirigeants politiques, conscients de la réalité islamiste, ne peuvent, sous peine de faire preuve d'une irresponsabilité totale, considérer la

1. 21 juin 2017.

question islamiste comme un sujet relevant de la simple bigoterie ou de l'intégrisme classique. Non : l'islamisme doit être approché comme un totalitarisme représentant un risque majeur. Tout ce livre l'a évoqué, dénoncé.

La loi de 1905, dès son article 1er, précise que si la République assure la liberté de conscience, elle la garantit avec des restrictions liées à l'intérêt de l'ordre public[1]. Or, avec l'islamisme, il y a toujours atteinte à l'ordre public. Lorsque des apprentis inquisiteurs, dans les quartiers, s'immiscent dans la pratique religieuse de leurs coreligionnaires ; lorsque d'autres mènent une offensive prosélyte et propagandiste afin d'inciter des jeunes filles à porter le voile sous ses différentes formes ; lorsque des fanatiques, dans des hôpitaux ou des cliniques, refusent, « au nom de l'islam », que leur compagne soit examinée par des médecins hommes ; lorsque des enfants ou des adolescents sont déscolarisés avant l'âge légal de 16 ans afin de ne pas recevoir l'enseignement de l'école laïque de la République, déscolarisation illégale maquillée par une inscription de façade pour un enseignement à distance... on n'est plus dans la liberté de culte et de conscience, mais dans le prosélytisme religieux totalitaire.

Si Emmanuel Macron veut rompre avec les pratiques (la naïveté, le laxisme) de tous ses prédécesseurs à l'égard de l'islam politique, il lui faut donc, ainsi qu'aux membres de son gouvernement, changer de paradigme. Et aborder le sujet de l'islamisme non comme s'il s'agissait d'une question religieuse à laquelle il faudrait opposer la laïcité, mais comme un défi idéologique et politique auquel il est nécessaire d'opposer une approche globale prenant en compte la géopolitique, la sociologie, les aspects sécuritaires et judiciaires, les questions culturelles, éducatives, socio-économiques. Histoire d'éviter l'éparpillement et le piège ouvert sous nos pas.

---

1. Article 1er de la loi du 9 décembre 1905 concernant la séparation des Églises et de l'État : La République assure la liberté de conscience. Elle garantit le libre exercice des cultes sous les seules restrictions édictées ci-après dans l'intérêt de l'ordre public.

21

Aucun livre ne suffira à décrire mes inquiétudes

Tout compromis repose sur des concessions mutuelles, mais il ne saurait y avoir de concessions mutuelles lorsqu'il s'agit de principes fondamentaux.

Gandhi

Je crois qu'il faut toujours s'inquiéter pour les sociétés qui se construisent *contre* et non *avec*. Or, depuis quelques années, le peuple de France donne l'impression d'être traversé par une profonde angoisse. Une dépression souvent silencieuse, quelquefois bruyante. Qui s'appuie sur la peur de l'« étranger », notamment le musulman, mais aussi la crainte du déclassement, la méfiance à l'égard de la laïcité, une fébrilité identitaire et même une volonté de plus en plus exprimée de se replier sur soi. Ce qui conduirait, selon différents observateurs, à alimenter le vote en faveur de l'extrême droite. En faveur d'un parti, le FN, qui, depuis sa création, n'a cessé de se construire *contre*. D'abord *contre* l'immigré, *contre* les Juifs, ensuite *contre* l'Arabe et enfin *contre* le musulman. En développant simultanément un discours *contre* l'Europe et le « mondialisme ».

Par dégoût, par dépit, peut-être par désespoir, nombre d'électeurs vont se réfugier dans les bras de la famille Le Pen et de ses émules. Certains nouveaux cadres du parti, se voulant plus « respectables » que leurs prédécesseurs, participent, depuis l'avènement de la fille, au ravalement de façade, tentant d'aérer le discours officiel, espérant faire oublier le remugle qui caractérisait auparavant la maison frontiste. La parole publique de ce mouvement s'efforce donc de paraître plus lisse, même si, de temps à autre, il y a – et il y aura – toujours un militant, un candidat à une élection sous la bannière Bleu Marine qui se lâchera pour dire à quel point il y aurait une ressemblance entre tel primate et tel responsable politique ou acteur de la société civile au teint un peu basané. Ce qu'il y a de bien, avec les extrémistes, c'est leur aptitude à dessiner, seuls, de manière quasi instinctive, leur propre caricature ! Il n'y a qu'à prendre Hayange pour exemple, petite commune de Moselle conquise par le FN lors des municipales de 2014. L'historienne Valérie Igounet et le documentariste Vincent Jarousseau, dans un excellent roman-photo intitulé *L'Illusion nationale*[1] visant à une immersion dans les villes dirigées par les adeptes de Marine Le Pen, ont relevé que la communication du nouveau maire, Fabien Engelmann, est rythmée par un sujet récurrent : les polémiques tournant autour de l'islam. Un constat adaptable à d'autres villes ayant basculé. Leur conclusion est sans appel : « Le Front national progresse là où les partis majoritaires ont abdiqué. Il comble le vide en menant une gestion de proximité qui se matérialise par un peu plus de propreté, quelques fleurs, des animations à Noël, une fête du cochon, une police municipale renforcée... et en tenant un discours anxiogène sur les migrants, l'islam, l'Europe. » Rien que du classique, en somme !

Le succès grandissant de l'extrême droite française ne tient pas à la force de ses propositions. Ni à son programme ni à sa capacité à séduire, par un projet de société clair et une offre économique réaliste et efficiente. Le FN tire en fait les dividendes de la faiblesse manifeste des partis traditionnels et du personnel politique supposé les animer. Dans les villes où ils sont allés, les auteurs de *L'Illusion nationale* ont immédiatement relevé que « le parti lepéniste s'est engouffré dans un vide politique. Il capte

1. Les Arènes-revue *XXI*, 2017.

les voix de convaincus, mais aussi d'électeurs qui, hier encore, juraient qu'ils ne voteraient jamais pour le FN[1] ».

La société qui se construit *contre* et non plus *avec*, largement déçue par la *droite* et par la *gauche*, cherche tantôt une réponse à l'extrême droite ou à l'extrême gauche, tantôt dans quelque chose d'hybride qui n'est pas le centre, mais qui n'est non plus ni la droite ni la gauche. En 2016-2017, cette nouvelle offre politique s'appelle Emmanuel Macron !

La gauche socialiste, celle qui avait pour mission de porter les réformes économiques dans un objectif de modernisation, celle qui devait incarner les valeurs de la République, le féminisme et la laïcité, l'antiracisme et le progressisme, cette gauche censée représenter les républicains, a, au fil des ans, privilégié l'électoralisme et le carriérisme. Au niveau local, là où il fallait se battre contre la ghettoïsation des quartiers populaires, beaucoup, à l'instar d'un Benoît Hamon, ont préféré jouer la carte du communautarisme. Au moment même où il importait de responsabiliser la jeunesse, on a préféré l'infantiliser ; quand il était question de lutter contre l'antisémitisme et le racisme, certains ont choisi de pratiquer le relativisme culturel et le déterminisme social, le tout avec un cynisme révoltant. La plupart des élus ont épousé une nouvelle mentalité, leur devenir politique et leur destin personnel passant avant toute autre considération. Ils ont, d'une certaine manière, suivi la maxime du penseur et philosophe écossais David Hume : « Il n'est pas contraire à la raison de préférer la destruction du monde entier à l'égratignure de mon doigt. » Pour satisfaire ses petits calculs et ceux de différents apparatchiks, la gauche en général et les socialistes en particulier ont délaissé les quartiers, la jeunesse, les questions essentielles, dont la laïcité, valeur fustigée même par certains d'entre eux et présentée à tort comme une « idée suspecte », tandis que, dans l'intervalle, le Front national, lui, parvenait à l'instrumentaliser à son profit. Quel terrible

1. Valérie Igounet et Vincent Jarousseau, *L'Illusion nationale*, *op. cit.*

gâchis ! Que le résultat des urnes des dernières présidentielles et législatives a démontré, entériné et sanctionné.

Se suffisant du déclaratif, plusieurs ténors du PS s'en sont allés jusqu'à considérer, il y a plusieurs mois, que la ligne incarnée par Manuel Valls était douteuse. *Ex cathedra*, certains opportunistes ont affirmé, devant des publics manipulés, que la défense de la laïcité ou du féminisme serait suspecte, voire, comme ils disent désormais, « islamophobe ». Même Emmanuel Macron, apparu *ex machina*, n'a pas été très clair durant la campagne présidentielle au sujet de la laïcité, ce vilain mot qui fait désormais peur à la gauche et assimilés. Pourtant, qu'on le veuille ou pas, hormis quelques populations ghettoïsées soumises à une propagande toxique contre elle, les Français, y compris la plupart des croyants, sont viscéralement attachés à elle. Comme le rappelait Hannah Arendt à la fin des années 1960 dans *Sur l'antisémitisme*, même lorsque, du temps de la collaboration, moins de quatre décennies après la promulgation de la loi de séparation des Églises et de l'État, Pétain voulut transformer la République en État catholique, il se heurta à l'indifférence populaire et à l'hostilité du bas clergé. Le fascisme clérical, quasiment personne n'en voulait. C'est dire !

L'extrême droite terrifie. À juste titre ! Le problème, rarement évoqué alors qu'il est une réalité, c'est que ses idées ne sont plus le monopole des lepénistes. La campagne présidentielle a prouvé combien certaines d'entre elles ont traversé les frontières partisanes et sont disséminées quasiment dans chaque formation politique.

Au sein d'une « droite décomplexée », certains discours n'ont rien à envier à ceux du FN. Depuis plusieurs années a émergé, à droite, une sorte d'extrême droite non antisémite mais plutôt homophobe, assurément xénophobe, raciste et en tout cas violemment antimusulmane. La fameuse Manif pour tous en est l'illustration. M'étant toujours méfié des personnes qui s'indignaient lorsque des droits étaient donnés à une minorité sans que ceux-ci enlèvent quoi que ce soit à d'autres membres de la communauté nationale, cette éruption conservatrice et antigay m'est apparue comme un signal d'alarme. À droite, une sorte de *tea party* s'élevait et était à la manœuvre – il a pris de l'ampleur dans la campagne de François Fillon. Car en quoi, en tant qu'hétérosexuel, pourrais-je être gêné de savoir que deux homosexuels, ayant décidé de partager leur vie, désirent et puissent se marier ? Mais la France des Lumières – les querelles et manifestations contre la loi de Christiane Taubira l'ont prouvé – a éteint nombre de ses lampions vertueux. N'est-il pas paradoxal que moi, qui suis né dans une société gangrenée par les archaïsmes et asphyxiée par les dogmatismes religieux, je comprenne sans difficulté cette forme de progrès, tandis que certains Français ayant toujours évolué au sein d'une démocratie, ouverte et moderne, théoriquement affranchie des dogmes religieux et des vieilles traditions ayant bâti la société patriarcale, se sentent obligés de créer un tel psychodrame, d'aller manifester dans la rue, des semaines durant, révoltés qu'un ordre, d'inspiration religieuse, soit quelque peu bouleversé !? J'avoue, sans mauvais esprit, que je ne saisis toujours pas ce hiatus et ce conservatisme. Une partie de la société française serait-elle archaïque à ce point, elle qui, souvent, regarde avec morgue ceux qui viennent d'ailleurs et amènent avec eux leur « sous-développement idéologique » ? Comment des citoyens ayant baigné dans le bel esprit des Lumières n'arrivent-ils toujours pas à quitter leur enfermement idéologique ? J'en reste à jamais abasourdi et perplexe.

La société qui se construit *contre* et non plus *avec* a-t-elle poussé sa logique jusqu'à se fabriquer contre les homosexuels et contre toutes les minorités sexuelles ? La Manif pour tous, qui a su réunir des intégristes de Civitas et des adeptes des Frères musulmans, m'a fait penser au jour où les représentants des trois religions monothéistes avaient signé, à Jérusalem, un communiqué commun dénonçant l'organisation de la Gay Pride. Cette fois-là, je m'étais dit que si les homosexuels arrivaient à mettre d'accord des religions qui s'étripent depuis plusieurs générations dans d'interminables guerres, il faudrait peut-être songer à encourager l'homosexualité au lieu de la combattre !

Mais ce ne fut pas l'unique controverse attestant combien la France de 2017 tremble sur ses bases et valeurs. Au milieu d'une multitude de débats plus hystérisés et atterrants les uns que les autres, attardons-nous sur les polémiques surréalistes et indécentes autour des réfugiés, lesquelles montrent le niveau désolant où sont tombés les responsables politiques et les acteurs médiatiques, tous habiles à surfer sur les peurs et les angoisses, parfois – pas tous – sans comprendre qu'ils font alors passer les idées et les positions les moins républicaines comme la norme tout en se réclamant de l'esprit de la République.

On préfère par exemple parler des « migrants » pour ne pas utiliser le mot « réfugiés », hommes et femmes contraints de fuir la guerre et la mort ; on présente ces marées humaines désespérées comme porteuses du danger terroriste, alors que souvent ces personnes cherchent seulement à vivre. Lorsque j'entends certains s'exprimer sur le sujet, j'ai l'impression qu'ils expliquent au public qu'un groupe de réfugiés aurait infiltré des masses de terroristes, alors qu'en vérité le risque – il est réel et doit être pris en charge – consiste à voir quelques terroristes infiltrer des vagues de victimes. Face à un risque avéré mais minimal, faut-il pénaliser ceux qui, avec femmes et enfants, n'ont d'autre choix que de fuir les massacres de Daech ou ceux de Bachar el-Assad ? Où est l'humanité dans de tels propos ?

On a pu penser, au lendemain de la marche historique du « 11 janvier », que les Français avaient enfin compris qu'il fallait, non pas se construire *contre*, mais *avec*.

Avec, pour, en faveur, de concert – en tout cas en s'appuyant sur les principes qui fondent cette société –, qui ne comprend qu'on est toujours plus fort ? Lorsqu'on part d'un socle composé de valeurs représentant autant de repères importants, surtout lorsque la société doute, vacille ou s'interroge, qui n'entend qu'on résiste mieux ? Mais, pourrait-on me rétorquer, cette marche qui se voulait consensuelle a été critiquée. Certes. Nourris par le négativisme ambiant, ceux qui se construisent perpétuellement *contre* ne pouvaient pas se voir *avec*, encore moins au sein de ce formidable mouvement du 11 janvier 2015, sursaut fédérateur, encourageant aussi.

D'autres ont argué qu'ils ne pouvaient pas être *Charlie*. Certes. Mais les « Je ne suis pas Charlie ! », savent-ils eux-mêmes qui ils sont ? Des jeunes décérébrés ayant eu une attitude mimétique ou des acteurs de la société civile se voulant sérieux et crédibles, qui se devaient, certainement pour exister dans cette contradiction, d'exprimer et d'afficher leur « différence » ?

Car, précisons-le une fois encore : le « Je ne suis pas Charlie » a bel et bien un sens. Pour le saisir, il faudrait cerner la définition exacte de son expression antinomique, en l'occurrence le désormais célèbre « Je suis Charlie », slogan lancé spontanément le 7 janvier au soir, sur les réseaux sociaux, quelques heures après le massacre perpétré au siège du journal satirique.

Nul besoin de convoquer une logique aristotélicienne pour comprendre ce qui est de l'ordre du civisme, de la décence, de la démocratie et, enfin, de l'humanité. Nul besoin de sortir de Saint-Cyr pour capter le sens réel de « Je suis Charlie ».

Balayons, de prime abord, une idée largement reçue défendue par des esprits étriqués et les derviches tourneurs de la rhétorique pro-islamiste. Qu'on se le dise : le « Je suis Charlie » n'a jamais été synonyme d'adhésion pleine et entière, inconditionnelle et totale, à la ligne éditoriale de l'hebdomadaire satirique. Il n'engage personne à un abonnement ni à esquisser un sourire devant une caricature blasphématoire. On peut même – c'est un droit – détester le journal, ne jamais l'acheter, honnir son contenu, n'apprécier ni les rédacteurs ni les dessinateurs et, en même temps, clamer, haut et fort : « Je suis Charlie ! »

L'expression est, à l'origine, une paraphrase du célèbre *Ich bin ein Berliner*, le « Je suis berlinois » de John Fitzgerald Kennedy prononcé lors de sa visite à Berlin-Est en juin 1963. Voire, plus récemment, de l'autre périphrase : « Nous sommes tous américains » lancée par Jean-Marie Colombani, alors patron du *Monde*, au lendemain des attentats du 11 Septembre.

On a pris l'habitude de prononcer ce genre d'énoncé lorsqu'il faut exprimer une solidarité avec une personne ou un groupe ayant subi ou subissant une oppression, un crime, une injustice, un acte inacceptable, comme celui ayant décimé la rédaction de *Charlie Hebdo*. Dire, le 11 septembre 2001 : « Nous sommes des Américains » n'équivalait pas non plus, à l'époque, à une adhésion pleine et entière à la politique de George W. Bush, mais manifestait une solidarité avec les victimes de ces attentats et leurs proches, au-delà avec l'ensemble de la société américaine. Lancer une telle phrase en 2001 n'était en rien synonyme de sympathie avec George W. Bush ou ses amis néoconservateurs, encore moins la moindre adhésion à leur politique détestable et unilatérale. L'on pouvait être de gauche, français ou italien, opposé au messianisme développé outre-Atlantique et se sentir, car porté par la seule humanité, profondément américain. Par solidarité envers les 3000 victimes, par rejet de l'acte barbare leur ayant fauché la vie, par principe enfin, tant le terrorisme, qui vise à imposer des points de vue ou des projets de société par la force et la violence, *a fortiori* si le projet de société en question est d'essence fasciste, doit être rejeté.

Rappelons qu'une société civilisée fonctionne par séquences. Avec *Charlie Hebdo*, il y a eu le temps des controverses. Il y a eu, aussi, celui des poursuites et des procès. Et devait forcément apparaître, après l'attentat, celui du deuil et de la compassion. Hélas, certains, en toute indécence, pensèrent de bon ton de mélanger les séquences et d'introduire la polémique alors que le recueillement et la peine étaient de mise, allant jusqu'à fustiger les défunts et rescapés. La classe !

Le « Je suis Charlie » n'est donc rien d'autre que l'expression d'une empathie, d'une humanité, à l'égard de victimes happées lâchement par l'hydre terroriste. « Je suis Charlie » est un cri de révolte et du cœur contre une injustice qui a coûté la vie à douze personnes. Contre la même injustice barbare qui fit, les jours suivants, cinq nouvelles victimes et qui nous a poussés à être aussi « policier » ou « juif », voire « policier et juif ».

Partant de ce constat, hormis pour jouer sur les mots, la rhétorique du type « Je condamne les attentats, mais je ne suis pas Charlie » – choisie notamment par le gourou islamiste Tariq

Ramadan et reprise en chœur par plusieurs de ses adeptes –, doit être comprise pour ce qu'elle traduit : condamner les attentats pour endormir l'opinion, mais laisser passer le message qu'aucune empathie n'existe envers les victimes. Quant à l'argument brandi par les hypocrites de tout poil – parfois les mêmes – selon lesquels « ils l'avaient bien cherché », quelle honte : c'était une pensée du même niveau que celles animant ceux qui condamnent la jeune femme violée parce qu'elle a « provoqué » en osant porter une minijupe. C'est bien connu, on cherche à se faire cribler de balles lorsqu'on blasphème !

Clamer « Je ne suis pas Charlie », à tout le moins le sous-entendre, voire refuser d'adhérer à « Je suis policier » ou « Je suis juif », cela traduit-il un désaccord avec les PV dressés par la maréchaussée, un manque de goût pour les produits cacher, un humour moins trash que celui de l'hebdomadaire satirique ? Que l'on soit d'accord ou non avec la ligne éditoriale de *Charlie Hebdo*, une certaine décence aurait dû inciter en tout cas ceux qui rejettent la satire à comprendre que se positionner ainsi les entraînait dans un débat allant bien au-delà du refus d'être comme les autres, du goût de la différence. Car se prononcer ainsi, c'était oublier que d'un côté il y avait eu un trait de crayon, et de l'autre douze corps criblés de balles, plusieurs blessés, des familles et amis éplorés ainsi qu'une société en état de choc. C'est dire que le 7 janvier, c'était bel et bien la liberté de la presse – et au-delà, nos libertés collectives, voire la liberté de chacun d'entre nous – qu'on a tenté d'assassiner. Alors qui n'était, n'est pas Charlie ?

Le 8 janvier 2015 au matin, aux portes de Paris, un autre tueur – cherchant probablement à atteindre une école juive de Montrouge afin d'y perpétrer un carnage – recula en découvrant le dispositif policier sécurisant le site et, en fuyant, tira lâchement dans le dos d'une policière stagiaire de 26 ans. Ce n'est pas la jeune Clarissa qu'il visait, mais son uniforme. L'ordre républicain, ennemi des terroristes se revendiquant de l'islam politique, est, évidemment, l'une des réponses que la société française

– dans son ensemble – oppose aux tenants de la barbarie. Alors qui « n'est pas Clarissa » ? Qui « n'est pas policier » ?

Le 9 janvier, les tueurs de *Charlie Hebdo* et le lâche assassin de la policière de Montrouge franchirent un cap supplémentaire dans l'horreur. Les premiers se réfugient dans une entreprise et le second s'engouffre dans une épicerie cacher pour prendre en otage des citoyens venus faire leurs emplettes. Une cible en rien anodine. D'emblée, le barbare exécute quatre personnes. Quatre Juifs sont tués parce que juifs. Afin d'ajouter de l'horreur à l'horreur, nous le savons désormais, les islamistes cherchent de manière systématique à commettre des crimes antisémites. Car – je l'ai déjà mentionné – leur idéologie est aussi, incontestablement, antisémite. Portée par une haine irrationnelle puisée dans des textes moyenâgeux dévoyés, interprétés de surcroît par des ignares, la mort du Juif est devenue, aux yeux de ces criminels, l'objectif suprême. Alors, qui « n'est pas juif » ?

En vérité, celui qui « n'est » ni Charlie, ni policier, ni juif, celui qui n'a aucune empathie envers des personnes lâchement criblées de balles ne peut qu'avoir, sinon de la sympathie envers les tueurs, à tout le moins de l'indulgence et de la compréhension à l'égard des meurtres et des meurtriers.

Une société qui se construit *contre* et rarement *avec* se laisse donc piéger par ses propres contradictions. Au point de se retrouver, parfois, *contre* les victimes.

« L'homme est un être raisonnable et moral avant d'être parqué dans telle ou telle langue, membre de telle ou telle race, adhérent de telle ou telle culture[1]. » Cette vision, signée d'Ernest Renan et datant de 1882, peut-elle s'appliquer à la France du XXIe siècle ? Hélas, oui. Cette manie, devenue typiquement hexagonale, que même les communautaristes anglo-saxons n'utilisent plus, celle où l'on présente, notamment dans le débat public, les intervenants par leur origine, leur religion réelle ou supposée, ne date pas d'hier, perdure et traduit la gêne générale à ce sujet. De la Guyanaise Christiane Taubira au « Kabyle »

1. Ernest Renan, *Qu'est-ce qu'une nation ?*, *Œuvres complètes*, Calmann-Lévy, 1947.

Zineddine Zidane, en passant par le trentenaire ou le quadragénaire issu des quartiers populaires présenté comme un « jeune de banlieue » afin de mieux l'infantiliser, sans oublier parfois votre serviteur résumé en « journaliste musulman » quand ce n'est pas en « journaliste algérien », cette triste habitude ne faiblit pas.

J'ai beau n'avoir pas mis les pieds en Algérie depuis une vingtaine d'années et m'exprimer, le plus souvent, quasiment seulement sur des sujets franco-français, en tant que journaliste français travaillant pour des médias français (oui, l'islamisme est un problème français), il n'en demeure pas moins qu'on me réduit encore à un « étranger ». Et je ne suis pas le seul, comme on l'a vu avec Georges Bensoussan qualifiant Smaïn Laacher de « sociologue algérien ». Indépendamment du sophisme d'un tel raisonnement, qui laisse croire qu'une présentation ethnoreligieuse permettrait d'accorder une légitimité supplémentaire ou une nécessaire distinction, l'aberration est de constater qu'on privilégie le fait d'être issu d'une famille musulmane et non les années passées à étudier, enquêter, approfondir des connaissances. Là où n'importe quel chercheur, universitaire ou journaliste « français de souche » – l'expression est d'extrême droite, ce qui montre le malaise – est légitime par ses travaux, les allogènes ne le seraient pour parler idéologie et/ou politique qu'à partir de leur condition singulière. En tant que musulman supposé, je serais – je suis – plus audible lorsque je parle d'islam ou d'arabité (et encore !).

L'essentialisation est une horreur en train de fissurer l'esprit républicain. Une horreur d'autant plus pernicieuse qu'elle perdure alors que de plus en plus de personnes issues de l'immigration, ou nées dans des familles originaires d'ailleurs, sont présentes dans le débat public. Si on y succombait toujours, faudrait-il persister à distinguer tout un chacun par son origine ou sa religion, en violation de nos valeurs ? Le débat, dès lors, n'opposerait plus des Français à d'autres Français, mais des musulmans à des juifs, des personnes d'origine maghrébine à des Bretons, etc. « Avant la culture française, la culture allemande, la culture italienne, il y a la culture humaine », écrivait le même Renan. Combien il avait raison !

Faut-il l'assener une fois encore ? Une société est une communauté de valeurs, d'intérêts communs et de normes. Mais aussi une superposition de comportements et d'usages codifiés sinon par un bon sens auquel adhère la majorité, à tout le moins par des lois qui construisent un cadre à l'intérieur duquel toutes les différences s'expriment, mais aussi, d'une certaine manière, s'annulent. Trop de divergences, l'exacerbation systématique des différences, créent ou peuvent créer, à terme, la désintégration de la société dont le point culminant – cela ne signifie pas que nous y sommes – peut se révéler une guerre civile. Laquelle « guerre civile » peut prendre plusieurs formes : l'effondrement des institutions et un affrontement entre les différences idéologiques, ethniques, religieuses ou corporatistes, voire la désignation d'une minorité comme bouc émissaire qui transformerait l'expression de ce point culminant en guerre contre une partie des civils. Or le prélude à ces logiques dévastatrices se découvre à travers les fissures de plus en plus importantes qui fragilisent l'édifice social. Vouloir à tout prix distinguer les citoyens les uns des autres par leurs origines revient à créer des groupes et disloquer l'ensemble. Le péril a, déjà, atteint la demeure France. À tous, à nous d'empêcher et d'éviter que ces failles ne s'élargissent et ne fassent s'écrouler un monde, le nôtre, ce pays qu'on aime.

Épilogue

Il n'y a rien de si puissant qu'une république où l'on observe les lois non par crainte mais par passion comme le fit Rome.

Montesquieu

Pourquoi avoir écrit ce livre ? Et, au fond, de quoi parle-t-il ? Que désirait-il exprimer ? Que cherchait-il à disséquer et expliquer ? Au départ, je souhaitais relater les raisons profondes m'ayant conduit, parcours personnel oblige, à devenir l'homme que je suis après trois décennies d'engagement. Finalement, je constate, non sans une certaine satisfaction, que j'ai davantage présenté et développé mes idées que dévoilé mes souvenirs et détaillé les étapes de ma vie.

Tant mieux ! Car on aura – tout du moins je l'espère – compris une chose : je considère les principes que l'on défend plus importants que soi-même. Mon premier réflexe est toujours de me mettre derrière les combats qui m'importent, car, plus que l'introspection, ceux-ci disent beaucoup de soi, de nous et, surtout, ne sont pas les *miens*, mais les *nôtres*. J'ai même la faiblesse de croire que nous sommes en France majoritairement républicains, laïques, antiracistes, féministes, humanistes et ouverts à l'universalité, largement opposés aux extrémismes. Au final, ma modeste ambition est d'être, ayant eu la chance d'accéder à l'expression publique, le porte-parole de ceux qui se reconnaissent dans mes convictions et veulent les voir partager.

Arrivé en France « une main devant, une main derrière », comme le disaient les pieds-noirs ayant quitté l'Algérie lors de l'indépendance – c'est-à-dire sans rien –, il m'a fallu tout reconstruire : une vie professionnelle, un patrimoine, une légitimité, un réseau d'amis, un univers idéologique, le tout sans céder aux chantages, aux pressions, aux rumeurs, à la calomnie, le tout en tenant fermement la position qui – en mon âme et conscience – devait être mienne. En assumant les polémiques et les controverses, en acceptant l'idée de ne pas obtenir l'unanimité, en restant digne (je l'espère) en toutes circonstances, j'en arrive à la conclusion, avec le recul et ce livre, d'être fier d'appartenir à un pays aussi formidable, où l'on peut contester et déplorer, d'être citoyen d'une France que j'aime parce qu'elle est la France. Oui ! Je suis fier de l'avoir choisie comme terre d'adoption.

Écrivons certaines vérités trop aisément oubliées : dans combien de pays un journaliste travaillant sur des sujets aussi sensibles peut-il parvenir à se voir intégré, accueilli, accepté, adopté aussi rapidement ? *A fortiori* malgré un tempérament loin d'être facile (je sais être lucide). Je suis conscient qu'il n'existe pas, hormis les vastes terres d'immigration que sont les États-Unis (espérons qu'après Donald Trump cette grande démocratie recouvrera son âme) ou le Canada, d'État offrant autant de possibilités et accordant autant de choses.

Bien sûr j'ai subi, comme beaucoup, les propos et insinuations racistes, les réflexions infantilisantes ; certes, j'ai grincé des dents en constatant parfois la discrimination, en voyant qu'on laissait passer avant moi un « bon Français » lorsque, encore anonyme, je devais par exemple louer un logement. Évidemment – et je ne cesserai de le dénoncer –, je suis de temps à autre encore essentialisé, à d'autres moments réduit à une appartenance ethnique, voire religieuse. Mais disons les choses tout aussi franchement : que représentent ces désagréments face aux enjeux majeurs du monde ? Dans combien d'États un journaliste appartenant depuis peu à une nation peut-il se voir invité aussi bien et rapidement jusqu'aux plus prestigieux lieux de la République, être écouté par des responsables politiques, débattre avec les plus illustres intellectuels, échanger avec les plus respectables membres de la société civile ? Je ne suis pas « émerveillé », mais impressionné par la capacité d'absorption de la France lorsqu'elle veut bien de ses nouveaux enfants. Nombre de ceux incapables de prendre de la hauteur l'ignorent ou ne le perçoivent pas, mais la France demeure une formidable terre d'accueil pour peu que chacun fasse l'effort de s'y fondre et inclure, et non de s'exclure *via* des discours victimaires et agressifs.

En affirmant ce qui précède, je n'idéalise pas. Je suis conscient des insuffisances et des régressions qui traversent le pays. Conscient d'avoir la chance de côtoyer les milieux les plus ouverts de la société – la presse, l'édition, le monde de la télévision –, en somme des espaces intellectuels et artistiques plus accueillants et généreux que bien d'autres secteurs. Conscient que, n'étant point un produit de l'immigration économique des années 1960 ou 1970, je n'appartiens pas à la génération des Maghrébins gardant en mémoire, blessure non traitée, le racisme et les brimades d'autrefois, avanies et offenses qui ont longtemps entaché l'image de la France et hypothéqué ses relations avec une partie de sa population d'origine étrangère. Un rejet qui a empiré, à cause de l'édification des ghettos ethnoreligieux dont je ne cesse de condamner l'existence.

Dans ces lieux poussent la délinquance, mais aussi l'islamisme, danger imminent et réel contre lequel il faudra, inévitablement, assumer de croiser un jour le fer, idéologiquement parlant. J'espère que certains lecteurs, à travers ce que j'ai exprimé, décrit, développé au long de ce copieux ouvrage, ont compris les raisons de mon engagement contre l'islam politique. Qu'ils se sont rendu compte que, n'appartenant pas à la catégorie d'individus qui se construisent *contre* des idées mais plutôt grâce à leurs convictions, mon combat *contre* l'islamisme est avant tout un engagement au nom des valeurs universelles, honnies par les salafistes de tout poil. L'intérêt que je porte à l'islamisme est la conjugaison de trois éléments essentiels que le lecteur a vraisemblablement perçus : l'implacable histoire – je parle de la grande Histoire – et la pression qu'elle exerce ; des convictions intimes qui se sont dessinées et ancrées en moi au fil des ans grâce à une éducation et à des valeurs saines transmises par mon environnement immédiat ; des rencontres, corroborées par des expériences, le tout donnant naissance à une bonne connaissance d'un sujet devenu, en une trentaine d'années, LE SUJET du XXIe siècle, comme le nazisme et les fascismes furent LES SUJETS du siècle précédent.

J'ai été marqué par l'opposition qui peut exister entre contemplation et action, discordance théorisée par Hannah Arendt dans *Condition de l'homme moderne*[1]. Rapporté à l'islamisme, je me suis à maintes reprises interrogé, notamment lorsque la « guerre civile » – *alias* le terrorisme islamiste – déchirait l'Algérie, sur les réponses à apporter aux trois questions que posait la grande philosophe : Que s'est-il passé ? Pourquoi cela est-il avéré ? Comment cela fut-il possible ?

La philosophe avait élaboré différents concepts – dont l'œuvre, le travail et l'action – permettant de comprendre le contexte et d'analyser la bascule ayant abouti à la folie nazie. En utilisant sa grille de compréhension, j'ai compris que, face à de telles tragédies, lorsqu'on veut les éviter, au lieu de les contempler au moment où elles se produisent, mieux valait se déployer et agir afin qu'elles ne surviennent jamais. Car l'action, lorsqu'elle est nourrie de valeurs républicaines, parvient à édifier un barrage contre les pires des situations et à anticiper voire empêcher un destin tragique. Contre la tradition platonicienne qui privilégie la vie contemplative à la vie active, Hannah Arendt estimait l'action comme le mode opératoire parvenant à déjouer la fatalité. Il n'existe pas et ne peut exister de fatalisme.

1. Calmann-Lévy, 1961 et 1983.

L'islamisme nous piège. Tous. Collectivement. Car il veut nous amener vers la facilité, nous inciter au suicide de nos valeurs. Pour certains esprits manichéens et binaires, face à lui la solution serait simple : se replier sur soi, vivre dans le passé, restaurer l'empire et chasser les « étrangers » non assimilés en dehors d'une France qu'ils « envahissent », comme cela a été le cas dans les années 1930, époque où on n'avait pas hésité à renvoyer par wagons entiers des Polonais que la crise économique avait rendus chômeurs. Pourquoi ne pas rééditer l'opération aujourd'hui ? Parce que le « politiquement correct » l'empêcherait, comme le pensent ceux qui ne comprennent pas, par facilité, que c'est la correction républicaine, le sens de l'humanité, l'honneur des pouvoirs publics que de refuser de voir des hommes se faire traiter comme du bétail. S'ils avaient vécu à l'époque médiévale, les angoissés que le danger islamiste alimente, prompts à vouloir les renvoyer chez eux sans ménagement, n'auraient pas été Guillaume Budé, mais des adeptes de Robert le Bougre, âmes perdues et folles ouvrant une chasse aux sorcières dès qu'un danger (réel ou ressenti) semble apparaître au loin.

Nombre de ces xénophobes frileux oublient ou refusent de l'admettre, mais tous ceux qui ont fait ou font la France, comme l'écrivait Fernand Braudel, ont apporté, avec eux, leur identité, leurs différences, afin d'ajouter une « nuance de plus à notre culture complexe ».

Ces inquiets, en quête du moindre prétexte pour désigner un coupable à leur mal-être, ont beau s'élever contre le progrès – antinomique, semble-t-il, avec l'amour qu'on peut porter à sa patrie –, ils ignorent que, sans le progressisme, sans les évolutions des pays et du monde, sans l'apport de l'humanité et des autres cultures, la France ne serait pas la France. Avec ses grands noms, son honneur, son image, son rôle de phare de la pensée et des droits de l'homme. Religieusement même, elle serait différente. Car la France a pu devenir un temps la fille aînée de l'Église parce que auparavant elle n'a jamais cessé de s'enrichir des autres. De la civilisation romaine, des apports des protestants malgré les persécutions ; de l'ouverture apportée par les philosophes et les humanistes, de l'intégration des Juifs grâce à un empereur et à la république ; de la laïcité enfin, obtenue par l'acharnement d'intellectuels qui souhaitaient apaiser le pays et éloigner la religion de la sphère publique. Une évolution ? Non : une révolution !

Vouloir lapider les opinions progressistes comme s'il s'agissait de blasphèmes revient à injurier cette histoire de France. Mais probablement cette attitude révèle-t-elle aussi, chez ceux qui l'adoptent, un vernis d'attachement à la république, voire à la laïcité, bien superficiel. En tout cas, demeurer fidèle à « l'âme de la France[1] », à ses principes édifiés par le temps et solidifiés par la république, est primordial. Sous peine de se perdre.

En tant qu'observateur engagé se reconnaissant dans les valeurs démocratiques du pays qui m'a accueilli, je ne pourrais jamais défendre un point de vue différent de ce que je pense et sens des idéaux incarnés par ma terre d'adoption : comme déjà souligné, n'en déplaise à ceux qui veulent transformer ce pays en village gaulois replié sur lui-même, la France restera une nation ouverte sur le monde, acceptant le progrès, soutenant l'humanisme et la démocratie, incarnant les droits de l'homme et l'égalité, en perpétuel mouvement, refusant toute compromission avec les idéologies rétrogrades et fascisantes, rejetant les idées ankylosées qui voudraient s'y greffer. Aucune image d'Épinal dans cette énumération, même si je remarque, comme beaucoup, l'émergence et la prolifération de pensées xénophobes discriminatoires au sein d'une partie de la société, laquelle semble sensible à une vision passéiste, réactionnaire, d'un Hexagone idéalisé (qui n'existe plus, voire n'a jamais existé), paraît prête à franchir le Rubicon, à réanimer le mauvais diable, à sombrer du côté le plus obscur, celui qui a déjà terni notre nation (on l'a vu au printemps dernier, lors de la présidentielle).

Ces Français inscrits dans une approche rétrograde du monde et de la société, souvent dissimulés derrière le bouclier

1. J'emprunte à l'académicien Max Gallo le titre d'un de ses livres : *L'Âme de la France*.

du « politiquement incorrect », laissent libre cours à la stigmatisation des « étrangers », des primo-arrivants comme des Français dont les arrière-grands-parents viennent d'ailleurs. En désignant les « autres » responsables du malheur, ils agissent comme la populace du XIVe siècle calfeutrée derrière des remparts poreux lorsque la famine et la peste frappaient à leurs portes.

Heureusement, les temps ont changé. Enfin, c'est ce que l'on pouvait espérer. Bienheureux celui qui a cru dans le progrès et milité en faveur de l'humanisme. Dans l'un de ses livres, Max Gallo qualifiait Paris d'« épicentre des passions françaises ». Comme il a raison ! Et comme cette sentence reste d'actualité ! La Ville lumière qui fut, durant la Saint-Barthélemy, cité de l'obscurantisme, connut tout au long de son histoire des moments tragiques suscités par la folie de certains habitants qui, au nom de Dieu, de la nation ou d'idéologies mortifères, osèrent tous les excès. Elle vit des corps brûlés, la tête d'un roi – et d'une reine – tomber sous la lame de la guillotine, des familles décimées, déportées vers l'horreur au nom du Reich et des Algériens massacrés au nom du colonialisme. Mais elle vit aussi des barricades s'ériger au nom de la liberté et de l'égalité, des pavés voler au nom de l'anticonformisme en lutte contre l'immobilisme. Oui, dans cette ville comme dans ce pays, le « politiquement correct », lorsqu'il s'oppose aux haines et à la xénophobie, est parfois, aussi, parvenu à sauver des vies.

Donc, il ne faut ni injurier l'Histoire ni insulter l'avenir. Les musulmans (y compris intégristes) n'ont pas pour ambition d'islamiser l'Hexagone et de disloquer sa civilisation. Dans les milieux où le racisme tient lieu de viatique, on retient la légende de Charles Martel, mais on oublie d'évoquer l'alliance qui a uni François Ier, monarque symbolisant l'humanisme renaissant et l'ouverture de la France, à Soliman le Magnifique, dixième sultan de la dynastie ottomane. Le premier, protecteur des arts et des lettres, le second, souverain juste et honnête, ont mené lutte commune contre l'empereur Charles Quint. S'il apparaîtra à certains « politiquement correct » de rappeler ces pans positifs du passé et les liens profonds qui ont rapproché la France d'un monde musulman qui inquiète aujourd'hui – parfois de manière légitime –, j'estime un traitement non idéologisé de l'Histoire nécessaire pour construire un avenir apaisé. Le rapprochement entre les deux monarques a permis de faire barrage au dernier empereur germanique, lequel nourrissait une ambition (carolingienne) de monarchie universelle. N'est-ce pas l'apport de Soliman le Magnifique qui a concouru à changer certaines trajectoires et aidé la France à rester la France ? En développant une coopération militaire et diplomatique, culturelle et commerciale privilégiée, la France de François Ier est parvenue à promouvoir et à dynamiser son économie, à faire connaître et à exporter ses valeurs. Les navires français ne naviguaient-ils pas librement dans les eaux ottomanes, aidant le commerce à connaître un nouvel essor ?

Alors, ne retombons pas dans le repli sur soi, la désignation de boucs émissaires, attitudes qu'un autre roi – Louis XIV – fit sienne. Pour éviter le vagabondage transfrontalier, le monarque décréta en effet que tous les Bohémiens – ceux qu'on appelait alors les Égyptiens – devaient être arrêtés et envoyés non dans leurs pays d'origine, mais aux galères afin d'effectuer des travaux forcés. Leurs femmes rasées et leurs enfants enfermés dans des hospices. Et les nobles qui osaient leur accorder asile risquaient une peine d'emprisonnement, ces humanistes devant en outre subir la confiscation de leurs biens. Eh bien, certains le firent ; et l'honneur de la France en fut sauvé. Quand le même roi révoqua, poussé par les ultras, l'édit de Nantes pacifiant les relations entre protestants et catholiques, il vit nombre des premiers quitter le royaume et apporter savoir-faire, intelligence et argent à leurs nouvelles terres d'adoption ; la France en fut amoindrie. Une énième preuve que l'exclusion née de la frilosité et du conservatisme fragilise ceux qui la décident et la pratiquent. Chaque époque a ses mauvais dirigeants.

La nôtre voit certains de ceux-ci dénoncer à tout-va le « politiquement correct » dont les premiers pourfendeurs sont, souvent, des représentants de l'extrême droite. Les Le Pen père et fille parlent tantôt de « politiquement correct », tantôt de « pensée dominante » pour fustiger médias, associations antiracistes ou intellectuels progressistes. Depuis Trump, on use aussi du mot « système », terme fourre-tout qui permet à tous ceux qui, pourtant, alimentent ce « système » (non défini ou mal défini) de se créer un ennemi commun, un bouc émissaire. À bas les mots-valises dans lesquels tout un chacun jette son nécessaire de voyage en *populoland*.

Le discours lepéniste, mais aussi celui de la « droite décomplexée » et réactionnaire – entendre François Fillon, ancien Premier ministre, utiliser ce terme ne manqua pas de surprendre durant la dernière campagne électorale –, qualifie de « politiquement correct » tout ce qui appelle au respect des valeurs républicaines. Les calembours sur les Juifs et les chambres à gaz du fondateur du FN étaient considérés par lui comme de l'anti-« politiquement correct ». Fallait-il les approuver pour autant ? Évidemment, non ! Ses saillies sur l'immigration – reprises par sa fille – étaient et sont aussi vues par certains militants comme l'illustration de l'anti-« politiquement incorrect ». Faut-il les tolérer ? Certes non ! Et il en va de même avec les dérapages d'un Alain Finkielkraut lorsqu'il pointe que des joueurs de l'équipe de France sont « noirs », que ceux-ci seraient un peu trop nombreux dans ce qui est censé représenter la France, perçue visiblement comme une terre d'unique blancheur. Devrait-on applaudir à ce type de propos qui n'apportent absolument rien au débat public, sinon d'interminables polémiques dont la stérilité n'a d'égale que les provocations réactionnaires qu'elles véhiculent et les divisions qu'elles suscitent ? Non. Pis : il faut les dénoncer car elles brisent les digues et libèrent l'expression raciste.

Je suis souvent opposé à un certain « politiquement correct », mais j'estime que ce terme ne doit pas définir autre chose qu'une pensée « toute faite » visant à interdire les débats démocratiques. Il se trouve que ni la xénophobie, ni le racisme, ni l'antisémitisme, ni l'homophobie ne sont des sujets de débats, mais des fléaux à combattre. Comme doit être combattue la supercherie qui laisse croire que le propos xénophobe serait le versant assumable et audible du « politiquement correct ».

Les grandes ruptures ayant marqué l'histoire ont toujours été précédées par une crise morale profonde entre l'élite dirigeante et le peuple. Ce fut le cas avant toutes les révolutions. Et c'est probablement ce qui a créé le populisme. Aujourd'hui, pour éviter les dépressions et s'assurer une réélection, on évite, autant que faire se peut, de contrarier le « petit peuple », qu'on a tendance à infantiliser et à brosser dans le sens du poil en encourageant ses bas instincts. Désormais, il faut le flatter, quitte à lui mentir. Et si on sent que les dérapages sont porteurs, eh bien, tant pis, on dérape ! Dès lors, même quand le peuple est prêt à dévoyer ses propres valeurs, on l'aide à dévier. Au lieu de le hisser vers le haut, certaines élites préfèrent s'enfoncer avec lui, pour peu que cela rapporte quelque chose.

De nos jours, on sonde l'opinion. On prend la température de la rue. Et pour contourner la rupture, on ressasse à la population ce qu'on pense qu'elle a envie d'entendre et non des solutions sensées. On crée de faux problèmes, on amplifie ceux qui existent, on allume des feux de paille, des contre-feux aussi, quitte à brûler la maison et à provoquer des incendies ravageurs. C'est faire diversion en faisant croire à la société qu'on travaille, qu'on est capable d'apporter des réponses à ses préoccupations – lesquelles ? – alors qu'on ne fait qu'amplifier la fracture.

On palabre pendant une année autour du port du burkini, on se laisse embarquer dans toutes les controverses provoquées par les islamistes... sans arriver à un quelconque résultat. On polémique pour alimenter une séquence médiatique qui, pense-t-on, serait porteuse ou rentable. On fait de la spéculation autour de sujets essentiels comme un trader se complaît dans la spéculation financière. On discute trois ans de l'identité nationale – sous Nicolas Sarkozy – sans aller au fond des choses et, le lendemain, on invite les représentants des Frères musulmans, l'UOIF en l'occurrence, en les considérant comme des interlocuteurs valables. Du déclaratif, encore du déclaratif, toujours du déclaratif. Du tout et son contraire ; un tourbillon infernal où chacun, tous – et nos valeurs en premier – finissent par être chamboulés. Et par s'y perdre.

Ce qui m'inquiète, ce n'est pas tant de voir le populisme et les extrémismes séduire les cœurs et gagner les esprits – si, quand même –, mais de constater les vecteurs par lesquels la démagogie, le racisme s'expriment, à savoir les réseaux sociaux. Ceux-ci sont devenus le bac à sable de tous les tenants du propos extrémiste : islamistes, terroristes, nazillons, antisémites, racistes, communautaristes, mouvements identitaires. Dans toutes les langues s'exprime la haine, mise à la disposition et à la portée de chacun. On y accède sans filtre, de 7 à 77 ans. Être politique – en d'autres termes vivre dans une *polis*, comme on disait dans la Grèce antique –, cela signifiait que les affaires de la cité se décidaient par la parole, l'argumentation et l'art de la persuasion, en aucun cas par la force ou la violence. Ni physique ni verbale. Et autant que possible par la bienséance, l'empathie et la courtoisie.

Aujourd'hui, cette modération, cette retenue, cette mesure ne sont plus possibles. Parce que les réseaux sociaux encouragent, grâce à la virtualité et à l'anonymat que confère l'outil, l'outrance et la virulence. Parce que, aussi, émergent des contradicteurs violents et agressifs, qui empêchent par leur conception de l'échange fondée sur le rapport de force d'engager un quelconque débat courtois et équilibré. On ne discute plus, on déverse, on insulte, on assassine. En ce qui me concerne, à mon corps et esprit défendant, j'en suis arrivé à une règle que je n'aurais jamais cru être contraint d'adopter : je n'use plus de courtoisie envers les extrémistes, refusant de banaliser ce type de contradicteurs.

C'est l'une de mes premières insoumissions.

Pour le reste, je crois que le plus important consiste à demeurer soi-même, à ne pas se renier ni à se laisser influencer par les circonstances ou par les vents contraires. Demeurer fidèle à ses valeurs et loyal envers son éthique. Si j'ai choisi cette vie, parfois si compliquée, c'est surtout pour ne pas devenir l'esclave de conduites que mon être réprouve. J'estime sans fard ni artifices que la vie libre exige que l'on emprunte une seule voie : celle de l'insoumission.

Remerciements

Je remercie mon éditeur Thierry Billard pour son écoute et son soutien. Sans lui, ce livre n'aurait jamais existé.

Je remercie également vivement l'équipe éditoriale des éditions Plon pour sa relecture vigilante et ses remarques pertinentes.

Table